Anonymous, Ignaz Kohn

Eisenbahn-Jahrbuch der oesterreichisch-ungarischen Monarchie

Zweiter Jahrgang mit einer vollständigen Eisenbahnkarte

Anonymous, Ignaz Kohn

Eisenbahn-Jahrbuch der oesterreichisch-ungarischen Monarchie
Zweiter Jahrgang mit einer vollständigen Eisenbahnkarte

ISBN/EAN: 9783743683631

Hergestellt in Europa, USA, Kanada, Australien, Japan

Cover: Foto ©ninafisch / pixelio.de

Weitere Bücher finden Sie auf **www.hansebooks.com**

EISENBAHN-JAHRBUCH

DER

ÖSTERREICHISCH-UNGARISCHEN MONARCHIE.

—⊶—

VON

IGNAZ KOHN,

BUREAU-SOCS-CHEF BEI DER COMMERZIELLEN DIRECTION DER K. K. PRIV. SÜDBAHN.

ZWEITER JAHRGANG.
MIT EINER VOLLSTÄNDIGEN EISENBAHNKARTE.

WIEN 1869.

LEHMANN & WENTZEL,

Buchhandlung für Technik und Kunst,

Kärntnerstrasse 40.

Vorwort.

Die freundliche Aufnahme, welche dem **Eisen-bahn-Jahrbuche** allerorts zu Theil wurde, ermuthigte mich zur Fortsetzung desselben durch Herausgabe eines **zweiten Jahrganges**, den ich hiermit vertrauensvoll der Oeffentlichkeit übergebe.

Die innere, allgemein als practisch anerkannte Einrichtung des Buches ist auch in diesem Jahrgange beibehalten, indem die verschiedenen darin enthaltenen Mittheilungen in dieselbe **einheitliche Form** gekleidet und in gleich **systematischer Weise** geordnet sind; jedoch glaube ich besonders hervorheben zu müssen, dass **Wiederholungen** bereits gebrachter Daten möglichst **vermieden** wurden.

Die „**historischen Mittheilungen**“ und „**technischen Daten**“ sind vielmehr nur an jene des früheren Jahrganges angeknüpft und dann bis auf die neueste Zeit fortgeführt worden, wobei selbstverständlich die neuen Unternehmungen — auch Local-Strassen- und Industriebahnen — sowie die commerziellen Massnahmen der älteren Institute gebührende Berücksichtigung fanden. Dagegen handeln die statistischen, finanziellen und öconomischen Daten — wie diess nicht anders möglich ist — hauptsächlich vom Jahre 1867.

Tarife, Meilenzeiger und Courstabelle aber sind gleichfalls bis auf die neueste Zeit herab vervollständigt. Ueberdiess wurde, vielfach laut gewordenen Wünschen entsprechend, dem Buche eine möglichst genaue und übersichtliche Eisenbahnkarte der Gesammtmonarchie beigegeben, welche im Gegensatze zu allen bisher erschienenen auch die Montan- und Industriebahnen enthält.

Einen Anhang konnte ich mit Rücksicht auf den ohnehin bedeutenden Umfang des Buches leider nicht mehr beifügen, doch blieben die dafür bestimmt gewesenen Themata für künftige Jahrgänge reservirt.

Die Quellen, aus welchen ich schöpfte, sind dieselben (bereits im Vorworte zum I. Jahrgange aufgezählten) durchwegs authentischen geblieben und fühle ich mich auch dieses Mal angenehm verpflichtet, den resp. Bahnverwaltungen und Staatsbehörden für ihre freundliche Unterstützung meinen innigsten Dank auszusprechen.

WIEN, Ende Jänner 1869.

Der Verfasser.

Inhalts-Verzeichniss.

I. Abtheilung.

II. Abtheilung.

Bahnen im Betriebe.

III. Abtheilung.

Bahnen, welche erst theilweise im Betriebe sind.

IV. Abtheilung.

Neue Unternehmungen.

V. Abtheilung.
Local-Strassen-Eisenbahnen.

Staatsbchörden

für das

Eisenbahnwesen der österreichisch-ungarischen Monarchie.

Die oberste Aufsicht über das gesammte Eisenbahnwesen liegt, bezüglich der Bahnen in den deutsch-slavischen Provinzen, im Ressort des k. k. Handelsministeriums, bezüglich der in Ungarn und dessen Nebenländern gelegenen Bahnlinien aber im Ressort des königl. ungarischen Ministeriums für öffentliche Arbeiten und das Communicationswesen.

K. k. Handelsministerium in Wien (I., Postgasse 8).

Minister:

Ign. Edl. v. Plener, Exc.

Sections-Chefs:

Sisino Pretis di Cagnodo.
Vinc. Maly R. v. Vevanowic.

Ministerial-Räthe.

Joh. Pfeiffer.
Fr. Ed. Scherer.

Königl. ungar. Ministerium für öffentl. Arbeiten und das Communicationswesen in Pest.

Minister:

Emer. Graf Mikó, Exc.

Unterstaats-Secretär:

Ern. Hollan.

Ministerial-Räthe:

Oscar Fackh.
Johann Mihálik.

Sections-Räthe.

Franz Faukal.
Wilh. Kolbensteiner.
Franz Mayer.
Vinc. Klun.
Frdr. Leeder.
Fr. Pilhal.
Ant. Hoffmann.
Jos. Freih. v. Buschmann.

Präsidial-Secretär:

Fr. Arnt.

Hilfsämter-Director:

Ed. Neulinger v. Saálföld.

Sections-Räthe:

Wilh. Fest.
Franz Reitter.
Heinrich Wallandt.
Carl Langer.
Alex. Ribáry.
Carl Herrich (ad honores).

Präsidial-Secretär:

Carl Hieronymi.

Ministerial-Secretär:

J. Marsowszky.

Rechnungs-Rath:

Tichtl v. Tutzingen.

Ober-Ingenieur:

Tóth de Alsó-Szopor.

Zur unmittelbaren Ueberwachung der Sicherheit und Regelmässigkeit des Betriebes auf sämmtlichen Bahnen sind als Organe der genannten Fachministerien die k. k. General-Inspection der österr. Eisenbahnen" und die „königl. ungarische General-Inspection der Eisenbahnen und Dampfschifffahrt" berufen.

K. k. General-Inspection der österr. Eisenbahnen.

General-Inspector:

Joh. Wagner, R. v. Wagensburg, k. k. Ministerialrath.

Ober-Inspectoren:

Martin Riener, kais. Rath.
Ferd. Hofmann.

Königl. ungar. General-Inspection der Eisenbahnen und Dampfschiffahrt.

Vorstand:

Carl Langer, Sectionsrath.

Ober-Inspector:

Albert Ambrozowits.

Inspectoren:	Inspectoren:
Joh. Marschik, Joh. Edl. v. Lederer, Sim. R. v. Millesi. Wenzel Holeček.	Albert Kenessey. Wilh. Vaisz. Carl Fackh.

Inspections-Commissäre:	Commissäre:
Frz. Kamper, Josef Polla-netz, Carl Josef Bach, Ferd. Leonhardt, Claudius Klaudy, Rudolf Riegler, Rudolf Frh. v. Lilienau.	Ludwig Marszó. Julius Storch.

Zur Oberleitung der königl. ungar. Staatseisenbahn-Bauten, sowie zur Mitwirkung bei den Verhandlungen über die im Concessionswege herzustellenden ungarischen Eisenbahnen ist die „königl. ungar. Eisenbahn-Baudirection" berufen.

Königl. ungar. Eisenbahn-Baudirection.

Eisenbahn - Baudirector:

Achilles Thommen.

In Telegrafen-Angelegenheiten verkehren die Eisenbahnverwaltungen der westlichen Reichshälfte mit der k. k. Telegrafen-Anstalt oder deren Inspectorate. Das ungarische Telegrafenwesen verwaltet die Sect. III des königl. ungar. Ministeriums für Ackerbau, Industrie und Handel.

Telegrafen-Director:

Carl Brunner v. Wattenwyl, Ministerialrath.

Directions-Rath.

Dr. Ludw. Kutschera, Regierungsrath.

Directions-Secretäre.

Jos. Fellner Ritt. v. Feldegg, Jul. Wittmann, Lor. Wolschitz, Ludwig Hirschfeld.

Inspectoren:

Gust. Kallinger v. Aspern-
kampf in Wien.
Dr. Herm. Militzer in Wien.
Georg Schneider in Wien.
Franz Sikora in Brünn.
Dr. Franz Steiner in Temesvar.
A. Sponar v. Blindsdorf in
Triest.

Josef Pfeiffer in Lemberg.
Franz Burian in Innsbruck.
Jos. Horak in Prag.
Jos Langer in Agram.
Otto Erber in Zara.
Jos. Kotalik in Semlin.

Bezüglich der Besteuerung, der Staatsgarantie, der Stempel-
und Zollangelegenheiten unterstehen die Eisenbahnen unmittelbar dem k. k. Finanzministerium, beziehungsweise dem königl.
ungarischen Finanzministerium.

K. k. Finanzministerium.

Minister:
Dr. Rudolf Brestl, Exc.

Sections-Chefs:
Dr. Ferd. Gobbi, Alb. R. v.
Neuwall, Carl Distler.

**Referent in Communications-
angelegenheiten:**
M. v. Dobler, k. k. Sectionsrath.

Referent für Zollwesen etc.:
Ant. Peter R. v. Krosheim,
k. k. Ministerialrath.

Referent für Taxen, Stempel etc.
Dr. Fierlinger, k. k. Sectionsrath.

K. ung. Finanzministerium.

Minister:
Melchior v. Lonay, Exc.

Ministerial-Räthe:
Gust. v. Gränzenstein.
Johann Fluck.

Sectionsräthe:
Michael v. Szepessy.
Adalb. Frh. v. Splényi.
Gabriel Peterdy.
Alex. v. Buday.
Peter Leeb.
Eugen Rössner.
Paul Madarassy.
Adolf Diewald.
Alex. Czillich.

Referent für Grundsteuer:

Frdr. Elsner, k. k. Sectionsrath.

Referent für Personalsteuern etc.:
Carl von Jüngling, k. k. Ober-
Finanzrath.

Präsidial-Bureau:

Carl Reisslin Edl. v. Son-
nenthal.

Camill Kaim.
Jos. v. Wettstein.
Alois v. Andreánszky.
Ludwig Andrée.
Alois v. Motusz.
Carl Hereru.
Mathias Lindmayer.
Alex. v. Perczel.
Eduard Racz.
Marcell Marinovich.

Das Kriegsministerium nimmt Einfluss bei Bestimmung
der Bahntracen und bei Genehmigung der Pläne zu den Bahnanlagen und die oberste Polizeibehörde bei der Anstellung von
Beamten und Dienern.

Der Statthalterei eines jeden Kronlandes, welches eine projectirte Bahn durchziehen soll, obliegt es, über das Project ihr
Gutachten abzugeben und vor der vom Ministerium zu ertheilen-
den Bewilligung der Eröffnung einer Bahn dieselbe zu inspiciren.

Den Bau-Consens für jene Eisenbahnen, welche nicht als
öffentliche Transportmittel dienen, ertheilen die politischen Behörden.

Schliesslich kommt noch zu erwähnen, dass sämmtliche Angelegenheiten, welche sich auf die Vollziehung der Concessionen
und der Concessions-Bedingnisse der Eisenbahnen beziehen,
vom Rechtsweg ausgeschlossen sind und vor die Admini-
strativbehörden gehören.

Die Entwicklung

des

Eisenbahnwesens der österreichisch-ungarischen Monarchie im Jahre 1868.

Das glückliche Zusammentreffen einer Reihe von günstigen Umständen verschaffte dem Eisenbahnwesen der österreichisch-ungarischen Monarchie während des letztverflossenen Jahres einen Aufschwung, wie er in der Geschichte des Bahnbaues fast beispiellos dasteht.

Die Festigung der neuen staatlichen Institutionen, der andauernde Friede, die Regelung des Staatshaushaltes und in Folge dessen die Erholung und Wiedererstarkung des Staates auch in wirthschaftlicher und finanzieller Beziehung hoben das allgemeine, bis dahin wankend gewesene Vertrauen zu demselben und machten seinem Geldmarkte in reichlichem Masse Capitalien zuströmen, die fast ausschliesslich zur Gründung und Förderung industrieller Unternehmungen verwendet werden konnten, nachdem sie nicht, wie in früheren Jahren, vom Staate selbst zur Deckung seiner eigensten Bedürfnisse aufgebracht, somit den wirthschaftlichen Verhältnissen entzogen wurden.

Diesen mittelbaren Factoren gesellte sich noch ein, auf die Hebung des Eisenbahnwesens direct einwirkendes Element zu, der riesige Getreideexport nämlich, welcher die Einnahmen der meisten Eisenbahnen zu einer bisher unübertroffenen Höhe steigerte, gleichzeitig aber auch die Lücken in dem Eisenbahnnetze der Monarchie blosslegte, also nicht allein zu neuen Anlagen ermunterte, sondern auch zeigte, wo dieselben am meisten noth thäten.

1

Diese günstigen Conjuncturen nun haben die Regierungen
der beiden Reichshälften, gleichwie die einzelnen Unternehmer
weislich benützt; jene, indem sie neue Bahnlinien concessionirten, diese, indem sie sich die nöthigen Geldmittel sicherten, welches Letztere (nebenbei bemerkt) ganz mühelos gelang, da das
Capital sich mit förmlicher Hast zur Theilnahme an neuen Eisenbahn-Unternehmungen herandrängte. [1])

In der westlichen Reichshälfte wurden 74.5 Meilen, die

---

[1]) Abgesehen von dem für Eisenbahnzwecke verwendeten Theilbe-
trage per fl. 11,452.757·73 des ungarischen Eisenbahnanlehens per 60 Millionen Gulden Silber (= 150 Millionen Francs), welches zum grössten
Theile vom Pariser Geldmarkte zu decken war und ungefähr zur Hälfte
(fl. 28,771.742 in Silber) auch schon thatsächlich gedeckt ist, — abgesehen ferner von dem, im Wege der stillen Begebung und des Handverkau-
fes placirten Eisenbahneffecten (als: Prioritäten d. böhm. Nordbahn und
der Franz Josef-Bahn, Actien der Tramway-Gesellschaft etc. etc.) gelangten im Jahre 1868 Eisenbahnwerthe im Belaufe von 78·3 Millionen Gulden zur Emission und zeigt die folgende Zusammenstellung, in welch' hohem
Grade diese Summe überzeichnet wurde.

Es gelangten zur Ausgabe:

Im Monate	Bezeichnung der Effecten	Nominalbetrag	Gezeichnet wurden
		Gulden	
Mai	50.000 Actien der Rudolf-Bahn	10,000.000	77,502.800
Juli	15.000 Obligat. der Lemberg-Czernowitz-Bahn	4,500.000	14,796.000
„	— Obligat. d. Buschtehrd. B.	3,000.000	77,560.500
„	45.000 Actien d. Alföld-Bahn	9,000.000	1,202.342.600
August	50.000 „ „ ung. Nordost-B.	10,000.000	108,954.400
October	50.000 „ „ Lembg.-Czernowitz-Bahn	10,000.000	10,000.000
„	60.000 „ „ österreich. Nordwest-Bahn	12,000.000	338,421.200
November	20.000 Obligat. d. Rudolf-Bahn	6,000.000	99,241.500
„	28.000 „ „ Lembg.-Czernowitz-Bahn	7,800.000	186,846.000
December	30.000 „ „ Alföld-Bahn	6,000.000	175,973.000
		78,300.000	2,291.641.000

„österr. Nordwestbahn", neu concessionirt [1]) und circa 34 Meilen, das „nordwestlich-böhmische Bahnnetz" (dessen Linien: Katschitz-Weipert und Prag-Eger bereits im Jahre 1865 concessionirt, von den damaligen Concessionären aber nicht ausgeführt worden waren) durch die Concessionirung an die Buschtěhrader Eisenbahn-Gesellschaft sichergestellt; in der Concessionirung begriffen verblieben 13.5 Meilen, nämlich die Linie Laibach-Tarvis. [2])

Ungleich mehr noch geschah und musste diesfalls in der östlichen Reichshälfte geschehen, denn dort galt und gilt es, das in den jüngstverflossenen Nothjahren Verabsäumte möglichst rasch nachzuholen.

Ungarn, die Vorrathskammer des Reiches, ja Europas, das mit Boden- und Rohproducten aller Art so reich gesegnete Land, vermochte diese seine Schätze nur mühselig zu verwerthen, denn es mangelte ihm das Vehikel alles Verkehrslebens, die gute Strasse überhaupt, noch mehr aber die Schienenstrasse.

Diesem Mangel musste endlich abgeholfen werden. Das Land verlangte laut nach Eisenbahnen und seine Regierung unterzog sich mit wahrhaft patriotischem Eifer der Aufgabe, ihm solche zu verschaffen.

Das königlich ungarische Communications-Ministerium, dessen Seele nächst dem Minister Grafen Mikó der thatkräftige und unermüdliche Unterstaatssecretär Hollan ist, hatte — im Jahre 1867 noch — den Entwurf eines Eisenbahnnetzes für Ungarn ausarbeiten und veröffentlichen, [3]) sowie — mit Rücksicht

---

[1]) Die im Jahre 1868 concessionirte, aber auch eröffnete Strecke St. Michael-Leoben ist den neu eröffneten Linien zugezählt; s. die Zusammenstellung auf S. 13.

[2]) Das Gesetz über die Concessionirung der Linie Laibach-Tarvis erhielt am 18. Juli 1868 die a. h. Sanction (s. R.-G.-Bl. Nr. 103). die Concessionirung selbst erfuhr aber dadurch eine Verzögerung, dass die Südbahn-Gesellschaft, welcher ein Vorzugsrecht auf diese Linie zustand, sich vorerst zu erklären hatte, ob sie den Bau unternehmen wolle.

Nachdem nun diese auf den Bau verzichtete, dürfte die Concessionirung bald erfolgen.

[3]) Der vom königl. ungarischen Ministerium verfasste und Ende October 1867 veröffentlichte Entwurf eines ungarischen Eisenbahnnetzes um-

1*

auf eine rasche und erfolgreiche Realisirung der wichtigsten Bahnprojecte — über specielle Ermächtigung des Landtages (Beschlüsse vom 1., respective 2. Juli 1867) einige Linien auf

---

fasst ausser den bereits im Betriebe stehenden Bahnen noch folgende Linien:

Zur Ofen-Fiumaner Linie	Zákány-Agram *	....	12·75 Meilen.
	Carlstadt - Fiume 34·25 Meil.	mit Zweigbahnen nach Zengg und Spalato 5·25 Meil. zusammen	39·50 „
Ungarische Ostbahn **	Grosswardein-Klausenburg-Kronstadt-Bodzapass		80·25 „
Zur Verbindung mit den ungar. galiz. Linien	Hatvan-Miskolcz *		15·25 „
Ungar. Nord-Ostbahn **	Szerencs-Marmaros-Szigeth Debreczin - Szatmár-Tekeháza	· ·	64·50 „
Auf dem nordwestlichen Gebiete	Kaschau-Oderberg ** 47, bis zur ungarischen Grenze...		33·25 „
	Salgo-Tarjan-Szucsan.............		21·50 „
	Neuhäusel-Trencsin.............		27·— „
	Neuhäusel-Comorn		4·— „
	Miskolcz-Rosenau........		11·50 „
Auf dem südwestlichen Gebiete	Raab-Molnari-Graz (30 Meilen) bis zur Grenze		21·25 „
Auf dem südöstlichen Gebiete	Murakeresztur-Barcs-Fünfkirchen † .		18·— „
	Stuhlweissenburg-Fünfkirchen.......		20·— „
	Alföld-Bahn *	Villany-Essegg.....	6·50 „
		Grosswardein-Czaba-Szegedin-Theresiopel-Zombor-Essegg	45·— „
	Essegg-Sissek (30 Meilen) sammt Abzweigung nach Brod (5·25 Meil.) zusammen..................		35 25 „
Zur Pest-Pancsovaer Linie	Gross-Kikinda - Perlass - Pancsova ..		16·50 „

Fürtrag... 472.— Meilen.

Anmerkung. Die mit * bezeichneten Linien sind seither als Staatsbahnen in Angriff genommen, die mit ** bezeichneten concessionirt und die mit † bezeichneten dem Betriebe übergeben worden.

Rechnung des Staates sofort in Angriff nehmen lassen. [1]) Ebenso hat es zur Oberleitung dieser Bauten und zur Mitwirkung bei den Verhandlungen über die im Concessionswege herzustellenden Bahnen eine eigene „Eisenbahn-Baudirection" creirt und an die Spitze derselben den, noch vom Baue der Brenner-Bahn her vortheilhaft bekannten Ingenieur Achilles Thommen berufen. Ueberdies aber hat die königl. ungarische Regierung auch die in derangirten Verhältnissen gewesene „Ungarische Nord-bahn" eingelöst, um sie vor einer neuerlichen Catastrophe, und den Staat, welcher einer der Hauptgläubiger dieser Unternehmung war, vor bedeutenden Verlusten zu bewahren. (Vergl. S. 252.)

Diese energievolle Wirksamkeit des königl. ungarischen Ministeriums weckte bald die Unternehmungslust der Privatspeculation und zog ganze Schaaren von Concessionswerbern herbei, so dass in kurzer Zeit die wichtigsten Bahnlinien sichergestellt waren.

Es wurden concessionirt: die „Alföldbahn,"die „ungarische Nord-Ostbahn" und die „ungarische Ostbahn", zu-

			Uebertrag	472.—	Meilen
	Perlass-Neusatz-Zombor			18·—	„
	Arad-Temesvár			7·25	„
	Temesvár-Mehadia-Orsova			23·—	„
Auf dem südöstlichen Gebiete	I. Siebenbürger-Bahn	Arad-Carlsburg †		27·80	„
		s. d. Zweigbahn Piski nach Petrozseny		10·25	„
	Kapus-Hermannstadt			5·25	„
	Kronstadt-Gyergyó-Szt.-Miklos			15·75	„
	Gerend- (oder Hadrév-) Máros-Vásárhely			6·75	„
	Klausenburg-Bistritz			13·50	„
			Zusammen	599·55	Meilen.

„Mit diesen Linien soll jedoch das ungarische Bahnnetz noch keineswegs abgeschlossen sein, indem den Bedürfnissen des Verkehres entsprechend mit der Zeit gewiss noch viele Verbindungs- und Flügelbahnen sich als nothwendig herausstellen werden."

„Der Centralpunct des Bahnnetzes ist Pest-Ofen und muss aus diesem Grunde eine Verbindung zwischen den dortigen Bahnhöfen hergestellt werden."

[1]) Die hiezu erforderlichen Geldmittel wurden durch das ungarische Eisenbahnanlehen beschafft. Vergl. die Anmerkung auf S. 6.

sammen .... 195·75 Meilen
und auf Staatskosten in Angriff genommen die
Linien: Hatwan-Miskolz, Zakany-Agram und
Carlstadt-Fiume, zusammen .... 67·25   „
                                         _____
                                         263.— Meilen.

In der Concessionirung befindlich verblieben die Linien Arad-Temesvar und Raab-
Graz, zusammen auf ungarischem Gebiete ..... 28.5   „
ausserdem aber langen fast täglich neue Concessionsgesuche
beim Ministerium ein. Es ist somit gegründete Hoffnung vorhanden, dass auch die östliche Reichshälfte binnen wenigen Jahren
schon von einem recht grossen Eisenbahnnetze überzogen, folglich das Bahnnetz der Gesammtmonarchie seiner Vollendung um
ein Bedeutendes nähergerückt sein werde.

Die Anzeichen für die allmälig herannahende Vollendung
unseres Eisenbahnnetzes sind auch bereits vorhanden. Die Anschlüsse an die Schienenwege des Auslandes mehren sich zusehends [1]) und die Frage der Erbauung von „Vicinalbahnen"
nimmt bereits greifbare Formen an. [2])

Die Entwicklung des Eisenbahnsystems der österreichisch-
ungarischen Monarchie während des abgelaufenen Jahres betraf
jedoch nicht allein die räumliche Ausdehnung des Schienen-
netzes, sondern auch die Vervollkommnung seines inneren
Wesens.

Die älteren Bahnunternehmungen arbeiten unablässig an
ihrer Vervollständigung; die Fahrbetriebsmittel erfuhren
ansehnliche Bereicherungen, die Doppelgeleise wurden ver-

---

[1]) Neue Verbindungen mit den Eisenbahnen Deutschlands und
Russlands, der Anschluss an die rumänischen und die projectirten
türkischen Bahnen sind bereits gesichert und wegen eines neuerlichen
Anschlusses an die italienischen Bahnen sollen die Verhandlungen im
Zuge sein.

[2]) In der westlichen Reichshälfte haben sich bereits Consortien
für die Anlage von „Vicinalbahnen" gebildet, so namentlich in Steiermark, wo der Graf Meran sich für diese Angelegenheit lebhaft interessirt,
und in Ungarn liegen zahllose Projecte für Pferdebahnen vor, welche
meistens den Charakter von Vicinal- oder Localbahnen an sich tragen.

mehrt und an vielen Stationsplätzen bedeutende Erweiterungen vorgenommen.

Die jüngeren Institute dagegen konnten — Dank den besonders günstigen Betriebsresultaten — sich mit der Ordnung ihrer finanziellen Verhältnisse befassen, wobei natürlich die Tilgung der in früheren Jahren in Anspruch genommenen Staatsvorschüsse zunächst in Betracht kam.

Die Regierungen der beiden Reichshälften endlich haben durch die Organisirung (beziehungsweise Reorganisirung) der staatlichen Aufsichtsbehörden über die Eisenbahnen, [1] ferner durch den weiteren Verfolg der Tarifreform-Frage und durch die Schaffung oder Vorbereitung mehrerer das Eisenbahnwesen betreffenden Gesetze und Verordnungen [2] auch die qualitative Entwicklung des Eisenbahnwesens wesentlich gefördert.

Das Jahr 1868 darf daher in Bezug auf den Aufschwung, welchen es unserem Eisenbahnwesen brachte, immerhin ein denkwürdiges genannt werden. —

---

[1] Die königl. ungar. General-Inspection für Eisenbahnen und Schifffahrt wurde mit 1. September 1868 vollständig in Wirksamkeit gesetzt und die k. k. General-Inspection wird eben einer Reorganisirung unterzogen.

[2] Ausser den Gesetzen über die Bedingungen und Zugeständnisse für die einzelnen neuen Eisenbahn-Unternehmungen wurden im Jahre 1868 noch erlassen: mit der Giltigkeit für die im Reichsrathe vertretenen Länder: das „Gesetz über die Regelung der Eisenbahntarife" und mit der Giltigkeit für Ungarn: das „Gesetz über die grundbücherliche Eintragung der Eisenbahnen und Canäle (Gesetz-Artikel I vom Jahre 1868), ferner die Verordnung des königl. ung. Communications-Ministeriums ddo. 7. Mai 1868, betreffend die „Concessionsnormen für Eisenbahnen"; das „Concessions-Regulativ" (Verordnung des Communications-Ministeriums ddo. 8. Juli 1868) und endlich das Expropriations-Gesetz (Gesetz-Artikel LV. v. J. 1868).

Ziffermässige Darstellung der Bewegung

in dem Eisenbahnwesen der österr.-ungar. Monarchie während der
Zeit von Anfangs September 1867 bis Ende December 1868.

In den letzten 4 Monaten des Jahres 1867 [1]) wurden eröffnet:

Die Strecke Bakow-Böhm.-Leipa (5·858 Meilen) der
böhmischen Nordbahn und die circa ¼ Meilen lange Kohlenbahn
von der Station Aussig zum Refeen'schen Schachte.

Mit **Ende 1867** standen daher **im Betriebe**

A. für den allgemeinen Verkehr:

	Meilen
Die Nordbahn mit	79·977
„ Staatsbahn mit	173·211
„ Südbahn mit	248·023
„ Elisabethbahn mit	74·300
„ Theissbahn mit..................	76·760
„ Carl-Ludwigbahn mit...............	46·472
„ Lemberg-Czernowitzer Bahn mit	35·091
„ Süd-Norddeutsche Verbindungsbahn mit.	25·899
„ Böhmische Westbahn mit.....	25·580
„ Turnau-Kralup-Prager Bahn mit.......	11·442
„ Buschtěhrader Bahn mit	10·953
„ Graz-Köflacher Bahn mit	5·244
„ Brünn-Rossitzer Bahn mit	3·156
„ Mohacs-Fünfkirchner Bahn mit........	8·022
„ Aussig-Teplitzer Bahn mit	3·949
„ Ungarische Nordbahn mit.............	16·670
„ Böhmische Nordbahn (Strecke Bakow-Böhm.-Leipa) mit	5·858
„ Pressburg-Tyrnauer Pferdebahn mit	8·333
„ Zittau-Reichenberger Bahn mit	2·863
„ Bahn von Eger nach Hof [2]) mit........	4·250
Fürtrag ..	867·080

[1]) Die übersichtliche Darstellung der Bewegung in dem österreichischen
Eisenbahnwesen während der Zeit vom. 1. Jänner 1865 bis Ende August
1867 ist bereits in dem I. Jahrg. d. B., S. 10—13, enthalten.

[2]) Eigenthum der Stadtgemeinde Hof in Baiern.

	Meilen	
Uebertrag..	867·080	

Die Bahn von Eger über Mitterteich (baier.
Ostbahn) an die baier. Grenze mit.... 1·022

„ Bahn von Eger nach Voitersreuth (sächs.
Voigtl. B.) mit.................... 1·937

„ Bahnstrecke von Oswiecim nach Neuberun
(oberschlesische Bahn) mit......... 0·275

„ dem Staate gehörige Strecke Bodenbach-
sächs. Grenze mit .... 1·460

„ dem Staate gehörige Wiener Verbindungsbahn mit .... 0·650   871·402

B. Local-Strassenbahnen.

Die Wiener Tramways mit.............. 0·732

„ Pester Strassenbahn (L. Pest-Neupest)mit 1·173   1·905

C. Montan- und Industriebahnen. ')

Die der K. F.-Nordbahn gehörige Ostrauer
Montanbahn (von M.-Ostrau bis Michalkowitz) 1·410
mit den Abzweigungen zu dem Eisenwerke
Wittkowitz (0·18 Ml.) und zu den umliegenden
Kohlengruben in der Burnia, in Poln.-Ostrau,
am Jaklowetz etc. etc. von zusammen..... 1·160

„ Dabrowaer Kohlenbahn (von Dabrowa
nach Szcakowa), Eigenthum des Hrn. Westenholz .... 0·288

„ Jaworzner Kohlenbahn (Szczakowa-Ja-
worzno), Eigenthum des k. k. Montan Aerars . 1·180

„ der Staatseisenbahn gehörige Steyerdorfer Montanbahn (Orawitza-Steyerdorf) 4·350

Fürtrag.. 8·388   873·307

') Die Daten über die Montan- und Industriebahnen sind den inte-
ressanten Aufsätzen „die Industriebahnen Oesterreichs" in Nr. 44
und 45 (ex 1868) der „Zeitung des Vereins deutscher Eisenbahnen" entnommen und nach Mittheilungen des „Ctrl.-Bl. für Eisenb. und
Dampfschiff" ergänzt.

		Meilen	Meilen
	Uebertrag..	8·388	873·307

Die der Wolfsegg-Traunthaler Kohlengewerkschaft gehörigen Kohlenbahnen: Wolf-
egg-Breitenschützing und Thomasroith-
Atnang je 1·625 Ml. lang .... 3·250

„ der Brünn-Rossitzer Bahn gehörigen
Kohlenbahnen zum Simon-Schachte, zum
Erbstollen-, zum Ferdinands- und Hein-
richs-Schachte, zusammen .... 0·841

„ der Graz-Köflacher Bahn gehörigen Kohlenbahnen: kleine und grosse Rosenthaler-
und Mitterdorfer Flügelbahn, dann der
Koch'sche Flügel, zusammen .... 0·360

„ der Südbahn-Gesellschaft gehörige
Schleppbahn vom Matzleinsdorfer (Wien) Frach-
tenbahnhofe zu den Holzlagerstätten........ 0·251

„ Hrastnigger Kohlenbahn (Eigenthum der
Triester Kohlen-Gewerkschaft) .... 0·390

„ Hrastnigger Fabriksbahn (Eigenthum der
Heider'schen Glasfabrik) .... 0·028

„ Gewerksbahn Bresno-Römerbad (Eigenthum der Berg- und Hüttenwerks-Gesellschaft
Store) .... 0·750

„ Kohlenbahnen der Gewerkschaft Sagor .. 0·894

„ Fabriksbahn in Wr. Neustadt (Eigenthum
der Sigl'schen Maschinenfabrik)............. 0·180

„ Fabriksbahn in Liesing (Eigenthum der
Firma Wagenmann, Seybl & Cie.) .... 0·120

„ Fabriksbahn von Cseperegh zur Station
Bükk (Eigenth. der Cseperegher Zuckerfabrik) 0·600

„ der Prager-Eisen-Industrie-Gesellschaft
gehörige, an die Buschtěhrader-Eisen-
bahn anschliessende Nučicer- und Amalien-
schächter-Flügelbahn, erstere 3·97 Meilen;
letztere 0·3 Meilen lang; zusammen ... 4·270

„ in die böhmische Westbahn einmündenden Gewerksbahnen u. z.
die Wilkischner Bahn von den Kohlengruben und Eisenwerken der Prager-Eisenin-
dustrie-Gesellschaft in Wilkischen zur Station Nürschan.......................... 1·390

| | Fürtrag.. | 21·712 | 873·307 |

	Meilen	Meilen
Uebertrag ..	21.712	873·307

die Dobrakner Bahn, ebenfalls Eigenthum der Prager Eisenindustrie-Gesellschaft   0·400

die Humboldts-Bahn von den Kohlengruben bei Nürschan zur Station Nürschan (Eigenth. des Westböhm. Bergbau- und Hütten-Vereines in Pilsen) ....   0·210

die Pankraz-Bahn von den Gruben in Nürschan zur gleichnamigen Station (Eigenthum des J. Dr. Pankraz in Pilsen) ....   0·490

die Lititzer Bahn von den Gewerken in Lititz zur Station Nürschan (Eigenthum des Fürsten Thurn und Taxis)............   1·040

die Mantauer Bahn von den Mantauer Kohlenwerken zur Station Staab (Eigenth. der Mantauer Kohlen-Gewerkschaft) ....   0·363

die der Prager Eisenindustrie-Gesellschaft gehörige u. in die Wilkischnerbahn einmündende Kohlen-Flügelbahn zum Lazarus-Schachte (bei Blattwitz) ....   0·080

Die in die Aussig-Teplitzer Bahn einmündenden Industriebahnen, nämlich:

von der Station Aussig zur Elbe, 0·324 Ml. zur chem. Fabrik, 0·035 Ml.; zum Reefenschachte 0·025 Ml.; zusammen ......   0·384

von der Station Türmitz zum Arnoldschacht 0·035 Ml., zur Franz-Josefzeche 0·020 Ml.; zum Elisabethschacht 0·026 Ml.; zusammen....................   0·081

von der Station Karbitz zum Julienschacht 0·105 Ml.; zum Mildaschacht 0·020 Ml.; zum Wilhelmschacht 0·073 Ml.; zum Ritschelschacht 0·130 Ml.; zur Saxonia 0·269 Ml., zum Bail'schen Kohlenwerk 0·042 Ml.; zum Austriaschacht 0·031 Ml. zusammen....................   0·570

von der Station Mariaschein zum Kohlenwerke in Sobochleben 0·042 Ml.; zur Portland-Cementfabrik 0·024 Ml.; zu

	Meilen	Meilen
Fürtrag ..	25·330	873·307

	Meilen	Meilen
Uebertrag ..	25·330	873·307

den Förderungsschächten der Elbe—Colliery Comp. Limited 0·123 Ml.; dann zur Lade-rampe an der Musterung 0·035 Ml.; u. von da nach Serbitz 0·287 Ml; ferner die Schlepp-bahn zum Richardschacht 0·053 Ml.; und zum Victoriaschacht 0·024 Ml., zusammen ...... **0·579**

von der Station Teplitz zum Wenzel-schacht .... **0·051**

Die in die süd - norddeutsche Verbin-bindungsbahn einmündenden Industrie-bahnen u. z.:

von der Station Königgrätz zum Kohlen-Depôt der Buschtěhrad-Kladno'er Koh-lenverschleiss-Vereines 0·022 Ml. und zum Prinz Schaumburg-Lippe'schen Kohlen-Depôt 0·013 Ml.; zu den Depôts der Actien-Zuckerfabrik 0·023 Ml.; zusammen .... **0·058**

von der Station Smiřitz zur Dampf-brettsäge .... **0·054**

von der Station Falgendorf zur Lade-rampe des Buschtěhrad-Kladno'er Kohlen-verschleiss-Vereines................ **0·046**

Eisenbrod zu den Liebig'schen Kalköfen 0·012 Ml. zur Baumwoll-Spinnfabrik 0·142 Ml.; zusammen............................ **0·154**

von der Station Liebenau zu den Maga-zinen der Schmitt'schen Baumwoll-Spinnerei **0·004**

von den Station Reichenberg zur Dampf-brettsäge und zu den Depôtplätzen der Firma Liebig & Cie. 0·046 Ml.; zur Laderampe des Buschtěhrad-Kladno'er Kohlenverschleiss-Vereines 0·012 Ml. zusammen .... **0·058**

von der Station Schwadowitz zu den Prinz Schaumburg-Lippe'schen Kohlenwerken **1.280**

Die in die Carl-Ludwig-Bahn **Station** Wie-liczka einmündende Salzbahn vom Schachte „Franz-Josef" und dem Verschleissmaga-zine Turowka .... **0·025**   **27·639**

900·946

	Meilen	Meilen
Uebertrag..........	900·946	

Im Jahre 1868 wurde eröffnet:

a. für den allgemeinen Verkehr:

	Meilen	Meilen
Die Fünfkirchen-Barcser Bahn	8·930	
„ Prager Verbindungsbahn (Bubna-Staatsbahnhof)................	0·250	
„ Linie Schwadowitz-Königsbain der Süd-norddeutsch. Verbindungsbahn....	3·472	
„ Rudolfsbahn-Strecken: St. Valentin-Steyer 2·748 Ml.; St. Michael-Villach 23·067 Ml. u. St. Michael-Leoben 1·624 Ml., zusammen......................	27·439	
„ Südbahn-Strecken: Bruck-Leoben 2·245 Ml. u. Keresztur-Bares 9.375 Ml., zusammen......................	11·620	
„ Franz-Josef-Bahnstr.: Budweis-Pilsen	17·879	
„ Siebenbürger-Bahn (Arad-Karlsburg)	27·799	97·389

b. Local-Strassenbahnen.

	Meilen	Meilen
„ Wiener Tramways-Strecken: Schottenring-Aspernbrücke-Praterstern-Bäder	0·799	
„ Pester-Strassenbahn-Lin.: „Zriny"-Stadtwäldchen-Nordbahnhof-Steinbruch	1·510	
„ Ofner Strassenbahn.............	1·715	4·024

c. Montan- und Industriebahnen.

	Meilen	Meilen
Die Fabriksbahn von d. Station Schwechat der Uj-Szönyer-Linie (d. Staatseisenbahn) zum Dreher'schen Brauhause in Klein-Schwechat u. zu den Kellern in Kais.-Ebersdorf..................	0·439	
„ Fabriksbahn von der Station Tót-Megyer der südöstl. Staatseisenbahn zur Zuckerfabrik in Surány.................	1·520	
Fürtrag..	1.959	1.002.359

	Meilen	Meilen
Uebertrag..	1.959	1.002·359
Die Gewerksbahn von Brennberg zur Süd- bahn-Station Agendorf	0.500	
„ Gewerksbahn von d. Rudolfsbahn-Station Zeltweg zu den Henkel'schen Werken	0·250	2·709

Mit **Ende 1868** standen also im Betriebe......:.... 1.005.068

Im Baue oder noch zu bauen verblieben:

a) auf Grund älterer Concessionen: [1]

	Meilen
Die Linie Villach-Brixen	27·5
„ Linie St. Peter-Fiume.............	7·3
„ Strecke Dux-Komotau (der Aussig-Tep- litzer Bahn)	1·7
Das Ergänzungsnetz der Staatseisenbahn umfassend die Linien: Marchegg-Stadlau- Wien, Stadlau-Laa - Buschteiner Mühle (Rossitzer-Bahn) sammt Zweigbahn nach Znaim, zusammen...............·.....	26·—
Die „Mährisch-schlesische Nordbahn" (Brünn-Prossnitz-Olmütz-Sternberg smt. Zweigbahn nach Prerau)	18·—
„ Fortsetzung der Carl-Ludwig-Bahn v. Lemberg nach Brody und Tarnopol, circa	30·—
„ Fortsetzung der Lemberg-Czernowi- tzer Bahn auf österr. Gebiete n. Suczawa	12·—
„ Neumarkt-Braunau'er Bahn.......:	7·5
„ Ofner Verbindungsbahn.........	0·5
„ Strecken: B. Leipa-Rumburg, Kreibitz-	

	Meilen	Meilen
Fürtrag..	130·5	1.005·068

[1] Vgl. d. Entwicklg. d. österr. Eisenbahn-Wesens im I. Jahrg d. Buches
(Seite 11—13).

	Meilen	Meilen
Uebertrag..	130·5	1.005.068
Warnsdorf, Tannenberg-Bodenbach, der Böhm. Nordbahn	12·8	
Die Bahn von Aussig über B. Leipa nach Liebenau	10·—	
„ Bahn von Leibnitz nach Eibiswald ca.	4·—	
„ Kaschau-Oderberger Bahn	48·—	
„ Zweigbahn von Piski nach Petrozseny der I. Siebenbürger Bahn	10·3	
„ Strecken: Wien-Budweis, Pilsen-Eger u. Gmünd-Prag d. Kaiser Franz-Josef-B.	66·8	
„ Strecken: Steyer-St. Michael, St. Veit-Klagenfurt u. Launsdorf-Mösel d. Kronprinz Rudolf-Bahn	31·4	
„ auf österr. Gebiete liegende Theilstrecke d. Bahn v. Dzieditz n. Emanuel-Segen	0·3	314·1

b) die im Jahre 1868 concessionirten Unternehmungen u. z.:

das der Buschtěhrad. Eisenbahn-Gesellschaft concessionirte nordwestlich - böhm. Bahnnetz (Katschiz-Weipert u. Prag-Eger-Franzensbad) circa	34	
Die „österreichische Nordwestbahn" (Wien-Znaim-Iglau-Kolin-Jungbunzlau) s. Zweigbahn n. Pardubitz u. Trautenau	74·5	
„ „Alföldbahn" (Grosswardein-Essegg-Villany) circa	51—	
„ „ungar. Nord-Ostbahn" (Debreczin-Szigeth, Tekehaza-Csap-Kaschau, Csap-Munkacz (S. Ujhély-Zombor) circa	64·5	
„ „ungar. Ostbahn" (Grosswardein-Klausenburg-Bodzapass)................	80·3	304·3
Fürtrag..		1.623·468

	Meilen
Uebertrag..	1.623·468

c) Die von der königl. ungar. Regierung als
Staatsbahnen in Angriff genommenen
Linien Hatvan - Miskolcz, Zakany -
Agram u. Carlstadt-Fiume, zusammen .... 67·5

und endlich

d) mehrere Local-Strassen u. Montan-Bah-
nen von zusammen circa .... 4·5

Im Ganzen.. 1.695·468

Recapitulation.

	Für den allgem. Verkehr	Local-Stras-senbahnen	Montan- und Industriebahn.	Zusammen
	M e i l e n			
Mit Ende 1867 standen im Betriebe	871·402	1·905	27·639	900·946
Im J. 1868 wurd. eröffnet	97·389	4·024	2·709	104·122
Mit Ende 1868 waren daher im Betriebe	968·791	5·929	30·348	1,005·068
Im Baue oder noch zu bauen verblieben:				
a) auf Grund älterer Concessionen	313·800		0·300	314·100
b) die von der k. ungar. Regierg. auf Staatsko- sten in Angriff genom- menen Linien	67·500			67·500
c) die im Jahre 1868 con- cessionirten Linien ..	304·300	2·500	2·000	308·800
	1,654·391	8·429	32·648	1,695·468

Mit Ende 1868 war daher der österr.-ungar. Monarchie ein
Bahnnetz von 1.695·5 Meilen gesichert.

Von den bereits im Betriebe befindlichen 1.005·068 Meilen sind circa 40 Meilen Pferdebahnen.

Kaiser Ferdinands-Nordbahn.

Direction.

Präses: Josef Stummer Ritter von Traunfels, k. k. Professor.

Präses-Stellvertreter: G. Freih. v. Plenker, k. k. Ministerialrath.

Moriz Ritter v. Goldschmidt.	S. Winterstein.
J. Ritter v. Königswarter.	Dr. Ignaz Kuranda.
P. Ritter v. Murmann.	Frdr. Baron Burger, Excellenz.
Ed. Ritter v. Todesco.	Johann Fillunger.
L. Ritter. v. Wertheimstein.	

Central-Administration.

General-Inspector: Eichler Wilhelm, Ritter von Eichkron,
k. k. Hofrath.

General-Secretär: Jacobi Jacob.

„ Secretariats-Correspondent: Rick Carl.

Ober-Buchhalter: Astl Carl.

Liquidator: Romberg Wilhelm.

Haupt-Cassier: Mathes Eduard.

Registrator: Seeböck Mathias.

Centralkanzlei- und Expedits-Vorstand: Martinitz Vincenz.

Rechts-Consulent und Grundeinlösungs-Commissär: Kuh An-
gelo, Dr.

Vorsteher des technischen Revisionsamtes: Beran Carl.

Vorsteher des commerciellen Bureaus und administrativen Revisionsamtes: Vernay Johann.

Vorsteher des Bahnerhaltungs- und Betriebs-Inspectorates:
Alker Eduard Ritter v., k. k. Rath und Ober-Inspector.

Stellvertreter des Bahnerhaltungs- und Betriebs-Ober-Inspectors:
Bühler Ernest, Inspector.

2

Vorsteher des Bau- und Bahnerhaltungs-Dienstes: Stockert Franz, Ober-Inspector.

Vorsteher des Maschinen- und Zugförderungs-Dienstes: Becker Ludwig, Ober-Inspector.

Vorsteher des Verkehrs-, Stations- und Zugsdienstes: Schweng Ferdinand, Inspector.

Vorsteher des gesammten Materialwesens: Tabeau Franz, Ober-Ingenieur.

Vorsteher der Material-Verwaltung: Prokesch Anton, Ober-Ingenieur.

Vorsteher des Expedits-Inspectorates: Himmel Alois, Expedits-Inspector.

Vorsteher des Zugförderungs-Inspectorates: Schlu Heinrich, Inspector.

Vorsteher des Werkstätten-Inspectorates: Wetzlich Ludwig, Inspector.

Montan-Referent: Kleszczynski Eduard, Ober-Ingenieur.

Historische Mittheilungen.

Befreit von den Sorgen, welche in Folge des Privilegiums-Streites [1]) die letzten Jahre hindurch auf der Nordbahn-Gesell-

---

[1]) Vergl. S. 25—30 des I. Jahrg. dieses Buches.

Der gegenwärtige Stand dieser Streitfrage ist folgender:

Nach Herablangung der, der österreichischen Staatseisenbahn-Gesellschaft ertheilten Concession für das „Ergänzungs-Netz“ hat die Direction der Nordbahn bekanntlich gegen die genannte Gesellschaft sowohl, als auch gegen die Staatsverwaltung eine gerichtliche Klage eingebracht, über welche das k. k. Landesgericht Wien aus Competenzgründen ein Verfahren einzuleiten nicht befunden hat. Ueber den hingegen ergriffenen Recurs hat das k. k. Oberlandesgericht den ablehnenden Bescheid zwar aufgehoben, allein der k. k. oberste Gerichtshof hat über Revision der Gegner den erstrichterlichen Bescheid und damit die Incompetenz der Gerichte zur Entscheidung dieser Angelegenheit bestättigt.

Es ist mithin der Nordbahn nicht gelungen, noch vor Anstrengung des eigentlichen Entschädigungsprocesses ein, ihren Rechtsanschauungen entsprechendes richterliches Verdict zu erlangen; nichtsdestoweniger erachtet sie ihre diessfälligen Rechte als in keiner Weise präjudicirt und gedenkt vielmehr zur gelegenen Zeit den ordentlichen Rechtsweg zu betreten.

schaft gelastet hatten, widmet dieselbe ihre Thatkraft nunmehr
ungeschmälert der Vervollständigung ihrer alten Bahnlinien und
dem Baue der jüngst erworbenen „mährisch-schlesischen
Nordbahn". [1]

In ersterer Richtung war die Direction vor Allem bemüht
die letzten, noch von den Kriegsereignissen des Jahres 1866 herrührenden Schäden am Bahnkörper vollends und gründlich zu
beseitigen. [2] dann aber liess sie jene von der vorjährigen (42.)
General-Versammlung schon genehmigten Reconstructions-
und Vervollständigungsbauten ausführen, welche einestheils
die erhöhten Anforderungen des immer steigenden Verkehres er-
fordern, anderntheils aber zur Vermehrung der Sicherheit des
Betriebes dienen.

Hieher gehören namentlich:

Die Legung des 2. Geleises in der 2.3 Meilen langen Strecke
Stauding-Schönbrunn;

die Vermehrung, resp. Verlängerung der Stationsgeleise
und Ausweichvorrichtungen in den Stationen: Wien, Lun-
denburg, Prerau, Leipnik, Zauchtl, Stauding und Ostrau;

die fortgesetzte Auswechslung der hochkantigen
Rails gegen Vignoles-Schienen; [3]

die Aufstellung von Distanz- und elektrischen Glocken-
Signalen;

die Ausführung mehrerer Hochbauten, als: des neuen
Aufnahmsgebäudes in Lang-Enzersdorf, einer Wasserstation in

---

[1] Näheres über die Concessionirung der „mährisch-schlesischen
Nordbahn" (Brünn-Prossnitz-Olmütz-Sternberg) und die wichtigsten Bestimmungen der Concessions-Urkunde findet sich Seite 31—33 des I. Jahrg.
dieses Buches.

[2] Die letzte grössere Arbeit dieser Art, nämlich der Bau der im
Kriege zerstörten Grenzbrücke nächst Szczakowa wurde am 15. Mai 1867
vollendet und hiemit die durch fast 11 Monate unterbrochen gewesene Verbindung mit der oberschlesischen Bahn wieder hergestellt.

[3] Statt der früher verwendeten Eisenschienen kamen 1861—1865
versuchsweise, von da an aber ausschliessend Stahlschienen in Anwendung
u. z. bis Ende 1865 Stahlschienen mit dem gleichen Querschnitte, wie
die früheren Eisenschienen, vom Jahre 1866 angefangen aber Stahlschienen
des neuen leichten (sogenannten) Nordbahn-Profils.

Ostrau, die Adaptirung der Locomotiv-Remise in Trzebinia, der Erbauung einiger Wächterhäuser u. dgl. m.:

Die Vollendung der Wasserleitungen am Wiener Bahnhofe und schliesslich

die Herstellung neuer Zufahrtstrassen zu den Stationen: Napagedl, Stauding und Troppau. [1]

Die Arbeiten auf der „mährisch-schlesischen Nordbahn" betrafen während des Jahres 1867 zumeist nur Tracirungen und die Verfassung der Projecte.

Das vollständige Project für die Theilstrecken Brünn-Sokolnitz und Lutsch-Chwalkowitz wurde am 1. Juni und jenes für die übrigen drei Theilstrecken der Linie Brünn-Prerau, nämlich: Sokolnitz-Holubitz, Holubitz-Lultsch und Chwalkowitz-Prerau, am 27. August 1867 dem Ministerium in Vorlage gebracht.

Die Genehmigung der ersteren Projecte erfolgte am 8. Juli, und jene der letzteren am 6. October 1867.

Mittlerweile hatte die Vergebung der in 5 Lose abgetheilten Unterbau-Arbeiten im Wege der öffentlichen Concurrenz stattgefunden und hiernach der eigentliche Bau am 7. October in der Strecke Brünn-Sokolnitz und am 14. December in den übrigen Strecken begonnen, nachdem die Grundeinlösung zum grössten Theile im Vergleichswege durchgeführt worden war.

Der zeitlich eingetretene strenge und ungewöhnlich schneereiche Winter hatte jedoch die frühe Einstellung der Arbeiten zur Folge gehabt und ihre Fortsetzung während dessen ganzer Dauer unmöglich gemacht.

---

[1] Für die nächste Zukunft sind ähnliche Bauten mit einem Aufwande von fl. 1.999.487.— in Aussicht genommen. Die bedeutendsten davon sind:

Die Errichtung dreier neuen Stationen und zwar: Popplitz-Auspitz zwischen Saitz und Branowitz, Schabschitz-Seelowitz zwischen Branowitz und Raigern (unter gleichzeitiger Auflassung der Haltestelle Rohrbach) und Mödritz zwischen Raigern und Brünn; der Ersatz einer Anzahl Holzbrücken durch Eisenbrücken; die Legung des Doppelgeleises in der Strecke Stauding-Zauchtl; die Herstellung mehrerer Wächterhäuser und eine Reihe von Vergrösserungsbauten.

Dessungeachtet waren bis zum Schlusse des Jahres 1867 bereits 5157 Cubikklafter Erdbewegung bewältigt, ferner die Fundirung der Schwarzawa- und March-Brücke und das Mauerwerk einiger kleinen Objecte vollendet.

Im heurigen Jahre (1868) werden die Bauten mit grosser Emsigkeit fortgesetzt und ist die Eröffnung der Strecke Brünn-Prerau im Frühling 1869 zu gewärtigen.

Für die Linie Neszamislitz-Prossnitz-Olmütz-Sternberg sind die Vorarbeiten schon so weit gediehen, dass der Bau derselben noch im heurigen Herbste beginnen dürfte.

Das Gelderforderniss für die „mährisch-schlesische Nordbahn" ist pro 1867 und 1868 auf . . fl. 10,008.000 veranschlagt. Hierauf wurden im Jahre 1867 . . . „ 5,236.000 mittelst Emission der 1. Serie Silber-Prioritäts-Obligationen beschafft; [*]) der weitere Bedarf per fl. 4,772.000 soll durch die Ausgabe der 2. Serie Silber-Prioritäten im Nominalbetrage von fl. 6,160.000 seine Bedeckung finden, da die Gesellschaft von dieser Operation wieder einen Baarzufluss von fl. 5,236.000 erwartet.

Die Verkehrsverhältnisse des Jahres 1867 gestalteten sich zu den günstigsten seit dem Bestande der Nordbahn, trotzdem die Elementar-Ereignisse, welche während des Sommers (Juli) die galizischen Bahnlinien betroffen hatten, den Verkehr auf der Nordbahn nicht unbedeutend alterirten.

Die Menge der transportirten Güter hat 54,591.792 Centner und die Einnahme hiefür fl. 17,399.042 betragen.

Einen bedeutenden Einfluss auf diese enorme Frachtenbewegung nahm allerdings der grössere Bedarf des Auslandes an Cerealien, aber auch der namhafte Aufschwung der Kohlen-

---

[*]) Die Emission der Silber-Prioritäts-Obligationen erfolgte auf Grund des mit der Staatsverwaltung abgeschlossenen Uebereinkommens ddto. 22. Mai 1867 (s. S. 313 d. I. Jahrg. dieses Buches) und des Beschlusses der 41. General-Versammlung, welch' letzterer den Actionären der Nordbahn zugleich das Vorrecht zum Bezuge der neuen Effecten einräumte. Ausgegeben wurden bereits Obligationen oder eigentlich Interimsscheine (zu 100, 300 und 900 fl.) im Nominalbetrage von fl. 6,160.000. Der Emissions-Curs betrug 85 fl. österr. Währ. für je 100 fl. Nominale.

transporte, welche allein die Höhe von 14,703,911 Centner erreichten.

Das Motiv dieser Steigerung wieder liegt in der erhöhten Thätigkeit der längs der Nordbahn befindlichen Zuckerindustrie, dann darin, dass Verkehrsanstalten, welche ihren Kohlenbedarf sonst von den an ihren Linien befindlichen Werken bezogen, aus Ursache der grösseren Inanspruchnahme ihrer Fahrzeuge für den Gütertransport, ihren Consum an Kohlen nun auch von Ostrau deckten.

Von den mannigfachen, in der letzten Zeit von der Verwaltung der Nordbahn getroffenen commerziellen Massnahmen zur constanten Belebung des Verkehrs ist der mit den Nachbarbahnen in's Leben gerufene österreichisch-russische Verkehr und namentlich der mit der Südbahn-Gesellschaft und den russischen Bahnen vereinbarte Special-Tarif[1]) für überseeische Güter von Triest nach Russland besonders hervorzuheben, weil er berechnet ist, die Güter ostindischer, egyptischer und italienischer Provenienz, welche bis nun per mare über England ihren Weg nach den Häfen des finnischen Meerbusens nahmen, künftighin durch Oesterreich nach dem Norden Europa's zu leiten.

In die Categorie der commerciellen Massnahmen wird auch das Uebereinkommen einzurechnen sein, welches die Nordbahn zu Anfang dieses Jahres — „in Betreff der Regelung des Verkehrs zwischen Brünn, Olmütz, Wien, Marchegg einer- und Stettin, Breslau, Berlin und Hamburg andererseits“ — mit der Staatsbahn-Gesellschaft abschloss, obzwar diesem Vertragsschlusse fast allseitig eine andere Tendenz beigemessen wurde und auch die Stimmen der öffentlichen Meinung in der Beurtheilung desselben weit auseinandergingen.[2])

---

[1]) Dieser unter Zugrundelegung einer einheitlichen Währung und des Tonnengewichtes etablirte Tarif ist seit 15. März 1868 in Kraft.

[2]) Um nur der grellsten Gegensätze in der Beurtheilung des Uebereinkommens zu erwähnen, sei hier bemerkt, dass die Einen in dem „Arrangement“ einen erfreulichen Beweis für die Annäherung der bis dahin sich feindlich gegenübergestandenen Rivalen und das endliche Aufgeben ihrer gegen einander gerichteten Bestrebungen begrüssten, während die Anderen darin eine „Kabale“ gegen andere Verkehrsanstalten, namentlich gegen jene,

Anfangs des Jahres 1868 hegte die Verwaltung der Nordbahn auch weitgehende Pläne für die neuerliche Ausdehnung
ihres Bahnnetzes, welche jedoch nicht realisirt wurden.

Als nämlich in den ersten Wochen des heurigen Jahres im
Reichsrathe Anträge bezüglich des Baues einer Bahn von Wien
über Znaim, Iglau und Kolin nach Jungbunzlau, mit Zweigbahnen
von Znaim an die „Franz Josefs-Bahn", von Deutschbrod nach
Pardubitz und von einem geeigneten Puncte der Kolin-Jungbunz-
lauer Strecke nach Trautenau, eingebracht wurden und es noch
eine vielfach verbreitete Ansicht war, dass diese Bahnstrecken
abgesondert behandelt würden und die Staatsgarantie jeder einzelnen derselben zugemessen werden soll, trat die Direction der
Nordbahn als Bewerber für die Linie Wien-Znaim auf und hob
in dem diesfälligen Gesuche besonders den Umstand hervor, dass
die Nordbahn-Gesellschaft durch den Besitz der Stockerauer
Flügelbahn, der Donaubrücken und des Bahnhofes in Wien in
der Lage wäre, die Linie nach Znaim um einige Millionen billiger
herzustellen, als irgend welche neue Unternehmung.

Bald darauf ist jedoch die „österr. Nordwestbahn", als or-
ganisch untrennbares Ganzes zusammengefasst und concessionirt,
hiedurch aber das Concessions-Gesuch der Nordbahn gegen-
standslos geworden.

Den würdigen Schluss der Thätigkeit der Nordbahn-Direc-
tion in der Verwaltungs-Periode 1867/8 bildete ein Act der
Vorsorge für das Wohl und die Zukunft ihrer Bediensteten.

Eine in letzter Zeit veranlasste Revision der Bilanz des Pen-
sions-Fondes durch Fachmänner ergab nämlich, dass der gesellschaftliche Jahresbeitrag zu diesem Fonde bei der gegenwärtigen
Vermehrung des Personalstandes unzureichend sei, auf welches
hin die Direction dem Pensions-Fonde als weiteren Beitrag pro
1867 noch fl. 10.000 überwies und von der letzten General-Versammlung (22. Mai 1868) die Genehmigung dieses Zuschusses,
sowie die ständige Erhöhung des gesellschaftlichen Jahresbei-

---

deren Bahnlinien in nördlicher und westlicher Richtung ziehen, erblicken woll-
ten. — Die Genehmigung des Uebereinkommens hat am 25. Februar 1868
stattgefunden.

trages von fl. 25.000 auf fl. 35.000, überdies aber auch noch die
Ueberweisung eines Pauschalbetrages per fl. 100.000 an den
Pensionsfond erwirkte.

Beschlüsse der General-Versammlung
vom 22. Mai 1868.

1. Der Rechnungs-Abschluss wird genehmigt und der Direction das Absolutorium ertheilt.

2. Für Vervollständigungsbauten und die Vermehrung der
Fahrbetriebsmittel wird der präliminirte Betrag von fl. 2,300.587
bewilligt.

3. Die Erhöhung des gesellschaftlichen Beitrages von jährlichen fl. 25.000 auf fl. 35.000 zum Pensionsfonde wird pro 1867
und die nächstfolgenden Jahre genehmigt.

4. Das Reinerträgniss des Jahres 1867 per fl. 8,817.722·63
ist zu verwenden, wie folgt:

   a) Auf jede Actie per fl. 1000 C. M. ist eine Super-Divi-
     dende von fl. 110 zu bezahlen (was für die bestehenden
     61.579½ Stück Actien in Summe einen Betrag von
     fl. 6,773.745 erfordert).

   b) Von den hiernach noch verbleibenden fl. 2,043.977·63 sind
     fl. 1,500.000 dem Jahre 1868 vorzuschreiben, ferners ein
     Pauschalbetrag von fl. 100.000 dem Pensionsfonde und der
     Rest per fl 443.977·63 dem Reservefonde A zu überweisen.

Das Scrutinium für die Wahlen in die Direction (den Verwaltungsrath) ergab:

Die Wiederwahl der Herren: Moriz Ritter v. Goldschmidt
und Peter Ritter von Murmann mit je 96 von den abgegebenen
98 Stimmen und die Neuwahl des Herrn Johann Fillunger mit
85 Stimmen.

(Die Wahl eines dritten Directions-Mitgliedes hat in Folge
Ablebens des Herrn Adalbert Ritter von Schmid stattgefunden.)

Bahngebiet.

Dasselbe hat sich im Jahre 1867 nicht verändert; es umfasst
die im 1. Jahrgange dieses Buches detaillirt nachgewiesenen.

79.₉,, Meilen wirklicher, resp. 82.₄ Meilen tarifsmässiger Länge, ausschliesslich der 2.₄₄₄ Meilen langen Montanbahn.

Im Baue sind die 18.₇₄₄ langen Strecken der „mährisch-schlesischen Nordbahn", u. z.

die Hauptbahn: Brünn-Olmütz-Sternberg mit ⋯15.₄₄₄ Meilen
und die Zweigbahn: Neszamislitz-Prerau mit ⋯⋯ 3.₄₄₄ „

im Ganzen 18.₇₄₄ Meilen

wirklicher Länge.

In der

Anlage der Bahn

hat sich mit Ausnahme der eingangs erwähnten Reconstructionen und Geleisvermehrungen keine Aenderung ergeben. [1]

Ueber die Anlage der im Baue befindlichen neuen Linien ist vorläufig Folgendes zu erwähnen:

Die „mährisch-schlesische Nordbahn" zweigt hinter der Schwarzawa-Brücke nächst Brünn von der Kaiser Ferdinands-Nordbahn ab, berührt die Orte Turas und Sokolnitz, zieht dann in nordöstlicher Richtung an den Orten Krenowitz, Rausnitz, Wischau, Eywanowitz, Neszamislitz, Kojetein und Chropin vorbei nach Prerau.

Von der Station Neszamislitz führt die Bahn in mehr nördlicher Richtung über Bedihost und Prossnitz nach Olmütz und weiter nach Sternberg, als dem vorläufigen End-puncte der mährisch-schlesischen Nordbahn.

Die Steigerungs- und Richtungs-Verhältnisse gestalteten sich in Folge der sorgfältigen Ausmittlung der Trace viel günsti-ger, als bei dem ziemlich coupirten Terrain sich hätte im Vor-hinein erwarten lassen.

Die grösste Steigung kommt in der Strecke Olmütz-Stern-berg auf einer Länge von 1900° vor und beträgt 1 : 150, während auf den übrigen Strecken das Gefällsverhältniss von 1 : 200 nicht überschritten wird, und selbst dieses kommt nur an 10—12 Stellen vor.

---

[1] Die ausführliche Beschreibung der Anlage der Nordbahn wurde schon im I. Jahrgange gebracht; s. S. 34—38.

Das Verhältniss der horizontalen Strecken zu den geneigten ist 1 : 3.₄₄.

Die kleinsten Radien betragen 300°.

Das Verhältniss der Krümmungen zu den geraden Strecken stellt sich wie 1 : 1.₇₄.

Stand der Fahrbetriebsmittel

mit Ende 1867.

Locomotive und Tender..........	227	Stück.
Personenwagen: Hofwagen.......	1	„
„ Salonwagen.....	3	„
„ I. Classe......	44	„
„ II. „	148	„
„ III. „	187	„
Zusammen......	383	Stück.
Lastwagen: 8rädrig gedeckte Lastwagen	327	Stück.
4 „ „ „	2513	„
Kohlenwagen........	2316	„
Plateauwagen	431	„
Gepäckswagen	121	„
Pferdewagen...........	16	„
Borstenvieh-Wagen..........	60	„
Zusammen ...5784		Stück.
Schneepflüge................	16	Stück.

Der Stand der Fahrbetriebsmittel hat sich somit gegen das Jahr 1866 um 5 Locomotive und 191 Lastwagen vermehrt, dagegen um 1 Personenwagen III. Classe vermindert.

Neu eingeliefert wurden im Jahre 1867: 8 Maschinen und 335 Lastwagen, dagegen aber ausgeschieden: 3 Locomotive, 144 Last- und 1 Personen-Wagen; ferners wurden 10 alte Tender durch neue ersetzt, 19 Maschinen reconstruirt (zu grösserer Leistungsfähigkeit und zur Feuerung mit fetter Kleinkohle geeignet gemacht) und 25 Lastwagen mit stabiler Pferdewagen-Einrichtung versehen.

Gesellschafts-Capital.

A. Für das alte Netz:

    Actien-Capital............ ... .   fl. 64.553.524.23

    Prioritäts-Obligationen.............   „ 22.852.500.—

B. Für die mährisch-schlesische Nordbahn:

    Silber-Prioritäts-Obligationen ....   „ 6.160.000 —

                    Zusammen... fl. 93.566.024.23

Von den Prioritäts-Obligationen sind fl. 3.873.765.— bereits amortisirt.

Anlage-Kosten der Kaiser Ferdinands-Nordbahn pr. 31. December 1867.

Gegenstand der Auslagen	Hauptbahn		Seitenbahnen		Flügelbahnen			Gesammt-Baukosten
	von Wien bis Oswiecim nebst den Brünner und Olmützer Seitenbahnen	von Oswiecim bis Krakau nebst den Myslowiceer und Gänsauer Seitenbahnen	von Schönbrunn bis Troppau	von Dziediiz bis Mielitz	von Floridsdorf bis Stockerau	von Gänserndorf bis Marchegg	von Oderberg bis Annaberg	
Erhebung und Projectverfassung	162.957|73	67.041|43	6.173|23	887|—	10.441|90	15.599|55	1.091|02	266.192|77
Grundeinlösung	2.986.000|34	342.989|42	398.811|61	56.348|90	109.854|70	134.017|21	16.097|50	3.854.694|53
Unterbau	11.830.360|49	2.078.722|86	604.847|5	126.710|30	328.028|60	460.436|13	121.466|93	15.534.870|25
Donau-Brücken	168.476|61	—	—	—	—	—	—	158.476|61
Oberbau	19.903.781|24	2.643.888|11	741.881|96	306.812|97	644.864|01	579.117|70	120.118|44	24.859.997|23
Gebäude	9.977.066|25	1.439.491|43	390.774|5	160.033|90	182.174|63	395.462|0	8.485|7	12.834.564|31
Bahn- und Gebäude-Einrichtung	1.308.624|76	70.568|80	12.647|57	6.639|34	7.932|63	4.111|42	1.573|96	1.420.997|73
Fahrbetriebsmittel	13.766.344|95	2.163.453|65	281.095|—	291.376|60	219.975|—	416.366|—	—	17.159.644|08
Capitals-Verzinsung	2.147.012|65	620.131|—	71.508|20	28.767|72	70.305|87	84.851|7	5.457|26	3.025.169|77
Administrationskosten	1.380.992|57	507.059|99	29.816|80	8.229|8	10.943|9	9.832|10	6.866|68	1.791.741|83
Betriebs-Vorauslagen	116.929|11	—	3.452|11	1.566|68	1.377|26	1.935|58	666|86	125.816|60
Beitrag an die ung. Centralbahn	—	—	—	—	—	148.347|60	—	148.347|60
Summa	63.697.382|00	9.641.038|67	2.257.656|8	974.268|09	1.579.452|64	2.160.060|34	326.024|96	80.576.934|04

Mit Ende 1866 haben die Baukosten betragen .... 80.069.070\|11

daher zu Ende 1867 mehr um .... 617.057\|93

Durchschnittliche Baukosten per Bahnmeile wirklicher Länge fl. 1.008.460. —

Baukosten der mährisch-schlesischen Nordbahn
pr. 31. December 1867.

Erhebung und Project-Verfassung	fl.	50.415.29
Grundeinlösung	„	267.113.16
Unterbau	„	52.418.17
Oberbau	„	28.344.33
Gebäude	„	1.624.19
Bahn-Einrichtung	„	5.684.08
Fahrbetriebsmittel	„	54.615.25
Emanirung der Prioritäten sammt Stempel- und Insertionsgebühren	„	8.257.88
Kosten zur Aufbringung des Anlage-Capitals	„	924.000.—
Zinsen während der Bauzeit	„	97.043.62
Totale	fl.	1.490.315.97

Betriebsrechnung pro 1867.

	Hauptbahn sammt Abzweigungen	Stockerauer Flügelbahn	Marchegger Flügelbahn	Oderberg-Annaberger Flügelbahn	Zusammen
Einnahmen.					
I. Transport-Einnahmen.					
Personen	2.896.193 10	149.878 26	120.001 58	3.451 80	3.171 524 74
Militär-Transporte ...	171.574 07	692 96	11.010 51		183 278 46
Gepäck	134.456 69	6.071 37	7.105 47		147.632 53
Eilgut	333.779 08	1.735 44	11 146 53		346.661 05
Waaren	15.355.219 77	32.643 77	649 516 30	125 607 05	16 162 986 89
Summe	19.093 222 61	191.024 82	798.780 39	129.058 85	20.212.086 67
II. Verschiedene Einnahmen.					
Mieth- und Pachtzinse, Wagenbenützungs-Gebühren u. sonstige Einnahmen	59.724 68	90 76	178 44	.	59.993 88
Gesammt-Einnahmen	19.152.947 29	191.115 58	798.958 83	129.058 85	20.272.080 55
Ausgaben.					
I. Allgemeine Verwaltung.					
Bezüge des Personals	280.015 33	9 660 —	10 685 —		300 303 33
Bureau- und andere Auslagen	116.034 93	2 895 —	3.170 —		122.099 93
Summe	396.053 26	12.585 —	13 955 —		422.493 26
II. Bahnaufsicht und Bahnerhaltung.					
Centralleitung ...	25.763 75	800 —	500 —	160 —	27 573 75
Streckendienst	128.629 74	4.451 03	2.555 07	430 38	134.069 22
Bahnaufsicht ...	216.856 44	6.348 06	6.034 06	1.415 66	280.654 20
Unterbau	177.529 21	466 08	552 60	2.398 33	180.946 22
Oberbau	615.382 28	3.914 12	54.279 08	1.651 24	675.226 46
Gebäude	90.512 17	3.007 —	1.794 11	150 48	95.463 76
Ausserordentliche Auslagen	82.947 49	945 59	3.093 19	284 07	87.210 64
Summe	1.336.621 08	19.931 15	69 111 04	6.430 15	1.431.093 46
III. Verkehrsdienst					
Centralleitung	151.951 04	5 011 75	5.027 72	700 —	162.690 61
Stationsdienst..	1.205 490 99	27.550 69	27 222 62	5.280 —	1.266.644 30
Fahrdienst	321.960 16	6.640 21	11.182 15	9.264 39	349.046 98
Summe	1.679.402 21	39.202 65	43.432 49	15.844 39	1.777.281 74
IV. Zugförderung u. Werkstätten.					
Centralleitung ...	19.139 40	450 —	660 —	.	20.199 40
Zugdienst	738.236 58	27.512 57	43.920 92	59.417 66	869.087 73
Erhaltung der Fahrbetriebsmittel	1.165.760 50	25.336 59	41.287 57		1.238.384 46
Summe	1.923.136 53	53.299 46	85.768 64	59.417 66	2.121.671 59
Gesammt-Ausgaben	5.334.363 09	124.988 29	212.167 07	81.091 60	6.762.610 04

*) Vergütung an die preuss. Wilhelmsbahn für die Besorgung des Betriebsdienstes auf der Strecke Oderberg-Annaberg.

Ertrags-Resultate und deren Verwendung.

(Abschluss der Betriebsrechnungen pro 1867.)

Einnahmen aus dem Bahnbetriebe...... fl. 20,272.080.55
Betriebskosten......................... „ 5,752.510.04

Ueberschuss.. fl. 14,519.570.51

Hievon ab: Dotation des Reservefondes A
für Erübrigung von der zur Bestreitung
der Reparaturskosten des Fundus in-
structus aus den Betriebserträgnissen
des Jahres 1867 entnommenen Quote.. fl. 469.797 17

Verbleiben. fl. 14,049.773.34

Einnahmen aus dem Bergwerksbetriebe.. fl. 1,391.039.90
Betriebskosten .... „ 1,003.582 46

Ueberschuss.. fl. 387.457.44

Hievon zur Amortisation des Anlage-
Capitals........................ „ 41.661.83

Verbleiben. fl. 345.795.61

Zusammen fl. 14,395.568.95

            Hievon wurden bestritten:
Der Beitrag zum Schienen-Erneuerungs-
Fonde pr........... fl. 300.000.—
Der Beitrag zum Pensionsfonde, zur Bru-
derlade und für Krankenpflege ...... „ 51.162.35
Vorauslagen bei Verfassung der Projecte
für die seinerzeit in Aussicht genom-
menen Neubauten (Gmünd-Prag, Bud-
weis-Pilsen etc etc.)............. „ 193.809.46
Die Tantième an die Directionsmitglieder „ 47.005.—
Die Amortisation von Obligationen ..... „ 51.450.—
Die Verzinsung der Prioritätsobligationen,
der Krakau-oberschles. Actien und Ob-
ligationen und der flottanten Schuld... „ 809.485.51
Steuern .... „ 892,007 77

                                fl. 2,344.920 12

Verbleiben fl. 12,050.648.53
und nach Berichtigung der 5%gen Actien-Zinsen pr......„ 3,232.926 20

Disponibel.. fl. 8,817.722.83

Von dieser Summe wurden laut Beschluss der General-
Versammlung für jede Actie à 1000 fl. C. M. eine Superdividende von 110 fl. (= 10½%), d. i. für die im Umlauf befindlichen 61 579½ Stück Actien ....fl. 6,773.745.—

ausbezahlt und von den hiernach noch verbleibenden ..fl. 2,043.977.83
dem Pensionsfonde .... fl. 100.000.—
dem Reservefonde A............... „ 443.977.83

                                fl. 543.977.63

überwiesen, der Rest pr. ....fl. 1,500.000.—
aber auf das Jahr 1868 übertragen.

Statistik der Betriebs-Resultate pro 1867.

		Einheit	Menge	
Länge der Bahn		Meilen	82·5*)	
Zurückgelegte Zugsmeilen		„	517.128	
	Reisende I. Classe	Anzahl	44.771	3·2%
	„ II. „	„	292.647	21.2 „
	„ III. „	„	1,043.350	75·6 „
	„ aller Classen	„	1,380.768	100 %
Befördert wurden	„ zu ermässigten Preisen u. Militär	„	462.590	
	Gepäck	Zll-Ctr.	254.152	
	Eilgut	„	274.337	
	Parteifrachten	„	54,591.782	
	Regiefrachten	„	2,421.537	·
	Für Reisende	Gulden	3.171.525	15.-%
Betriebs-Einnahmen	für Militär-Transporte	„	183.278	1.- „
	für Gepäck und Eilgüter	„	494.297	2·4 „
	aus dem Frachten-Verkehr	„	16,362.987	80.7 „
	Sonstige Einnahmen	„	59.994	0.3 „
	Zusammen	„	20,272.081	100· %
	Allgemeine Verwaltung	„	422.463	7·4%
Betriebs-Ausgaben	Bahn-Aufsicht u. Erhaltung	„	1,431.093	24.8 „
	Verkehrsdienst	„	1,777.282	30.9 „
	Zugförderung u. Werkstätten	„	2,121.672	36.9 „
	Zusammen	„	5,752.510	100 %
Ueberschuss		„	14.519.571	
Verhältniss der Ausgaben zu den Einnahmen		%	28·4	
Einnahme per Bahnmeile		Gulden	245.722·17	
Ausgabe „ „		„	67.280·82	
Einnahme „ Zugsmeile		„	39·20	
Ausgabe „ „		„	22·82	
Von den Reisenden zurückgelegter Weg		Meilen	13.255·901	
Von einem Reisenden zurückgelegter Weg		„	9·9	
Durchschnittliche Einnahme von 1 Reisenden		Gulden	1·72	
„ „ „ 1 „ pr. Meile		Kreuz.	20·2	
Zurückgelegte Fracht-Centner-Meilen		Meilen	1.040,329.167	
Von einem Centner durchlaufener Weg in		„	19·1	
Durchschnittliche Einnahme für 1 Centner		Kreuz.	30·—	
„ „ „ 1 Centner pr. Meile		„	1·6	

*) Den statistischen Berechnungen ist überall die tarifmässige Bahnlänge zu Grunde gelegt.

Bilanz mit 31. December 1867.

Activa.

Nordbahn sammt Flügelbahnen.	fl.	80.676.934.04
Kohlenwerke	„	3.038.539.92
Ostrauer Montanbahn	„	1.505.032.23
Briquettes-Fabrik	„	114.038.38
Realität ¹) in der Leopoldstadt	„	300.214.43
Cassa-Bestände	„	1.871.936.07
Effecten	„	14.412.647.99
Material-Vorräthe	„	3.017.245.83
Debitoren	„	5.521.197.86
	fl.	111.457.786.75

Passiva.

Actien-Capital . . . :	fl.	64.553.524.23
Prioritäts-Obligationen	„	18.978.735.——
Zinsen- und Dividenden-Rückstände	„	1.476.238.87
Reservefond A ²)	„	4.272.389.90
„ B ³)	„	839.145.69
Amortisationsfond für die concessionirte Flügelbahn	„	1.075.185.60
Amortisationsfond für die Bergwerke, die Montanbahn und die Briquetts-Fabrik . .	„	394.492.80
Pensionsfond	„	1.633.204.96
Bruderlade	„	168.098.23
Creditoren	„	9.248.998.84
Betriebs-Ueberschuss	„	8.817.722.63
	fl.	111.457.786.75

¹) Aus dem Pensionsfonde erkauft.

²) Dieser Fond ist bestimmt für die Erhaltung und Erneuerungen des Bahn- und Fahr-Fundus.

³) Diess ist der Schienen-Erneuerungsfond.

Bilanz für die mährisch-schlesische Nordbahn mit 31. December 1867.

Activa.

Gesammt-Anlage- und Einrichtungskosten . fl.	1.424.835	.97
Diverse Debitoren . . . . „	4.865.967	.78
fl.	6.290.803	.75

Passiva.

Anlage-Capital in Silber-Prioritäts-Obligationen . . . . fl.	6.160.000	. —
Zinsen-Rückstand für nicht eingelöste Coupons . . . . „	130.803	.75
fl.	6.290.803	.75

Bilanz des Pensionsfondes
pr. 31. December 1867.
Activa.

Auslagen für Pensionen u. Sterbequartale im Jahre 1867 . . . . . fl.	87.821.60		
Minderwerth der Effecten gegen das Vorjahr . . . . „	2.565.98		
		fl.	90.387.58
Vermögens-stand { Realität . . . . . . fl.	300.214.43		
in Effecten . . . . „	1.023.063.67		
„ Baarem . . . . „	309.976.86		
		fl.	1.633.254.96
		fl.	1.723.642.54

Passiva.

Saldo-Vortrag vom 31. December 1866 . . . . fl.	1.551.277.47
Einlagen der Beamten und Diener im Jahre 1867 „	57.459.14
Jahres-Beitrag der Gesellschaft . . . . „	35.000.—
Eingeflossene Zinsen in diesem Jahre . . . . „	63.080.41
Zinsen von der Realität in der Leopoldstadt . . . „	19.825.52
fl.	1.723.642.54

Anmerkung. Die wichtigsten Bestimmungen der Statuten des Pensions-Institutes sind im 1. Jahrgange (S. 45) enthalten.

K. k. priv.
österreichische Staatseisenbahn-Gesellschaft.

Central-Administration in Wien (Stadt, Minoritenplatz). [1])

Verwaltungsrath.

Präsident: Anton Freib. v. Doblhoff-Dier.

Vice-Präsident: Moritz Freiherr von Wodianer.

" Carl Mallet.

Heinrich Germain.	C. Mussard.
Ludwig Graf Breda.	Emil Pereire.
Adolf v. Eichthal.	Isaak Pereire.
Rafael Herzog von Galliera.	Anton Graf Pergen.
Vicomte de la Guerronnière.	Caspar Freih. v. Seiller.
Freiherr v. Heeckeren.	Heinrich Freih. Trenck v. Ton-
Benedict Homberg.	der.
Jacob Maniel.	Heinrich Graf Zichy.
Cajetan Ritter v. Mayrau.	

Secretär des Verwaltungsrathes: August Bochkoltz.

Comité in Paris, Vendôme-Platz Nr. 7.

Präsident: Isaak Pereire.

Vice-Präsident: Rafael Herzog v. Galliera.

Heinrich Germain.	Jacob Maniel.
Freiherr v. Heeckeren.	C. Mussard.
Carl Mallet.	Emil Pereire.

Technischer Beirath und Secretär des Comité's:
Ludwig Le Chatelier, Ober-Ingenieur.

Rechts-Consulent: Carl Lemonnier.

General-Direction.

General-Director: Leopold Bresson.

General-Director-Stellvertreter: Wilhelm Ritter v. Engerth, k.k. Regierungsrath.

---

[1]) Die Central-Direction für Verkehr und commerziellen Betrieb befindet sich I. Opernring 8.

3 *

Chef des Cabinets des General-Directors: Felix Raspi.

Rechts-Consulent: Dr. Jul. Galba.

Chef des Central-Bureaus: Jos. Schmidbauer.

Chef des Personal-Bureaus: Jul. Kaan.

Vorstand des Einreichungs-Protokolls: Johann Scheibein.

Vorstand des Expedits: Ant. Ružek.

Vorstand der Registratur: Joh. Jorde.

Hauptbuchhaltung.

Chef der Hauptbuchhaltung: Seb. Kretschmer, General-Inspector.

Ober-Inspector: Max Lehmann.

Bureau I. Vorstand: Leop. Bernatzik.

„ II. „ Jos. Beer.

„ III. „ Heinr. Siebenschein.

Hauptcassier: Carl Kiener.

Liquidator: Wilh. Deutsch.

Central-Direction für Zugförderung und Werkstätten.

Central-Director: Wilh. Ritter v. Engerth, k. k. Regierungsrath.

Stellvertreter des General-Directors.

Secretär: Ferd. Schirnhofer.

Chef der Abtheilung für Zugförderung: W. de Laglio, General-Inspector.

Chef der Abtheilung für Werkstätten: W. Bender, Gen.-Inspector.

Bureau-Chef: Ferd. Grossl.

Chef des Central-Bureaus: Eman. Drewikowsky.

Material-Oberverwalter: Joh. Gibsch.

Central-Direction für Verkehr und commerciellen Betrieb.

Central-Director: Emil Kopp.

General-Inspector: A. de Serres.

Ober-Inspector: Hippol. Wolf.

Secretär: Alb. Schwarz.

Central-Dienst.

Bureau I. Vorst.: Heinr. Bella.

„ II. „ Jos. Hudelist.

Control-Dienst.

Inspector: Joh. Thiel.

Bureau III. Vorst.: Fr. Böhm.

„ „ „ Jos. Scharl,

Bureau IV. Vorst.: Thad. Hauff.

„ V. „ Joh. Klima.

„ VI. „ G. Stotz.

„ VII. „ G. Strobl.

Commercieller Dienst.

(Bureau VIII.)

Inspector: Ad. Schenk.

Inspection des activen Dienstes (Bureau IX).

Ober-Insp.: Paul Reinhardt.

Verkehrs-Dienst.

Inspector: Wilh. Mück.

Bureau X. Vorst.: Ad. Swoboda.

„ XI. Inspector H. Stockhausen.

Bureau XII. Vorst.: Aug. Obermayer.

Telegrafen-Dienst. (Bur. XIII.)

Vorstand: Ferd. Teirich.

Speditions-Bureau Wien.

Vorstand: Jak. Kratochwill.

Central-Direction für die Bauten.

Central-Director C. v. Ruppert.

Secretär: Paul Bach.

Inspector: Louis Maier.

„ H. Kammeracker.

Chef des Central-Bureaus: Wilh. Becker.

Bahnerhaltung.

General-Inspector: Erwin Lihotzky.

Ober-Ingenieur: Lad. v. Szczepanawski.

Grundeinlösung.

Bureau-Chef: Joh. v. Hornig.

Materialien-Bureau.

Ober-Ingen.: Bernh. Baugut.

Constructions-Bureau.

Inspector: August Köstlin.

Ober-Ingenieur: C. Schuhmann.

Rechnungs-Abtheilung.

Bureau-Chef: Ed. Schindler.

Central-Direction für Berg- und Hüttenwerke, Forste und Domänen.

Central-Director: Alfred Lecointe.

Secretär: C. Spuller.

Ober-Inspector: Sigmund von Balas.

Inspector: Johann Nussa.

Ober-Ingenieur: Heinrich Wunderlich.

Bureau-Chef: Rud. Chlubna.

„ August Gabriel.

Vertretung in Pest.

Ober-Inspector: Arthur Vicomte Demester.

Inspector: Carl von Blasowitz.

Secretär: S. Sommer.

Historische Mittheilungen.

Nach Erhalt der Concession für das „Ergänzungsnetz",
wodurch die jahrelang gehegten Wünsche der Gesellschaft endlich
der Erfüllung zugeführt wurden und nachdem auch die Beschaffung
des für die Neubauten erforderlichen Capitals gleich Anfangs des
Jahres 1867 fast mühelos gelungen war, [1]) richtete die Gesellschaft
ihr Augenmerk auf die noch weitere Ausdehnung ihres Bahnnetzes, — auf die Erwerbung der Concession der Linie: Znaim-
Kolin.

Die ersten mit der Staatsverwaltung hierüber gepflogenen Verhandlungen fielen schon mit jenen über die Concessionirung des
„Ergänzungsnetzes" zusammen; ein förmliches Ansuchen wurde
aber erst am 10. April 1867 dem k. k. Handelsministerium überreicht.

Die vorjährige General-Versammlung genehmigte das Vorgehen des Verwaltungsrathes und ermächtigte denselben, diese
Angelegenheit weiter zu verfolgen und auch definitiv zum Abschlusse zu bringen. [2])

Hierauf gestützt und unter gleichzeitiger Bekanntgabe der
ihm gewordenen Vollmacht erneuerte der Verwaltungsrath am
14. Juni sein Gesuch, welches jedoch, auch nachdem es am
14. October war in Erinnerung gebracht worden, ohne Erledigung blieb.

Der Verwaltungsrath erfuhr vielmehr, dass die Staatsverwaltung bezüglich der projectirten Bahn von einer neuen Gesellschaft Vorschläge angenommen habe u. z. aus dem Grunde, weil
die österreichische Staatseisenbahn-Gesellschaft nur einen Theil
des von der neuen Gesellschaft angestrebten Eisenbahnnetzes zu
bauen vorschlug.

Auf dieshin beeilte sich nun die Verwaltung der österreichischen
Staatseisenbahn-Gesellschaft dem Ministerium auch ihrerseits die

---

[1]) Die Geldmittel für die Neubauten wurden durch eine neuerliche Emission
von 150.000 Obligationen mit dem Emissionspreise von 225 Francs pr. Stück
beschafft. Diese Finanz-Operation, welche Anfangs Februar 1867 durchgeführt wurde, hat circa 33,750.000 Francs eingebracht. — (Vgl. S. 60 d. I. Jahrg.)

[2]) Vgl. „Beschlüsse der General-Versammlung" auf S. 60 d. I. Jahrg.

Bereitwilligkeit zur Uebernahme des Baues des gesammten Bahnnetzes (bestehend aus der Linie Znaim-Kolin-Jungbunzlau mit einer Zweigbahn von D.-Brod nach Pardubitz und einer Verbindung mit der Franz Josefs-Bahn) bekannt zu geben, sowie darzuthun, wie keine Gesellschaft günstigere Bedingungen, für den Staatsschatz sowohl, als für das Publicum stellen könne, als eben die Staatseisenbahn - Gesellschaft [1]), — jedoch Alles ohne Erfolg.

Auch der hierüber entbrannte, bis in die jüngste Zeit fortgesetzte heftige Federkrieg hat an der Situation nichts zu ändern vermocht.

Das Abgeordnetenhaus votirte das Concessionsgesetz für die neue Bahn [2]) und fügte dem früher projectirten Netze noch die Strecke Wien-Znaim bei, wodurch der Staatsbahn jede weitere Bewerbung unmöglich gemacht war.

Sie versuchte jedoch noch einen letzten Schritt, indem sie dem Herrenhause Gegenvorstellungen machte, und als auch diese fruchtlos blieben, fügte sie sich — das Vergebliche weiterer Bemühungen einsehend — der ihr geschaffenen Sachlage, doch nicht ohne die Massnahmen vorzubereiten, welche zur Bekämpfung der ihr drohenden Concurrenz geboten erscheinen.

Zu diesen Vorkehrungen zählt wohl auch der bereits erwähnte Vertrag mit der Nordbahn, dessen Abschluss eine so verschiedenartige Beurtheilung fand. [3]) (Vgl. Nordb. S. 22.)

[1]) Die österreichische Staatseisenbahn-Gesellschaft machte geltend, dass sie durch die Einbeziehung der neuen Linien theils in das alte Netz, theils in das Ergänzungsnetz den Staatsschatz gegen die Eventualität der Zahlung einer Zinsengarantie sichere, während eine für sich alleinstehende und zwischen zwei mächtigen Concurrenz-Bahnen (Nord- und Staatsbahn) liegende Linie jedenfalls die staatliche Zinsengarantie mehr weniger jedes Jahr in Anspruch nehmen würde; dem Publicum aber meinte die Staatsbahn die Garantie einer raschen Ausführung des Baues und durch Reduction der Tarife neue Erleichterungen in Handel und Verkehr zu biethen. (Geschäftsber. pro 1867, S. 30 und 31.)

[2]) R. G. Bl. Nr. 66 ex 1868.

[3]) In dem letzten Geschäftsberichte (Seite 17) ist dieses Vertrages wie folgt erwähnt.

„Unter den Massregeln, welche wir für die Entwicklung unseres Verkehrs getroffen haben, müssen wir einer Vereinbarung, die wir mit der Kaiser Ferdinands-Nordbahn abgeschlossen haben, erwähnen, welche den

Zu Beginn des Jahres 1868 führte der Verwaltungsrath auch
eine für die Gesellschaft sehr gedeihliche finanzielle Massregel
durch, indem er die seit 21. Juni 1855 vertragsmässig bestandenen
intimen Beziehungen der Gesellschaft zu dem Credit mobilier in
in Paris, dessen Lage im Vorjahre erschüttert wurde, löste, und
denselben blos mit den Zahlungen auf den französischen Plätzen
betraut liess, wodurch das gesellschaftliche Guthaben und mit
diesem auch das Risico sich allmälig verringert.

Hinsichtlich der Bauten für das „Ergänzungsnetz" war das
Jahr 1867 vorzugsweise den Studien für die Trace und die Kunst-
bauten, der Grundeinlösung, den politischen Begehungen und der
Vergebung der Arbeiten gewidmet; doch wurden auch die am
Schlusse des Jahres 1866 in Mähren begonnenen Erdarbeiten fort-
gesetzt, um der arbeitenden Classe daselbst Beschäftigung zu geben.

Die längere Zeit hindurch in Schwebe gewesene Frage bezüglich der Lage und Spannweite der Donaubrücke bei Wien
ist endlich am 25. März 1868 definitiv entschieden worden. ¹)

Es ist sonach Alles für die schnelle Vollendung des Baues
vorbereitet und es unterliegt keinem Zweifel, dass die Arbeiten
noch vor dem concessionsmässig festgesetzten Tage für die Eröffnung des gesammten Ergänzungsnetzes vollendet sein werden.

An Verbesserungsarbeiten auf dem alten Netze wurden
im Jahre 1867 bewerkstelligt:

a. auf der nördlichen Linie:

die Inangriffnahme der im Folge der Auflassung der Festungswälle
in Prag ermöglichten Umgestaltung des dortigen Bahn-

Zweck hat, die commerciellen Verbindungen der Kaiser Ferdinands-Nordbahn und der österr. Staats-Eisenbahn-Gesellschaft mit den wichtigsten
Handelsplätzen des nördlichen Deutschlands zu regeln.«

„Diese Vereinbarung hat die Instradirung der Güter auf den kürzesten
Strecken zur Grundlage, um dadurch bedeutende Tarifs-Verminderungen,
sowie die Ausdehnung unseres directen Verkehrs mit diesen Plätzen, namentlich bis zu unseren ungarischen Stationen, welche bis jetzt von diesem Verkehre ausgeschlossen waren, zu erzielen.«

¹) Die Donaubrücke wird eine gesammte Spannweite von 1800′ haben und
aus 5 grossen und 4 kleinen Brückenfeldern bestehen, die auf steinernen, mittelst
Blechkästen, unter Anwendung von comprimirter Luft fundirten Pfeilern ruhen.

hofes. Die Courtine, welche den Bahnhof bisher in 2 Theile
trennte, ist demolirt, und der Wallgraben verschüttet und hierdurch
für neue Geleise oder sonstige Anlagen Raum geschafft.

Die übrigen für den Werkstätten- und Zugförderungsdienst
u. dgl. schon früher in Ausführung gebrachten Arbeiten sind fortgesetzt und theilweise vollendet worden; ferner

die Vergrösserung des Bahnhofes in Olmütz;

die Errichtung einer neuen Station in Velim (zwischen
Kolin und Podiebrad); die Herstellung des 2. Geleises in der
circa 3 Meilen langen Strecke Bubenc-Kralup;

die Bahnenumlegung bei Triebitz behufs Auflassung des
dortigen Tunnels; [1] und die Auswechslung altartiger Schienen gegen solche des 21pfündigen Systems auf einer Länge
von 5933°;

b. auf der südöstlichen Linie:

Die Inangriffnahme der Legung des 2. Geleises zwischen
Czegled und Alberti-Irsa und in der 13.91 Meilen langen Strecke
Waitzen-Czegled, und die Wiederherstellung der im Jahre
1866 zerstörten mittleren 5 Bogen der grossen Marchbrücke; dann

die Vergrösserung des Pester Bahnhofes und die Errichtung
von 64 Getreide-Schoppen in 28 Stationen, und die Einführung
der elektrischen Glockensignale in den Strecken Szegedin-Bazias
und Jassenova-Oravitza; schliesslich

c. auf der Neu-Szönyer Linie:

die Umgestaltung des Bahnhofes in Bruck a/L. —

Die Verkehrsverhältnisse, seit 1863 in steter Steigerung
begriffen, haben im Jahre 1867 eine ganz aussergewöhnliche
Steigerung erfahren.

Die Betriebseinnahmen erreichten die Höhe von fl. 27,067·458
und überragen jene des Jahres 1866 um fl. 5,125.494 oder 23·36%.

Diese besonders günstigen Resultate basiren zumeist auf dem
riesigen Getreide-Export, welcher sich in Folge des Zusammen-
treffens einer überreichen Ernte in Ungarn mit einer Missernte in

---

[1] Die neue, 0·833 Meilen lange Bahnstrecke wurde am 6. November
1867 dem Betriebe übergeben.

den westlichen und nördlichen Theilen Europas entwickelt hatte.
(Die Einnahmen für die Getreide-Transporte betragen fl. 7,252.861
bei einem Gesammtquantum von 25,376.120 Centnern.)

Ein gut Theil dieser glänzenden Ergebnisse muss jedoch der
fortdauernden, auf die Hebung des Local-Verkehrs gerichteten
Bestrebungen der Gesellschaft und der unter Mitwirkung der
ausländischen Eisenbahn-Verwaltungen vollzogenen glücklichen
Entwicklung des directen und internationalen Güter-Verkehrs zugeschrieben werden, welche es gestattete, dass der Exportverkehr
bisher ungekannte Dimensionen anzunehmen vermochte.

Diese Mitwirkung der mit der Gesellschaft in Verbindung
stehenden Verwaltungen äusserte sich besonders wirksam in der
Beistellung von Betriebsmitteln während der letzten Monate des
verflossenen Jahres, welche das interessante und neue Schauspiel
gewährten, dass Wagen deutscher und französischer Eisenbahn-
Verwaltungen bis in die südlichst gelegenen Theile Ungarns ver-
kehrten, um dort direct die Getreide-Transporte aufzunehmen,
während die eigenen Wagen der Gesellschaft sie bis in den Mit-
telpunct Frankreichs und bis auf die Haupt-Marktplätze Deutschlands beförderten. — —

Die von der vorjährigen General-Versammlung beschlossene
Abänderung der Statuten [1]) hat am 20. September 1867 die
A. h. Genehmigung erhalten.

Beschlüsse der General-Versammlung
vom 29. Mai 1868.

1. Der Rechnungs-Abschluss wird genehmigt und dem Verwaltungsrathe das Absolutorium ertheilt.

2. Die Dividende für das Jahr 1867 wird mit Francs 17.50
per Actie bestimmt. so dass der Gesammt-Ertrag des Betriebs-
jahres an Interessen und Dividende sich auf 42 Francs 50 Ct.
beläuft und der Juli-Coupon an fälligen Interessen und Dividende
30 Francs per Actie betragen wird.

---

[1]) S. d. I. Jahrg. S. 73.

Der Rest von fl. 2,968.490.66 soll zum disponiblen Saldo der früheren Betriebsjahre hinzugeschlagen werden.

3. Zugleich wird der Verwaltungsrath ermächtigt, von der gesammten verfügbaren Summe so viel zu entnehmen, als er zur Erneuerung der Bahn, sowie des Fahrbetriebs-Materiales und selbst zu deren Vergrösserung für nothwendig erachten wird.

Die austretenden Herren Verwaltungsräthe Anton Graf Pergen, Heinrich Graf Zichy, Carl Mallet und Jacob Maniel wurden auf die Dauer von 5 Jahren wieder gewählt.

Ferner wurde die in Folge Rücktrittes des Lord Ashburton (Francis Baring) vom Verwaltungsrathe gemäss §. 25 der Statuten vorgenommene Wahl des Herrn Heinrich Germain bestätigt.

Bahngebiet.

Dasselbe blieb im Jahre 1867 unverändert; es umfasst die im I. Jahrgang dieses Buches detaillirt nachgewiesenen 173·211 Meilen wirklicher, resp. 174·5 Meilen tarifmässiger Länge, die 4·350 Meilen lange Steyerdorfer Montanbahn nicht eingerechnet.

Im Baue befinden sich die (im Ganzen) 26 Meilen langen Strecken des Ergänzungsnetzes.

Anlage der Bahn.

Auch in dieser hat mit Ausnahme der oberwähnten Reconstructions- und Vervollständigungsbauten im Jahre 1867 sich keine Aenderung ergeben. (Die ausführliche Beschreibung der Anlage der Bahn ist im I. Jahrgange Seite 61—64 enthalten.)

Stand der Fahrbetriebsmittel
mit Ende 1867.

		Nörd-liche Linie	Südöst-liche Linie	Wien-Neu-Szönyer Linie	Zu-sammen
Locomotive	für Eilzüge	6	6	—	12
	für gewöhnl. Personenzüge	28	38	10	76
	für gemischte Züge	7	—	—	7
	für Lastzüge	100	122	15	237
	für die Gebirgsbahn	—	4	—	4
	Zusammen	141	170	25	336
Tender		106	121	21	248
Personen-wagen	Hofwagen	1	1	1	3
	1. Classe	21	25	—	46
	2. Classe	45	81	5	131
	3. Classe	77	105	28	210
	1. und 2. Classe	34	19	14	67
	1., 2. und 3. Classe	5	2	—	7
	2. und 3. Classe	32	4	5	41
	Zusammen	215	237	53	505
Gepäcks- und Eilgutwagen	Gepäckswagen	66	98	16	180
	Equipagenwagen	75	53	—	128
	Pferdewagen	24	27	12	63
	Milchwagen	—	—	3	3
	Bahninspectionswagen	1	1	1	3
	Zusammen	166	179	32	377
Lastwagen	Gedeckte Lastwagen	979	2230	556	3765
	Offene Wagen	405	428	72	905
	Langholz-Transportwagen	24	24	12	60
	Kohlenwagen	1029	327	—	1356
	Hornviehwagen	34	293	35	362
	Borstenviehwagen	8	215	52	275
	Federviehwagen	1	8	—	9
	Zusammen	2480	3525	727	6732
Schneepflüge		14	15	6	35
Schiffe	Dampfschiffe				4
	Eiserne Waarenschleppe				15
	Hölzerne				3
	Lichterplätten von Holz				4
	Stehschiffe				12
	Weidzillen				27
	Zusammen				65

Der Locomotivstand hat sonach numerisch wohl abge-
nommen, der Zugkraft nach hat er jedoch bedeutend gewonnen,
was dahin zu erklären ist, dass in dem Ausweise pro 1866

25 Personenzugs-Maschinen und 28 Tender eingestellt erschienen, welche ihrer gänzlichen Unbrauchbarkeit wegen damals schon bestimmt waren ausser Dienst gesetzt zu werden und dies in der That auch wurden, während 11 neue Lastzugs-Locomotive in Betrieb kamen.

Der Wagenpark hat im Vergleiche zum Vorjahre eine Vermehrung um 418 Lastwagen, dagegen eine Verminderung um 4 Personenwagen erfahren. Schneepflüge wurden 2 neu eingeliefert.

Gesellschafts-Capital.

A. Für das alte Netz:

400.000 Stück Actien = 200.000.000 Frcs.
   oder zum Durchschnittscurse v. 46.50 . . fl. 92.803.561.23,
753.636 Stück Oblig. = 197.562.624 Frcs.
   oder zum Durchschnittscurse v. 46.15 . . „ 91.160.036.79

                  Zusammen . fl. 183.963.598.11

B. Für das Ergänzungsnetz:

150.000 Stück Obligationen der Serie *A* =
   32.970.344.90 Frcs., welche in den Büchern erscheinen mit . . . . fl. 15.250.655.90

           Im Ganzen daher . . fl. 199.214.254.01

Hievon sind bereits amortisirt:

3.155 Stück Actien mit . fl.   733.380.13
18.175 Stück Obligat. mit „ 2.198.453.41

               fl. 2.931.833.54

Anlagekosten des alten Bahnnetzes mit 31. December 1867.

Ankaufssumme und Bau-
   kosten bis Ende 1866 . fl. 110.264.478.— [1])
Vervollständigungsbauten
   im Jahre 1867 . . . . „   1.391.487.30

               fl. 111.655.965.30

---

[1]) Eine Vertheilung dieser Kostensumme auf die einzelnen Bautitel kann (mit Ausnahme der Betriebsmittel) nicht stattfinden, da die Bahnen grösstentheils in vollendetem Zustande für eine runde Summe übernommen wurden.

Uebertrag.. fl. 111.655.965.30

Fahrbetriebsmittel ...... fl. 29.974.660.36

Neuanschaffungen i. Jahre

1867 .... „ 1.211.196.82

fl. 31.185.857.18

Zusammen fl. 142.841.822.48

Durchschnittliche Baukosten per Meile wirklicher Länge fl. 824.670.

Bau-Auslagen für das Ergänzungsnetz.

Gegenstand	Bis Ende 1866	Im Jahre 1867	Zusammen
Projectverfassung, Vorerhebungen und sonstige Auslagen	123.005.04	153.470.87	276.475.91
Grundeinlösung	581.066.60	149.755.16	730.821.76
Unterbau	1.190.65	327.024.25	328.214.90
Oberbau	141.83	1.867.96	2.009.79
Bahn- und Gebäude - Einrichtung	—	8.786.31	8.786.31
Antheil an den allgem. Verwaltungskosten der Gesellschaft	—	—	43.755.03
Verzinsung................	—	—	578.825.93
Summa...	705 404.12	640.904.55	1.968.889.63

Betriebsrechnung pro 1867.

	Nördliche Linie	Südöstliche Linie	Wien-Neu-Szönyer Linie	Zusammen
Einnahmen.				
I. Transport-Einnahmen.				
Personen	2.387.326|79	2.667.007|35	295.369|07	5.349.703|21
Militär-Transporte	148.969|25	223.414|43	21.899|71	394.283|39
Gepäck	103.787|96	119.494|72	7.460|37	230.743|05
Eilgut (auch Separatzüge)	278.036|57	309.846|26	53.313|69	641.196|42
Waaren	8.680.449|64	10.131.573|36	1.366.271|40	20.178.294|40
Summe	11.598.570|21	13.451.336|12	1.744.314|14	26.794.220|47
II. Verschiedene Einnahmen.				
Pacht- und Miethzinse, Wagen- und Säcke-Vermiethung und sonstige Einnahmen	154.686|20	30.249|02	108.302|70	273.237|92
Gesammt-Einnahmen	11.783.256|41	13.481.585|14	1.852.616|84	27.067.458|39
Ausgaben.				
I. Allgemeine Verwaltung.				
Bezüge des Personals	78.013|64	98.935|75	17.351|44	184.305|83
Bureau- und andere Auslagen	53.917|12	61.474|16	11.976|89	127.366|17
Summe	131.930|76	150.412|91	29.328|33	311.672|—
II. Bahnaufsicht u. Bahnerhaltung.				
Centralleitung	39.998|92	42.146|02	10.402|31	92.547|25
Streckendienst	74.020|38	111.153|01	21.924|93	207.098|32
Bahnaufsicht	130.289|93	141.300|96	25.544|09	297.134|88
Unterbau	112.034|83	54.962|21	12.378|92	179.375|96
Oberbau	696.760|77	704.539|32	170.590|04	1.571.890|13
Gebäude	75.817|05	66.760|62	22.122|42	184.700|09
Ausserordentliche Auslagen	48.146|01	100.410|76	42.489|67	191.046|44
Summe	1.177.067|79	1.240.372|90	305.952|78	2.723.393|07
III. Commerzieller u. Verkehrs-Dienst.				
Centralleitung	127.032|25	144.774|36	26.881|97	298.688|58
Stationsdienst	654.498|10	773.910|15	155.281|72	1.583.689|97
Fahrdienst	202.598|73	202.722|24	26.159|26	431.480|21
Summe	984.129|07	1.121.406|75	208.322|94	2.313.858|76
IV. Zugförderung u. Werkstätten.				
Centralleitung	44.796|80	54.209|52	8.937|77	107.944|09
Zugsdienst	677.768|39	777.249|30	134.809|48	1.589.867|17
Erhaltung der Fahrbetriebsmittel...	536.856|44	934.441|88	147.260|55	1.918.518|87
Summe	1.459.421|63	1.765.900|70	291.007|80	3.616.330|13
Gesammt-Ausgaben	3.752.549|25	4.278.093|26	834.611|45	8.865.253|96

Ertragsresultate und deren Verwendung.

(Abschluss der Betriebsrechnungen pro 1867.)

Einnahmen aus dem Bahn-betriebe	fl. 27,007.458.39	
Betriebskosten	„ 8,865.253.96	
Ueberschuss.	fl. 18,202.204.43	
Reinertrag der Steyerdor-fer Bahn ....„	140.213.87	
		fl. 18,342.418.30
Einnahmen aus dem Be-triebe der Berg- u. Hüt-tenwerke u. d. Domänen	fl. 2,083.199 21	
Betriebskosten.........	„ 1,285.162.38	
Reinertrag...	„ 798.036.83	
Diverse Zinsen......................	„ 784.135.88	
Unvertheilte Erträgnisse früherer Jahre..	„ 2,410.236.88	
		fl. 22,314.827.89

Hievon wurden bestritten:

Steuern	fl. 1,240.594.23	
Stempel	„ 164.574.48	
	fl. 1,405.168.71	
Beitrag zum Pensionsfonde	fl. 39.745.38	
Beitrag zum Provisions- u. Unterstützungsfonde der Diener.... ....„	43.002.52	
Ausserordentlicher Theue-rungsbeitrag .... „	250.000.—	
	fl. 332.747 90	
Verzinsung der Actien mit	fl. 4,914.502 20	
„ „ Obligationen	„ 5,508.289.78	
	„ 10,422.791.98	
Amortisirung v. 389 Actien	fl. 95.655 10	
„ 2221 Oblig.	„ 550.919.60	
	„ 646.574.70	
Verlust-Saldo	„ 34.233.24	
5% Dotirung des Reserve-fondes	fl. 353.151.72	
3% Gewinnantheil des Ver-waltungsrathes und des General-Directors.....	„ 132.541.22	
10% Antheil der Gründer am Reingewinne	„ 360.888.88	
	„ 846.583.82	fl. 13,688.100.35
	Disponibel	fl. 8,626.727.54

Von dieser Summe wurde laut Beschluss der Generalversammlung für jede Actie eine Divi-dende von Fcs. 17.50 = 7.000.000 Fcs. à 46.50 .... „ 3,248.000.—

ausbezahlt und der Rest per...................... fl. 5,378.727.54

auf das nächste Jahr übertragen.

Statistik der Betriebs-Resultate pro 1867.

	Einheit	Nördliche Linie		Südöstliche Linie		Wien-Raaber-Linie		Zusammen	
Länge der Bahn	Meilen	62.—		91.5		21.—		174.5	
Zurückgelegte Zugmeilen	Anzahl	400.276		435.667		53.378		849.341	
Reisende I. Classe	„	20.117	1.6	21.180	4.1	2.546	1.3	43.929	2.4
„ II. „	„	190.536	16.1	236.403	31.1	34.766	18.2	461.704	20.9
„ III. „	„	1.061.866	83.3	492.249	64.8	143.469	60.5	1.697.574	76.7
aller Classe	Zoll-Ztr.	1.282.506	100	769.812	100	190.751	100	2.213.101	100
Befördert wurden Militär	„	98.477		134.906		21.465		264.998	
Gepäck	„	141.717		187.476		14.772		283.995	
Eilgut	„	162.786		131.392		72.928		366.706	
Partelfrachten	„	32.831.194		29.622.211		6.643.340		69.096.745	
Regiefrachten	„	2.021.582		2.846.906		317.619		4.886.607	
Betriebs- Einnahmen Für Reisende	Gulden	2.357.3	20.4	2.667.007	19.8	293.369	16.9	5.349.703	19.9
Für Militär-Transporte	„	148.9	1.2	223.414	1.7	21.900	1.8	394.223	1.6
Für Gepäck und Eilgut	„	351.626	3.8	429.341	3.2	60.774	3.3	871.940	3.2
Aus dem Frachten-Verkehr	„	8.690.450	74.1	10.131.678	75.1	1.846.371	73.9	20.178.294	74.6
Sonstige Einnahmen	„	184.086	1.2	30.269	0.2	105.3.3	5.8	273.218	1.—
Zusammen	„	11.733.267	100	13.481.884	100	852.617	100	27.067.468	100
Betriebs- Ausgaben Allgemeine Verwaltung	„	181.931	3.5	150.413	3.5	29.334	3.6	361.672	6.6
Bahnaufsicht und Bahnerhaltung	„	1.177.068	31.4	1.240.873	29.—	305.952	34.7	2.723.893	30.7
Commercieller und Verkehrsdienst	„	984.129	26.2	1.121.407	25.2	208.323	25.5	2.313.859	26.1
Zugforderung und Werkstätten	„	1.459.422	34.9	1.765.900	41.3	291.009	34.8	3.516.330	39.7
Zusammen	„	3.792.55	100	4.278.593	100	834.611	100	8.965.264	100
Ueberschuss	Gulden	7.990.707		9.203.491		1.018.004		19.929.201	
Verhältniss der Ausgaben zu den Einnahmen	%	32.—	31.7		45.1		32.8	
Einnahme per Bahnmeile	Gulden	189.243.07		147.539.73		35.219.88		105.114.88	
Ausgabe „ Zugmeile	„	60.624.99		46.765.11		39.743.40		80.898.76	
Einnahme „ Zugmeile	„	23.31		30.94		34.71		58.44	
Ausgabe „ „	„	9.37		9.82		16.43		9.96	
Von den Reisenden zurückgelegter Weg in	Meilen	10.305.671		9.761.980		1.206.743		21.222.894	
Von einem	Gulden	8.13		12.86		6.82		9.69	
Durchschnittl. Einnahme von einem Reisenden	Kreuzer	1.89		8.51		1.55		2.43	
per Meile	Meilen	28.8		27.3		24.5		25.2	
Von den Frachtsteuern durchlaufener Weg in „	Kreuzer	639.094.908		619.027.804		47.764.981		1.686.640.188	
Von einem Zentner	„	19.19		27.86		13.21		22.24	
Durchschnittliche Einnahme für 1 Ztr.	„	24.4		34.2		20.5		29.—	
„ 1 „ per Meile	„	1.4		1.3		1.6		1.3	

4

Bilanz mit 31. December 1867.

Activa.

Eisenbahnen	altes Netz........	fl.	142.841.496 —
	neues Netz..............	„	1.968.889.63
Material-Vorräthe....................		„	2.826.116.18
Berg- und Hüttenwerke und Domänen		„	24.650.352 61
Producte, Fabrikate und Material-Vorrath..		„	4.359.860.58
Immobilien		„	694.464.28
Debitoren		„	8.511.034.16
Cassa-Bestände		„	1.403.860.82
Wechsel		„	15.968.912.08
Effecten.........................		„	4.713.418.23
Capitals-Anlagen des Ergänzungs-Netzes ...		„	12.625.853.15
		fl.	220.564.257.72

Passiva.

Actien-Capital	fl.	92.803.561.32
Obligationen	„	91.160.036.79
Obligationen Serie A für das neue Netz	„	15.250.655.90
Zinsen-Dividenden und Tilgungs-Rückstände	„	4.840.691.64
Creditoren........................	„	5.908.612.55
Reservefond	„	1.127.388.16
Nicht vertheilte Erträgnisse.............	„	9.473.311.36
	fl.	220.564.257.72

Bilanz des Pensionsfondes

per 31. December 1867.

Activa.

a. Auslagen für Pensionen und Abfertigungen im Jahre 1866	fl.	58.355.54
b. Rückzahlungen von Pensionsfonds-Beiträgen	„	2.816.45
c. Diverse Ausgaben...................	„	3.604.06
Fürtrag .	fl.	64.776.05

			Uebertrag . . fl. 64.776.05
	In Baarem . . . . . . fl. 56.012.73		
	In Effecten . . . . „ 986.423.33		

d. Vermögensbestand	In Realitäten	Haus Nr. 63 i. d. Kärntnerstrasse . „ 331.929.07	
		Haus Nr. 5 in der Babenbergerstr. . „ 534.532.27	
			fl. 1.908.897.40
			fl. 1.973.673.45

Passiva.

Saldo vom 31. December 1865		fl. 1.747.161.40
Beitrag pro 1866 { v. d. Mitgliedern fl. 71.718.78		
{ v. d. Gesellschaft „ 39.883.38		„ 111.602.16
Eingeflossene Zinsen		„ 60.584.96
Hauszinsen		„ 47.050.62
Gewinn bei verlosten und verkauften Effecten . .		„ 5.489.48
Verschiedene Einnahmen		„ 1.784.83
		fl. 1.973.673.45

Anmerkung. Die wichtigsten Bestimmungen der Statuten des Pensions-Institutes, sind im I. Jahrgang (S. 72) enthalten.

K. k. priv. Südbahn.

Sitz der Verwaltung des österreichischen Netzes in Wien, Südbahnhof.

Verwaltungsrath.

Präsident: Franz Graf Zichy von Vásonykeő, Excellenz.
Vice-Präsident: Franz Ritter von Hopfen.

Adam Freiherr v. Burg.	Elio Freiherr v. Morpurgo.
Jos. A. Forsboom-Brentano.	Cäsar Ritter v. Noy.
Moriz Ritter v. Goldschmidt.	Anselm Freih. v. Rothschild.
Otto Freiherr v. Meysenburg.	Friedrich Ludw. Westenhols.
Alois Graf Mocenigo.	Eduard Wieser.

Secretär des Verwaltungsrathes: Ad. Schreiner, Ober-Inspector.

Comité in Paris (Rue Lafitte 17).

Joh. Franz Bartholony.	Eugen de la Rosiere.
Eduard Blount.	Alfons Freih. v. Rothschild.
Raphael Herzog v. Galliera.	Lionel Freih. v. Rothschild.
Cornelio de Witt.	

General-Consulent der Gesellschaft: Paulin Talabot.

General-Direction

General-Director: Eugen Boutoux.
Secretär: Unbesetzt.

Section I (S) Secretariat.

Dienst-Vorstand: Adolf Schreiner, Ober-Inspector, auch Secretär des Verwaltungsrathes.

Bureauchef: Math. Wallner.   Secretär: Eustach. Durst.

Registratur und Einreichungs-Protokoll.	Bureau für Evidenzhaltung des Grundeigenthums der Gesellschaft.
Registrator: Gabr. Pavellich.	
Expedit.	Ober-Inspector: Leop. Winter,
Expeditor: Eduard Schmidt	kais. Rath.

Inspector: August Stummer.

„ Josef Lyer.

Bureau für Verwaltungs- und Rechtsangelegenheiten.

Ober-Inspector: Franz X. Träger, kais. Rath.

Bureau für gemeinnützige Institute und allgemeine Statistik.

Ober-Inspector: Rudolf Mastalier.

Inspector: Joh. Schimak.

Bureauchef: Heinr. Penkel.

Prüfungs-Commissär für Aspiranten: D. Buttica.

Chef des Sanitätsdienstes: Maximilian Richter, Med. und Chir.-Dr.

Verwalter des Kranken-Institutes: Al. Waldhäusel.

Rechnungsführer: Carl Schwinner.

Inspections- und Studienbureau.

Inspectoren:

Johann Pruger, Heinr. Pfeiffer, Leon Schmidt, Franz Behaghel, v. Flammerding und Leop. Damian.

Section II (F) Finanzielle Direction.

Director des finanziellen Dienstes: Ludwig Cavallier.

Inspection.

Inspector: Albert Wahl.

„ Ed. Mannheimer.

Central-Bureau.

Bureauchef: Heinr. Entz.

Abtheilung für den Betrieb.

Controlchef: Joh. Edl. v. Savageri, kais. Rath.

Adjunct: Georg Scherzer.

„ Franz Meissner.

Buchhalter: Carl Schelling.

Bureauchef: Carl Oeppinger.

Bureauchef: Georg Nemluwil.

„ Josef Tomschik.

„ Franz Katzler.

„ Johann Forche.

Abtheilung für den Bau.

Controlor: Eugen Hörner.

Buchhalter: Carl Ehnhart.

General-Buchhaltung und Liquidatur.

General-Buchhalter: Dominik Seydel.

Buchhalter: Carl Schmidt. | Liquidator: Franz Strasser.

Hauptcassa:

Hauptcassier: Franz Ritter v. Lendenfeld.

Cassier: Joachim Hassberg.

Material-Magazins-Dienst.

Ober-Inspector: Ludwig Bernuth.

Inspector: Alfons Schmidt.

Bureauchef: Adolf Lausch.

Rechnungsführer: Bernhard Winterstein.

Haupt-Material-Magazin in Wien.

Verwalter: Franz Kaltofen.

Material-Magazin in Marburg.

Verwalter: Wilhelm May.

Material-Magazin in Stuhlweissenburg.

Verwalter: Josef Richter.

Section III (V) — Verkehrs-Direction.

Verkehrs-Director: Carl Theimer, kais. Rath.

Ober-Inspector: Josef Pretzner.

Secretär: Franz Pierron.

Central- und Personal-Bureau.

Inspector: Wenzel Bezpalec.

Bureauchef: Josef Benesch.

Rechnungs-Bureau.

Bureauchef: Josef Schottner.

Verkehrs-Bureau.

Inspector: Josef Jordan.

Bureau für Inventar und Beleuchtung.

Ingenieur: Joh. Ehret.

Verkehrs- und Transport-Inspectionen.

Wien.

Transport-Inspector: G. Andrissen.

Verkehrs-Inspector: Ferdinand Lindner.

Graz.

Transports- und Verkehrs-Inspector: Joh. Pechar.

Triest.

Transports- und Verkehrs-Inspector: Faustin Zanellato.

Ofen.

(s. gesellschaftliche Vertretung in Ofen).

Agram.

Transports- und Verkehrschef: Jos. Milsimer.

Klagenfurt.

Transports- und Verkehrschef: Frdr. Freih. v. Wetzlar.

Wagen-Dirigirung (in Marburg).

Wagen-Dirigent: Carl Dubsky.

Section IV (C) Commercielle Direction.

Commercieller Director: Friedr. Jul. Schüler.

Inspector: Sam. Hahn.

Unter-Inspector: Heinr. Socholler.
Secretär: Gustav Mazzini.
Commercieller Agent: Jul. Arvet.

Commercielles Bureau.
Bureauchef: Julius Schreiber.
Secretär: Jos. Kubarth.

**Unter-Abtheilung für das Tarifs-
wesen.**
Bureau-Sous-Chef: Frz Krump-
holz.

Unter-Abtheilung für Statistik.
Bureau-Sous-Chef: Ignaz Kohn.

Reclamations-Bureau.
Inspector: Franz Domenego.
**Commercielle Inspection in
Agram.**
Inspector: Hermann Kneuse.
**Commercielle Inspection in
Botzen.**
Inspector: Cäsar Astfalk.
Silos-Verwaltung (in Triest).
Verwalter: Oswald Hüffel.

Section V (Z) Maschinen-Direction.

Maschinen-Director: Alexander Gottschalk.
Inspector: Alexander Berenger.

Central-Bureau.
Inspector: Wzl. Grossmann.

Constructions-Bureau.
Ober-Inspector: Rud. Stradal.

Bureau für Zugförderung.
Ober-Inspector: Joh. Ubell.

Rechnungs-Bureau.
Bureauchef: Carl Heiss.

Statistik.
Bureauchef: Andr. Hofmann
v. Aspernburg.

Zugförderungs-Inspectionen.
Wien.
Inspector: Robert Blount.
Marburg.
Inspector: Wenzel Ludikar.
Laibach.
Inspector: Johann Langer.
Stuhlweissenburg.
Inspector: Johann Sochor.
Werkstätten.
Wien.
Werkstätten-Chef: Joh. Hardy
Marburg.
Werkstätten-Chef: C. Puchelt.

Section VI (E) Bahn-Direction.
Bahn-Director: Filipp Bolze.

Technisches Bureau.
Ober-Inspector: Carl Fogy.

Bureau für Bahnaufsicht.
Ingenieur: Spiess.

Bureau für **Material- und Rech-**
            nungswesen.
Inspector: Frdr. Bischoff.
                Archiv.
Archivar: Theodor Steinmann,
    Ingenieur.
    Administratives Bureau.
Secretär: Johann Fumé.
    Expedit und Registratur.
Registrator: Aug. Fürst.
            Bahn-Inspection.
        1. Wr.-Neustadt.
Inspector: Frdr. Aug. Birk.

        2. Marburg.
Inspector: Johann Bartel.
            3. Cilli.
Inspectors-Stellvertreter: Georg
    Geishofer.
            4. Triest.
Inspector: Gustav Lahn.
            5. Ofen.
Ober-Inspector: Max Dagobert
    Meissner, zugleich Ver-
    kehrsleiter der ungar. Linie.

Section VII (B) Bau-Direction.

Bau-Director: Wilhelm Pressel.
Directors-Stellvertreter: Carl Prenninger, Inspector.
            Inspectoren:
Amadeus Demarteau. | Johann Schmidt.
            Bauleitungen.

    a. Innsbruck-Botzen.
Inspector: Josef Ackerl.
    Sections-Ingenieure:
Richard Bechtle in Innsbruck.
Wilhelm Nast in Sterzing.
Adolf Wuch in Brixen.
Carl Roos in Bozen.
    b. Keresztur-Barcs.
Inspector: Wilh. Renschler.
    Sections-Ingenieure.
Eugen Sauer in Kanizsa.
Heinrich Klump in Barcs.
    c. Bruck-Leoben.
Sectionsleiter: E. Kretz.

    d. St. Peter-Fiume.
Inspector: Max Mauch.
    Sections-Ingenieure.
Gabriel Kraffl in Feistritz.
Moritz Löw in Fiume.
    e. Villach-Franzensfeste.
Inspector: P. Klunzinger
    (Villach-Strassen).
Inspector: Frdr. Bunz (Stras-
    sen-Franzensfeste).
    Sections-Ingenieure.
Max Ritter v. Mack.
Alois v. Aufschnaidter.

Section VIII (H) Hochbau-Abtheilung (Abtheilung für Architectur).
Architect und Ober-Inspector: Wilhelm Flattich.
Dessen Stellvertreter: Franz Wilhelm, Inspector.

Bauleitungen für Hochbauten.

a. Auf der Südbahn.
Ingenieure: Oswald Meese in Wien.

„   Julius Müller in Wien.

„   Josef Daum in Bruck a. d. Mur.

b. Auf den ungar. Linien.
Ingenieur: Carl Sellyey.

c. Auf der Kärnthner- und Tiroler Bahn.
Ingenieur: Carl Gerok in Innsbruck.
Ingenieur: C. Heller in Trient.

Direction der Tiroler Bahn (in Innsbruck).
Director: Josef Böhm.
Secretär: Carl Ratzka.

Controlle.
Controlchef: Ant. Schaffelner.
Bureauchef: Moriz Menzel.

Directions-Cassa.
Cassier: Jacob Sadowsky.

Commercielles u. Reclamations-Bureau.
Bureauchef: Anton Müller.

Verkehrs-Central-Bureau.
Verkehrschef: Daniel Rint.

Zugförderung.
Ober-Inspector: Franz Göbel.
Inspector: Josef Ludold.

Bahnerhaltung und Material-Verwaltung.
Ober-Inspector: Joh. Freih. v. Watzdorf.
Inspector: Eduard Bernadelli.
Bureauchef: Joh. Soukoup.

Material-Magazinschef: Jos. Sajowitz.

Schienen-Walzwerk in Gras.
Inspector: Jos. Hall.

Hafenbau in Triest.
Bauleiter: Ernest Pontzen, Inspector.

Verkehrsleitung der ungarischen Linien (in Ofen).
Ober-Inspector: M. Meissner.

Historische Mittheilungen.

Seit dem Abschlusse des April-Vertrages vom Jahre 1867 [1]. welcher die Regelung all' der wichtigen, seit längerer Zeit in Schwebe gewesenen Fragen bezüglich der neuen Organisirung

---

[1] S. Seite 95 und 317—323 des I. Jahrg.

(beziehungsweise Trennung) der Gesellschaft und mehrerer Aenderungen an den Bestimmungen der Concessionsurkunde und der Statuten zum Endzwecke hatte, gilt die Thätigkeit der beiden Verwaltungen zumeist der Vollendung und Vervollständigung hrer respectiven Bahnnetze.

Auf dem österreichischen Bahnnetze — von dem allein hier die Rede sein soll — wurde mit ganzem Kraftaufgebote an der Vollendung der „Brenner-Bahn" (Innsbruck-Botzen) gearbeitet, welche denn auch trotz des strengen Nachwinters zu Anfang des Jahres 1867 und trotz der Schwierigkeit, hinreichende Arbeitskräfte zu finden, bereits am 24. August 1867 dem Betriebe übergeben wurde. [1])

Mit der Eröffnung dieser Linie war eine der bedeutendsten Verkehrsadern Europas vollendet, deren Wichtigkeit längst anerkannt ward und deren Zukunft das Beste hoffen lässt, nachdem sie heute schon dem Transitwege durch die Schweiz (über den St. Gotthard und Splügen) eine überlegene Concurrenz übt, obzwar der Handel die vielen Vortheile, welche diese neue Strasse bietet, noch nicht zur Genüge erkannte und zum geringen Theile erst von den altgewohnten weiten Wegen ablenkte.

Nach Vollendung der Brenner-Bahn wurde der Bau der 11 Meilen langen Bahnlinie Kanizsa, resp. Kottori-Barcs, in Angriff genommen, deren Herstellung der Gesellschaft laut Artikel 2 des Vertrages vom 13. April 1867 oblag.

Diese Bahnstrecke ist für den Handel gleichfalls von grosser Bedeutung, da sie die directe Verbindung des adriatischen Meeres mit der Donau zur Thatsache macht; für die Gesellschaft aber ist die neue Linie schon darum von Wichtigkeit, dass mit Hilfe derselben das Fünfkirchner Kohlenbecken dem übrigen Bahnnetze erschlossen wird.

Die Eröffnung der genannten Strecke hätte vertragsgemäss schon am 1. Juli 1868 stattfinden sollen; in Folge der Ein-

---

[1]) Während des letzten Winters (1867/8) wurde der Betrieb der „Brenner-Bahn" in Folge eines Lawinensturzes unterbrochen. Die Störung hat jedoch nur fünf Tage gedauert und wird gegenwärtig daran gearbeitet, die durch Lawinen gefährdete Strecke (etwa 160° lang) durch den Bau von Galerien vollständig sicher zu stellen.

sprachen wegen des Ausganges der Bahn von Kanizsa, statt (nach dem Projecte der Gesellschaft) von Keresztur, wurde jedoch der Beginn und in Folge der Strenge des Winters 1867/8, sowie des notorischen Mangels an Arbeitskräften die rasche Durchführung des Baues in bedeutendem Masse verzögert, so dass die Uebergabe an den Betrieb erst am 1. September 1868 stattfinden konnte.

Ein ähnliches Interesse wie bei der eben besprochenen Bahnlinie hat die Gesellschaft auch an der Herstellung der 2., Meilen langen Strecke Bruck a. M.-Leoben, deren Bestimmung es ist, das reichhaltige Leobner Kohlenlager und ein Gebiet mit hochentwickelter Eisenindustrie mit dem übrigen Bahnnetze in Verbindung zu bringen. ')

Der Rechtstitel, auf Grund dessen diese Strecke gebaut wird, ist gleichfalls der Art. 2 des Vertrages vom 13. April 1867.

Als Vollendungstermin derselben war (laut Art. 3 des vorbezeichneten Vertrages) der 1. Juli 1870 angesetzt.

Nichtsdestoweniger liess die Gesellschaft den Bau im September 1867 beginnen und unausgesetzt weiterführen, so dass die Eröffnung gleichfalls am 1. September 1868 — also bereits nach Jahresfrist — stattfand. Hiermit war das factisch concessionirte österreichische Netz der Südbahn-Gesellschaft vollendet.

Allein die Concessionsurkunde vom 23. September 1858 (§. 2) legt der Gesellschaft die Verpflichtung auf, über Verlangen der Regierung und mit deren Subvention auch noch die Linien:

St. Peter-Fiume, 7·4 Meilen lang und

Villach-Brixen, 26·8 „ „

zu bauen. ')

') Laut des Geschäftsberichtes pro 1867 (Seite 7) veranschlagt die Gesellschaft die Ersparniss, welche ihr, mit Rücksicht auf den grossen Consum von Leobner Kohle, aus dem Baue der Zweigbahn erwächst, auf mindestens fl. 100.000 jährlich.

') Die bezügliche Bestimmung lautet wörtlich:

„Nach Ablauf des Jahres 1865 sind die Concessionäre verpflichtet, eine Zweigbahn von St. Peter nach Fiume und die Bahn von Villach nach Brixen herzustellen, insoferne es die hohe Regierung verlangt und

Die jüngsten politischen Ereignisse haben nun den Bau dieser beiden Linien welcher bei Abschluss der Concession als eine sehr fern liegende Eventualität erschien, zu einem dringenden Bedürfnisse gemacht [1]) und ist bekanntlich auch von Seite des Handelsministeriums die Aufforderung zur Inangriffnahme der Bauten an die Gesellschaft ergangen.

Da indessen die politischen und finanziellen Voraussetzungen, unter welchen die Gesellschaft ihren Concessionsvertrag abgeschlossen hatte, sich seitdem wesentlich änderten, so hielt sich die Gesellschaft für berechtigt, an die Billigkeit der Regierung zu appelliren und von derselben günstigere als die in der Concessionsurkunde festgesetzten Bedingungen zu erbitten.

Die Angelegenheit wurde schon bei den Verhandlungen, welche zu dem Abschlusse des Vertrages vom 13. April 1867 geführt haben, besprochen, fand aber damals keine Erledigung. Sie bildete hierauf den Gegenstand specieller Verhandlungen, bei welchen die Regierung das Gerechte des an sie gerichteten Verlangens erkennend, der Gesellschaft bessere Bedingungen zugestand.

Die Genehmigung der Zugeständnisse stiess jedoch auf Hindernisse, wesshalb die Gesellschaft aufgefordert wurde, über die Abänderung einzelner Puncte des bezüglichen Uebereinkommens in neuerliche Verhandlungen einzutreten; dieselben werden nun gegenwärtig gepflogen und hofft die Gesellschaft, dass sie zu einem für sie günstigen Resultate führen werden.

Die technischen Vorarbeiten sind übrigens auf beiden Linien vollendet und die Projecte zum Theile dem Ministerium vorgelegt.

Ausser den vorangeführten Eisenbahnbauten obliegt der Gesellschaft auch noch die kraft des Vertrages vom 13. April 1867 übernommene Ausführung der Triester Hafenbauten, wobei die Gesellschaft aber lediglich als Bauunternehmer fungirt, der

---

ein Drittheil der Herstellungskosten des Unter- und Oberbaues, mit Inbegriff der Grundeinlösungen dieser beiden Eisenbahnen trägt.

[1]) Die Linie Villach-Brixen verbindet die gegenwärtig ganz isolirte Tiroler Bahn mit den übrigen Linien des österreichischen Netzes der Südbahn-Gesellschaft.

für Rechnung des Staates den Bau besorgt und als Entgelt hiefür einen mit der Regierung vereinbarten Pauschalbetrag (fl. 13,500.000) erhält[1]).

Es ist dieses Unternehmen für die Gesellschaft vom grössten Interesse, da ein vollendeter Hafen auf den Eisenbahnverkehr den günstigsten Einfluss üben wird und ihr auch daran gelegen sein muss, dass die Hafenarbeiten in Uebereinstimmung mit der Bahnhofsanlage ausgeführt werden.

Die während des Jahres 1867 nebst den soeben aufgezählten Neubauten bewerkstelligten grösseren Reconstructions- und Ergänzungsbauten sind folgende:

a) auf der Linie Wien-Triest-Cormons: [*])

die Legung des zweiten Geleises in einer weiteren Länge von 2·₄ Meilen (so dass gegenwärtig nur mehr 9·₄ Meilen, d. i. ¼ der ganzen Linie, mit einfachem Geleise versehen sind);

die Erneuerung der Geleise in der Station Payerbach und in der Strecke Nabresina-Cormons;

die Umgestaltung der Baulichkeiten in sechs kleineren Stationen;

b) auf der Kärnthner Linie:

die Herstellung eines hölzernen Waarenschoppens in der Station Feistritz;

c) auf der croatischen Linie:

der Bau eines grösseren und zweier kleineren Getreideschoppen im Bahnhofe zu Sissek;

d) auf der Tiroler Bahn:

Adaptirungs- und Vergrösserungsbauten auf der Strecke Innsbruck-Kufstein, die Restaurirung des Oberbaues und die Umgestaltung des Bahnhofes in Innsbruck; die Le-

---

[1]) Vgl. die Art. 1, 7 lit. a und 8 des Vertrages ddto. 13. April 1867 (S. 317—320 d. 1. Jahrg).

Die Arbeiten bestehen in der Herstellung des Dammes, welcher das Hafenbassin gegen die Seeseite abschliesst, der Moli, Quais, grösserer Flächen zur Errichtung von Magazinen etc. etc. Der binnen 7 Jahren zu vollendende Bau hat im Herbste 1867 begonnen.

[*]) Die Strecke Nabresina-Cormons wurde nach der Abtretung Venetiens in die I. Gruppe des österreichischen Netzes einbezogen.

gung des zweiten Geleises in den Strecken Steinach-Bren-
ner und Franzensfeste-Brixen, der Brenner-Bahn: der Umbau der Grenzstation Ala, begreifend: die Herstellung neuer
Geleise; Bureaux und Magazine für den Zolldienst, Räumlich-
keiten für die Passagiere und die daselbst stationirten Maschinen, und schliesslich die Ausrüstung der Werkstätten in Bozen und Innsbruck.

Auch sind noch umfassende Neuanschaffungen zur Vermehrung der Fahrbetriebsmittel für das Jahr 1867 zu verzeichnen, von welchen ein Theil (Personen- und Lastwagen) in den
gesellschaftlichen Werkstätten zu Wien und Marburg mit einer
Ersparniss von 15—20% gegenüber den Preisen anderer Fabri-
ken ausgeführt ward.

Die Beschaffung der Capitalien für all' die Bauten, Herstellungen und Anschaffungen wurde durch fortgesetzte Emission
von „Bons mit kurzer Verfallszeit" bewirkt. [1])

Diese Operation nun und zum Theile auch den im Jahre
1860 schon angelegten Agioconto hat die Baissespeculation,
welche bereits seit zwei Jahren gegen die Gesellschaft agitirt,
zum Gegenstande heftiger Angriffe gemacht. In Publicationen
aller Art sind die schwersten und unbegründetsten Beschuldi-
gungen gegen die Gesellschaft erhoben, und die Behauptung aufgestellt worden, dass die Gesellschaft die zum Ausbau ihres Netzes
erforderlichen Gelder nicht werde aufbringen können, dass die
verausgabten Summen die Voranschläge weit überschreiten würden, und dass die Lasten der Gesellschaft in Folge dessen so gross
sein würden, dass an Zahlung einer Dividende nicht zu denken sei,

---

[1]) Bis zum Schlusse des Jahres 1867 waren 487.705 Bons verauss-
gabt und hiefür fl. 81,109.856.53 eingenommen worden; nebstdem sind
aber noch Bons im Betrage von fl. 13,220.431.02 dem Syndicate, welches
das Anlehen vom Jahre 1867 übernommen hatte, als Deckung übergeben.

Vertragsgemäss hätte dieser Vorschuss in Obligationen nach
einem zu vereinbarenden Curse rückerstattet werden sollen; da man sich
jedoch über den Curs nicht einigen konnte, so wurde beschlossen, die
Deckung des Vorschusses in Bons (Verfallszeit 1877 und 1878) zu leisten,
deren Curs zwei Schiedsrichter bestimmt hatten.

ja dass selbst die Zahlung der Obligationenzinsen gefährdet erscheine.

Was jedoch von all' diesen Auslassungen zu halten sei, lehrt am besten der vom Verwaltungsrathe ausgegebene Geschäfts-bericht pro 1867; es dürfte darum nicht unzweckmässig sein, die einschlägigen Stellen auch in weitere Kreise zu verbreiten.

Es heisst daselbst:

.......„Wir haben uns sorgfältig gehütet, diesen Angriffen direct entgegenzutreten, wir hielten die Discussionen für gänzlich unnütz, zumal unsere Antwort in unseren früheren Berichten enthalten ist. Da wir uns indessen heute unseren Actionären gegenüber befinden, denen wir bestimmte Erklärungen über unsere Lage schuldig sind, so ergreifen wir die Gelegenheit, um noch einmal die oft gehörten Angriffe zurückzuweisen. Wir wollen daher in Folgendem kurz die einzelnen Vorwürfe näher untersuchen, welche uns gemacht werden.“

„Wir fragen also zunächst, kann es irgend zweifelhaft sein, dass wir das noch nöthige Capital aufbringen?“

„Als wir Ihnen im Jahre 1865 darüber berichtet haben, in welcher Weise wir von der Vollmacht, das benöthigte Capital, sei es im Wege der Obligationen-Emission, sei es im Wege der Emissionen von Darlehen mit kurzer Verfallzeit aufzubringen, Gebrauch zu machen gedächten, war nach dem Rechenschaftsberichte noch eine Gesammtsumme von 132.4 Millionen Gulden zu realisiren. Seitdem haben wir, die noch im Portefeuille befindlichen Bons mitgerechnet, 98 Millionen realisirt und es bleiben noch 40 Millionen aufzubringen. Es kann in keiner Art eine ernstliche Schwierigkeit haben, diese Summe noch aufzubringen. Denn was will in der That die zur gänzlichen Vollendung unseres Werkes noch nöthige Summe von 40 Millionen bedeuten gegenüber einem Capitale von 450 Millionen, welches unser Credit bereits beschafft hat?“

„Die Hauptschwierigkeit hätten wir hiermit gelöst. Aber unter welchen Bedingungen, werden unsere Gegner sagen. Die Emission von Bons ist nach ihnen eine verhängnissvolle Massregel gewesen, sie soll die Gesellschaft zu sehr mit Zinsen belasten; ihre Rückzahlung soll grosse Schwierigkeiten bereiten; durch ihre Concurrenz soll der Curs der Obligationen gedrückt worden sein u. s. w.“

„Vor allen Dingen sollte man sagen, wie man es denn hätte besser machen können! Der Versuch im Jahre 1864, ein Anlehen von 400.000 Obligationen zu contrahiren war gescheitert, im Jahre 1865 hatten sich die Verhältnisse nicht gebessert, und in den Jahren 1866 und 1867 waren sie noch ungünstiger. War es daher überhaupt möglich, unter diesen Umständen ein bedeutendes Anlehen in Obligationen zu contrahiren? Gewiss nicht. Können uns diejenigen, welche die Emission der Bons tadeln, und daher doch wohl die Emission von Obligationen für möglich halten, sagen, zu welchem Curse die Obligationen hätten emittirt werden müssen? Und wenn dieser Curs, wie es uns unvermeidlich erscheint, ungünstiger gewesen wäre, als der der Bons, wäre es dann klug gewesen, eine so schwere Last definitiv zu übernehmen, war es nicht zweckmässiger, ein Anlehen auf kurze Zeit zu contrahiren und die Rückzahlung desselben in eine Zeit zu verlegen, wo die Gesellschaft ihr Werk beendet haben und im Genusse ihrer ganzen Erträgnisse stehen wird? Lässt sich nicht annehmen, dass dann ihr Credit consolidirt und sie in der Lage sein wird, Obligationen zu demselben Curse zu placiren, wie andere prosperirende Gesellschaften?»

»Ist es nicht mit Sicherheit anzunehmen, dass, sobald einmal die Dinge ihre normale Gestalt angenommen haben, die Consolidirung der schwebenden Schuld unter günstigen Bedingungen möglich sein wird? Welches sind denn die Verpflichtungen, welche wir, die 40 Millionen Resterforderniss einmal aufgebracht, zu erfüllen haben werden? Wir werden eben behufs Ersatzes der Bons durch Obligationen jährlich im Mittel 17 Millionen Gulden zu beschaffen haben. Kann es aber für eine Gesellschaft, welche beispielsweise im laufenden Jahre auf ein Nettoerträgniss von 32 Millionen Gulden rechnen darf, eine besondere Schwierigkeit haben, 17 Millionen im Jahre aufzubringen?»

»Die Emission der Bons, welche genau dieselbe Sicherheit bieten wie die Obligationen, war daher eine durch unseren Geldbedarf gebotene Massregel. Sie erhöht unsere Lasten nicht in der Gegenwart und verspricht eine Erleichterung derselben für die Zukunft. Die Rückzahlung derselben endlich kann keinen ernstlichen Anständen begegnen.»

Diess über die Geldbeschaffung und die dazu angewendeten Mittel.

Bezüglich des Agioconto fährt der Bericht dann fort:

»Der Agio-Conto wurde im Jahre 1860 errichtet, um eine Compensation für die Verpflichtung zu schaffen, welche die Actionäre damals übernahmen, die noch rückständigen Einzahlungen von im Ganzen 75,000.000 Gulden in Silber zu leisten, da die Einzahlung in Banknoten bei dem damaligen hohen Agio dem Capital-Conto der Gesellschaft wesentlichen Schaden gebracht hätte. Ein grosser Theil unserer Ausgaben, der Kaufpreis der übernommenen Linien, alle Ausgaben im Lombardisch-Venetianischen, alle Ankäufe von Material im Auslande, sind in Silber gemacht worden, und nur dem Reste kam das Agio zu Gute.»

»Auf der anderen Seite mussten unsere Einnahmen dazu dienen, die Zinsen der Anlehen und die Dividenden der Actien in Silber zu zahlen. Nur etwa ⅕ dieser Einnahmen bestanden aber in klingender Münze, der Rest wurde in Banknoten realisirt.»

»Es war natürlich, dass man diesen letzteren Theil der Einnahmen dazu verwendete, um die in Oesterreich in Banknoten zu machenden Ausgaben zu bestreiten, und dass man die im Auslande realisirten Einnahmen dazu verwendete, um auch die im Auslande zahlbaren Zinsen und Dividenden in Silber zu bezahlen.«

»Dies haben wir denn auch gethan, und wir geben zu, dass, wenn die Einzahlungen auf Actien nicht in Silber zu leisten gewesen wären, auch die Dividenden, soweit sie die in Papier gemachten Einnahmen repräsentiren, in Papier zu zahlen gewesen wären.«

»Die Frage, wie sie sich im Jahre 1860 darstellte, war folgende: War es für die Gesellschaft vortheilhaft, der Verbindlichkeit der Actionäre, die Einzahlungen in Silber zu leisten, die Verpflichtung der Gesellschaft gegenüber zu stellen, auch ihrerseits während der Bauzeit in Silber zu zahlen? Eine Wahrscheinlichkeitsrechnung liess dies unzweifelhaft erscheinen. Der Vortheil wäre sehr bedeutend gewesen, wenn das Agio, wie wir damals glaubten, in zwei bis drei Jahren verschwunden wäre, aber es ist unzweifelhaft, dass auch trotz der Fortdauer des Agio der gewählte Vorgang ein für die Gesellschaft und die Actionäre vortheilhafter gewesen ist.«

»Es ist richtig, dass sich seit zwei Jahren unsere Lage, welche bezüglich des Agio in Italien eine günstige war, weniger gut gestaltet hat Immerhin ist aber der Einfluss derselben auf unser Agio-Conto nur ein sehr geringer gewesen. Die Einnahmen von dem italienischen Netz sind dazu verwendet worden, um die dortigen Bauten, sowie den Kaufpreis des piemontesischen Netzes zu zahlen. Nur die zur Ergänzung dieser Kaufschillingsraten erforderlichen Beträge wurden den realisirten Capitalgeldern entnommen.«

»Können und dürfen wir hoffen, dass diese Agiofrage bald ihre Erledigung findet, und dass die Wiederaufnahme der Baarzahlungen in den beiden Staaten, welchen unser Netz angehört, uns bald aller Besorgniss in dieser Beziehung überhebt? Wir dürfen dies, wenn wir die Anstrengungen betrachten, welche beide Staaten machen, um ihre financielle Lage zu ordnen, wenn wir erwägen, wie wichtig es für sie ist, das Agio zu beseitigen.«

»Wir haben es hier in der That mit einem der dringendsten Bedürfnisse, mit einer der unabweisbarsten Nothwendigkeiten für beide Staaten zu thun; das Verschwinden des Agio ist die Vorbedingung für das Gedeihen von Handel und Industrie, für die ganze ökonomische Entwicklung der Länder. Unser Interesse fällt hier, wie in vielen andern Punkten, mit dem des Staates zusammen.«

Am Schlusse des Berichtes endlich heisst es:

»Der Cardinalpunct in dem Streite mit unseren Gegnern ist die Schätzung der wahrscheinlichen künftigen Einnahmen. Nach einer Taktik, die in Eisenbahnsachen wohlbekannt ist, übertreibt man die Lasten und unterschätzt man die Einnahmen, man trägt den vielfachen Schwierigkeiten keine Rechnung, denen wir in den abgelaufenen acht Jahren begegnet sind, und man berücksichtigt die Entwicklung nicht, welche unter norma-

len Verhältnissen ein Netz in der geographischen Lage des unseren nehmen muss.«

»Wir haben es schon oft gesagt, und wiederholen es, die bisherigen Ergebnisse sind in keiner Weise geeignet, als Basis für die Beurtheilung der Zukunft zu dienen. Das gespannte oder geradezu feindliche Verhältniss, welches in dieser ganzen Zeit zwischen den beiden Staaten bestanden hat, welchen unser Netz angehört, der lähmende Einfluss, den
dasselbe auf Handel und Industrie geübt hat, die Katastrophen, die dar-
aus entstanden sind, die zweimalige Aenderung der Grenzen, die inneren
Schwierigkeiten, welche beide Staaten in Folge der politischen Erschütte-
rungen zu überwinden hatten, die Zerstörung des allgemeinen Credites, die
Erhöhung der Abgaben, die allgemeine Entmuthigung als Folge dieser
vielfältigen Verwicklungen, sind dies nicht alles Umstände, welche in Betracht gezogen werden müssen? Sind dies normale Verhältnisse? Kann man,
das fragen wir, die Ergebnisse einer solchen Periode mit gutem Gewissen
als massgebend für die Folgezeit darstellen?«

»In Wahrheit es ist zu verwundern und der beste Beweis für die
Lebensfähigkeit unseres Unternehmens, dass dasselbe diese unheilvolle
Periode durchgemacht hat, ohne dass der Bau, ohne dass die Zahlung der
Dividenden eingestellt werden mussten, dass das grosse Werk vollendet
werden konnte, trotz der unermüdlichen und eifrigen Bemühungen seiner
Gegner, welche alle Schwierigkeiten redlich auszubeuten wussten; denn
trotz alledem haben wir unsere Aufgabe durchgeführt, unser ganzes gros-
ses Netz ist so gut wie vollendet. Wird dieses Netz, welches mittelst der
Linie Wien-Triest den Nordosten Europas, und mittelst der Tiroler Linie
ganz Deutschland mit dem Mittelmeere und somit dem ganzen Oriente verbindet, welches in naher Zukunft über Nizza und den Mont-Cenis das französische Bahnnetz in directe Verbindung mit Oesterreich, Ungarn und Italien setzen wird, welches die reichste und bevölkertste Hälfte von Italien,
und ein gutes Drittheil von Oesterreich durchzieht, welches zahlreiche und
blühende Städte, wie Wien, Pest, Triest, Venedig, Mailand, Turin, Genua,
Florenz u. s. w., mit einander verbindet, wird dieses Netz, wie unsere Gegner behaupten, auf eine Einnahme von Frcs. 30.000 per Kilometer beschränkt bleiben, eine Ziffer, die übrigens jetzt bereits überschritten ist?«

»Das Netz ist vollendet und in gutem Zustande, die Betriebsausla-
gen sind sehr mässig, und seine Zukunft steht jetzt ausser Frage. Diejenigen unter Ihnen, welche sich an der Schöpfung des französischen Bahnnetzes betheiligt haben, werden sich der Zeit erinnern, wo die Einnahmen
der Linie Lyon-Mittelmeer auf Frcs. 30.000 per Kilometer geschätzt wurden. Seitdem sind 15 Jahre verflossen, und heute betragen die Einnahmen
dieser Linie mehr als 150.000 Franken pr. Kilometer. Dieses Beispiel, dem
wir noch viele andere aus den verschiedensten Ländern und insbesonders
aus Oesterreich anreihen könnten, ist wohl geeignet, um Ihnen zu zeigen,
was Sie von jenen pessimistischen Anschauungen zu halten haben.«

„In Ihrem eigensten Interesse bitten wir Sie, verschliessen Sie sich den Angaben und Berechnungen aller Art, welche in der Unwissenheit, dem Irrthume und der Böswilligkeit ihre Quelle haben. Der Erfolg wird Ihr Vertrauen rechtfertigen, aber vergessen Sie nicht, dass der Erfolg zum guten Theil von dem Vertrauen abhängt, welches Sie in Ihr Werk setzen." — —

Die Verkehrsverhältnisse des Jahres 1867 waren, wie bei den meisten österreichischen Eisenbahnen, auch hier ausserordentlich günstige.

Dessungeachtet erlitt die Einnahme im Vergleiche zu jener pro 1866 eine Abnahme von fl. 2,808.769.

Das Jahr 1866 war jedoch bezüglich der Leistungen und folgerichtig auch der Einnahmen ein durchaus anormales; man muss daher, um einen richtigen Einblick in die Entwicklung des Verkehres zu gewinnen, dem Jahre 1867 das Jahr 1865 gegenüberstellen.

Die Gesammt-Einnahme derjenigen Linien, welche gegenwärtig das österreichische Netz bilden, war im Jahre 1865 fl. 19.240.433

Die Gesammt-Einnahme derselben Linie im
Jahre 1867 beträgt .... „ 23.200.396

Differenz ...... fl. 3.779.963

Im Jahre 1867 hat sich das Netz vergrössert um:
Die Linie Oedenburg-Kanizsa .... 21.8 Meilen
„ „ Agram-Carlstadt .... 6.5 „

Zusammen ... 28.3 Meilen.

Die mittlere Einnahme der ungarischen Linien betrug im Jahre 1867 fl. 63.000 per Meile. Diese Ziffer auf die Linie Oedenburg-Kanizsa angewendet gibt als Ertrag derselben ... fl. 1.364.480
hierzu der Ertrag der Linie Agram-Carlstadt .... „ 160.000

Im Ganzen für beide Linien fl. 1.524.480
Wird diese Ziffer von der oben angegebenen von . „ 3.779.963
abgezogen, so ergibt sich als Mehrerträgniss der schon 1865 eröffnet gewesenen Linien im Jahre 1867 fl. 2.255.483
d. i. eine Zunahme von 12% in zwei Jahren.

So befriedigend diese Ziffer übrigens an sich ist, so gibt doch auch sie keinen richtigen Ausdruck der wirklichen Zunahme. Denn im Jahre 1867 haben zwei Umstände, deren Folgen sich

in Ziffern ausdrücken lassen, auf die Einnahme des österreichischen Netzes schmälernd eingewirkt, nämlich:

1. Die am 1. Jänner 1867 ins Leben getretenen Tarifermässigungen, welche im Vertrage vom 13. April 1867 stipulirt wurden
und für die Gesellschaft einen Verlust von mindestens fl. 1.120.000
herbeiführten. [1]

2. Die Unterbrechung des Verkehres durch Schneeverwehungen auf der Hälfte des Bahnnetzes während des ganzen
Monats December. [2]

Ohne diese beiden ganz ausserordentlichen Umstände würde
die Zunahme gegen das Jahr 1865 nicht 12, sondern mehr als
20% betragen haben.

Auch die Betriebsergebnisse der italienischen Linie haben
sich, wie aus der Betriebs-Rechnung und dem „Abschlusse der
Betriebs-Rechnung" (S.80,81) zu ersehen, wesentlich gebessert.

Die Activirung der Depôt-Casse in Paris, deren Errichtung bereits im Vorjahre avisirt wurde (vgl. S. 95 d. I. Jahrg.),
hat durch die Krankheit und den Tod des Verwaltungsrathes
Baron von Langsdorff, welcher mit der Leitung derselben betraut war, eine Verzögerung erlitten; gegenwärtig jedoch ist die
Organisirung nahezu vollendet.

---

[1] Der Geschäftsbericht knüpft hieran folgende Bemerkung:
„Es folgt hieraus, dass die Gesellschaft die vom Staate dem Handel
und der Industrie gemachten Zugeständnisse reichlich gezahlt hat. Freilich
haben alle die richtigen Grenzen einhaltenden Tarifermässigungen eine
allmälige Vermehrung des Verkehrs zur Folge, welche früher oder später
den Ausfall deckt, aber es ist eben so gewiss, dass die Gesellschaft,
indem sie auf einmal so namhafte Ermässigungen zugesteht, für mehrere
Jahre ein effectives Opfer bringt."

[2] Während der Zeit vom 4. bis 31. December sind die Linien
Pragerhof-Ofen und Kanizsa-Wien nur zweimal und auch da nur je auf
24 Stunden dem Betriebe geöffnet gewesen. Dieser gezwungene Stillstand
während 25 Tagen auf einem Bahnnetze von 66 Meilen und zwar in einer
Zeit des lebhaftesten Getreideexportes, hat, nach den Ergebnissen des
Monats November zu schliessen, mindestens einen Einnahms-Entgang von
900.000—950.000 fl. verursacht.

Beschlüsse der General-Versammlung
vom 24. April 1868.

1. Die General-Versammlung genehmigt einstimmig den Rechnungsabschluss pro 1867 und setzt die für dieses Jahr zu vertheilende Jahresdividende auf fl. 13.20 fest.

2. Mit Stimmenmehrheit werden zu Verwaltungsräthen wieder gewählt die Herren:

Baron von Meysenbug,
Ritter von Neuwall,
Baron James von Rothschild,
Bartholony,
Marquis de Bevilacqua,
Baron de Bolmida,
Guglianetti.

Die Wahl des Herrn Cornelis de Witt an Stelle des verstorbenen Verwaltungsrathes Herrn Baron von Langsdorff wird bestätigt.

Bahngebiet.

	Wirkliche	Tarifmässige
	Länge in Meilen	
I. Oesterreichisches Netz.		
1. Gruppe.		
Wien-Triest...............................	78.110	78.5
Mödling-Laxenburg........................	0.620	0.5
Neustadt-Oedenburg	4.219	4.5
Bruck-Leoben	2.245	2.-
Marburg-Villach	21.712	22.-
Steinbrück-Sissek	16.562	17.-
Agram-Carlstadt......	6.500	7.-
Nabresina-Cormons......................	6.550	7.-
2. Gruppe.		
Pragerhof-Ofen	43.516	44.-
Stuhlweissenburg-Uj-Szöny	10.502	11.-
Oedenburg-Kanizsa......................	21.792	22.-
Kanizsa (resp. Keresztur-) Barcs	9.375*)	9.- *)
3. Gruppe.		
Tiroler Bahn	39.940	40.-
	259.643	264.5
II. Italienisches Netz.		
4. Gruppe.		
Oberitalienische Bahnen..	120.400	
5. Gruppe.		
Central-italienische Bahnen..........	38.800	
6. Gruppe.		
Piemontesische Bahnen................ ..	93.200	.
Gesammtlänge der im Betriebe stehenden Bahnen	512.043	.

*) Die hier eingestellten Längen gelten blos für die Strecke Barcs-Keresztur, von welch' letzterem Orte erst die Bahn einerseits nach Kanizsa, andererseits nach Kottori abzweigt.

Die Länge der eigentlichen Bahnstrecke Kanizsa-Barcs beträgt: 11.028 wirkliche oder 11 Tarif-Meilen und die Länge der eigentlichen Bahnstrecke Kottori-Barcs beträgt: 9.847 wirkliche oder 10 Tarif-Meilen.

Anlage der Bahn.

Auf den alten Linien hat sich — mit Ausnahme der vorerwähnten (S. 56—57) Ergänzungsbauten — an der im I. Jahrgange
(S. 96—106) beschriebenen Anlage der Bahn nichts geändert.

Rücksichtlich der neuen Strecken dagegen ist hierzu
Folgendes nachzutragen: [1]

In Leoben schliesst die Rudolfsbahn an die Südbahn
an und in Barcs mündet in dieselbe die Barcs-Fünfkirchner Bahn.

Der Flügel nach Leoben zweigt in Bruck a/M. von der
Südbahn ab und zieht über Niklasdorf dem erstgenannten End-
punkte zu.

Die Strecke Kanizsa-Barcs bildet sozusagen eine directe
Fortsetzung der Linie Oedenburg-Kanizsa. Die Abzweigung von
der Linie Pragerhof-Ofen findet zwischen Kanizsa und Kottori statt; die beiden Bogen laufen in der Station Keresztur
zusammen, von wo aus die Bahn über Zákany, Berzencze, Vizvár
und Babocsá nach Barcs zum Anschlusse an die Barcs-Fünfkirchner Bahn führt, welche ihrerseits wieder an die Fünfkirchen-
Mohacs'er Eisenbahn anschliesst.

Die Terrain-Verhältnisse der Strecke Bruck-Leoben
boten — abgesehen von der Mur-Uebersetzung in Bruck selbst —
keine Schwierigkeiten; ein Anderes war dies aber auf der Barcs'er
Linie, wo bei Légrad bedeutende Lehnenbauten und gleichwie
beim Bahnhofe Barcs umfassende Uferschutzbauten ausgeführt
werden mussten.

---

[1] Der Nachtrag geschieht in derselben Ordnung, wie sie bei der
Hauptbeschreibung der Südbahnlinien eingehalten wurde.

Neigungs-Verhältnisse.

Bezeichnung der Linien	horizontal	Steigung						Neigung						Zu-sammen
		bis 1:1000	1:1000 bis 1:600	1:600 bis 1:300	1:300 bis 1:100	1:100 bis 1:60	1:60 bis 1:40	bis 1:1000	1:1000 bis 1:600	1:600 bis 1:300	1:300 bis 1:100	1:100 bis 1:60	1:60 bis 1:40	
		Meilen												
Bruck-Leoben......	0.554	.	0.124	0.127	0.970	.	.	.	0.109	0.362	.	.	.	2.245
Keresztur-Barcs....	2.360	.	0.871			.	.	3.442	1.375	0.640	0.657	.	.	9.375

Die grösste Steigung beträgt: auf der Strecke Bruck-Leoben 1:125 und auf der Strecke Keresztur-Barcs 1:300.

Richtungs-Verhältnisse.

Bezeichnung der Linien	Gerade Bahn	in Curven						Zusammen
		bis 2000° Radius	von 2000° bis 1000° R.	von 1000° bis 800° R.	von 800° bis 600° R.	von 600° bis 300° R.	von 300° bis 100° R.	
		Meilen						
Bruck-Leoben	1.400	0.165	0.141	.	.	0.259	0.280	2.245
Keresztur-Barcs......	7.784	0.107	0.258	0.221	.	0.767	0.234	9.375

Die schärfste Krümmung beträgt: in der Strecke Bruck-Leoben 166° Rad. und in der Strecke Keresztur-Barcs 123° Rad.

Unterbau.

Die Kronenbreite des Bahndammes beträgt auf beiden Strecken 1°75.

Die Strecke Bruck-Leoben zählt 47 Unterbau-Objecte; die bedeutendsten davon sind:

die Murbrücke bei Bruck, 60°4 lang mit 2 Oeffnungen à 17°9 und 1 Oeffnung à 22°1.

Eisencon-struction, Gitterbrücke.

„ Poststrassenbrücke bei Bruck, 5°1 lang mit 1 Oeffnung.

„ Murbrücke bei Leoben, 40°36 lang mit 2 Oeffnungen à 13°03 und 1 Oeffnung à 14°3.

Hölzerne Gitter-Con-struction.

Auf der Strecke Keresztur-Barcs kommen 73 Objecte vor, welche vorläufig in Holz ausgeführt sind und später erst durch massive Bauten ersetzt werden.

Oberbau.

Die neuen Strecken sind beide eingeleisig.

Die Schienen sind breitbasige und im Gewichte von 22·7 Zoll-Pfd. per laufenden Fuss. Bis auf circa 40.000 Ztr., welche das Werk Creuzot in Südfrankreich lieferte, wurden die Schienen von dem gesellschaftlichen Walzwerke in Graz beigestellt.

Auf der Strecke Bruck-Leoben kamen unimprägnirte Lärchen- und eine ganz geringe Quantität (mit Kupfervitriol) imprägnirte Buchenschwellen zur Verwendung.

In der Barcser Strecke liegen durchaus unimprägnirte Eichen-Schwellen.

Die Bettung des Oberbaues besteht auf beiden Strecken aus Grubenschotter.

Die Strecke Bruck-Leoben zählt 25 Wechsel, 1 grosse (38′ Durchmesser) und 8 kleine Drehscheiben (13′ Durchmesser).

Die Strecke Keresztur-Barcs zählt 76 Wechsel, 1 grosse (38′ Durchmesser) und 8 kleine Drehscheiben 13′ Durchmesser.

Hochbau.

Auf der Strecke Bruck-Leoben wurden 14 Gebäude aufgeführt, darunter 9 Wächterhäuser (8 einfache und 1 doppeltes), auch stehen 4 Signalhütten in Verwendung.

Die Barcser Strecke zählt 62 Gebäude, darunter 3 doppelte und 32 einfache Wächterhäuser, Signalhütten sind 10 vorhanden.

Die sämmtlichen Gebäude beider Strecken sind in Ziegelrohbau ausgeführt.

Erstere Strecke hat 2 Stationen und zwar Niklasdorf und Leoben; letztere Strecke hat 7 Stationen, nämlich: Keresztur (eigentlich nur eine Haltestelle), Zákány, Gola, Berzencze, Vizvár, Babócsa und Barcs.

Von Bedeutung sind auf beiden Strecken nur die Endstationen

Telegraf und Signale

sind von derselben Beschaffenheit wie auf den übrigen Linien der Südbahn.

Chronologisch geordnete Uebersichts-Tabelle der Eröffnungsdaten der einzelnen Strecken (des österreichischen Netzes) der Südbahn.

(Fortsetzung zu Seite 108 des I. Jahrgangs.)

Datum		Bahnstrecke
1868	1. September	Bruck-Leoben Keresztur- (Kanizsa-) Barcs

Stand der Fahrbetriebsmittel.

Bezeichnung		Oesterreich. Netz	Italienisch. Netz	Im Ganzen
I. Locomotive	mit 1 Triebachse........	.	135	135
	» 2 »	137	259	396
	» 3 »	208	124	332
	» 4 »	36	10	46
	Summe der Locomotive	381	528	909
II. Personenwagen	Hofwagen	2	13	15
	Salon- und 1. Classe-Wagen	112	154	266
	I. und II. Classe-Wagen ..	77	140	217
	II. Classe-Wagen	196	371	567
	III. Classe-Wagen	397	934	1.331
	Summe der Personenwagen	784	1.612	2.396
III. Lastwagen	Gedeckte Lastwagen......	3.790	4.197	7.987
	Offene Lastwagen	1.857	.	1.857
	Lowries...............	822	3.105	3.927
	Summe der Lastwagen	6.469	7.302	13.771
IV. Diverse Wagen	Gepäckwagen...........	155	248	403
	Postwagen	17	11	28
	Pferdewagen...........	60	84	144
	Brack- und Dienstwagen..	3	21	24
	Schotterwagen	300	418	718
	Wagen für Langhölzer ...	420	130	550
	Wagen für Viehtransporte.	70	.	70
	Steinwagen		25	25
	Verschiedene Wagen	.	121	121
	Summe der divers. Wagen	1.025	1.058	2.083
	Hauptsumme der Wagen	8.278	9.972	18.250
	Schneepflüge....	58	33	91
V. Schiffe	Dampfschiffe...........	.	8	8
	Barke................	.	1	1
	Summe der Schiffe	.	9	9

Hiernach haben sich in dem Stande der Fahrbetriebsmittel während des Jahres 1867 nachstehende Aenderungen ergeben:

Mit der Uebergabe der venetianischen Linien an die Verwaltung der oberitalienischen Bahnen übergingen an dieselbe auch 88 Maschinen und 189 Lastwagen, welche früher als dem österreichischen Netze dienend ausgewiesen waren.

Eine Vermehrung im Allgemeinen hat stattgefunden:

bei den Maschinen   um   7 Stück

   „   „   Lastwagen   „   656   „

   „   „   diverse Wagen   „   ?   „

   „   „   Schneepflügen   „   3   „

Eine weit grössere Vermehrung aber steht dem Fahrparke für die nächste Zeit bevor, in welcher die noch weiters angeschafften 63 Maschinen, 100 Personen- und 932 Lastwagen abzuliefern sind.

Gesellschafts-Capital mit Ende 1867.

750.000 Actien à 200 fl. . . . . fl. 150.000.000.—

1,916.881 Obligationen langer Verfallszeit. „ 193.565,096.28 *)

307.705 Bons, I. Emission (Verfallszeit: 1869
  —1874) . . . . fl. 53,688.676.88

180.000 Bons, II. Emission
  (Verfallsz.: 1875—1876) fl. 27.421.179.65

                     „   81,109.856.53 *)

        Summa fl. 424,674.952.81

---

*) Diese Summen repräsentiren den für die Obligationen und Bons wirklich erzielten Erlös. Der Nominalwerth der genannten Effecten beträgt 200 fl. pr. Stück.

Von den Obligationen waren mit Ende 1867 bereits 17.988 Stück à 200 fl. getilgt.

Anlagekosten

	bis 31. Dec. 1866	Im Jahre 1867	Zusammen
Linie Wien-Triest sammt Zweigbahnen	25.556.180.51	1.415.441.64	26.971.622.15
„ Marburg-Villach	24.385.495.14	1.036.383.26	25.421.878.40
„ Steinbrück-Sissek-Agram-Carlstadt	14.063.635.51	284.971.51	14.348.607.02
„ Bruck-Leoben		323.268.74	323.268.74
Ungarische Linien	40.714.254.51	1.155.427.77	41.869.682.28
Tiroler Linien	23.938.558.61	7.263.261.89	31.201.820.70
Venetianische Linien	26.368.954.80	1.432.770.13	27.801.728.93
Lombardi-che Linien	39.586.813.40	597.164.16	40.183.977.86
Central-italienische Linien	48.000.467.19	256.090.57	48.256.517.86
Piemontesische Linien		47.799.32	47.799.32
Im Ganzen.	242.614.563.87	13.812.569.39	256.427.133.26
Tracirungs-Spesen neuer Linien	116.594.11	3.219.38	119.613.49
Betriebs-Material	48.589.236.51	3.740.851.25	52.330.087.76
Im Ganzen.	291.320.394.49	17.556.640.02	308.877.034.51
Materialvorräthe, Kulktafabriken, Liegenschaften	9.442.672.60	727.847.10	10.170.519.70
Kaufpreis der lombardisch-venetianischen Linien nach Abzug des Inventarwerthes der bei der Uebernahme vorhandenen Betriebsmittel und Vorräthe (fl. 1.993.236.51)	22.616.761.49		22.616.761.49
Kaufpreis der Südbahn nach Abzug des Inventarwerthes der bei der Uebernahme vorhandenen Betriebsmittel u. Vorräthe (fl.6.310.566.80)	63.689.433.20		63.689.433.20
Geleistete Ratenzahlungen auf den fl. 80.000.000 betragenden Kaufpreis der piemontesischen Linien nach Abzug des Inventarwerthes der bei der Uebernahme vorhandenen Betriebsmittel und Vorräthe (fl. 9.436.246.22)	30.563.753.78	20.000.000.—	50.563.753.78
Gesammt-Ausgabe am 31. December 1867.	417.633.015.56	38.284.487.12	455.917.502.68

Baurechnung (Ausgaben für

	Rechnungs-Rubriken			
	Geschäfts-leitung und Aufsicht	Vorarbeiten, Bureaukosten und verschiedene Ausgaben	Grundeinlösung	Unterbau
Linie Wien - Triest - Cormons sammt Zweig-bahnen....................	1.330.864.66	152.576.73	245.872.82	6.180.561.97
Kärntner Linie.............	1.371.107.79	198.706.21	1.134.678.29	11.220.634.99
Croatische Linie......................	527.426.64	135.306.—	642.230.79	6.127.459.09
Linie Bruck-Leoben	39.442.88	6.822.54	156.641.83	96.786.45
Ungarische Linien — Pragerhof Ofen-Uj-Szöny......	1.692.167.66	397.014.65	1.239.459.86	10.617.738.66
Ungarische Linien — Oedenburg-Kanizsa.........	762.411.62	114.842.84	519.105.67	3.763.174.69
Ungarische Linien — Kottori-Bárcs............	84.781.88	85.084.10	61.842.73	291.382.09
Tiroler Linien — Kufstein-Innsbruck..........	185.630.16	605.47	114.433.26	231.046.86
Tiroler Linien — Innsbruck-Botzen............	1.378.508.61	247.528.32	2.759.721.33	16.172.157.13
Tiroler Linien — Botzen-Arlo................	353.856.22	32.427.85	60.329.33	489.672.75
Venetianische Linien....................	1.632.092.53	396.310.15	1.059.180.64	11.939.640.54
Lombardische Linien...................	2.604.139.40	781.649.—	6.866.806.13	12.084.310.46
Central-Italienische Linien............	1.994.434.45	329.457.21	2.669.368.24	28.368.198.59
Piemontesische Linien		131.36		• •
Haupt-Summe	13.986.864.20	2.877.762.64	17.751.573.92	107.432.864.60

den Bau bis 31. December 1867.

Rechnungs-Rubriken						Zusammen
Oberbau und mechanische Ausrüstung	Hochbau	Abschluss der Bahn, Signale	Totale der reinen Baukosten	Antheil an den allgemeinen Kosten der Gesellschaft	Zinsen zu Lasten des Baucapitals	
14.227.968.64	4.098.911.15	372.110.90	26.661.866.87	309.755.28		26.971.622.15
4.110.171.64	3.506.127.81	264.468.61	21.805.995.54	343.284.01	7.272.595.85	25.421.879.40
3.670.356.17	1.647.455.84	267.823.87	13.618.063.40	153.997.21	646.716.41	14.349.807.02
501.08	39.58		300.234.36	2.920.98	20.113.40	323.269.74
8.604.544.92	4.862.500.18	588.531.16	28.027.957.11	082.437.57	3.296.074.09	31.906.468.77
2.656.226.75	887.046.86	201.987.90	8.894.699.33	107.554.50	490.337.95	9.492.491.78
992.60	12.303.78		436.386.88	4.245.61	30.089.24	470.721.73
222.414.35	118.673.34	82.173.23	905.181.67	13.392.75		918.574.42
2.970.743.76	958.940.37	112.891.76	24.600.491.28	235.063.12	3.910.953.78	28.746.508.18
585.445.—	116.723.24	33.305.17	1.521.969.59	14.768.51		1.536.738.10
6.504.053.04	4.058.387.64	159.045.96	25.797.710.53	428.592.67	1.550.425.73	27.801.728.93
9.090.936.58	5.396.614.06	506.818.12	37.227.273.75	682.229.30	2.274.475.81	40.183.977.86
6.139.010.07	3.075.774.47	255.647.42	42.821.790.78	671.292.37	4.763.464.71	48.256.547.86
412.68	44.332.20		44.876.26		2.923.06	47.799.32
34.906.789.48	28.758.833.52	3.824.709.09	232.564.397.36	3.674.632.88	20.289.203.08	256.427.133.26

Betriebsrechnung pro 1867.

	Oesterreichisches Netz		Italienisches Netz *)		Zusammen	
Einnahmen.						
I. Transport-Einnahmen.						
Personen	5.171.645	49	8.260.903	67	13.432.449	06
Militär-Transporte	294.610	19	447.851	02	742.461	21
Gepäck	176.479	33	402.082	21	678.561	54
Eilgut	565.367	96	1.720.603	03	2.285.970	99
Waaren	16.642.674	62	8.665.309	57	25.307.984	19
Summe.	22.850.677	49	19.496.749.	50	42.347.426	99
II. Verschiedene Einnahmen.						
Mieth- und Pachtzinse, Wagen-						
miethe u sonstige Einnahmen.	349.718	37	424.093	63	773.611	—
Gesammt-Einnahmen	23.200.395	86	19.920.842	13	43.121.237	99
Ausgaben.						
I. Allgemeine Verwaltung.						
Bezüge des Personals, Bureau-Aus-						
lagen, Kundmachungen, Feuer-						
Assecuranz	374.084	14	452.015	76	826.099	90
Summe.	374.084	14	452.015	76	826.099	90
II. Bahnaufsicht und Bahnerhaltung.						
Centralleitung	64.036	67	.	—	64.036	67
Streckendienst	295.820	02	210.375	53	506.196	55
Bahnaufsicht	402.331	90	584.223	62	986.555	52
Unterbau	163.410	57	966.059	23	1.129.470	10
Oberbau	951.463	95	142.863	63	1.094.327	58
Gebäude	139.203	24	127.544	73	266.747	97
Ausserordentliche Auslagen	170.678	03	.		170.678	03
Summe.	2.156.944	68	2.031.069	74	4.218.014	42
III. Commerzieller Dienst.						
Bezüge des Personals und Bureau-						
Auslagen	45.179	09	.	—	45.179	09
Summe.	45.179	09	.	—	45.179	09
IV. Verkehrsdienst						
Centralleitung	128.652	43	186.168	13	315.070	56
Stationsdienst	1.953.990	48	2.767.179	94	4.721.170	42
Fahrdienst	516.826	59	454.536	05	970.362	64
Summe.	2.598.699	50	3.407.901	12	6.006.603	62
IV. Zugförderung u. Werkstätten.						
Centralleitung	221.092	45	42.969	34	264.961	79
Zugdienst	1.746.231	83	2.321.219	98	4.067.451	81
Erhaltung der Fahrbetriebsmittel..	1.063.832	87	980.949	23	2.044.782	10
Summe.	3.032.057	15	3.345.138	55	6.377.195	70
Gesammt-Ausgaben	8.236.964	56	9.236.128	17	17.473.092	73

*) Die Einnahmen und Ausgaben des italienischen Netzes wurden nach dem von der österr. Regierung vorgeschriebenen Rechnungsschema bestmöglichst zusammengestellt.

Ertrags-Resultate und deren Verwendung.

(Abschluss der Betriebsrechnung pro 1867.)

Betriebs-Einnahmen auf dem österreichischen
                        Netze fl. 23.200.395.86
  „   Ausgaben „ „   „ „   „ 8.236.964.56
                  Ueberschuss . fl. 14.963.431.30
Hievon ab der Antheil an den allge-
  meinen Kosten der Gesellschaft,
  Steuern etc. . . . . „ 786.223.99
          verbleibt ein Netto-Erträgniss von fl. 14.177.207.31
Betriebs-Einnahmen auf dem italienischen
                     Netze fl. 19.920.842.13
  „   Ausgaben „ „   „ „ „ 9.236.128.17
                Ueberschuss . fl. 10.684.713.96
Hievon ab der Antheil an den allge-
  meinen Kosten der Gesellschaft etc. etc. „ 1.041.266.38
                verbleiben . fl. 9.643.447.58
Hiezu der von der italienischen Regierung
  zu zahlende Staatsgarantie-Betrag von . „ 2.810.232.78 fl. 12.453.680.36
        daher Gesammt-Netto-Erträgniss . fl. 26.630.887.67
und mit Zurechnung des Saldo der „Betriebsreste
  früherer Jahre" und der Interessen aus angelegten
  Capitalien . . . . „ 108.090.48
                        fl. 26.738.978.15
Hievon wurden bestritten:
  Die Instandsetzung der piemontesischen Linien (welche
  bis zum Belaufe von 7 Millionen vom Betriebe zu tragen
  sein werden) . . . . „ 600.000,—
                       fl. 26.138.978.15
  Verzinsung und Rückzahlung der Anlehen . fl. 15.963.815.33
  „   „   „   „ Actien
  (10 fl. per Stück) . . . . „ 7.500.000.— „ 23.463,815.33
                       fl. 2.675.162.82
  Reserve und Tantième . . . . „ 267.516.28
                      Rest . fl. 2.407.646.54
Hiezu kommen die Betriebs-Ueberschüsse früherer Jahre . . . „ 4.500.123.19
                daher disponibel . fl. 6.907.769.73
Von dieser Summe wurde laut Beschluss der letzten General-
  versammlung eine Dividende von fl. 3.20 per Actie, d. i. „ 2.400.000.—
ausbezahlt und der noch verbleibende Rest per . . . . fl. 4.507.769.73
als Reserve auf Gewinn- und Verlust-Conto des Jahres 1868 übertragen.

Statistik der Betriebs-Resultate pro 1867.

	Einheit	Oesterreichisches Netz	%	Italienisches Netz	%	Zusammen	%
		232·1		252·4		484·5	
Länge der Bahn, zurückgelegte Zugsmeilen	Meilen	1.026.713		1.126.962		2.152.675	
Reisende I. Classe	Anzahl	92.846	2·2	430.486	6·1	523.331	4·7
" II.	"	726.570	18·—	1.960.418	27·6	2.686.989	23·9
" III.	"	3.254.349	79·8	4.719.136	66·4	8.003.486	71·4
" alle Classen	"	4.113.271	100·—	7.100.034	100·—	11.213.306	100·—
Befördert wurden: Militär	Zoll-Ztr.	221.461		467.232		688.693	
Gepäck	"	242.443		210.360		452.803	
Eilgut	"	410.113		590.910		1.001.023	
Parteifrachten	"	41.632.696		42.756.100		84.388.796	
Kopiefrachten	"	7.311.714		—		7.311.714	
Zusammen							
Betriebs-Einnahmen: für Reisende	Gulden	5.171.043	22·2	8.260.904	41·—	13.432.449	30·8
Militär-Transporte	"	294.610	1·3	447.851	2·3	742.461	1·7
Gepäck und Eilgut	"	741.847	3·—	1.722.635	10·5	2.464.532	5·—
aus dem Frachten-Verkehr	"	16.642.675	72·5	9.665.310	43·6	25.307.985	58·5
sonstige Einnahmen	"	349.718	1·—	424.093	2·—	773.811	9·—
Zusammen		23.200.396	100·—	19.920.643	100·—	43.121.238	100·—
Betriebs-Ausgaben: Allgemeine Verwaltung	"	874.064	3·—	452.016	5·—	826.100	6·—
Bahnaufsicht und Bahnerhaltung	"	2.186.946	29·6	2.031.070	22·—	4.219.015	24·—
Commerzieller Dienst	"	45.179	0·5			45.179	0·8
Verkehrsdienst	"	2.098.700	31·—	4.407.964	37·—	6.008.604	34·2
Zuförderung und Werkstätten	"	3.082.067	37·—	8.345.139	36·—	6.377.196	36·5
Zusammen		6.236.965	100·—	9.336.129	100·—	17.473.094	100·—
Ueberschuss		14.963.430		10.584.714		25.648.114	
Verhältnis der Ausgaben zu den Einnahmen	%	35.5		46.1		40.4	
Einnahme per Bahnmeile	Gulden	99.958.62		73.925.55		39.001.82	
Ausgabe "	"	35.486.86		36.893.21		36.064.18	
Einnahme Zugsmeile	"	22.59		17.69		20.08	
Ausgabe "	"	8.01		8.20		8.12	
Von den Reisenden zurückgelegter Weg in	Meilen	22.876.369		43.203.286		66.079.657	
Durchschnittliche Einnahme von 1 Reisenden per Meile in	Gulden	6.6		6.—		5.9	
"	Kreuzer	1.26		1.24		1.245	
Von den Frachtzentnern durchlaufener Weg in	Meilen	82.6		30.3		21.1	
"	"	1.265.976.624		449.073.256		1.915.009.880	
Durchschnittliche Einnahme für 1 Ztr. per Meile	Meilen	30.4		18.1		22.7	
"	Kreuzer	—.3		—.4		1.33	

Bilanz mit 31. December 1867.

Activa.

Gruppe I. {
Wien-Triester Linie und Zweigbahnen . fl. 27.294.890.89
Kärntner Linie . . . „ 25.421.878.40
Croatische Linien . „ 14.348.807.02

„ II. Ungarische Linien . „ 41.869.682.28

„ III. Nord- u. Südtiroler Linien . . . . „ 31.201.820.70

„ IV. Venetianische Linien „ 27.801.728.93

„ V. Lombardische Linien „ 40.183.977.86

„ VI. Central-Italienische Linien . . . . . . „ 48.256.547.86

„ VII. Piemontesische Linien „ 47.799.32 _____ fl. 256.427.133.26

Tracirungs-Spesen neuer Linien 119.813.49

Ankaufspreis der italienischen Linien (fl. 24.500.000) nach Abzug des Inventarwerthes der bei der Uebernahme vorhandenen Betriebsmittel und Vorräthe . . . . „ 22.616.761.49

Desgleichen der Wien - Triester Linie (fl. 70.000.000) . . . . „ 63.689.433.20

Desgleichen der piemontesischen Linien (fl. 80.000.000) . . . . „ 70.563.753.78

Betriebs-Material . . . . „ 52.330.087.76

Material-Vorräthe . . . . „ 8.261.464.37

Fürtrag . . fl. 474.008.447.35

	Uebertrag . .	fl. 474.008.447.35
Immobilien	„	1.909.055.33
Diverse Debitoren	„	13.157.111.06
Conto-Corrent-Saldi verschiedener Banquiers .	„	562.764.90
Cassabestände	„	1.651.508.11

Portefeuille
{ Effecten des Reservefondes fl. 3.337.510.—
{ Cautions-Effecten etc. „ 4.312.168.93 „   7.649.678.93

fl. 498.938.565.68

Passiva.

Actien-Capital	fl. 150.000 000.—
Obligationen . . . . :	„ 193.565.096.28

1. Emission von Bons mit kurzer Tilgungsfrist
              fl. 53.688.676.88
2. Emission von Bons . . . . . „ 27.421.179.65 „   81.109.856.53

Forderungen verschiedener Banquiers und Vor-
  schüsse gegen Depot . . . . „   24.624.285.64

Zinsen-, Dividenden- und Amortisirungs-Rück-
  stände . . . . „   10.657.512.65

Reservefond der Gesellschaft . . . . „   3.428.606.66

Diverse Creditoren . . . . „   26.877.921.91

Betriebs-Ueberschüsse früherer Jahre . . . . „   4.500.123.19

Ueberschuss pro 1867 . . . . . . fl. 10.175.162.82
Ab die 1. November geleistete
  à Contozahlung v. fl. 8 pr. Actie „ 6.000.000.— „   4.175.162.82

fl. 498.938.565.68

Bilanz des Pensionsfondes [1)]
mit 31. December 1867.
Activa.

Cassa-Rest am 31. December 1867............	fl.	7.015.61
Ankaufspreis der Effecten............	„	721.538.72
Rückgestellte Beiträge fl. 17.445.78		
Zinsen hierauf „ 146.28............	„	17.592.06
Abfertigungen................	„	648.—
Ausständiger Beitrag der Gesellschaft pro 1867.	„	32.618.55
Bezahlte Pensionen..............	„	40.826.28
Laufende Portefeuille-Zinsen bis 31. December 1867 fällig im Jahre 1868...............	„	16.156.58
	fl.	836.395.80

Passiva.

Ertrag der Effecten..............	fl.	149.617.23
Agio-Gewinn von Fonds-Beiträgen............	„	456.92
Beiträge der Mitglieder und der Gesellschaft....	„	682.369.10
Gewinn an verkauften und verlosten Effecten....	„	3.240.68
Diverse Creditoren..............	„	669.94
Fremde Gelder durch gesperrte Pensionen......	„	41.93
	fl.	836.395.80

Die wichtigsten Bestimmungen der Statuten des Pensions-Institutes sind im I. Jahrgang (S. 115) enthalten.

Nachtrag zu den historischen Mittheilungen.

Die neuen Strecken:

Bruck-Leoben und

Kanizsa-Barcs

wurden am 1. September 1868 dem öffentlichen Verkehre übergeben.

[1)] In Folge der Trennung der Verwaltung für die beiden Bahnnetze der Gesellschaft musste auch der Pensionsfond getheilt und der Verwaltung des italienischen Bahnnetzes jener Betrag überwiesen werden, welcher auf die Beamten des venetianischen Bahnnetzes entfiel.

Die Abrechnung wurde im October 1867 gepflogen und gilt die vorliegende Bilanz als Hauptbilanz des Pensionsfondes für die Beamten des österreichischen Bahnnetzes.

Das Pensions-Obligo pro anno beträgt nach dem Stande mit 1. Jänner 1868:

26 Beamten mit Jahrespensionen	fl.	10.071.84
23 Witwen „ „ „	„	4.327.80
55 Waisen „ jährlich	„	1.370.78
	fl.	15.770.42

Abtheilung B.

I. Verkehrs-Inspectorat.
Inspector: Carl Barychar.
Ober-Ingenieur: D. W. Schmidl.
„ „ Josef Czástka.

Zugförderung.
Ingenieur: Wenzel Wojtechowsky.

Wagenabrechnung
Ingenieur: Ed. Leitenberger.

Beleuchtungswesen.
Ingenieur - Assistent: Julius Zborowski.

Telegrafie.
Ingenieur: Josef Schönbach.

II. Werkstätten-Inspectorat.
Inspector: Carl Hornbostel.
Ober-Ingenieur: Joh. Greiner.

Werkstätte Wien.
Vorstand: Emil Tilp, Ingenieur.

III. Materialwesen.
Inspector: Joh. Zelniczek.

Ingenieur: C. Degetz.
„ A. Th. Fikeys.

Hauptmaterialdepot.
Vorstand: Peter Galewski.

IV. Transport-Inspectorat.
Inspector: Johann Künl.
Ober-Expeditor: C. Freyhammer.
„ „ Gust. Eichler.
„ „ Leop. Habermayer.

V. Bauinspectorat.
Inspector: Georg Doležal.
Ober-Ingenieur: Lud. Häufler.
Ingenieur: Moriz Pazelt.
„ Albert Mayer.

Grundeinlösungs-Commissär:
Carl Wacha.

Abtheilung C.
Centrale.
Vorstand: Carl v. Stradiot, Ober-Inspector.

I. Technisch-administrative Abtheilung.
Vorstand: Franz Triba, Ober-Revident.

II. Commerc. Abtheilung.
Vorstand: Anton Edler von Schmid, Oberrevident.

III. Liquidatur.
Liquidator: Anton Deitl.
Liquidaturs - Adjunct: Albert Stocký.

Linz-Budweiser Bahn.
(Bureau in Linz.)
Betriebs-Inspector: Franz Bergauer.
Bespannungs-Inspector: Peter Murmann.
Hauptcassier: Josef Haas Edler v. Ehrenfeld.

Historische Mittheilungen.

Als die Differenzen, welche hinsichtlich der Zinsengarantie und der Besteuerung zwischen der Staatsverwaltung und den „subventionirten Bahnen" seit Beginn des Jahres 1863 bestanden hatten, in Folge der am 25. März 1867 erflossenen Genehmigung der Additionalverträge und deren Modificationen, ein Ende nahmen und die betheiligten Gesellschaften hiedurch der sie bedrückenden finanziellen Calamitäten ledig wurden [1]), war die Elisabethbahn-Gesellschaft beflissen, ihrer Thätigkeit sofort wieder ein gedeihlicheres Feld zu eröffnen.

Sie bemühte sich ihrer Unternehmung eine grössere Ausdehnung zu verschaffen und fasste hiebei drei Projecte in's Auge, nämlich:

a) die Zweigbahn von Salzburg nach Hallein;

b) die Verbindungsbahn von Neumarkt über Ried nach Braunau und

c) die Umgestaltung der Linz-Budweiser Pferdebahn in eine Locomotivbahn.

Das erstere Project — bereits zur Zeit der vorjährigen General-Versammlung in Anregung gebracht — wurde bald wieder aufgegeben, weil das k. k. Finanz-Ministerium den vom Verwaltungsrathe gestellten Bedingungen wegen Zusicherung des Salz- und Kohlen-Transportes für die neue Zweigbahn seine Zustimmung nicht ertheilte und das k. k. Handelsministerium anlässlich der Intimation dieser Ablehnung noch insbesondere bemerkte: „dass die Strecke Salzburg-Hallein einen Bestandtheil jener grossen Linie bilde, welche seinerzeit Tirol, Salzburg und Steiermark, durchwegs auf österreichischem Gebiete, zu verbinden bestimmt sei, wesshalb man sich hohen Orts die Vereinigung der zunächst zur Ausführung zu bringenden Halleiner Flügelbahn mit dem erwähnten grossen Unternehmen, im Falle des Zustande-

---

[1]) Die Genesis und der Verlauf dieser Differenzen, dann die durch sie hervorgerufenen Calamitäten sind im I. Jahrg. d. Buch. ausführlich besprochen; vgl. Geschichte der Elisab.-B., S. 128—130. Die Additional-Verträge und deren Modificationen sind im Anhange des I. Jahrg. wörtlich abgedruckt.

kommens des Letzteren, jedenfalls vorbehalten müsse", — nach dieser Entscheidung aber die Herstellung der Halleiner Zweigbahn für die Elisabethbahn-Gesellschaft keinerlei Vortheil mehr in Aussicht stellte.

Ebenso blieb auch die Realisirung des Projectes der Verbindungsbahn Neumarkt-Braunau der Gesellschaft vorenthalten, da es ihr nicht gelang, die bezügliche Concession an sich zu bringen.

Der Verwaltungsrath hatte wobl nach der Publicirung des zwischen Oesterreich und Baiern abgeschlossenen Staatsvertrages ddto. 4. Juni 1867 [1]) die Mitwirkung des Reichsrathes zu dem Ende in Anspruch genommen, damit die Regierung veranlasst werde, mit der Gesellschaft in Unterhandlung zu treten, ob und unter welchen Bedingungen die Verleihung der Concession für die genannte Verbindungsbahn an die Elisabethbahn stattfinden könne; — das Abgeordnetenhaus übermittelte jedoch diese Petition dem k. k. Handelsministerium mit der Aufforderung: „die Ausführung der Eisenbahn von Neumarkt über Ried nach Braunau, nach Mass der bereits ertheilten Concession, [2]) thunlichst zu fördern."

Was dagegen den Umbau der Linz-Budweiser Pferdebahn in eine Locomotivbahn anbelangt, so kann derselbe um so weniger einem Zweifel unterliegen, als die Gesellschaft statutengemäss zu dieser Umgestaltung verpflichtet ist. [3])

Es handelt sich daher nur um die frühere oder spätere Inangriffnahme derselben.

---

[1]) R.-G.-B. vom Jahre 1867, Nr. 92 und 93.

[2]) Die Concession für die Neumarkt-Ried-Braunauer Bahn ist nämlich bereits unterm 22. August 1865 an die Herren Max Graf Arco-Valley, Ferdinand Wertheimer, Maximilian Freiherr von Lerchenfeld-Aham, Jacob Schönthaler und M. A. Hassreiter u. z. in der Voraussetzung verliehen worden, dass die Ausführung der erwähnten in Baiern projectirten Eisenbahn im Verlaufe von 2 Jahren sichergestellt und über den Anschluss der beiderseitigen Bahnen zwischen der österreichischen und der baierischen Regierung ein Staatsvertrag abgeschlossen werde.

[3]) Vgl. die Geschichte der Elisabethbahn, S. 122 d. I. Jahrg.

Laut der Ministerial-Entscheidung vom 21. Juni 1857, Zahl 2290, [1]) ist die Gesellschaft zwar gehalten „die Linz-Budweiser Bahn erst bis zum Ablaufe des ursprünglichen Privilegiums, d. i. bis 7. September 1874, in eine Locomotivbahn (nach dem Systeme der Hauptbahn) umzugestalten", nachdem aber die Interessen der Gesellschaft und der Staatsverwaltung sich darin begegnen, den Umbau dieser Bahnlinie baldmöglichst zu bewerkstelligen und auch die mannigfachen und lebhaften Agitationen und Verhandlungen im Schoosse der Gemeinde-Repräsentanzen Oberösterreichs, sowie der Handels- und Gewerbekammern in Linz und Budweis auf dasselbe Ziel hinauslaufen, [2]) so wird der Bau jedenfalls in einer viel näher liegenden Zeit ausgeführt werden.

Die Pläne hiezu hat der Verwaltungsrath bereits am 21. November 1867 dem Ministerium überreicht, welches mit Erlass vom 11. Februar 1868, Z. 20.983, die Einleitung der militärisch-technischen Recognoscirung der verschiedenen Tracen verfügte. Diese commissionelle Begehung hat am 11. Mai 1868 begonnen und wurde am 20. desselben Monats beendet.

Gegenwärtig dürften demnach schon die Verhandlungen wegen der Concessionirung im Zuge sein.

Bei Gelegenheit dieser Verhandlungen möchte die Gesellschaft auch die Abänderung des Artikel XI (lit. e) der Concessions-Urkunde (für die Elisabethbahn) erwirken, welche die Bestimmung enthält: „dass die sich ergebenden Jahres-Ueberschüsse vor jeder anderen Verwendung zur Rückzahlung

---

[1]) Diese Ministerial-Entscheidung ist rücksichtlich der Uebernahme der ersten österreich. Eisenbahn- gefällt worden; der Text derselben ist als eine commentarmässige Anmerkung zur Geschichte der Elisabethbahn auf Seite 123 des I. Jahrg. dieses Buches wiedergegeben.

[2]) Mehrere Gemeinden haben beim Reichsrathe um Gewährung von Begünstigungen an die Elisabethbahn petitionirt, damit derselben der Umbau der Budweiser Bahn jetzt schon ermöglicht sei; — ebenso wurden im Abgeordnetenhause und in den Landtagen der betheiligten Provinzen mehrere auf diese Frage bezugnehmende Interpellationen und Petitionen eingebracht, und auch das Project Wels-Rottenmann dürfte nur erdacht worden sein, um auf die Elisabethbahn-Gesellschaft eine Pression zu üben.

des Vorschusses an die Staatsverwaltung, bis zu dessen gänzlicher Tilgung verwendet werden müssen", wornach also von
einer Erhöhung der Rente für die Actionäre insolange nicht die
Rede sein könnte, bis die Gesellschaft ihre gegenwärtig
fl. 6,206.185.50 betragende Schuld an den Staat [1]) getilgt hätte.

Zur Austragung dieser wichtigen Angelegenheit bevollmächtigte die letzte General-Versammlung (27. Mai 1868) den Verwaltungsrath, dessen Bemühungen auch Aussicht auf Erfolg
haben, da die anderen im selben Falle befindlichen Unternehmungen [2]) ein Gleiches anstreben und die Staatsverwaltung allem
Anschein nach den Wünschen der petirenden Gesellschaften
nicht abgeneigt ist.

So viel bis jetzt über die Art und Weise der Lösung dieser
Frage verlautet, geht der Vorschlag der „subventionirten Unternehmungen" dahin, dass sie für die dem Staate schuldenden
Vorschusssummen entsprechende, in einem bestimmten Zeitraume
amortisirbare Schuldtitel, etwa Prioritäts-Obligationen oder der-
gleichen, ausgeben und der Regierung an Zahlungsstatt zur freien
Verfügung einhändigen möchten.

Hiernach käme die Staatsverwaltung in den sofortigen Besitz
eines Capitals von circa 23—25 Millionen in solchen Schuldtiteln,
während die Unternehmungen der contractlichen Last der Ablie-
ferung aller, das garantirte Reinerträgniss des Anlagecapitals
übersteigenden Erträgnisse enthoben und in den Stand gesetzt
wären, die Ueberschüsse — nach Abzug einer entsprechenden
Quote zur Tilgung der neuen Schuldtitel — als Dividenden
zu vertheilen.

Hinsichtlich des finanziellen Standes der Gesellschaft kömmt
für das Jahr 1867 eine Vermehrung des Gesellschafts-
Capitals um fl. 1,982.100 zu verzeichnen.

Dieser Betrag wurde zur Consolidirung der schwebenden
Schuld verwendet und dadurch beschafft, dass der Verwaltungs-

---

[1]) Vgl. die Anmerkung zur Bilanz pro 1867, S. 101.

[2]) Es sind dies: die Theissbahn, die süd-norddeutsche Verbindungsbahn und die Donau-Dampfschiffahrt-Gesellschaft (die böhmische Westbahn
hatte pro 1867 noch der Staatssubvention bedurft).

rath die im Jahre 1862 reservirten 2 Millionen in Silber-Prioritäten von dem damals contrahirten Anlehen pr. 12 Millionen Gulden nunmehr emittirte [1])

Die Begebung erfolgte successive und zum Durchschnittscurse von 86·8 %. — Der Cursverlust beziffert sich im Ganzen
auf fl. 261.779.53.

Die Differenz zwischen den seinerzeit reservirten 2 Millionen
und den im Jahre 1867 begebenen fl. 1,982.100 findet ihre Erklärung darin, dass die in Reserve genommenen Titel keiner
eigenen Serie, sondern jenen der im Jahre 1862 schon emittirten
Obligationen angehörten, wodurch es geschah, dass viele davon
verlost wurden, ehe sie noch factisch ausgegeben waren.

Reconstructions- oder Ergänzungsbauten waren im
Jahre 1867 ausser der Herstellung eines neuen Gütermagazins
am Wiener Bahnhofe beinahe gar nicht erforderlich, dagegen hat
eine ansehnliche Vermehrung des Fahrparkes stattgefunden.

Es wurden 9 Maschinen und 250 Lastwagen neu eingeliefert, letztere aus den eigenen Werkstätten der Gesellschaft.

Um aber der Entlehnung fremder Fahrbetriebsmittel möglichst ganz entbehren zu können, hat der Verwaltungsrath eine
neuerliche Verstärkung des Fahrfundus in Aussicht genommen
und von der Regierung die Bewilligung zur Anschaffung von
weiteren 10 Maschinen und 200 Güterwagen erwirkt.

Die Verkehrsverhältnisse der Elisabethbahn waren im
Jahre 1867 verhältnissmässig noch günstigere als bei den anderen Verkehrs-Anstalten, indem ihr ausser dem Getreide-Ex-
porte in Folge der Pariser Weltausstellung auch noch eine sehr
gesteigerte Personen-Frequenz zu Gute kam; doch hat der
immense Aufschwung des Verkehrs sich erst in der zweiten Jahreshälfte entwickelt.

So kam es denn auch, dass die Gesellschaft zur Einlösung
des Juli-Coupons noch eines Staatsvorschusses per fl. 550.000
bedurfte, während sie am Jahresschlusse nicht nur diesen Betrag
wieder rückerstatten, sondern über das garantirte 5¹/₂ %ige

---

[1]) Vergl. Geschichte der Elisabethbahn, S. 128 des 1. Jahrg.

Reinerträgniss noch einen Mehrertrag von fl. 919.818.20 übrig hatte, welcher, als Abschlagszahlung auf die früher erhaltenen Vorschüsse, an die Staatsverwaltung abgeführt wurde.

Von den commerciellen Massnahmen, welche die Gesellschaft in letzterer Zeit zur Belebung des Verkehrs getroffen hat, ist neben anderen Tarifsmodificationen die Ermässigung des Tarifes der Verbindungsbahn Penzing-Hetzendorf speciell zu erwähnen, welche veranlasst wurde, um einerseits den Parteien die kostspieligen Umladungen und zeitraubenden Zustreifungen zwischen den Bahnhöfen zu ersparen, andererseits aber um auf diese Weise eine grössere Frequenz der Verbindungsstrecke und somit auch ein gesteigertes Erträgniss derselben herbeizuführen.

Beschlüsse der General-Versammlung
vom 27. Mai 1868.

1. Der Rechnungs-Abschluss pro 1866 wird genehmigt und dem Verwaltungsrathe das Absolutorium ertheilt.

2. Der Verwaltungsrath wird ermächtigt und beauftragt wegen Abänderung der im Artikel IX, lit. e, der Concessionsurkunde enthaltenen Bestimmungen hinsichtlich der Verwendung der Ueberschüsse, Unterhandlungen zu pflegen, den definitiven Abschluss eines diesbezüglichen Uebereinkommens aber der Genehmigung der General-Versammlung zu unterziehen.

Für den ausgetretenen Verwaltungsrath Herrn Hofrath Warrens wurde Herr Gustav Ritter v. Epstein (mit 376 von den abgegebenen 602 Stimmen) in den Verwaltungsrath gewählt.

Bahngebiet.

Dasselbe hat im Jahre 1867 keine Aenderung erfahren und umfasst —.wie im I. Jahrgang (S. 131) detaillirt nachgewiesen ist — ohne Hinzurechnung der 0.780 Meilen langen Verbindungsbahn (Hetzendorf-Penzing) und der an die baierische Staatsbahn verpachteten Strecke von Salzburg zur Grenze (0.7 Meilen lang) 72.820 Meilen wirkliche Länge, resp. 73.5 Meilen tarifsmäs-

siger Länge, wovon 3.790 Meilen auf die schmalspurige
Gmundner Bahn und 17.250 auf die Linz-Budweiser Pferdebahn entfallen.

Ueberdies hat die Gesellschaft die 0.4 Meilen lange Strecke
von der Grenze bis Passau von der baierischen Ostbahn gepachtet.

In der

Anlage der Bahn

hat sich während des Jahres 1867 gleichfalls nichts geändert.
(Die ausführliche Beschreibung derselben ist im I. Jahrgange,
S. 131—136 enthalten.)

Stand der Fahrbetriebsmittel
mit Ende 1867.

Locomotive.

Personenzugs-Locomotive........	54 Stück.
Lastzugs-Locomotive	44 „
Zusammen....	98 Stück.
Tender	89 Stück.

Personenwagen.

Hofwagen		4 Stück.
Salonwagen.................		4 „
Personenwagen I. Classe		21 „
„	I. und II. Classe...	22 „
„	II. Classe	79 „
„	II. und III. Classe .	6 „
„	III. Classe	219 „
	Zusammen	355 Stück.

Lastwagen.

Gepäckswagen	49 Stück.
Gedeckte Lastwagen	839 „
Equipage-Wagen	306 „
Kohlenwagen......	77 „
Fürtrag	1271 Stück.

Uebertrag 1271 Stück.

Hornviehwagen . . . . 314 „

Borstenvieh-Wagen . . . . 50 „

Pferdewagen . . . . 30 „

Zusammen . . . 1665 Stück.

Schneepflüge . . . . 14 Stück.

Die schmalspurige Nebenbahn: Lambach-Gmunden und die Linz-Budweiser Pferdebahn haben ihre eigenen Fahrbetriebsmittel, und zwar besitzt die erstere 14 Tender-Locomotive, 30 diverse Personenwagen, 10 Gepäcks-, 312 offene und 25 gedeckte Lastwagen, 15 Arbeitswagen und 2 Schneepflüge und die Pferdebahn: 38 diverse Personenwagen, 4 Gepäckswagen, 622 offene und 152 gedeckte Lastwagen.

Der Stand der Fahrbetriebsmittel für die Hauptbahn hat somit im Jahre 1867 eine Vermehrung von 9 Maschinen und 250 Lastwagen erfahren.

Gesellschafts-Capital.

a) Actien-Capital.

149.651 St. volleinges. Actien à 200 fl. CM.	fl. 31,426.710	—
16 „ mit 70% Einzahlungen	2.352	—
186 „ „ 50% „ . . . . „	18.530	—
147 „ „ 30% „ . . . . „	9.261	—
150.000 Actien	fl. 31,457.853	—

b) Prioritäts-Anlehen.

Zur Einlösung der Actien der „ersten österr. Eisenbahn" ausgegebene 20.166¼ Stück Obligationen à 250 fl. CM . . . . fl.	5,293.750	—
(Lotterie-) Anlehen bei der Credit-Anstalt .	15,750.000	—
Silber-Anlehen vom Jahre 1860 . . . . „	12,000.000	—
„ „ 1861 . . . . „	8,000.000	—
„ „ 1862 . . . . „	8,999.900	—
„ „ 1867 . . . . „	1,982.100	—
	fl. 54,025.750	—
Summe fl.	85,483.603	—

Von dem zur Einlösung der „1. Eisenbahn" ausgegebenen Anlehen waren bis 1. October 1867 bereits fl. 3,718.750 — und von den Prioritäts-Anlehen waren bis Ende 1867 fl. 724.500 getilgt.

Anlagekosten.

	Bis Ende 1866	Im Jahre 1867	Zusammen
Tracirung u. a. Vorarbeiten....	285.938·94	.	285.938·94
Grund- und Gebäude-Einlösung .	4,231.996·13	56.151·29*)	4,288.147·42
Unterbau....................	31,043.136·02	1.681·28	31,044.817·30
Oberbau	14,645.018·85	.	14,645.018·85
Hochbau	9,626.556·06	24.334·43	9,650.890·49
Bahn- und Gebäude-Einrichtung .	1,418.853·31	2.144·—	1,420.997·31
Betriebs-Vorauslagen	138.835·35	.	138.835·35
Bau-Regie...................	986.144·06	.	986.144·06
Central-Bureau-Regie	576.316·53	.	576.316·53
Actien- und Obligations-Emani- rungskosten	345.015·11	.	345.015·11
Cursverluste bei den Silberanlehen	740.996·09	261.779·53	1.002.775·62
Verzinsung des Actien-Capitals während der Bauzeit........	5,758.430·16	150.288·45**)	5,608.141·71
Einlösung der »1. Eisenbahn«...	5,453.350·—	.	5,453.350·—
Fahrbetriebsmittel	7,358.077·41	625.534·08	7,983.611·49
Material-Vorräthe	992.889·66	38.949·72	1,031.839·38
Summe .	83,601.553·70	860.285·88	84,461.839·58

Nach Abschlag der Einlösungskosten der „ersten Eisenbahn" und des Werthes der Material-Vorräthe derselben (laut Bilanz pro 1867. S. 100, fl. 109.215.10) betragen daher die durchschnittlichen Baukosten der eigentlichen Elisabethbahn per Meile wirklicher Länge fl. 1,501.130.—

Von dem vorstehend ausgewiesenen Anlagecapital per .... fl. 84,461.839.58

geniessen die staatliche Zinsengarantie nur.. „   83.476.341.64

so dass noch ein Capitalsrest von .. .. fl.   985.497.94

erübrigt, auf welchen sich die Staatsgarantie nicht mehr erstreckt.

---

*) Mit dieser Summe wurde der Grundeinlösungs-Conto im Jahre 1867 belastet in Folge der Entrichtung der Eigenthums-Uebertragungs-Gebühr für die „erste Eisenbahn".

**) Dieser Betrag repräsentirt den halben Salzhandel-Ertrag bis 31. August 1861, welcher zufolge der Richtigstellung des Anlagecapitals bei Gelegenheit der Schlichtung der Differenzen mit der Regierung, aus den Baukosten ausgeschieden und von den Intercalarzinsen in Abzug gebracht wurde.

Betriebsrechnung pro 1867.

	Hauptbahn	Lambach-Gmundener Bahn.	Linz-Budweiser Bahn	Zusammen
Einnahmen.				
I. Transports-Einnahmen.				
Personen	2.360 465 90	45 750 44	26.470 50	3 453 679 34
Militär-Transporte	60.320 61	55 77	7 660 37	63 037 65
Gepäck	90.772 36	3 375 62	709 15	94 457 16
Eilgut	216.813 09	2.352 65	1.214 53	220.385 29
Waaren	5.696.247 20	151.727 57	349 342 12	6.168.317 19
Summe	8.411.612 05	204.263 05	376.397 —	9.025.278 13
II. Verschiedene Einnahmen.				
Pacht- und Miethzinse, Salzhandel, telegraphische Depeschen etc. etc.	436 174 33	266 30	22.401 53	518.843 46
Gesammt-Einnahmen	8.940.786 38	204.529 38	398 798 83	9.644.114 59
Ausgaben.				
I. Allgemeine Verwaltung.				
Bezüge des Personals	76.056 59	784 08	1.565 16	78 405 83
Bureau- und andere Auslagen	42.171 77	1.416 37	2.635 72	46.222 56
Summe	118.228 36	2.199 45	4.203 88	124 631 69
II. Bahnaufsicht und Bahnerhaltung.				
Centralleitung	29.562 55	433 55	1.401 55	31.407 65
Streckendienst	39.380 87	2.840 11	6.460 71	48 681 69
Bahnaufsicht	125.558 35	9.625 56	12.172 32	147.356 26
Unterbau	43.395 88	2.647 57	4.234 48	50.278 23
Oberbau	849.426 23	17.301 90	33.521 81	900.251 94
Gebäude	77.782 14	2.225 71	4 613 63	84.601 48
Ausserordentliche Auslagen.	27.604 72	236 15	7.515 85	35.356 72
Summe	1 192.682 77	35.330 85	69.920 35	1.297.933 97
III. Commercieller Dienst.				
Bezüge des Personals.	55 750 11	591 65	1.346 84	57.687 67
Bureau- und andere Anslagen	1.392 57	14 31	14 21	1.430 99
Summe	57.142 68	605 89	1.360 09	59.108 66
IV. Verkehrsdienst.				
Centralleitung	35.762 23	387 71	1.619 43	37.769 37
Stationsdienst	767 668 46	32.340 08	45 475 —	845.483 54
Fahrdienst	200.868 53	8 561 34	1.079 87	210.629 74
Summe	1.004.299 22	41.309 13	48 174 30	1 093.782 65
V. Zugförderung und Werkstätten.				
Centralleitung	25.375 01	545 62	2.262 64	28.183 27
Zugsdienst	668.150 08	*) 26.152 15	209 682 80	903.985 03
Erhaltung der Fahrbetriebsmittel.	390.487 66	18.777 60	15.181 79	424.447 05
Summe	1 084.012 75	45.475 37	227 127 23	1.356.616 35
Gesammt-Ausgaben	3.456.365 78	124 920 69	350.788 85	3.932.072 32

*) In diesem Betrage sind fl. 9,327.96 inbegriffen, welche für Zugförderung durch Pferde (zum Transporte der Frachten zwischen der Stadt und dem Bahnhofe in Gmunden) verausgabt wurden.

Ertrags-Resultate und deren Verwendung.

(Abschluss der Betriebsrechnungen pro 1867.)

Betriebseinnahmen . . . . fl. 9,544.114.59

Betriebskosten . . . . „ 3,932,072.32

Ueberschuss . . fl. 5,612.042.27

Hievon wurden bestritten die besonderen, zum eigentlichen Betriebe nicht gehörigen Ausgaben u. z. :

Steuern und Stempel . . . . fl. 249.953.46

Unterstützungen an Bedienstete . . . „ 51.354.29

Beiträge zum Pensionsfond . . . . . „ 14.839.73

„ „ Krankenfond . . . . . . „ 4.617.33

Auslagen für den Verwaltungsrath vom 1. Jänner bis Ende August 1867 „ 30.689.50 *)

fl.   351.454.31

bleibt Reinertrag . . . . fl. 5.260.587.96

Diese Summe diente zur Verzinsung und Amortisirung des Anlagecapitals, und der hiernach noch verbliebene Ueberschuss per fl. 919.818.20 wurden der Staatsverwaltung als Abschlagszahlung auf die früher erhaltenen Vorschüsse zugemittelt.

---

*) Vom 1. September 1867 an dürfen die Auslagen für Honorirung des Verwaltungsrathes nicht mehr zu Lasten des Betriebes verrechnet werden. (Vgl. §. IV des Additional-Vertrages ddto. 16. Jänner 1865, S. 335 d. I. Jahrg. und Beschlüsse der General-Versammlung vom 29. Mai 1867, S. 144 d. I. Jahrg.)

Statistik der Betriebs-Resultate pro 1867.

	Einheit	Emptliche		Lambach-Gmunden Bahn		Linz-Betrieser Bahn		Zusammen	
		62.5	%	10.218	%	17.—	%	73.5	%
Lauge der Bahn	Meilen	533.868							2·-
Zurückgelegte Zugmeilen		28.068	1·9	2.826	6·3	1.842	6·9	28.895	16·7
Reisende 1. Classe	Anzahl	194.407	16·1	17.701	39·2	24.811	93·1	218.990	81·
„ II.	„	966.350	81·6	24.407	54·			1.086.558	
„ III.	„	3.229	0·2	231	0·6			2.460	0·8
In Separat-Zügen	„								
Überhaupt	„	1.206.048	100	45.165	100	26.653	100	1.277.866	100
Befördert Militär	Zentner	32.641		185		1.409		33.990	
wurden Gepäck	„	102.961		10.652		837		115.068	
Eilgut	„	214.651		7.106		727.288		281.994	
Partiefrachten	„	1.980.269		1.267.627		91.641		10.915.084	
Regelfrachten	„	2.949.179		45.064				3.075.898	
Zusammen.									
für Reisende	Gulden	2.389.169	26·6	46.760	22·9	26.471	6·6	2.453.690	24·7
Militärtransporte	„	60.321	0·7	57		7.660	1·9	68.038	0·7
Gepäck und Eilgut	„	307.585	3·4	6.728	2·8	1.924	0·6	316.237	3·3
aus dem Frachtenverkehr	„	6.696.247	62·7	161.728	74·2	349.842	85·4	6.186.317	61·9
verschiedene Einnahmen	„	196.174	5·6	266	0·1	23.402	0·6	516.548	5·4
Zusammen.		9.940.786	100	204.529	100	399.799	100	9.644.114	100
Allgemeine Verwaltung		118.228	3·4	2.199	1·8	4.204	1·2	124.631	3·2
Bahnerhaltung und Bahnaufsicht		1.192.683	34·6	35.331	26·3	69.920	19·9	1.297.934	35·
Commercieller Dienst		57.143	1·6	608	0·4	1.360	0·4	59.109	1·6
Verkehrsdienst		1.064.299	29·1	41.300	33·1	14.175	13·7	1.093.783	27·6
Zugförderung und Werkstätte		1.084.013	31·4	45.476	36·4	237.127	64·8	1.866.616	34·6
Zusammen.		3.456.366	100	124.920	100	359.796	100	3.982.072	100
Ueberschuss		6.484.420		79.609		48.018		6.612.042	
Verhältnis der Ausgaben zu den Einnahmen	%	35·6		61·1		83		41·2	
Einnahme per Bahnmeile	Gulden	170.300.69		51.132.25		23.438.60		129.851.89	
Ausgabe „ Zusammeile	„	65.284.24		31.280		20.634.47		53.497.72	
Einnahme „ „	„	26.78		24.02					
		19.33		12.22					
Von den Reisenden zurückgelegter Weg	Meilen	3.691.032		164.198		146.047		10.001.292	
Von einem		6		3·6		5·5		7·6	
Durchschnittliche Einnahme von 1 Reisenden	Gulden	1.97		1.04		0·33		1.92	
	Kreuzer	23·6		26·9		18		24·6	
Von den Frachtzentnern durchlaufener Weg per Meile	Meilen	552.520.075		6.601.370		12.372.283		570.793.728	
Von einem Zentner	Kreuzer	20·9		4·4		46·2		26·7	
Durchschnittliche Einnahme für 1 Zentner pr Meile	Kreuzer	1		12		2·8		31·1	

*) Die auf der Linz-Budweiser Bahn zurückgelegten Zugmeilen und
**) die von den Reisenden mit Separatzügen benützten Wagenclassen sind in dem Geschäftsberichte nicht ersichtlich gemacht.

Bilanz mit 31. December 1867.

Activa.

Elisabeth-Bahn	Baukosten bis Ende 1867	fl. 71,365.732.87	
	Actien- und Anlehens-Zinsen während der Bauzeit ...... fl. 5,758.430.16		
	Abzüglich des halben Salzhandel - Ertrages bis 31. August 1861 „ 150.288.45		
		„ 5,608.141.71	
Gmunden-Linz-Budweiser Bahn	Einlösung der Actien derselben .... „ 5,293.750.—		
	Restbetrag d. Anlehens vom Jahre 1829 . „ 159.600.—		
		„ 5,453.350.—	
Cursverlust bei den Silberanlehen	pr. fl. 21,000.000 „ 351.000.—		
	„ „ 9,999.900 „ 389.996.09		
	„ „ 1,982.100 „ 361.779.53		
		„ 1,002.775.62	
Allgemeiner Zinsenconto (durch Staatszuschüsse bedeckter Zinsen-Ausfall vom 1. September 1861 bis Ende December 1867)		„ 5,165.121.49	
Salzhandelconto (Salzvorräthe und Guthabungen)		„ 808.967.87	
Material-Vorräthe	der Hauptbahn fl. 922.624.28		
	der Budweis-Linz - Gmundner Bahn .... „ 109.215.10		
		„ 1,031.839.38	
Debitoren		„ 3,850.637.16	
Effecten		„ 13.650.—	
Cassa-Bestände		„ 2,036.242.43	
		fl. 96,336.458.53	

Passiva.

Actien-Capital . . . . fl. 31,457.853. —

Prioritäts-Anlehen (abzüglich der bereits amorti-
    sirten Summen) . . . . „ 49,426.050. —

Zinsen- und Tilgungs-Rückstände . . . . „ 1,74!.258.95

Tratten-Conto . . . . „ 2,596.713.91

Betriebsfonds übernommen von der „ersten Eisen-
    bahn" . . . . „ 112.823.43

Pensionsfond . . . . „ 31.579.47

Krankenfond . . . . „ 32.628.65

Creditoren . . . . „ 2,266.706.13

Special-Reserve-Conto [1]) . . . . „ 994.841.29

Aerarial-Vorschüsse aus dem Titel der Zinsen-
    garantie [2]) . . . . „ 7,676.003.70

                                     fl. 96,336.458.53

---

[1]) Dieser Conto ist errichtet worden zur Deckung des aus der Verminderung der Staatsgarantie (vgl. „Anlagekosten", S. 96) sich ergebenden Zinsenausfalles. Darauf gebucht wurden: der zur freien Disposition der
Gesellschaft gebliebenen einen Hälfte des Salzhandelgewinnes (Art. IV
des Additional-Vertrages, s. S. 326 d. I. Jahrg.) sammt Zinsen die Rück-
lässe seitens der Actionäre bei mehreren, blos mit 5 fl. ö. W. eingelösten
Actiencoupons und einstweilen auch das Zinsenguthaben des Tilgungs-
fondes: letzteres geschah aus dem Grunde, weil gemäss Art. III des
erwähnten Additional-Vertrages der Amortisationsplan zur Tilgung des
gesammten Gesellschafts-Capitales erst nach erfolgter Aufnahme eines
neuen Anlehens zum Ersatze der für die „erste Eisenbahn" ausgegebenen Prioritäts-Obligationen zu berechnen ist, und erst dann die definitive
Constituirung des Tilgungs-Contos wird vor sich gehen können.

[2]) Uebertrag aus dem Jahre 1866. . . . . fl. 7,031.618.73

    Restzahlung für frühere Jahre . . . . „ 94.384.97

    Vorschuss pro I. Semester 1867 . . . . „ 550.000. —

                                        fl. 7,676.003.70

    Hierauf wurden am 4. März 1868 rück-
      gezahlt . . . . fl. 550.000. —

    Ueberschuss pro 1867 laut des „Ab-
      schlusses der Betriebs - Rechnung"
      (Seite 98) . . . . „ 919.818.20

    verbleiben noch . . . . fl. 6,206.185.50

und zwar auf Zinsen fl. 5,165.121.49 und zur Tilgung fl. 1,041.064.01.

Bilanz des Pensionsfondes

pr. 31. December 1867.

Activa.

Auslagen für Pensionen und Abfertigungen im Jahre 1867 .... fl.		3.241.18
Cursverluste bei verkauften Effecten etc. etc. ..... „		958.—
Vermögensbestand { in Effecten .. fl. 414.218.84		
„ Baarem .. „ 31.579.47		
	„	445.798.31
	fl.	449.997.49

Passiva.

Saldo vom 31. December 1866 .... fl.		380.385.17
Beitrag pro 1867 { v. d. Angestellten fl. 29.679.46		
v. d. Gesellschaft „ 14.839.73		
	„	44.519.19
Eingeflossene Zinsen .... „		24.231.24
Sonstige Einnahmen .... „		861.89
	fl.	449.997.49

Die wichtigsten Bestimmungen der Statuten des Pensions-Institutes sind im I. Jahrg. (S. 143) enthalten.

K. k. priv.

Theiss-Eisenbahn-Gesellschaft.

Central-Administration in Wien, I., Parkring 2.

Verwaltungsrath.

Präsident: Gg. Graf Andrassy v. Csik-Sz.-Király und Krasna-Horka, Excellenz.

1. Vice-Präsident: Johann Graf Barkoczy, Excellenz.

2. Vice-Präsident: Moriz Wodianer, Freiherr von Kapriora.

Andreas Ritter v. Gredler.

Dr. Heinrich Jaques.

Jonas Ritter v. Königswarter.

Dr. F. C. Ritter v. Mayrhofer.

Vincenz Graf Nemes.

Friedrich Schey, Ritter von Koromla.

Alexander Ritter v. Schöller.

Josef Stummer, Ritter von Traunfels.

Carl Stummer.

Johann Graf Waldstein, Exc.

Heinrich Graf Zichy von Vásonykeő, Excellenz.

Ed. v. Zsedényi, k. k. Hofrath.

Central-Leitung.

Johann Ritter von Schimke, k. k. Rath,
als mit der Leitung und Ueberwachung des Central-Bureau und der Betriebs-Direction in Pest betraut.
Directions-Secretär: Dr. Josef Krükl.

I. Bau- und Bahnerhaltung.

Ober-Ingenieur: Carl Bernardt.

II. Verkehrsdienst.

Ober-Ingenieur: Franz Golz.

III. Zugförderungs- und Werkstättendienst.

Ober-Ingenieur: Jacob Margoni.

IV. Administr. Abtheilung.

Inspector: Dom. Taschler.

Manipulations-Abtheilung.

Vorstand: Rudolf Pfeiffer.

V. Buchhaltung und Cassa.

Chef der Buchhaltung: Johann Bernkopf.

Haupt-Cassier: Josef Ranz.

VI. Commercielle Abtheilung.

Ober-Revident: A. Gallapp.

Betriebs-Direction in Pest
(Bessereile 19).

Leiter derselben: Eduard Kruntorad.

Bau- und Bahnerhaltung.	Administrative Abthei-

Bau- und Bahnerhaltung.
Ober-Ingenieur: Moises Rinds-
kopf.

Verkehrsdienst.
Inspector: Josef Weber.

Werkstättendienst.
Inspector: Andreas Kois.

Administrative Abthei-
lung.
Directions-Secretär: Dr. Ignaz
Haas.

Commercielle Abtheilung.
Directions-Secretär: Aurel Fest.

Ober-Ingenieur-Abtheilung für Bahnerhaltung in Grosswardein:
Vorstand: Ober-Ingenieur-Stellvertreter: Alois Horvath.

Hauptwerkstätte in Miskolcz.
Vorstand: Gustav Fehr, Ober-Ingenieur.

Werkstätte in Szolnok.
Vorstand: Alfred Egan, Ober-Werkmeister.

Bauleitung in Broos.
Vorstand: Franz Schneider, Ober-Ingenieur.

Historische Mittheilungen.

Die Theissbahn-Gesellschaft, deren Geschick schon rücksichtlich der Differenzen mit der Staatsverwaltung jenem der
Elisabethbahn glich, hat in der letzten Zeit abermals das Loos
dieser Gesellschaft getheilt, indem auch sie nach der endgiltigen
Schlichtung der Streitfrage die physische Fortentwicklung ihrer
Unternehmung anstrebte, ohne sich des gewünschten Erfolges
erfreuen zu können.

Die Theissbahn-Gesellschaft war nämlich durch die an der
unteren Strecke ihrer Bahn gemachten Erfahrungen in der Ueber-
zeugung bestärkt worden, dass die Interessen der Theissbahn
empfindlich getroffen würden, wenn der Verkehr an der oberen
Strecke ebenso unterbunden würde, wie dies in Czégled der
Fall ist, und gedachte desbalb die bisher aus finanziellen Grün-

den unterlassene Verbindung der Station Miskolcz mit Pest
nunmehr zur Ausführung zu bringen.

Allein jetzt traten diesem Vorhaben wieder andere Verhältnisse hindernd in den Weg.

Die königlich ungarische Regierung hatte zur Zeit, als die
Gesellschaft ihre Bereitwilligkeit zum Baue der Linie Pest-
Miskolcz ausprach, bereits die Herstellung der Hátvan-Mis-
kolczer Linie auf Kosten des Staates beschlossen und aus eben
diesem Grunde auch das Gesuch der Theissbahn um Eröffnung
von Verhandlungen bezüglich der Ausführung der erstgenannten
Bahnstrecke abschlägig beschieden.

Auf dies hin beeilte sich nun die Gesellschaft in einer neuerlichen Eingabe zu erklären, dass sie bereit sei, „die Pest-Mis-
kolczer Eisenbahnverbindung für Rechnung und mit den Mitteln
des Staates sofort in Angriff zu nehmen und um den effectiven,
erweislichen Kostenpreis durchzuführen, ohne hiefür irgend einen
materiellen Vortheil in Anspruch zu nehmen, sondern an dieses
Anerbieten nur die Erwartung knüpfe, dass ihr der Betrieb der
neuen Linie in sichere Aussicht gestellt werde."

Doch auch dieser Schritt war vergebens.

Das königlich ungarische Ministerium verständigte die Gesellschaft (mit Erlass ddto. Ofen 8. Jänner 1868, Nr. 9568), dass die
Ueberlassung des Baues an die Theissbahn nicht mehr ausführbar sei, nachdem der diesfalls abgeschlossene Bauvertrag bereits
die a. h. Genehmigung erhalten habe, anderseits aber auch in
eine Verhandlung darüber, wie der Betrieb einzurichten und an
wen derselbe zu überlassen sei, mit Rücksicht auf die Bauzeit,
vorderhand nicht eingegangen werden kann. [1]

---

[1] Der vollständige Wortlaut des citirten Erlasses ist — nach der im
letzten Geschäftsberichte enthaltenen Uebersetzung — folgender:

Königl. ungarisches Communications-Ministerium.
Nr. 9568.

An den Verwaltungsrath der Theiss-Eisenbahn.

„Die Vorstellung des Verwaltungsrathes ddt. 20. December v. J.,
Nr. 10887, in Angelegenheit des Ausbaues der Hatván-Miskolczer Bahnstrecke, worin sich eine gründliche Kenntniss und Würdigung der Bedürf-

Angesichts der so gearteten Sachlage fasste nun die Gesellschaft den Beschluss: festhaltend an ihrem concessionsmässigen
Rechte auf den Bau und Betrieb der Linie Pest-Miskolcz aus-
zuharren, bis die fragliche Angelegenheit in ein neues Stadium tritt.

Gegenwärtig sind die Bestrebungen der Gesellschaft dahin
gerichtet, ihre Unternehmung vollkommen zu consolidiren und
bezüglich der Gebarung mit den Ueberschüssen freie Hand zu
gewinnen.

Zwei Beschlüsse der letzten Generalversammlung (30. April
1868) bestätigen dies in unwiderlegbarer Weise. Der Eine davon
ermächtigt den Verwaltungsrath im Wege der Verhandlung und
unter gewissen (in den „Beschlüssen der Generalversammlung"
S. 110 näher bezeichneten) Bedingungen, die genehmigende
Zustimmung der Regierung zur Fundirung und sogleichen Rückzahlung der erhaltenen Staatsvorschüsse mittelst neu auszugeben-
der Schuldtitel anzustreben,[1]) während der andere Beschluss die

---

nisse des ungarischen Communications- und Verkehrswesens kundgibt, habe
ich mit Befriedigung und Vergnügen entgegengenommen, und nachdem
die diesfällige Bereitwilligkeit des Verwaltungsrathes alle Anerkennung
verdient, muss ich wohldemselben mit Bedauern eröffnen, dass ich den
dortseitigen Antrag gegenwärtig nicht mehr benützen kann."

„Der Ausbau der Hatván-Miskolczer Bahnstrecke auf Staatskosten
ist nämlich in so ferne gesichert, als der diesfalls geschlossene Bauvertrag
bereits die allerhöchste Genehmigung erhielt."

„Wenn somit unter diesen Umständen einerseits die Ueberlassung
des Baues an die Theiss-Eisenbahn nicht mehr ausführbar ist, so ist es
andererseits selbstverständlich, dass ich mich in Betreff dessen, wie der
Betrieb einzurichten und an wen zu überlassen sein wird, mit Rücksicht
auf die Dauer der Bauzeit vor der Hand in keine Verhandlungen einlas-
sen kann."

Ofen, den 8. Jänner 1868.

In Abwesenheit des Ministers:
Hollán m. p.

[1]) Wie schon den „histor. Mitthlg." über die Elisabeth-Bahn S. 91
des Weiteren berichtet wurde, streben alle „subventionirten Unternehmungen" das Gleiche an, u. z. wie allgemein verlautet, nicht ohne Aussicht
auf Erfolg.

Aufforderung an den Verwaltungsrath enthält: „die Umwandlung
der bisher auf Conv.-Münze lautenden, grösstentheils mit 70°/₀ ein-
gezahlten Actien(-Interimsscheine) in volleingezahlte, auf 200 fl.
ö. W. lautende, definitive Actien in Erwägung zu ziehen und die
dem Interesse der Actionäre zusagenden Modalitäten zu beantragen, damit die gegenwärtig in Händen der Actionäre befindlichen
Werthe baldigst zu einem wirklichen Verkehrseffecte würden.

Der vom Verwaltungsrath zu erstattende Bericht über diese
Anträge soll dann Gegenstand der Berathung und Beschlussfassung einer jedenfalls noch im Laufe des Jahres 1868 einzuberufenden ausserordentlichen Generalversammlung sein.

Die Verwaltung der Theissbahn hatte übrigens früher schon
ihre Thätigkeit auch nach der eben angedeuteten Richtung hin
entfaltet, indem sie die Genehmigung der Regierung dafür
erwirkte, den (nach der Bedeckung des garantirten 5¹/₂°/₀igen
Erträgnisses noch verbliebenen) Betriebs-Ueberschuss des Jahres
1866 per fl. 395.843·87 für Zwecke der Gesellschaft zu verwenden, statt denselben als Abschlagszahlung auf die früher erhaltenen Vorschüsse an die Staatsverwaltung abzuführen.

Mit dem Erlasse ddo. 8. August 1867, Zl. 4086, ertheilte
das k. k. Finanzministerium dem Verwaltungsrathe die Bewilligung, dem erwähnten Ueberschusse einen Betrag von fl. 200.000
zur Abstossung jener Wechselschuld zu entnehmen, welche
seinerzeit contrahirt wurde, um eine (gelegentlich des Vergleiches zwischen der Staatsverwaltung und den Bauunternehmern
der Szolnok-Debracziner Strecke) auf die Theissbahn entfallene
Ausgleichs - Quote bezahlen zu können, — und zufolge Finanz-
ministerial-Erlasses ddo. 20. November 1867, Zl. 5685, wurde
der Gesellschaft gestattet, mit dem noch restlichen Ueberschusse
den Bau von 150 gedeckten Lastwagen in Angriff zu nehmen.')

Durch die Bezahlung obiger fl. 200.000 haben sich die Anlagekosten um den gleichen Betrag erhöht und würden nunmehr mit Hinzurechnung der im Jahre 1867 noch anderweitig
erwachsenen Auslagen pr. fl. 433.73 (aber mit Ausschluss des

') Der Wagenbau wird zum grösseren Theile in eigener Regie ausgeführt und werden die Kosten seinerzeit ausgewiesen werden.

Werthes der Materialvorräthe) .... fl.   42.350.013.04
betragen; allein auf Grund des Nachtragsver-
trages wurden hievon ausgeschieden:
    Materialwerthe pr. ..... fl. 221.338.01
und Tracirungskosten pr...... „ 283.360.59
                            fl.   504.698.60
wonach sich die Anlagekosten mit Ende 1867 auf fl. 41.845.314.44
beziffern[1]).

    Auch an dem Gesellschafts-Capitale hat sich während des
Jahres 1867 insoferne eine Aenderung vollzogen, als jene 50.000
volleingezahlten Theissbahn-Actien (im Nominalbetrage von 10½
Millionen Gulden), welche die Gesellschaft in Folge des mit der
Staatsverwaltung abgeschlossenen Vertrages ddo. 26. März 1859
in ihr Eigenthum überkam, aus dem Capital-Conto ausgeschieden
wurden, nachdem die Verpflichtung der Gesellschaft zum Baue
der Linie Nyiregyháza-Szigeth, für welchen dieses Actien-
Capital bestimmt war, mit der Concessionirung der Siebenbürger Bahn erlosch, folglich auch die Wiederausgabe jener Actien
kraft des Uebereinkommens mit der Staatsverwaltung ddo.
6. Juni 1864 definitiv weggefallen ist. [2])

    Der bauliche Zustand der gesellschaftlichen Bahnlinien ist
ein den Anforderungen eines sicheren Betriebes vollkommen entsprechender geblieben und waren Reconstructions- oder Ergänzungsbauten zu Lasten des Bau-Contos im Jahre 1867 nicht
erforderlich; doch aber wurden für Rechnung des Betriebes einige
Reparaturen an hölzernen Brücken vorgenommen und mehrere
Fruchtschoppen errichtet.

    Der Verkehr auf den Theissbahn-Linien gestaltete sich in
der zweiten Hälfte des Jahres 1867 zu einem wahrhaft riesigen.

    Vom August ab gelangten immer grössere Getreidemassen
zur Aufgabe und im Laufe der folgenden Monate nahm der Gü-
terandrang solche Dimensionen an, dass es trotz dem Aufgebote
aller Mittel nicht mehr möglich war denselben zu bewältigen,

---

[1]) Vgl. die „Anlagekosten" S. 113 und die Anmerkung hiezu.
[2]) Vgl. d. Geschichte der Theissbahn, S. 151 u. 152 d. 1. Jahrg.

was jedoch zumeist dem Umstande zugeschrieben werden muss, dass der Theissbahn für ihre auf die verschiedenen Anschluss-bahnen übergegangenen Wagen kein entsprechender Ersatz zukam, und dass die nach Czégled vorgeschobenen Güter-Transporte von der Staatsbahn nicht regelmässig übernommen werden konnten.

Es verursachte dies eine totale Stockung und nöthigte die Theissbahn schliesslich, die Güter-Aufnahme über Czégled hinaus eine Zeit lang ganz einzustellen und (vom December ab) täglich einen oder zwei Lastzüge mit eigenen Maschinen und dem eigenen Personale nach Pest zu schaffen, um die Grenzstation (Czégled) nur einigermassen frei zu machen.

In demselben Verhältnisse wie der Verkehr selbst stiegen auch die Betriebs-Einnahmen, welche für das Jahr 1867 die Summe von fl. 4,536.746, daher um fl. 222.823 oder 5·₁₁% mehr als im Vorjahre, betragen haben. An Wagenmiethe allein hat die Gesellschaft im Jahre 1867 nicht weniger als fl. 88.146.86 eingenommen.

Die neue Ordnung der staatlichen Dinge hat — sowie auf alle anderen im Gebiete der ungarischen Krone gelegenen Eisenbahn-Unternehmungen -- auch auf jene der Theissbahn ihre Rückwirkung geäussert.

Mit Erlass ddo. Ofen 10. Februar 1868, Nr. 1394, verständigte das königl. ungar. Communications-Ministerium die Direction der Theissbahn, dass das Aufsichtsrecht über diese Unternehmung von nun an ausschliesslich dem königl. ungar. Communications-Ministerium, respective dessen „Inspection für Eisenbahnen und Dampfschiffahrt" zustehe und es aus eben diesem Grunde, sowie aus politischen, Handels-, Verkehrs- und financiellen Rücksichten, der Gesellschaft zur Pflicht werde, wegen Uebersetzung des Standortes der Direction von Wien nach Buda-Pest die nöthigen Vorkehrungen zu treffen.

Die hierüber gepflogenen Unterhandlungen mit dem königl. ungar. Ministerium führten zu dem Resultate, „dass von Seite der Theissbahn-Gesellschaft vorläufig und provisorisch in Pest eine Betriebs-Direction etablirt, die vollständige Ueber-

tragung der Direction aber jenem Zeitpuncte vorbehalten werden solle, wo die thatsächlichen Schwierigkeiten, welche theils
die örtlichen, theils die geschäftlichen Verhältnisse bereiten,
überwunden werden können." [)]

Beschlüsse der General-Versammlung
vom 30. April 1868.

„I. der Verwaltungsrath wird ermächtigt und beauftragt
durch einzuleitende Verhandlungen mit der hohen Regierung
anzustreben:

1. die Fundirung der durch die aus dem Titel der Staatsgarantie erhaltenen Vorschüsse herrührenden flottanten Schuld
der Gesellschaft an die hohe Staatsverwaltung im Betrage
per 4,566.978 fl. 31 kr. und deren sogleiche Rückzahlung
durch Titel der Gesellschaft gegen dem, dass

   a) die Staatsgarantie um den zur Verzinsung und Amortisation dieser der hohen Staatsverwaltung in Zahlung
   zu gebenden Schuldtitel erforderlichen Betrag erhöht
   werde, und dass

   b) im Falle, wenn hinkünftig aus dem Titel der Garantie
   Staatsvorschüsse noch erforderlich sein sollten, zu deren
   Rückzahlung nur die Hälfte des die gewährleistete
   Annuität übersteigenden Ueberschusses zu verwenden
   sei, die andere Hälfte aber den Actionären als Super-
   dividende zuzukommen habe;

2. die Umwandlung der bisher auf Conventions-Münze lautenden, theilweise voll, grösstentheils aber mit 70% einge-
zahlten Actien, beziehungsweise Interimsscheine, in volleingezahlte, auf 200 fl. österr. Währung lautende und mit Coupons und Talons zu versehende Actien in Erwägung zu ziehen und die dem Interesse der Actionäre zusagenden Modalitäten zu beantragen."

[)] In Folge der notorischen Wohnungsnoth in Pest dürfte sich für
die Gesellschaft die Nothwendigkeit ergeben, zur Unterbringung ihrer Direction daselbst ein eigenes Haus zu erbauen.

„II. Der Verwaltungsrath wird ersucht, baldigst, jedenfalls noch im Laufe dieses Jahres, eine ausserordentliche General-Versammlung einzuberufen, bei welcher der über die gestellten Anträge zu erstattende Bericht des Verwaltungsrathes Gegenstand der Verhandlung und Beschlussfassung zu sein hätte.“

Das Ergebniss des Scrutiniums für die Wahlen im Verwaltungsrath war folgendes:

Wiedergewählt wurden die Herren: Moriz Freih. v. Wodianer mit 184, Eduard v. Zsedenyi mit 182 von den abgegebenen 184 Stimmen. An Stelle des Herrn Moriz v. Haber neugewählt wurde Herr Dr. J. C. Mayrhofer.

Bahngebiet.

Dasselbe ist unverändert geblieben und umfasst die im I. Jahrgange dieses Buches (S. 154) detaillirt nachgewiesenen

76·76 Meilen wirklicher Länge, respective
78·5 „ tarifmässiger Länge; auch in der

Anlage der Bahn

hat sich während des Jahres 1867 nichts geändert. (Die ausführliche Beschreibung derselben findet sich im I. Jahrg. S. 154—157.)

Stand der Fahrbetriebsmittel
mit Ende 1867.

a) Locomotive.

Personenzugs - Locomotive	15 Stück
Locomotive für gemischte Züge	10 „
Lastzugs-Locomotive[1]	47 „
	72 Stück

b) Personenwagen.

Hofwagen	1 Stück
I. und II. Classe	14 „
II. Classe	60 „
III. „	70 „
	145 Stück

c) Lastwagen.

Postwagen	15 Stück
Conducteurwagen	38 „
Gedeckte Lastwagen	680 „
Offene „	390 „
Equipagewagen	18 „
Ochsenwagen	100 „
Borstenviehwagen	50 „
Pferdewagen	8 „
Langholz-Transport-wagen	25 „
Schotterwagen	200 „
	1524 Stück

Schneepflüge 8 Stück.

[1] S. Gesch. d. Theissb., S. 152 d. I. Jahrg.

Der Stand der Locomotive hat sich somit um 5 Stücke vermindert; Ursache dieser Verminderung ist die käufliche Ueberlassung der 5 Günther'schen Lastzugsmaschinen letzter Lieferung
(1861), welche seinerzeit für die — aus den bekannten Gründen
unausgeführt gebliebene — Strecke Nyiregyháza-Nameny [1] angeschafft, in Folge des Nachtrags-Vertrages aber aus dem An-
lage-Capitale ausgeschieden wurden, an die Bauunternehmung
der ersten Siebenbürger Bahn.

Der Wagenpark blieb unverändert.

Gesellschafts-Capital.

Actien { 488 Stück volleingezahlt fl.   102.480
       { 69.497   „   mit 70°/₀ Einz. „ 10.215.912
                                        fl. 10,318.392.—
Lotterie-Anlehen........................ „ 15,750.000.·
Prioritäts-Obligationen................. „ 15,750.000.—
                           Zusammen fl. 41,818.392.—

Auf das Lotto-Anlehen sind fl. 291.024·71 bereits rückgezahlt. — Die Erklärung für die Verminderung des Actien-Capitals ist in den „historischen Mittheilungen" S. 108 enthalten.

[1] S. Gesch. d. Theissbahn, S. 152 d. l. Jahrg.

Anlagekosten.

Gegenstand der Ausgabe	Bis Ende 1866	Im Jahre 1867	Zusammen
Tracirung und Projectirung	454.639.39	*)283 360.59	171.278.80
Actien-Emanirung	119.365.08	.	119.365.08
Grundeinlösung	822.295 05	**)200.433 73	1.022 728.78
Unterbau	4.865.734.11	.	4.865.734.11
Oberbau.............	14.970.657.94	.	14.970.657.94
Hochbau	4.530.451.46	.	4.530.451.46
Bahn- u. Gebäude-Einrichtung	862.261.26	.	862.261.26
Fahrbetriebsmittel	6.125.221 45	***)221.338.01	5.903.883.44
Bau-Regie............	538.858.04	.	538.858.04
Central-Bureau-Regie	287.610.65	.	287.610.65
Bau-Vorauslagen	18.567.95	.	18.567.95
Betriebs-Vorauslagen	102.016.05	.	102 016.05
Kosten der Czegléd-Szolnoker Strecke	1.412.390 17	.	1.412.390.17
Kosten der Szolnok-Debreeziner Bahn...........	5.520.560.93	.	5.520 560.93
Zinsen während der Bauzeit	1.518.949.78	.	1.518.849.78
	42.149.579.31	304.264.87	41 845 314.44
Material-Vorräthe	422.352.87	115 306.63	537.659.50
Summe..	42.571.932.18	188.958 24	42 382 973.94

---

*) Diese Summe repräsentirt Tracirungskosten, welche in Folge des Nachtragsvertrages aus dem Anlagecapitale ausgeschieden wurden.

**) In dieser Summe sind jene fl. 200.000 enthalten, welche die Gesellschaft auf Grund des Ausgleiches der Staatsverwaltung mit den Bauunternehmern der Strecke Szolnok-Debreczin zu entrichten hatte. (Vergl. die histor. Mitthlg. S. 107.)

***) Diese Summe entspricht dem Werthe der an die Bauunternehmung der ersten Siebenbürger Bahn überlassenen 5 Maschinen etc. etc. (Vergl. den „Stand der Fahrbetriebsmittel" S. 112.)

Betriebsrechnung pro 1867. [1])

Einnahmen.

I. Transports-Einnahmen.

Personen....................................	1,075.282.19
Militär-Transporte....	63.369.98
Gepäck....	42.674.17
Eilgut	66 607.94
Waaren..........................	3,097 244.86
Summe..	4,345.379.14

II. Verschiedene Einnahmen.

Mieth- und Pachtzinse, Wagenmiethe, telegraphische Depeschen etc. etc..................................	191.367.02
Gesammt-Einnahmen..	4,536.746.16

Ausgaben.

I. Allgemeine Verwaltung.

Bezüge des Personals................................	50.783.74
Bureaukosten und andere Auslagen......................	30.486.46
Summe..	81.270.20

II. Bahnaufsicht und Bahnerhaltung.

Centralleitung..	25 015.37
Streckendienst	43 132.18
Bahnaufsicht.......	112.184.08
Unterbau	40 401.76
Oberbau..	245.784.95
Gebäude	76.710.58
Ausserordentliche Auslagen	16.011.03
Summe..	559.221.15

III. Verkehrs- und commercieller Dienst.

Centralleitung........	37.724.97
Stationsdienst........................... .	318.542.51
Fahrdienst ....*........	59.709.73
Summe..	415.977.21

IV. Zugförderung und Werkstätten.

Centralleitung	14.654.82
Zugsdienst..	335.796.89
Erhaltung der Fahrbetriebsmittel	252.095.29
Summe..	602 547.—
Gesammt-Ausgaben..	1,859.015.56

[1]) Um den Vergleich der Betriebsergebnisse der verschiedenen Eisenbahn-Unternehmungen nicht zu beeinträchtigen, wurden in die Betriebsrechnung nur die wirklichen Betriebseinnahmen und Kosten eingestellt; die anderen, auf Grund des Nachtragvertrages zur Concessions-

Ertragsresultate und deren Verwendung.

(Abschluss der Betriebsrechnung pro 1867.)

Betriebs-Einnahmen . . . . fl. 4,536.746.16

Hiezu:

Die für die Zinsen der Prioritäts-Obligationen in Ausgabe gestellte Steuerquote per . . . . „ 55.125.—

welche auf Grund des Finanz-Ministerial-Erlasses vom 24. April 1867, Zahl 1621 lit. b (s. S. 339 des I. Jahrg.) in der Betriebsrechnung zugleich in Empfang zu stellen sind.

Summe der Einnahmen.. fl. 4,591.871.16

Betriebskosten . . . . fl. 1,659.015.56

Hiezu:

Einkommen- und Erwerbsteuer . . . . . „	161.086,99
Grund- und Gebäudesteuer . . . . „	7.505.63
Stempel . . . . „	3.010.24
Schwebende und sonstige Auslagen.. „	7.669.57

Summe der Ausgaben.. fl. 1.838.287.99

Ueberschuss.. fl. 2,753.583.17

Hievon:

Zur Deckung der garantirten 5½ %igen Verzinsung des Anlagecapitales per fl. 42,726.117.40 . . . . „ 2,221.758.10

verbleibt ein reines Erträgniss von . . . . : . . . fl. 531.825.07

wornach sich das gesammte Anlagecapital mit 6.44 % verzinste.

Urkunde und des hierüber erflossenen Finanz - Ministerial - Erlasses vom 24. April 1867, Zahl 1621, lit. b. (s. S. 339 d. I. Jahrg.) in die Empfänge, resp. Ausgaben der Betriebsrechnung aufzunehmenden Einkommensteuer-Beträge etc., sowie die sonstigen „zu den eigentlichen Betriebskosten nicht gehörigen Ausgaben“ aber erst in dem „Abschlusse der Betriebsrechnung“ den betreffenden Rubriken eingereiht.

Statistik der Betriebsresultate pro 1867. [1]

		Einheit	Menge	
Länge der Bahn		Meilen	76	76
Zurückgelegte Zugsmeilen		„	132.292	—
Befördert wurden	Reisende I. Classe	Anzahl	8.697	2.3%
	„ II. „	„	102.295	27.4 „
	„ III. „	„	262.370	70.3 „
	„ aller Classen	„	373.362	100.—
	Militär	„	64.743	
	Gepäck	Zll-Ctr.	52.856	
	Eilgut	„	39.974	
	Parteifrachten	„	9,884.608	
	Regiefrachten	„	615.250	
Betriebs-Einnahmen	Für Reisende	Gulden	1,075.282	23.7%
	für Militär-Transporte	„	6'.370	1.4 „
	für Gepäck und Eilgüter	„	109.482	2.4 „
	aus dem Frachten-Verkehr	„	3,097.245	68.3 „
	Sonstige Einnahmen	„	191.3b7	4.2 „
	Zusammen	„	4,536.746	100 %
Betriebs-Ausgaben	Allgemeine Verwaltung	„	81.270	4.9%
	Bahn-Aufsicht u. Erhaltung	„	559.221	33.7 „
	Commerc.- u. Verkehrsdienst	„	415.978	25.1 „
	Zugförderung u. Werkstätten	„	602.547	36.3 „
	Zusammen	„	1,659.016	100.—%
Ueberschuss		„	2,877.730	
Verhältniss der Ausgaben zu den Einnahmen		%	36.6	
Einnahme per Bahnmeile		Gulden	59.103.—	
Ausgabe „ „		„	21.613.02	
Einnahme „ Zugsmeile		„	34.29	
Ausgabe „ „		„	12.54	
Durchschnittl. Einnahme von 1 Reisenden [2]		„	2.82	
„ „ „ für 1 Frachtzentner [2]		Kreuz.	31.33	

[1] Der Statistik der Betriebsresultate sind die wirklichen Betriebseinnahmen und Ausgaben zu Grunde gelegt.

[2] Die zurückgelegten Passagier- und Centner-Meilen sind aus dem Geschäftsberichte der Theissbahn nicht ersichtlich, weshalb hier die weitere Ausführung der Statistik unterbleiben musste.

Bilanz mit 31. December 1867.

Activa.		Passiva.	
Baukosten bis 31. December 1867 ..... fl. 41,845.314.44		Actien-Capital ..... fl. 10,318.392.—	
Actien-Zinsen-Conto „ 515.918.02		Lotterie-Anlehen... „ 15,458.975.29	
Priorität-Obligationen-Zinsen-Conto „ 787.500.—		Prioritäts-Anlehen . „ 15,750.000.—	
Interessen-Conto... „ 775.019.90		Zinsen-Rückstände . „ 2.815.15	
Debitoren......... „ 92.758.27		Pensionsfond ...... „ 22.151.69	
Material-Vorräthe . „ 537.659.50		Krankenfond...... „ 10.141.66	
Cassa-Bestände ... „ 388.728.65		Creditoren........ „ 529.373.68	
Gewinn- u. Verlust-Conto......... „ 4.469.512.17		Vorschüsse a. d. Titel d. Zinsen-Garantie „ 4,566.978.31	
		Betriebsüberschuss . „ 2,753.583.17	
fl. 49,412.410.95		fl. 49,412.410.95	

Bilanz des Pensionsfondes
mit 31. December 1867.

Activa.

Bezahlte Pensionen und Abfertigungen pro 1867.. fl.	2.571.67
Rückgezahlte Beiträge .... „	1.113.41
Vermögensbestand { in Effecten .... fl. 304.200.— / in Baarem.... „ 22.151.69 „	326.351.69
	fl. 330.036.77

Passiva.

Saldo vom 31. December 1866 { in Effecten fl. 274.200.— / in Baarem „ 9.882.88 fl.	284.082.88
Beiträge pro 1867............... „	19.542.03
Eingeflossene Zinsen........... fl. 15.589.69 / „ Strafbeträge....... „ 284.67	15.874.36
Verloste Effecten......... „	5.102.50
Differenz zwischen dem Nominalwerthe und dem Ankaufspreise der im Jahre 1867 angeschafften Effecten (u. z. 30.000 fl. Nominal fl. 24.565.— Ankaufswerth =)......... „	5.435.—
	fl. 330.036.77

Die wichtigsten Bestimmungen der Statuten des Pensions-Institutes sind im I. Jahrgang (S. 160) enthalten.

Galizische Carl-Ludwigbahn.

Sitz der Central-Administration in Wien (I. Kärntnerring Nr. 7).

Verwaltungsrath.

Präsident: Leo Fürst Sapieha.

Vice-Präsident: Carl Fürst Jablonowsky, Exc.

„ „ Josef Stummer Ritter v. Traunfels, k. k.
Regierungsrath.

Wladimir Graf Borkowski.

Casimir Graf Dzieduszycki.

Dr. Gustav Ritter v. Höfken,
k. k. Ministerialrath in Pens.

Vincenz Kirchmayer.

Moritz Ritt. v. Krainsky.

Casimir Graf Krasicki, Exc.

Casimir Graf Lanckorónski.

Dr. Vinc. Maly Ritter v. Veva-
novič, k. k. Ministerialrath.

Dr. Leop. Mayer v. Alsó-
Russbach.

A. O. Mises.

Dr. Leopold Neumann, k. k.
Regierungsrath und o. ö.
Professor.

H. F. A. Rogge.

Ladislaus Graf Stadniki.

Eduard Ritter v. Todesco.

L. Friedrich v. Westenholz.

General-Direction.

General-Director: Dr. Johann Herz Ritter von Rodenau,
k. k. Regierungsrath.

Secretär: Louis De Lens.

Controle, Buchhaltung
und Cassa.

Dienstvorstand: Leop. Weiss.

Buchhaltungs - Adjunct : C.
Werner.

Controlor: Ferd. Czerwenka.

Cassier: Al. Bunzel.

Commerzielles Bureau:

Ober-Expeditor : Daniel Lewicki.

Techn. Revisionsamt.

Ober-Ingenieur: Gabr. Spitzer.

Kanzlei-Expedit.

Expedits-Leiter: Ant. Miller.

Betriebs-Direction in Lemberg.

Betriebs-Director: Anton Ursprung.

Kanzlei-Expedit.	Telegrafen-Wesen.
Expedits-Leiter: Jacob Müll-bauer.	Wenzel Hobliczeck, Ober-Ingenieur.
Verkehrs-Dienst.	**Material-Wesen.**
Ober-Ingenieur: Anton Jirasek.	Friedrich Erdt, Verwalter.
Bau- und Bahnerhaltung.	**Commerzieller Dienst.**
Ober-Ingenieur: Edu. Schwab.	Ad. Lipp, Ober-Expeditor.
Maschinen-Wesen.	**Rechnungs-Abtheilung.**
Ad. Luschka, Inspector (der-zeit in Wien).	Anton Petzold, Ingenieur.
	Sammlungs-Cassa.
Ferd. Summerecker, Ober-Ingenieur.	Cassier: Johann Czerszyk.

Bauleitung der Strecke Lemberg-Brody.
Ober-Ingenieur: Ant. Pöch.

Historische Mittheilungen.

Die Carl Ludwigbahn-Gesellschaft erhielt bekanntlich unterm 15. Mai 1867 die a. h. Concession für die Linie Lemberg-Brody mit einer Abzweigung nach Tarnopol, resp. der russischen Grenze. [1]

---

[1] Ueber die Concessionirung sowohl als auch über die der Gesellschaft diesfalls gewährten Begünstigungen wurde schon im I. Jahrg. d. Buches (S. 166) berichtet.

Zur Ergänzung jener Mittheilungen kommt jedoch noch beizufügen, dass die Gesellschaft die neue Concession nur um den Preis namhafter Tarifs-Ermässigungen zu erwerben vermochte.

Es werden nämlich (in Gemässheit des §. 9 der Conc.-Urk) von dem Momente der Eröffnung der neuen Strecken an sowohl für diese als auch für die alten Linien der Carl Ludwig-Bahn die nachstehenden bedeutend herabgeminderten Tarifsätze zu gelten haben.

Fahrpreis III. Cl. für Personen 14 kr. per Meile, für Getreide und Salz 1½ kr., für Holz 1½ kr., für Erze, Eisenflossen und Bausteine 1½ kr., für Mineralkohle 1 kr. per Zentner und Meile bei vollen Wagenladungen.

Sobald der Verwaltungsrath in den Besitz der Concessions-
Urkunde gelangt war — es geschah dies am 25. Mai 1867 —
trug er nun Sorge, auf Grund der ihm gewordenen Ermächtigung
der XI. (ausserordentlichen) Generalversammlung und der Bewilligung des k. k. Finanz-Ministeriums, ddto. 4. Juni 1867, Z. 3022,
die erforderlichen Capitalien zu beschaffen.

Er emittirte zu diesem Zwecke eine III. Emission Actien —
20.000 Stück à 210 fl. = 4,200.000 fl. Nominal — (deren
Bezug al pari den Besitzern der früher ausgegebenen Actien mit
je ¼ des Actienbesitzes vorbehalten blieb) und eine II. Emission
5%iger Prioritäts-Obligationen — 36.000 Stück à 300 fl. ö. W.
in Silber = 10,800.000 fl. Nominal.

Die Actien wurden bis auf etwa 4000 Stück — welche
ungeachtet der den Abnehmern eingeräumten Vortheile [1] unbe-
hoben blieben — sofort genommen und von den Prioritäts-
Obligationen nahm die österreichische Creditanstalt für Handel und Gewerbe im Laufe des Jahres 1867 6 Millionen auf feste
Rechnung, während der Rest (per fl. 4,800.000 Nominal) nach
Bedarf zur Ausgabe gelangen soll.

Mittlerweile war auch die Vervollständigung der Baupro-
jecte beschleunigt worden, um noch das laufende Baujahr (1867)
benützen zu können.

Am 15. Juli 1867 fand die Offertverhandlung für die Vergebung des Baues der 12.25 Meilen langen Strecke Lemberg-Brody
statt und 2 Tage später (am 17. Juli) wurde über Beschluss des
Verwaltungsrathes das Offert eines galizischen Consortiums (an
dessen Spitze Fürst Ad. Sapieha steht) acceptirt, welches sich
verpflichtete, den Unter-, Ober- und Hochbau der genannten
Strecke (incl. des Brodyer Stationsplatzes) um den Pauschalbetrag von 3,506.372 fl. ö. W. bis 1. October 1868 herzustellen

---

[1] Die Vortheile bestanden darin, dass als erste Einzahlung auf die
neuen Actien (Fallfrist 20. Juni bis 5. Juli) nur 30%, d. i 63 fl. ö. W.
zu erlegen waren, während die Einzahlung der restlichen 70% bis Jänner
1869 (Fallfrist 20. December 1868 bis 10. Jänner 1869) hinausgeschoben,
dessen ungeachtet aber den neuen Actien nebst dem Zinsengenusse auch
noch der Mitgenuss an der Superdividende pro 1867 eingeräumt wurde.

und dem öffentlichen Verkehre zu übergeben. Ebenso übernahm dieses Consortium die Grundeinlösung gegen eine Pauschalvergütung von 670.000 fl. ö. W.

Der Bau selbst begann im August 1867.

In demselben Monate fand auch die in Absicht auf den Anschluss der österreichisch-russischen Eisenbahnlinien bei Woloczyska von den beiderseitigen Regierungen und unter Theilnahme eines Delegirten der Carl Ludwigbahn veranlasste commissionelle Verhandlung statt, welche zu dem Abschlusse des — den Interessen aller Betheiligten gerecht werdenden — Uebereinkommens vom 8./20. August 1867 führte, dessen Ratificirung dann in Form von ausgewechselten Ministerial-Erklärungen erfolgte.

Gegen Ende des Jahres 1867 ist die Concurrenz-Verhandlung für die Vergebung des Baues der 3.3 Meilen langen Theilstrecke Krasne-Zloczow (der Zweigbahn nach Tarnopol) ausgeschrieben worden; das Resultat derselben war die Ueberlassung des Baues auch dieser Strecke an dasselbe Consortium, welches die Ausführung der Brodyer Linie übernommen hatte und sich nun verpflichtete, unter den gleichen Bedingungen, wie sie bezüglich dieser Linie aufgestellt wurden, auch den Bau und die Grundeinlösung der genannten Theilstrecke durchzuführen und zwar ersteren um den Pauschalbetrag von 670.000 fl. ö. W. und letztere um die Pauschalvergütung von 100.000 fl. ö. W.

Die Vollendung dieser Theilstrecke soll vertragsgemäss mit jener der Brodyer Linie zusammenfallen.

Die Anschaffungen des gesammten Materiales zur Ausrüstung der Bahn, sowie der Fahrbetriebsmittel hat sich die Gesellschaft jedoch selbst vorbehalten und auch schon — bei durchwegs inländischen Etablissements — gesichert. ')

') Die Schienen (318.400 Zoll-Ztr.) wurden bei den Werken Teschen, Wittkowitz, Zwischenbrücken und Rhonitz (Ungarn) bestellt, desgleichen das Oberbau-Kleinmateriale und die Bestandtheile der Ausweichvorrichtungen und Wechsel.

An Maschinen wurden bestellt: bei Sigl in Wien (4 Personenzugslocomotive) und in der Maschinenfabrik der Staatsbahn-Gesellschaft·

Das Project für die weitere 14.3 Meilen lange Strecke von Zloczow über Tarnopol an die russische Grenze war bereits Anfangs Mai 1868 vollendet.

Während des Sommers 1868 wurden die Bauarbeiten ununterbrochen fortgesetzt, die Vollendungstermine aber nichtsdestoweniger überschritten und ist — nach dem gegenwärtigen Stande der Bauten zu schliessen — die Betriebseröffnung kaum vor Eintritt des Frühjahres 1869 zu gewärtigen.

Die Auslagen für den Bau der Linie Lemberg-Brody haben mit Ende 1867, einschliesslich der Intercalar-Zinsen und Geldbeschaffungskosten, 2,831.045.14 betragen.

Der Verkehr während des Jahres 1867 war, wie auf den meisten österreichischen Bahnen, auch auf der Carl Ludwigbahn ein über die Massen grosser, mit dem Unterschiede nur, dass die Getreide-Transporte hier in der ersten Jahreshälfte vorkamen; es war dies eine Folge der guten Ernte in Galizien im Jahre 1866 und der schlechten Ernte im Jahre 1867 — Verhältnisse, welche in Ungarn gerade die umgekehrten gewesen.

Die Einnahmen aus dem Verkehre betrugen fl. 6,234.328·27, wovon auf den Monat Mai allein fl. 903.874·20 entfallen.

Die Betriebsergebnisse würden sich jedoch noch weit günstiger gestaltet haben, wenn nicht arge Elementar-Ereignisse schädigend dazwischengekommen wären.

In den ersten Tagen des Monats Juli ergoss sich nämlich ein verheerendes Hochwasser über die Bahn, wie ein solches seit Menschengedenken in Galizien nicht vorgekommen ist.

Die Biala-, Wisloka-, Mleczka- und San-Brücke wurden theilweise zerstört und unfahrbar gemacht und zwischen Przemysl

---

(8 Lastzugsmaschinen), die Tender (12 Stück) liefert Ringhoffer in Prag, die Schneepflüge (3 complett) H. D. Schmid in Simmering.

An Waggons liefern Ringhoffer in Prag 6 vierrädrige Wagen I. und II. Cl., 6 Wagen II. Cl. 10 Wagen III Cl. 4 Conducteur-Wagen und 100 gedeckte Lastwagen; H. D. Schmid: 50 gedeckte Lastwagen, und weitere 50 solcher Wagen werden in der gesellschaftlichen Werkstätte in Lemberg gebaut. Räder, Achsen, Tyres etc. liefern Wittkowitz und der Bochumer Verein.

und Mosciska der Damm auf einer Länge von 24 Klafter durch-
brochen.

In Folge dessen musste am 12. Juli der gesammte Verkehr
zwischen Bogumilowice und Mosciska eingestellt werden. Mit
Hilfe rasch errichteter Provisorien war es wohl gelungen, am
29. Juli den Verkehr der Personenzüge wieder aufzunehmen, doch
dauerte es bis 8. August, ehe der regelmässige Verkehr aller
Züge Platz greifen konnte.

Die Herstellung der Provisorien erforderte einen Aufwand
von fl. 59.745·73 und die bis Ende 1867 aufgelaufenen Kosten
für Reparation der Wasserschäden betrugen fl. 114.409·45,
welche Beträge aus den Jahreseinnahmen gedeckt wurden. ¹)

Von den commerziellen Massnahmen, welche die Verwaltung der Carl Ludwigbahn in jüngster Zeit zur Bereicherung
des Verkehrs auf ihren Linien getroffen hat, sind insbesondere
zu erwähnen : die Regelung der „Verband“-Tarife für den
directen Güterverkehr von Lemberg nach Breslau und
Stettin und von Lemberg über Warschau nach Danzig, sowie
die zur Vermittlung des Transito-Verkehrs zwischen Nord-
und Süd-Russland im Juni 1867 erfolgte Einführung eines
directen Verband-Verkehrs zwischen Czernowitz einerseits und
Warschau, Riga, St. Petersburg andererseits, in welchem
später noch einige andere Stationen der grossen russichen Bahn
einbezogen wurden.

Beschlüsse der General-Versammlung
vom 4. Mai 1868.

1. Die Rechnungsabschlüsse pro 1867 werden genehmigt.

2. Die Verwendung des Netto-Erträgnisses pro 1867 in der
Summe von fl. 1,446.909·98 wird folgendermassen festgesetzt:

Per Actie, resp. Genussschein, wird eine Superdividende von

---

¹) Die gänzliche (definitive) Herstellung der beschädigten Objecte
wird jedoch noch mehr als 400.000 fl. erheischen und soll zur Bedeckung
dieser auf mehrere Jahre sich vertheilenden Ausgaben nöthigenfalls der
Reservefond herangezogen werden.

9 fl. ö. W. ausbezahlt, was für die 100.000 Stück Actien I. und
II. Emission und die 20.000 Stück Actien III. Emission einen
Betrag von fl. 1,080.000 fl. erfordert; von dem dann noch ver-
bleibenden Reste per fl. 366.909.98 aber sind 300.000 fl. auf das
Jahr 1868 zu übertragen und fl. 66.909·98 dem Reservefonde zu
überweisen.

3. Der an Stelle des ausgetretenen Verwaltungsrathes
Casimir Graf Starzénski, Exc., auf Grund des §. 40 der Statu-
ten ersatzweise in die Administration berufene Herr Casimir Graf
Dzieduszycki wird für die weitere Dauer des ausgetretenen
Mitgliedes bestätigt.

Das Scrutinium für die Wahlen in den Verwaltungsrath
ergab das Resultat, dass die ausgelosten Verwaltungsräthe u. z.
Wladimir Graf Borkowski mit 543, Carl Ritter von Klein
mit 543 und Casimir Graf Krasicki, Exc., mit 540 von den
abgegebenen 543 Stimmen wieder gewählt wurden.

Bahngebiet.

Dasselbe blieb unverändert und umfasst die im I. Jahrgange,
S. 167, detaillirt nachgewiesenen

    46·472 Meilen wirklicher, beziehungsweise
    47·5   „   tarifmässiger Länge.

Im Baue sind

    die Linie Lemberg-Brody   12·25 Meilen,
    „ Strecke Krasne-Zloczow   3·3   „

nach deren Vollendung die weitere Strecke Zloczow-Tarnopol-
russische Grenze, 14·8 Meilen, wird in Angriff genommen werden.

In der

Anlage der Bahn

hat sich während des Jahres 1867 gleichfalls keine Aenderung
ergeben.

(Die detaillirte Beschreibung der Anlage der Carl Ludwig-
bahn ist im I. Jahrgang, S. 167—169, enthalten; die Anlage der
neuen Linien wird im nächsten Jahrgange beschrieben werden.)

Stand der Fahrbetriebsmittel
mit Ende 1867.

Locomotiven und Tender.......67 Stück.

Personenwagen.

Hofwagen	1	Stück.
Salonwagen	1	„
Commissionswagen...........	1	„
I. und II. Classe...........	18	„
I., II. und III. Classe...........	2	„
II. und III. Classe	4	„
II. Classe	17	„
III. Classe	60	„

Summe...... 104 Stück.

Lastwagen.

Post-, Conducteur- und Gepäcks-wagen...............	40	Stück.
Gedeckte Lastwagen	814	„
Offene Wagen (Lowrys)........	136	„
Hornviehwagen...............	210	„
Borstenviehwagen	80	„
Pferdewagen...............	12	„
Kohlenwagen	120	„
Schotterwagen...........	81	„

Summe...... 1493 Stück.

Schneepflüge........... 8 Stück.

Hiernach ist auch der Stand der Fahrbetriebsmittel im Jahre 1867 numerisch unverändert geblieben, thatsächlich aber wurden 5 dreiachsige Personenwagen III. Classe demontirt und dafür ebensoviele zweiachsige neu eingeschafft.

Gesellschafts-Capital
mit Ende 1867.

100.000 St. Actien I. u. II. Emission (à 210 fl. ö. W.) fl. 21,000.000
  20.000 „ „ III. Emission mit 30%iger Einz. fl. 1.260.000 .

Fürtrag fl. 22.260.000

Uebertrag fl. 22,260.000

50.000 St. Prioritäts-Obligationen I. Emission
       (à 300 fl. ö. W. in Silber) ..... fl. 15,000.000
20.000 „ Prioritäts-Obligationen II. Emission
       (à 300 fl. ö. W. iu Silber) ..... fl. 6,000.000

70.000 St. Prioritäts-Oblig. à 300 fl. in Silber............ fl. 21.000000

                        Zusammen..... fl. 43.260.000

Hiervon sind bereits amortisirt:

  426 Stück Actien I. und II. Emission im Betrage von fl. 89.460
  489 „ Obligationen I. „ „ „ „ fl. 146.700

Anlagekosten. [1])

	Bis Ende 1866	Im Jahre 1867	Zusammen
Vorauslagen...............	67.190·87		67.190·87
Actien-u. Obligationen-Emanirung	223.643·09		223.643·09
Tracirung und Projectirung....	235.475·32	13·50	235.488·82
Grund- und Gebäude-Einlösung.	1.624.536·64	—.128·52 *)	1.624.408·12
Unterbau...........	14.494.837·15	24.294·88	14.519.132·01
Oberbau	10.368.632·04	—.523·52 *)	10.368.108·52
Gebäude	4.510.377·50	75.024·32	4.585.401·82
Bahn- und Gebäude-Einrichtung	892.480·67	—44.236·80 *)	848.243·87
Fahrbetriebsmittel	6.811.259·26		6.811.259·26
Bau-Regie..........	768.063·42		768.063·42
Allgemeine Verwaltung	501.667·63	78·—	501.745·63
Bahnbetriebs-Vorauslagen	62.421·98	.	62.421·98
Zinsen, Provisionen, Stempel etc.	117.748·55	.	117.748·55
Anlehens-Cours-Differenz	1.110.000·—	.	1.110.000·—
Summe.	41.788.334·12	54.521·84	41.842.855·96

Durchschnittliche Baukosten per Meile (wirklicher Länge)
fl. 900.240. Mit Einrechnung der Material-Vorräthe im Betrage
von fl. 780.856·66 in die Anlagekosten stellen sich jedoch die
Baukosten per Meile auf fl. 917.040.

---

[1]) Die Ablösungs- und Vervollständigungskosten der vom Staate
übernommenen Bahnstrecken im Gesammtbetrage von fl. 14,642.168·45 sind
auf die einzelnen Bautitel repartirt. somit in den vorstehenden Summen
inbegriffen.

Die mit * bezeichneten Summen wurden theilweise auf andere Conti
übertragen, theilweise dem Bau-Conto der neuen Linien zu Lasten geschrieben, daher die Anlagekosten der alten Linien mit den gleichen Beträgen
zu entlasten waren.

Betriebsrechnung pro 1867.

Einnahmen.

I. Transports-Einnahmen.

Personen....................................	fl.	871.336.80
Militärtransporte.........................	„	43.580.84
Gepäck....................................	„	54.358.39
Eilgut....................................	„	54.721.94
Waaren....................................	„	5.210.330.30

Summe.. fl. 6.234.328.27

II. Verschiedene Einnahmen.

Wagenmiethe, Pachtzinse, telegraphische Depeschen etc. etc......................	fl.	137.027.54

Gesammt-Einnahmen.. fl. 6.371.355.81

Ausgaben.

I. Allgemeine Verwaltung.

Bezüge des Personals	fl.	73.247.28
Bureau-Auslagen etc. etc............. .. .,	„	46.348.17

Summe.. fl. 119.595.45

II. Bahnaufsicht und Bahnerhaltung.

Centralleitung	fl.	10.862.84
Streckendienst...................... .,	„	50.950.48
Bahnaufsicht . .. . ,.	„	100.882.75
Unterbau.........	„	59.703.67
Oberbau	„	231.022.35
Gebäude.	,.	55.819.41
Ausserordentliche Auslagen		228.448.57

Summe.. fl. 737.690.07

III. Verkehrs- und commerzieller Dienst.

Centralleitung	fl.	47.910.11
Stationsdienst . ...,	„	394.671.93
Fahrdienst..... ....·. ,,	„	90.624.48

Summe.. fl. 533.206.52

IV. Zugförderung und Werkstätten.

Centralleitung	fl.	11.908.75
Zugsdienst...................... ,,	„	311.946.89
Erhaltung der Fahrbetriebsmittel		469.730.30

Summe.. fl. 793.585.94

Gesammt-Ausgaben.. fl. 2.184.077.98

Ertrags-Resultate und deren Verwendung.

(Abschluss der Betriebsrechnung pro 1867.)

Betriebs-Einnahmen . . . . fl. 6.371.355·81
Betriebs-Kosten . . . . „ 2.184.077·98

Ueberschuss . fl. 4.187.277·83

Hievon wurden bestritten:

Steuern und Stempel . . . . fl.   260.604·55

Verzinsung [1]) der Actien I.
u. II. Emission . . . . fl. 1.046.367·—

Verzinsung der Obligationen
I. Emission . . . . „   915.045·57

3% Zinsen für 5 Raten des
Kaufschillings für die
Strecke Krakau-Rzeszow . „   207.726·75
                 fl. 2.169.139·32

abzüglich d. eingenommenen
Zinsen f. fructif. Capitalien „   33.913·88
                 „ 2.135.225·44

Amortisation von 251 Obligationen à 300 fl. in Silber
= 75.300·— à 119½ . . . . fl.   89.983·50
80 Actien à 210 fl. = . . . „   16.800·—
                 „   106.783·50

Beitrag der Gesellschaft zum Pensionsfonde [2]) „   10.000·—
                 fl. 2.512.613·49

Bleibt Activ-Rest . . fl. 1.674.664·34

Hievon ab: 4% für den Reservefond [3]) (§. 50 d. Statuten) . . „   66.986·57

verbleiben . . fl. 1.607.677·77

und nach Abzug der 10%igen Tantième des Verwaltungs-
rathes (Beschl. d. IX. Gnrl. Vers.) per . . . . „   160.767·78

restiren noch . . fl. 1.446.909·99

Von dieser Summe wurden laut Beschluss der General-Versammlung per Actie resp. Genussschein eine Superdivi-
dende von 9 fl. ö. W., d. i. für 120.000 Stück . . . . „ 1.080.000·—

ausbezahlt, — von dem Reste per . . . . fl.   366.909·99

aber, für das Jahr 1868 die Summe von . . . . „   300.000·—

vorgeschrieben und . . . . fl.   66.909·99
dem Reservefonde überwiesen.

---

[1]) Die Zinsen für die Actien III. Emission und die Obligationen
II. Emission sind in den Bau-Auslagen für die Linien Lemberg-Brody-
Tarnopol inbegriffen.

[2]) Der Beitrag zum Pensionsfonde bildete bisher eine Ausgabspost der
Betriebsrechnung.

[3]) Dessgleichen die Honorirung des Verwaltungsrathes.

Statistik der Betriebsresultate pro 1867.

		Einheit	Menge	
Länge der Bahn		Meilen	47.5	
Zurückgelegte Zugsmeilen		„	160.907	%
Befördert wurden	Reisende I. Classe	Anzahl	6.304	2.4 „
	„ II. „	„	48.160	18.3 „
	„ III. „	„	208.348	79.3 „
	„ aller Classen	„	262.812	100.—
	Militär	„	19.727	
	Gepäck	Zll-Ctr.	50.116	
	Eilgut	„	20.932	
	Parteifrachten	„	7,730.123	
	Regiefrachten	„	774.010	
Betriebs-Einnahmen	Für Reisende	Gulden	871.337	13.7 „ %
	für Militär-Transporte	„	43.581	0.7 „
	für Gepäck und Eilgut	„	109.080	1.7 „
	aus dem Frachten-Verkehr	„	5.210.330	81.8 „
	Sonstige Einnahmen	„	137.028	2.1 „
	Zusammen	„	6,371.356	100.—
Betriebs-Ausgaben	Allgemeine Verwaltung	„	119.595	5.5%
	Bahnaufsicht u. Bahnerhaltung	„	737.690	33.8 „
	Commerc.- u. Verkehrsdienst	„	533.207	24.4 „
	Zugförderung u. Werkstätten	„	793.586	36.3 „
	Zusammen	„	2,184.078	100.—
Ueberschuss		„	4,187.278	
Verhältniss der Ausgaben zu den Einnahmen		%	34.3	
Einnahmen per Bahnmeile		Gulden	134.133.81	
Ausgabe „ „		„	45.980.59	
Einnahme „ Zugsmeile		„	39.59	
Ausgabe „ „		„	13.57	
Durchschnittliche Einnahme von 1 Reisenden		„	3.32	
„ „ „ „ 1 Frachtcentner		Kreuz.	67.4	

Anmerkung. Die zurückgelegten Passagier- und Frachtcentner-Meilen sind aus dem Geschäftsberichte der Carl Ludwig-Bahn nicht zu entnehmen, wesshalb hier die weitere Ausführung der Statistik unterbleiben musste.

Bilanz mit 31. December 1867.
Activa.

Kosten der galizischen Staatsbahn	fl.	14,642.168.45
Anlagekosten der Carl Ludwig-Bahn	„	27,200.687.51½
Lemberg - Brody - Tarnopoler Bahn (Baukosten bis Ende 1867).......................................	„	2,031.045.14
Material-Vorräthe	„	780.856.66
Realität des Pensionsfondes.......................	„	343.269.89
Debitoren...	„	2,418.128.53½
Effecten	„	1,039.666.12½
Cassa-Bestände	„	6,045.996.06½
	fl.	54,501.818.38

Passiva.

Actien-Capital	fl.	22,260.000.—
Silber-Prioritäts-Anleihe...........................	„	21,000.000.—
Zinsen-Dividenden- und Tilgungs-Rückstände	„	1,335.492.51½
Cautionen und Depositen	„	274.046.44
Creditoren	„	8.185.369.44½
Ueberschuss aus der Betriebsrechnung.............	„	1,446.909.98
	fl.	54,501.818.38

Bilanz des Pensionsfondes
mit 31. December 1867.
Activa.

Pensionen und Abfertigungen im Jahre 1867	fl.	3.018.56
Rückgezahlte Beiträge................................	„	935.95
Zinsen für aufgenommene Darlehen	„	353.30
Verschiedene Ausgaben	„	191.—
Vermögensbestand { Realität .... fl. 343.269.89 / Effecten .... „ 5.359.62½ / Baar.......... „ 15.516.37	„	364.145.88½
	fl.	368.744.69½

Passiva.

Saldo vom 31. December 1866	fl.	316.490.38½
Beiträge pro 1867 { von der Gesellschaft fl. 10.000.— / „ den Mitgliedern „ 22.084.61	„	32.084.61
Hauszins	„	19.100.—
Zinsen von Effecten.................................	„	269.70
Verschiedene Einnahmen	„	800.—
	fl.	368.744.69½

Die wichtigsten Bestimmungen der Statuten des Pensions-Institutes sind im I. Jahrg. (S. 173) enthalten.

K. k. priv. Lemberg-Czernowitz Eisenbahn.

Sitz der Gesellschaft in **Wien** (I. Kärntnerring Nr. 12).

Verwaltungsrath.

Präsident: Fürst Leo Sapieha.

Vice-Präsident: Fürst Carl Jabłonowski.

Władimir Graf Borkowski.	Octav Ritter v. Pietruski.
W. R. Drake, Esq.	L. M. Rate, Esq.
H. G. Edlmann, Esq.	Sommerset-Beaumont, Esq.
Alex. Freih. v. Petrino.	Constant. Ritt. v. Tchorznicki.

Central-Verwaltung.

General-Director: Victor Ofenheim, Ritter v. Ponteuxin.

Betriebs-Director: Emanuel Ziffer.

Buchhalter: Franz Liskowetz.

Bau-Inspector: Carl Edler v. Herz (derzeit in Czernowitz).

Commercieller Inspector: Eugen Barrach-Rappaport.

Directions-Secretäre: Thom. Starczewski. Ant. Kühnelt. Max. Zingler (in London).

Vorstand der Buchhaltungs-Abtheilung: Robert Brüll.

Vorstand des Control-Bureau: Rudolf Himmel.

Vorstand des Reclamat.-Bureau: Odilo Schweigl.

Vorstand der Material-Abtheilung: Carl Scheller.

Vorstand des Einreich.-Protokolls und der Registratur: Frdr. Bayer.

Expeditsleiter: Carl Brosick.

Leiter des administrat. Revisions-Amtes: Ant. Franick.

„ des technischen Revisions-Amtes: Gerson Löw.

Betriebs-Leitung in Lemberg.

Betriebs-Leiter: Heinrich Gintl.

Betriebs-Leiter-Stellvertreter: Heinrich Buresch

Werkstätten-Chef: Alfred Elsner (Stanislau).

Vorstand des commerciellen und des Revisoren-Bureau: Franz Koitschim.

Vorstand der Bahnerhaltungs-Abtheilung: Jos. Maly.

Referent für Zugförderung: Jul Glück.

1*

Vorstand des Material-Depôt:
Ed. Kracher (Stanislau).

Leiter des Holzverschleiss-Ge-
schäftes: Robert Johns.

Sammlungs-Cassier: Hermann
Brunstein.

Bau-Leitung.

Stellvertreter des Bau-Inspec-
tors: Carl Oesterreicher
(in Czernowitz).

Vorstand der I. Bau-Abtheilung:
Ludw. Wierzbicki (in Itz-
kany).

Vorstand der II. Bau-Abtheilung: Alex. Maxymowicz
(in Itzkany).

Vorstand der III. Bau-Abtheilung: Julian Zachariewicz
(in Jassy).

Historische Mittheilungen.

Die Bestrebungen der Lemberg - Czernowitz Eisenbahngesellschaft, ihrer Unternehmung eine grössere Ausdehnung zu geben, um derselben dieser Art eine höhere und dauernde Rentabilität zu sichern, waren (wie schon im Vorjahre berichtet wurde)
von gutem Erfolge, indem die Gesellschaft unterm 15. Mai 867
die a. h. Concession für die Fortsetzungsstrecke Czernowitz-
Suczawa erhielt. [1]

Unmittelbar darnach hat der Verwaltungsrath den mit dem
Bauunternehmer Thomas Brassey vereinbarten Bauvertrag [2]
zum definitiven Abschlusse gebracht und durch ein Uebereinkommen mit der anglo-österreichischen Bank [3] für die Bedek-

---

[1] Vergl. diesfalls d. Gesch. der Lemberg - Czernowitz Eisenbahn
S. 179—180 des I. Jahrg., woselbst auch die wesentlichsten Begünstigungen verzeichnet sind, welche aus der oberwähnten Concession für die Gesellschaft hervorgehen.

[2] Zufolge dieses Vertrages übernahm der Unternehmer Brassey
den Bau und die Ausrüstung der ganzen Strecke Czernowitz - Suczawa —
mit Ausnahme der Hochbauten und des Fahrparkes — um die Pauschalsumme von fl. 7,295.000, mit der Verpflichtung, die genannte Strecke bis
längstens Ende 1869 betriebsfähig herzustellen.

[3] Das Uebereinkommen mit der anglo - österreichischen Bank lautet
dahin, dass vorerst ohne öffentliche Subscription so viel von den zu emittirenden Obligationen (§. 15 d. Conc.-Urk.) veräussert werde, als zur Be-

kung des dringendsten Geldbedarfes Vorsorge getroffen, denn
es galt entsprechend dem §. 4 der Concess.-Urkunde, den Bau
der neuconcessionirten Strecke sofort zu beginnen und in dieser Weise der von einer Hungersnoth heimgesuchten arbeitenden Classe in der Bukowina schleunig einen Erwerb zu schaffen.

Demgemäss wurden auch die Vorarbeiten für den Bau mit
Emsigkeit betrieben und die Bauten selbst noch im Herbste 1867
in Angriff genommen, nachdem kurz zuvor die Begehungs-Commissionen stattgefunden hatten und die Trace zum grössten Theile
war endgiltig festgesetzt worden. [)]

Während des Winters 1867/8 wurden — ungeachtet der
grossen Strenge desselben — die Arbeiten fortgesetzt und namentlich die Pilotirungsarbeiten für die grösseren Objecte vollendet,
sowie die Material-Zufuhren bewerkstelligt.

So recht in Gang kam der Bau aber erst im Frühjahre 1868.
Seither arbeiteten mehrere tausend Arbeiter (an 17 verschiedenen Stellen) und hofft die Bau-Unternehmung noch im Laufe dieses Jahres die Strecken Czerepkoutz-Hlibaka und Hadik-
falva-Suczawa fahrbar herzustellen.

Der concessionsmässige Vollendungstermin der Bahn ist auf
den 15. Mai 1870 festgesetzt; nach dem mit dem Bauunternehmer Brassey abgeschlossenen Bauvertrage muss jedoch die
Bahn bereits mit Ende 1869 dem öffentlichen Verkehre übergeben werden.

Die Generalversammlung vom 27. April 1868 genehmigte
die, vom Verwaltungsrathe getroffenen Verfügungen zur Durchführung der Concession für die Strecke Czernowitz-Suczawa und

---

streitung der Grundeinlösungen, der bisherigen Bauarbeiten und auch eines
Theiles der neuanzuschaffenden Fahrbetriebsmittel unbedingt benöthigt
wird, dass aber für den Fall einer späteren Subscription den Actionären
der Lemberg-Czernowitz Eisenbahn-Gesellschaft ein vorzugsweises Bezugsrecht auf die Obligationen vorbehalten bleibe.

[)] Die Festellung der Trace wurde in Folge der Demonstrationen
der Stadtcommunen Sereth und Suczawa längere Zeit hinausgeschoben
und konnte bei dem Umstande, als die Entscheidung hierüber erst Anfangs
April 1868 herablangte, an diesen Puncten auch nicht früher mit der
Grundeinlösung begonnen werden.

ermächtigte denselben, das zum Baue dieser Strecke erforderliche Capital durch Emission von Prioritäts-Obligationen im Nominalbetrage von 12 Millionen Gulden zu beschaffen. [1]) (S. d.
Beschl. d. Generalv. S. 139.)

Es wird demnach, falls nicht ausserordentliche Hindernisse
eintreten, die Lemberg-Czernowitz Eisenbahn binnen Jahresfrist bis an die moldauische Grenze reichen.

Hiermit allein hätte aber die Unternehmung der Lemberg-
Czernowitz Eisenbahn-Gesellschaft noch bei Weitem nicht
Alles zu ihrer gedeihlichen Entwicklung gewonnen, denn die
Hauptbedingung dieser letzteren war und ist immer die — bei
der Gründung des Unternehmens schon in's Auge gefasste [2]) —
Verlängerung der Bahn bis an das schwarze Meer, ohne welche
die Lemberg-Czernowitz Bahn, auch in ihrer Fortsetzung bis
Suczawa, jeder grösseren wirthschaftlichen Berechtigung bar —
ein blosser Rumpf bliebe und nur äusserst schwer sich der Ab-
hängigkeit vom Staate entwinden könnte.

Der Verwaltungsrath und namentlich der unermüdliche General-Director der Gesellschaft, Herr v. Ofenheim, haben darum
dieses Project mit unverrückbarer Aufmerksamkeit verfolgt und
mit seltener Energie seiner nunmehr glücklich bewirkten Realisirung zugestrebt.

Der Gang dieser Angelegenheit war folgender:
Im Spätsommer 1867 bewarb sich der Verwaltungsrath im
Vereine mit den englischen Geschäftsfreunden der Gesellschaft,

---

[1]) Von diesen mit 5% in Silber verzinslichen und innerhalb 70 Jahren, vom J. 1870 an gerechnet, rückzahlbaren Obligationen (Fallfrist der
Coupons 1 Mai und 1. November jeden Jahres) wurden 15.000 Stück
à 300 fl. ö. W. Silber in der Zeit vom 20. bis 22. Juli 1868 zur öffentlichen Subscription aufgelegt. Der Subscriptionspreis betrug fl 214 50 ö. W
Silber (= 143 Thlr. pr. C., 1 Thlr. = fl. 1.45 südd. W.). Die Subscription wurde am ersten Subscriptionstage schon geschlossen, nachdem statt
der aufgelegenen Anzahl 49.320 Stück, d. i. fl. 14.796 000, gezeichnet
worden waren. Es entfielen hiernach auf jeden Subscribenten 30% der von
ihm gezeichneten Summe und hatte die Abnahme der Obligationen bis
längstens 1. October 1868 zu erfolgen.

[2]) Vergl. d. Gesch. d. Lemberg-Czernowitz Bahn S. 179 d. I. Jahrg.

um die Concession der Bahn nach Jassy, Galatz und Bukarest.

Nachdem jedoch der definitive Abschluss einer Concession mit der rumänischen Regierung Namens der Gesellschaft nach Massgabe der Gesellschafts-Statuten unthunlich gewesen wäre, so hat der Verwaltungsrath aus seinen Mitgliedern und jenen des Comités in London, sowie in Gemeinschaft mit Herrn Thomas Brassey ein Consortium gebildet, welches der rumänischen Regierung gegenüber als Concessionswerber aufgetreten ist, und welches auch für den Fall, als die Generalversammlung der k. k. priv. Lemberg-Czernowitz Eisenbahn-Gesellschaft die mit der rumänischen Regierung vereinbarte Concession nicht zu erwerben für angemessen erachten sollte, diese Concession selbstständig durchzuführen gewillt war.

Diesem Consortium (welches sein Concessionsgesuch mit einem aus eigenen Mitteln deponirten Vadium von einer Million Franken vorschriftsmässig begleitet hatte) wurde nun bereits im Herbste 1867 von der rumänischen Regierung die definitive Concession zum Baue der Bahn von der österreichischen Grenze nach Jassy, Galatz und Bukarest, vorbehaltlich der Zustimmung der Kammern, ertheilt, welche für Anfangs November 1867 zu einer ausserordentlichen Session einberufen worden waren.

Allein die damals plötzlich erfolgte Auflösung der Kammern, verschleppte den Abschluss dieser Angelegenheit und gab den inzwischen aufgetauchten neuen Bewerbern Anlass und Musse ihre Concurrenz-Bestrebungen geltend zu machen.

Ein preussisches Consortium, an dessen Spitze die Herzoge von Ratibor und Ujest in Verbindung mit dem preussischen Bauunternehmer Dr. Strousberg stehen, bewarb sich um die Concession des ganzen moldau-walachischen Bahnnetzes in einer Ausdehnung von circa 1500 Kilometer und eine englische Unternehmung (Gebrüder Waring & Chapman) bewarb sich um die Concession für die Linie Michaileny-Jassy und deren Fortsetzung nach Galatz und Bukarest.

Diese mehrseitigen Bewerbungen versetzten nun die rumänische Regierung in die vortheilhafte Lage, nicht nur die günstigsten Bedingungen zu erlangen, sondern auch die gleichzeitige

Inangriffnahme und schnellere Vollendung der verschiedenen
Bahnlinien durch die ihr möglich gewordene Theilung derselben unter die Concessionswerber zu sichern.

Der regierende Fürst, von dem Wunsche geleitet, das Land
so schnell als möglich der Segnungen einer Eisenbahn theilhaf-
tig werden zu lassen, stimmte diesem Vorschlage des Ministeriums bei, welcher denn auch von der im Mai 1868 neuerlich
zusammengetretenen rumänischen Kammer — wiewohl erst nach
längeren und schwierigen Verhandlungen mit dem Ministerium —
angenommen wurde, und zwar derart, dass die Concession für
die Linie Suczawa-Jassy mit den beiden Flügelbahnen
nach Botoschani und Roman dem österreichischen Consortium (Verwaltungsrath der Lemberg - Czernowitz Eisenbahn),
die Concession für den Anschluss an die letztere Zweigbahn und
die Fortsetzung bis Galatz und Bukarest aber dem preussischen Consortium zufiel, [1] unter der Bedingung jedoch, dass
die beiden Consortien die Bauten unverweilt in Angriff nehmen,
wogegen den Concessionären neben anderweitigen Begünstigungen auch eine staatliche Bausubvention von 40.000 Francs per
Kilometer (zahlbar in Monatsraten à 10 Kilom.) gewährt wurde. [2]

---

[1] Die Concessions-Urkunde datirt vom 7./19. Juni 1868.

[2] Die wesentlichsten Bestimmungen der (rumänischen) Concession
für die etwas mehr als 217 Kilometer oder circa 29 deutsche Meilen lange
Bahn von Suczawa nach Jassy, mit den Zweigbahnen nach Roman
und Botoschani, sind folgende:

„Die Bahn ist innerhalb zweier Jahre, von der Genehmigung der
definitiven Studien an gerechnet, zu vollenden."

„Die Bahn wird nur für ein Geleise hergestellt, die Grundeinlösung
jedoch für zwei Geleise durchgeführt."

„Die Concessionäre geniessen das Recht der Expropriation und erhalten alle dem Staate gehörigen Grundstücke, so weit dieselben zur Anlage der Bahn erforderlich sind, unentgeltlich."

„Die Tarife sind genau jenen auf der Lemberg-Czernowitz Bahn
gleichgestellt, und nur auf Kilometer und französische Centimes reducirt."

„Die Concessionäre sind ermächtigt entweder eine neue anonyme Actiengesellschaft zu errichten, oder sich mit einer schon bestehenden Gesellschaft zu vereinigen, welche in Rumänien durch ein leitendes Comité
vertreten sein wird."

„Die Regierung gewährt den Concessionären eine Bausubvention von

Auf Grund dieses Kammerbeschlusses haben nun die Bauarbeiten sofort begonnen, da die Staatssubvention den Consortien

---

40.000 Francs per Kilometer, in 20 Monatsraten à 10 Kilometer zahlbar, wobei im letzten Monat die Ausgleichung für die mehr oder minder hergestellte Anzahl von Kilometern nach dem wirklichen Ergebnisse stattfindet.«

»Ueberdies gewährleistet die Regierung ein jährliches Reinerträgniss inclusive der Amortisirung von 7½%, von einem Capitale von 230.000 Francs per Kilometer, welches nach der genauen Feststellung der kilometrischen Länge der Bahn in ein fixes und in klingender Münze zahlbares Jahreserträgniss umgewandelt wird, und somit nach der gegenwärtig angenommenen Bahnlänge einem Betrage von 3,743.250 Francs oder 1,497.300 Gulden österr. Währ. in Silber entsprechen wird.«

»Diese Garantie beginnt mit dem Tage der Betriebseröffnung der Linien in ihrer ganzen Ausdehnung, so zwar, dass, wenn das jährliche Reinerträgniss den gedachten Betrag nicht erreichen sollte, das fehlende von der Regierung ersetzt wird.«

»Wenn das jährliche Reinerträgniss die gewährleistete Summe übersteigen sollte, so ist der Ueberschuss in erster Linie zur Rückzahlung der etwa erhaltenen Staatsvorschüsse, jedoch ohne Zinsen, zu verwenden wenn aber dieser Fall nicht eintritt, so ist der sich ergebende Ueberschuss zwischen der Staatsverwaltung und den Concessionären im Verhältnisse von ⅕ für die Regierung aus Anlass der von ihr ertheilten Bausubvention und von ⅘ für die Gesellschaft zu berechnen.«

»Die Regierung wird behufs pünctlicher Bezahlung der halbjährigen Zinsen auf Grund des garantirten Reinerträgnisses über Verlangen der Gesellschaft Vorschüsse ohne Anrechnung von Zinsen leisten.«

»Die Bahnanstalt ist von der Entrichtung der Taxen oder Einkommensteuer, sowie von jeder Gebühr, sei sie nun Stempel- oder Einverleibungsgebühr vom unbeweglichen Gute oder von Actien, Obligationen und Coupons, befreit. Diese Befreiungen haben für die ganze Dauer des Baues und während 10 Jahre nach Eröffnung der Bahn zu gelten.«

»Für den Fall künftig einzuführender Steuern geniesst die Gesellschaft gleichfalls noch 10 Jahre nach deren Einführung die Befreiung.«

»Desgleichen ist die Bahn von jedem Einfuhrzoll für die Dauer des Baues und während 10 darauffolgender Jahre befreit.«

»Die Dauer der Concession ist auf 90 Jahre, von der Betriebseröffnung auf den gesammten Strecken an gerechnet, festgesetzt.«

»Nach Ablauf der Concessionsdauer fällt die Bahn mit allem Zugehör dem Staate anheim, welcher auch das Recht besitzt, nach Ablauf von 30 Jahren die Bahn einzulösen.«

»Alle Differenzen zwischen der Regierung und der künftigen Gesellschaft werden durch ein Schiedsgericht entschieden.«

regelmässig zufloss und die Ratification des Kammerbeschlusses durch den Senat und dessen Sanctionirung durch den regierenden Fürsten unzweifelhaft war.

Sobald diese erfolgen, wird dann eine Generalversammlung der Actionäre der Lemberg-Czernowitz Bahn zu beschliessen haben, ob ihre Gesellschaft oder eine erst neu zu bildende die Concession für die Bahn Suczawa-Jassy-Roman-Botoschani übernehmen und durchführen solle. Zweifelsohne wird der erstere Fall eintreten und die Lemberg-Czernowitz Eisenbahn-Gesellschaft keinen Augenblick säumen, sich des Mittels zu versichern, das allein nur geeignet ist, ihre Unternehmung vor dem Loose der Sterilität zu bewahren.

Der Verkehr auf der Lemberg-Czernowitz Eisenbahn hat im Jahre 1867 eine verhältnissmässig günstige Entwicklung genommen; dies würde jedoch in einem viel bedeutenderen Masse geschehen sein, wenn nicht in Folge der vorjährigen Missernte in Ostgalizien, der Bukowina und der Moldau die wichtigsten Transportartikel — Kukurutz u. a. Cerealien — der Bahn entgangen wären.

Es wurden im Ganzen 2,090.375 Ctr. Frachten befördert und biefür fl. 961.098.64 eingenommen.

Die Gesammt-Einnahmen aus dem Betriebe haben fl. 1,469.846.09 kr. betragen.

Im Jahre 1868 aber gestalten sich die Betriebsergebnisse bei Weitem günstiger, indem die Einnahmen ungeachtet der Verkehrsstörungen in Folge des Einsturzes der Pruthbrücke nächst Czernowitz [1]) mit Ende des I. Semesters bereits die Summe von

---

„Zur Sicherstellung der übernommenen Concessionsverpflichtung ist eine Million Francs in solange zu erlegen, bis Arbeiten im doppelten Werthe ausgeführt sind."

„Diese Caution wurde von den Concessionären erlegt, und ist denselben von der an ihre Stelle tretenden Gesellschaft zu restituiren."

Der französische Text der Concession wird als der authentische angesehen."

[1]) Die nach dem Schiffkorn'schen Systeme construirte Pruthbrücke nächst Czernowitz ist am 4. März 1868 bei Passirung des Zuges II eingestürzt, in Folge dessen der Güterverkehr zwischen Luzan und Czerno-

fl. 1,618.854.60 erreichten, wovon auf den Frachtenverkehr allein
fl. 667.881.05 entfallen.

Von den commerciellen Massnahmen, welche zur Belebung des Verkehres getroffen wurden, sind besonders hervorzuheben: die Errichtung des Transit-Verkehrs zwischen Nord- und
Südrussland (via Czernowitz-Granica); die Einführung des Ver-
band-Verkehres Czernowitz-St. Petersburg und Breslau-Stettin;
die Aufstellung von Special-Tarifen für den Verkehr mit den
Donaufürstenthümern u. dgl. m.; auch wurde der bisherige Haltepunct Wybranówka für den Frachtendienst eröffnet und zwischen Sniatyn und Luzán der Haltepunct Nepolokoutz für Per-
sonen- und Gepäcks-Aufnahme errichtet.

Beschlüsse der Generalversammlung
vom 27. April 1868.

1. Der Rechnungs-Abschluss pro 1867 wird genehmigt und
dem Verwaltungsrathe das Absolutorium ertheilt.

2. Die Generalversammlung nimmt die Concession für die
Linie Czernowitz-Suczawa zur Kenntniss.

3. Die von Seite des Verwaltungsrathes zur Durchführung
dieser Concession bereits getroffenen Verfügungen werden gutgeheissen.

4. Der Verwaltungsrath wird ermächtigt, das zum Baue dieser Strecke erforderliche Capital durch Emission von Prioritäts-
Obligationen im Nominalbetrage von 12 Millionen Gulden zu beschaffen, wobei jedoch für den Fall einer öffentlichen Subscription den Actionären der Czernowitz Eisenbahn-Gesellschaft das
Vorrecht zum Bezuge dieser Prioritäten vorbehalten werden soll.

5. Das bisherige Vorgehen des Verwaltungsrathes und die von
demselben noch weiters beabsichtigten Schritte in Angelegenheit
der moldauischen Bahnen werden gutgeheissen.

6. Die Dividende wird mit 4 fl per Actie festgesetzt.

---

witz bis 25. März eingestellt war und die Frachten in dieser 2 Meilen-
langen Strecke per Achse verführt werden mussten. (Dieses Geschäft
besorgte der Bahnspediteur Zucker in Czernowitz gegen Vergütung von
21 kr pr. Ztr.)

Bahngebiet.

	Wirkliche	Tarifmässige
	Länge in Meilen	
Im Betriebe:		
Linie Lemberg-Czernowitz	35.091	35
Im Baue:		
Linie Czernowitz-Suczawa	11.820	12

In der

Anlage der Bahn

hat sich — abgesehen von der oberwähnten Errichtung der Haltestelle Nepolokoutz — während des Jahres 1867 keine Aenderung ergeben.

Im Jahre 1868 wird dagegen in Folge des Einsturzes der
Pruthbrücke eine Umwandlung mehrerer Objecte Platz greifen.

(Der Bericht über die Anlage der Bahn von Czernowitz nach
Suczawa dürfte bereits im nächsten Jahrgange folgen.)

Stand der Fahrbetriebsmittel

mit Ende 1867,

Locomotive und Tender	27	Stück.
Personenwagen I. Classe....	8	„
„ II. „	12	„
„ III. „	20	„
Zusammen..	40	„

Lastwagen.

Postwagen................. ..	4	Stück.
Conducteurwagen	6	„
Gepäckswagen	6	„
Gedeckte Lastwagen	300	„
Pferdewagen.................	6	„
Borstenviehwagen.............	26	„
Hornviehwagen.	160	„
Lowries..................	120	„
Zusammen..	668	Stück.
Schneepflüge	6	Stück.

Ueberdies besitzt die Gesellschaft bereits 2 Maschinen und 120 Lowries für die Linie Czernowitz-Suczawa, welche vorläufig vermiethet wurden.

(Vgl. d. Bilanz f. d. Linie Czernowitz-Suczawa, S. 145.)

Gesellschafts-Capital.

Actien-Capital (bisher geleistete Einzahlung) . fl. 12.412.040
Prioritäts-Obligationen I. Emission . . . . ,, 12.000.000
  ,,   ,,   II.   ,,   1867 . . . . . ,, 1.398.300 [1])
                                    fl. 25.810.340

Anlagekosten

(der Linie Lemberg-Czernowitz).

Bau-Auslagen [2]) bis Ende 1867 . . . . fl. 24.500.000.—
Material-Vorräthe . . . . ,,   129.278.55
                     Zusammen . . fl. 24.629.278.55

Durchschnittliche Baukosten per Bahnmeile wirkliche Länge fl. 701.800.

---

[1]) Die Cursdifferenz dieser à Conto des Baues der Linie Czernowitz-Suczawa begebenen 4661 Prioritäts-Obligationen (à 300 fl. Nominal = 1.398.300 fl.) hat fl. 279.036.63 betragen, wornach sich der Durchschnittscurs für je eine Obligation auf 240.13 stellt.

[2]) Eine Detaillirung der Baukosten nach den verschiedenen Bautiteln ist in dem Geschäftsberichte nicht enthalten, nachdem der Bauunternehmer die Herstellung der Bahn für eine Pauschalsumme übernommen hatte.

Betriebsrechnung ¹) pro 1867.
Einnahmen.

I. Transports-Einnahmen.

Personen.. fl	407.724·26
Militär-Transporte....................................... „	24.495·25
Gepäck.. „	20.788·—
Eilgut.. „	12.584·84
Waaren... „	961.098·64
	Summe.. fl. 1,426.590·99

II. Verschiedene Einnahmen.

Mieth- und Pachtzinse, Wagenmiethe, Depeschen etc. etc. fl.   43.255·10

Gesammt-Einnahme.. fl. 1,469.846·09

Ausgaben.

I. Allgemeine Verwaltung.

Bezüge des Personals............................... fl.	61.424·93
Bureaukosten u. a. Auslagen........................ „	59.788·96
Summe.. fl.	121.213·89

II. Bahnaufsicht und Bahnerhaltung.

Centralleitung .... fl.	20.409·84
Streckendienst....................................... „	25.826·12
Bahnaufsicht .... „	45.645·07
Unterbau .... „	26.128·83
Oberbau .... „	135.758·26
Gebäude.. „	15.318·56
Ausserordentliche Auslagen .... „	79.248·84
Summe.. fl.	348.435·52

III. Verkehrsdienst.

Central-Leitung...................................... fl.	10.600·16
Stationsdienst .... „	142.112·86
Fahrdienst .... „	30.164·99
Summe.. fl.	182.878·01

IV. Zugförderung und Werkstätten.

Central-Leitung. .... fl.	12.278·42
Zugsdienst .... „	120.753·03
Erhaltung der Fahrbetriebsmittel .... „	80.861·50
Summe.. fl.	213.892·95
Gesammt-Ausgaben.. fl.	866.420·37

worunter fl. 10.190·78 in Silber.

---

¹) Die Betriebsrechnung wurde der Gleichförmigkeit wegen und um den Vergleich mit den Resultaten der anderen Bahnen zu ermöglichen, bestmöglichst dem von der Staatsverwaltung aufgestellten Rechnungs-Schema angepasst; aus gleichen Gründen sind auch die „besonderen Ausgaben" (Steuern) in den „Abschluss der Betriebsrechnung" und nicht in diese selbst aufgenommen worden. Diese Ziffergruppirung ändert jedoch nichts an den Endergebnissen.

Ertrags-Resultate und deren Verwendung.

(Abschluss der Betriebsrechnung pro 1867.)

Betriebs-Einnahmen u. z. in Papier fl. 1.407.492·08 u. in Silber fl. **62.354·01**

Betriebskosten............. „ „ 856.229·59 „ „ .. „ 10.180·78

Ueberschuss. ., fl. 551.262·49 „ „ ., fl. 52.163·23

Ab: die besonderen, zu den eigentlichen Betriebskosten nicht gehörigen Ausgaben, als: Grund-, Gebäude- und Erwerbsteuer, Stempel u. dgl. „ „ 15.821·06 „ „ „ „ 3·75

Rest. ., fl. 535.441·43 „ „ „ fl. 52.159·48

Hievon: die aus der Bauzeit herrührende Stempelausgabe für die Actien u. Obligationen, welche mit Bewilligung der Staatsverwaltung zu Lasten des Betriebes genommen wurden................. „ „ 164.062·50

daher restl. Ueberschuss in Papier. fl. 371.378·93

Diese Summe, nach den der Staatsverwaltung eingegebenen Durchschnittscursen reducirt, gibt in Silber............. . fl. 264.949·34

somit Total-Silber-Ueberschuss fl. 337 107·82

Die Staatsverwaltung hatte demnach auf das garantirte Minimal-Ertrágniss pr. fl. 1.500.000 in Silber vorzustrecken... „ 1,162.892·18

fl. 1,500.000 —

Hievon wurden bestritten:

die 5%igen Zinsen pro 1867 mit Silber... fl. 1.224.828·33

„ Amortisation „ 1867 „ „ · · · „ 21.000·—

„ Entlohnung des Verwaltungsrathes .. „ 35.847·50

., 1,281.675·83

wonach noch erübrigen.. fl. 218.324·17

Hiezu: die Einnahme für Wagenmiethe des Fahrparkes der Linie Czernowitz-Suczawa und der Gewinn aus dem Holz-verschleiss-Geschäfte in Lemberg, per 840 fl. Silber und 39.541 fl. in Papier, oder nach Reducirung dieser letztern Summe auf Silber (zu dem angenommenen Curse von 115) von zusammen ....· · · „ 35.223·63

fl. 253.547·80

Von dieser Summe wurden laut Beschluss der General-Versammlung (s. S. 139) 4 fl. pr. Actie als Dividende vertheilt, was einen Betrag von .... „ 250.000·— erheischte.

Der hiernach noch verbliebene Rest................... .. fl. 3.547·80

wurde auf das Jahr 1868 übertragen.

Statistik der Betriebsresultate pro 1867.

	Einheit	Menge	
Länge der Bahn....................	Meilen	35.—	
Zurückgelegte Zugsmeilen.........	„	65.050	%
Reisende I. Classe..........	Anzahl	2.578	2.1 „
„ II. „	„	27.023	22.6 „
„ III. „	„	89.053	75.3 „
Befördert wurden — „ aller Classen.......	„	119.554	100.—
Militär.......	„	13.146	
Gepäck..................	Zll-Ctr	23.281	
Eilgut.............	„	4.389	
Parteifrachten..	„	2,094.744	
Regiefrachten.............	„	206.748	
Für Reisende...........	Gulden	407.724	27.7 „
„ Militär-Transporte......	„	24.395	1.7 „
Betriebs-Einnahmen — „ Gepäck und Eilgut.....	„	33.373	2.3 „
aus dem Frachten-Verkehr..	„	961.099	65.4 „
Sonstige Einnahmen.......	„	43.255	2.9 „
Zusammen	„	1,469.846	100.—
Allgemeine Verwaltung.....	„	121.214	14.—
Betriebs-Ausgaben — Bahnaufsicht u. Bahnerhaltung	„	348.435	40.2 „
Verkehrsdienst.............	„	182.878	21.1 „
Zugförderung u. Werkstätten	„	213.893	24.7 „
Zusammen	„	866.420	100.—
Ueberschuss..................	„	603.426	
Verhältniss der Ausgaben zu den Einnahmen.	%	59.—	
Einnahme per Bahnmeile..................	Gulden	41.995.60	
Ausgabe „ „	„	24.755.14	
Einnahme „ Zugsmeile......	„	22.59	
Ausgabe „ „	„	13.32	
Von den Reisenden zurückgelegter Weg in .	Meilen	1,658.306.—	
„ einem Reisenden „ „ „ „	„	13.8	
Durchschnittl. Einnahme von 1 Reisenden......	Gulden	3.41	
„ „ „ 1 „ per Meile	Kreuz.	24.7	
Von den Frachtcentnern durchlaufener Weg in	Meilen	40,108.473.—	
„ einem Centner „ „ „ „	„	19.2	
Durchschnittl. Einnahme für 1 Centner........	Kreuz.	46.—	
„ „ „ 1 „ per Meile.	„	2.4	

Bilanz mit 31. December 1867.
Activa.

Bauconto der Linie Lemberg-Czernowitz .... fl. 24.500.000.—
Bauconto Czernowitz-Suczawa (Cursverlust bei Begebung
   von Prioritäts-Obligationen) .... „ 279.036.63
Tracirung neuer Linien (Czernowitz-Odessa und Bukarest) „ 35.407.23
Material-Vorräthe .... „ 129.278.55
Tratten-Conto Czernowitz-Suczawa (bei der Escomptebank
   placirte Wechsel) .... „ 1.000.000.—
Debitoren... „ 2.537.812.45
Cassa-Bestände ....:................................ „ 1.381.827.62
Effecten (Cautions-) .. .. „ 240.660.—
                                fl. 30.104.022.48

Passiva.

Actien-Capital...................................... fl. 12.412.040.—
Prioritäts-Obligationen I. Emission .... „ 12.000.000.—
   „   „   II. „   (1867) .... „ 1.398.300.—
Zinsen-, Dividenden- und Tilgungs-Rückstände .... „ 555.064.08
Pensionsfond .... „ 26.238.31
Creditoren .... „ 2.507.238.65
Cautionen und Depositen............................ „ 235.422.63
K. k. Staats-Central-Cassa (für ertheilte Vorschüsse pro
   1866 und 1867) .... „ 969.718.81
                                  fl. 30.104.022.48

Bilanz der Linie Czernowitz-Suczawa pro 1867.
Activa.

Bau-Conto (Zahlungen an den Bauunternehmer) .... fl. 1.050.000.—
Fahrpark (2 Maschinen und 120 Lowrys) .... „ 159.545.99
Allgemeine Verwaltungskosten .... „ 45.551.85
Debitoren... „ 935.412.81
Cursverlust bei Begebung von 4661 Prioritäten (à 300 fl.
   Nominal) .... „ 279.036.63
                                 fl. 2.469.547.28

Passiva.

Prioritäts-Obligationen (4661 Stück à 300 fl. Nominal) .. fl. 1.398.300.—
Tratten-Conto (für bei der Escomptebank placirte Wechsel) „ 1.000.000.—
Zinsen-Vorauszahlungs-Conto (Begleichung der laufenden
   5% Zinsen bei den begebenen Prioritäten) .... „ 21.747.59
Verschiedene Einnahmen (Miethzins für die Fahrbetriebs-
   mittel etc. etc.)................................. „ 49.499.69
                                 fl. 2.469.547.28

Bilanz des Pensionsfondes *)

per 31. December 1867.

Activa.

Verschiedene Ausgaben im Jahre 1867 . . . . fl.			117	50
Vermögens-Bestand { in Effecten fl. 18.031.25				
„ Baarem „ 3.738.31 „			21.769.56	
		fl.	21.887.06	

Passiva.

Beiträge pro 1867 { v. d. Mitgliedern fl. 13.422.70			
{ v. d. Gesellschaft „ 8.000.— fl.	21.422.70	
Strafgelder . . . . „	214.90	
Eingeflossene Zinsen . . . . „	192.90	
Diverse Einnahmen . . . . „	56.56	
	fl.	21.887.06	

---

*) Zur Theilnahme an dem Pensionsinstitute für die Bediensteten der Lemberg-Czernowitz Eisenbahn-Gesellschaft sind alle Beamten, Practikanten und Diener verpflichtet, welche das 40. Lebensjahr noch nicht überschritten haben. (§. 3 d. Stat.) Der Pensionsfond wird gebildet: 1. Durch Beiträge der Mitglieder, u. z. a) 25% des Jahresgehaltes beim Beitritte (zahlbar in 24 Monatsraten); b) 50% von jeder Gehalts-Erhöhung (zahlbar in 12 Monatsraten); c) 3% des jeweiligen Gehaltes, als fortlaufende Gebühr; d) 5% von jeder Remuneration oder Entlohnung für Ueberzeit; e) sonstige Gehalts- oder Pensions-Rücklässe. 2. Durch jährliche Beiträge der Gesellschaft. 3. Durch Strafgelder u. dgl. 4. Durch Fructificirung der Ueberschüsse und 5. durch Vermächtnisse und Schenkungen. (§. 4.)

Anspruch auf Pension erlangt jedes Mitglied, welches ununterbrochen 8 Jahre bei der Gesellschaft diente. Die Pension beträgt nach achtjähriger Dienstzeit 30%, nach zurückgelegtem 12. Dienstjahre 40%, nach dem 16. Dienstjahre 50% und so fort nach je weiterer 4 Dienstjahren um je 10% mehr, so dass die Pension nach zurückgelegtem 32. Dienstjahre den ganzen zuletzt bezogenen Gehalt beträgt; — es darf jedoch die Pension eines Mitgliedes in keinem Falle den Betrag von 3000 fl. übersteigen. (§. 7.)

Die Witwenpension beträgt ⅓ des zuletzt bezogenen Gehaltes des Gatten; sie darf aber weder die Pension, welche dem Gatten zur Zeit seines Ablebens gebührt hätte, noch den Betrag von 1000 fl. übersteigen. (§. 11.)

Die Waisenpension wird für jede Waise selbstständig bemessen, so dass die Pension einer Waise gleich sei dem Betrage der Witwenpension, getheilt durch die Anzahl der pensionsberechtigten Geschwister (§. 13.)

Nachtrag

(zu den historischen Mittheilungen).

Die Concession für die rumänische Bahn (Suczawa-Jassy-Roman-Botschani) wurde vom Senate am 20. Sept./2. Octob. 1868 ratificirt und am 21. Sept./3. Octob. 1868 von Sr. Hoheit dem regierenden Fürsten sanctionirt.

Am 15. October fand die ausserordentliche Generalversammlung der Actionäre der Lemberg-Czernowitz Eisenbahn statt, welche mit Stimmeneinhelligkeit folgende Beschlüsse fasste:

1. Die Lemberg-Czernowitz Eisenbahn-Gesellschaft erwirbt die von der rumänischen Regierung dem Fürsten Leo Sapieha und Consorten ertheilte Concession für den Bau und Betrieb einer Eisenbahn von Suczawa nach Jassy mit den Zweigbahnen nach Roman und Botoschani, und soll die gedachte Concession, welche einen Theil des gesammten Unternehmens der Lemberg-Czernowitz Eisenbahn-Gesellschaft zu bilden hat, mit allen Rechten und Verbindlichkeiten der Concessionäre auf die Gesellschaft übergehen.

2. Die Lemberg-Czernowitz Eisenbahn-Gesellschaft genehmigt die von den Concessionären mit Herrn Th. Brassay und von diesem Letzteren mit der Anglo-österreichischen Bank abgeschlossenen Verträge und übernimmt alle durch diese Verträge erworbenen Rechte und eingegangenen Verpflichtungen, endlich

3. die Lemberg-Czernowitz Eisenbahn-Gesellschaft bewilligt behufs der Erfüllung der contractlichen Bestimmungen zwischen den Concessionären und dem gedachten Bauunternehmer, Herrn Thomas Brassey, die Vermehrung des Capitals der Gesellschaft durch Hinausgabe von Actien im Nominalbetrage von 10,000.000 fl. ö. W. in Silber und durch Emittirung von Prioritäts-Obligationen im Nominalbetrage von fl. 15,600.000 ö. W. in Silber.

Gleichzeitig wurde auch die durch die Erwerbung dieser und der Concession für die Linie Czernowitz-Suczawa bedingte Abänderung der Gesellschafts-Statuten, im Sinne des vom Verwaltungsrathe vorgelegten Entwurfes beschlossen, resp. dieser Entwurf angenommen.

K. k. priv.

Süd-norddeutsche Verbindungsbahn.

Central-Administration in Wien (L. Unter Markt 3).

Verwaltungsrath.

Präsident: Se. Erl. Fr. Ernst Graf Harrach zu Rohrau.
Vice-Präsident: H. Frdr. Ritter von Rogge.

Jac. Brandeis.	Paul Ritter von Schöller.
Louis v. Haber jun.	Fr. Siegmund.
Joh. Freih. v. Liebig.	Ferd. Unger.
Ed. Redlhammer.	Jos. Ritter von Mallmann.

Central-Bureau in Wien.

Director: Dr. Gust. Gross, kais. Rath.
Bureau-Vorstand: Fr. Riesemann, Ober-Ingenieur.
Buchhalter: Ed. Menzel.
Hauptcassier: Fr. Neumayer.
Cassa-Controlor: Ernst Schiller.
Secretär: Dr. Carl Gräf.

Direction in Reichenberg.

Vorsitzender: Joh. Freih. v. Liebig, Verwaltungsrath.
Stellvertreter des Vorsitzenden: Ferd. Unger, Verwaltungsrath.

Directions-Mitglieder:

Ed. Redlhammer, Verwaltungsrath.	Fr. Siegmund, Verwaltungsrath.

Directors-Stellvertreter: Joh. Langgasser, Inspector für Bahnerhaltung.

Dienstabtheilungen.

Bahnerhaltung.	Commerzieller Betrieb.
Inspector: Joh. Langasser.	Inspector: Joh. Wessely.

Verkehr.	Werkstätten-Dienst.
Betriebs-Commissär: Philipp Piwonka.	Inspector: Aug. Grob.
Material-Verwaltung.	Betriebs-Hauptcassa.
Verwalter: Wenzel Kratky.	Cassier: Franz Steinfelder.

Historische Mittheilungen.

Die süd-norddeutsche Verbindungsbahn gehörte — wie allgemein bekannt — mit zu den „subventionirten Bahnen", welche unter den (mehrfach schon erwähnten) Differenzen mit der Staatsverwaltung zu leiden hatten und erst in Folge der am 25. März 1867 a. h. genehmigten Nachtragsverträge zu den Concessions-Urkunden von den langjährigen Calamitäten befreit wurden. [1]

Hatte nun die Gesellschaft vordem schon mit unverkennbarem Eifer an der Fortentwicklung ihrer Unternehmung gearbeitet, so war sie jetzt nach dem Eintritte der günstigeren Verhältnisse um desto mehr bestrebt, das vorgesteckte Ziel zu erreichen.

Neben dem rührig betriebenen Ausbaue der Flügelbahn nach Königshain — dieselbe wurde am 1. August 1868 dem öffentlichen Verkehre übergeben — arbeitete die Verwaltung der süd-norddeutschen Verbindungsbahn nunmehr rastlos an der Verwirklichung ihres im Jahre 1864 schon erfassten Projectes der Verlängerung der Bahn von Pardubitz über Iglau nach Znaim zum Anschlusse an eine nach der Metropole des Reiches führenden Eisenbahn. [2]

Ihr diesbezügliches Concessionsgesuch — eingebracht im November 1866 — war jedoch nicht vereinzelt geblieben; es erwuchsen ihr vielmehr in der österr. Staatseisenbahn-Gesellschaft und dem Consortium Salm-Haber zwei schwer zu bekämpfende Concurrenten. Erstere bewarb sich um die Concession für eine Eisenbahn von Kolin über Iglau nach Znaim (s. S. 39)

---

[1] Vgl. die Gesch. d. süd-norddeutsch. Verbindungsb. im I. Jahrg. d. Buch. S. 189—190.

[2] Siehe S. 190 d. I. Jahrg.

und das Consortium um die Concession für eine Bahn von Jungbunzlau über Kolin-Iglau und Znaim nach Wien.

Angesichts dieser Thatsache und durchdrungen von der Ueber-
zeugung, dass die ganze Zukunft der Pardubitzer Bahn von einer
directen Verbindung derselben mit dem Centrum der Monarchie
abhänge, fasste der Verwaltungsrath den Entschluss, sich in seiner Concessionsbewerbung dem genannten Consortium anzu-
schliessen und mit diesem vereint gegen den dann noch übrigen,
allerdings mächtigen Concurrenten — die österr. Staatseisenbahn-Gesellschaft — anzukämpfen.

Der Kampf war ein heftiger und lang andauernder, doch
gingen die vereinten Concessionswerber siegreich aus demselben
hervor, indem ihnen unterm 8. September 1868 die a. h. Concession für die „österr. Nordwestbahn" zu Theil ward. ¹)

Der Erfolg, welchen speciell die Gesellschaft der süd-norddeutschen Verbindungsbahn hiermit errungen, muss um so höher
angeschlagen werden, als diese Concession ihr die angestrebte
Verbindung ihrer Bahnlinien mit der Hauptstadt des Reiches
nicht nur in directester Weise und ohne alles Abhängigkeits-
verhältniss, sondern auch mittelst der kürzesten aller bisher
concessionirten Routen sichert.

Nachdem nun in Folge des Staatsvertrages ddto. 5. August
1867 ²) auch der Anschluss der könig. preuss. Staatsbahn bei
Königshain sichergestellt erscheint, so ist die Zukunft der Pardu-
bitz-Reichenberger Bahn eine vollends verbürgte, ob sie nun als
selbstständige Unternehmung fortbesteht, oder wie hie und da
verlautet, mit der „österreichischen Nordwestbahn" vereinigt wird.

Bei der gegenwärtigen günstigen Lage des Unternehmens
beabsichtigt die Gesellschaft auch — gleich den anderen „subventionirten Bahnen" — ihre Schuld an den Staat (für erhaltene

---

¹) Ein ausführlicher Bericht über die Concessionirung der „österreichischen Nordwestbahn" und der ihr vorausgegangenen Kämpfe ist zur
Vermeidung störender Wiederholungen blos in den (weiter unten folgenden)
historischen Mittheilungen über diese Bahn selbst gegeben, auf welche
daher diesfalls verwiesen wird.

²) R.-G.-Bl. 1867, Nr. 128.

Vorschüsse aus dem Titel der Zinsengarantie) zu consolidiren
und diesfalls mit dem k. k. Finanz-Ministerium ein Uebereinkommen zu treffen, wonach die Buchforderung des Staates in
eine bedeckte, innerhalb der Concessionsdauer rückzahlbare
Schuld umgewandelt würde, dagegen aber die Betriebserträgnisse zur statutenmässigen Verwendung (Vertheilung als Dividende) gelangen könnten, welcher Vorgang eine Abänderung des
§. 6 (lit. e) der Concessions-Urkunde bedingen würde. ')

　　Die General-Versammlung vom 30. April 1868 hat den Verwaltungsrath mit den betreffenden Verhandlungen betraut
(s. Beschl. d. General-Versammlg., S. 152) und dürfte — aus
den weiter oben entwickelten Gründen ') — auch hierin der
Erfolg nicht ausbleiben.

　　Damit aber die Actionäre der Gesellschaft gleich jetzt schon
aus der günstigeren Lage des Unternehmens einigen Nutzen ziehen könnten, richtete der Verwaltungsrath (auf Grund der ihm
vorgelegenen approximativen Betriebsergebnisse des Jahres 1867)
unterm 20. November 1867 an das k. k. Finanz-Ministerium die
Bitte: „dasselbe möge gestatten, dass der Actien-Coupon mit der
ursprünglich garantirten Ziffer, auf welche er ausdrücklich lautet, eingelöst werde, insoferne dies ohne Beihilfe der Staatsverwaltung möglich ist, und auch erklären, dass die nach §. 6, lit. e
der Conc.-Urk.-vom 15. Juni 1856 zu leistende Rückzahlung der
Garantie-Vorschüsse erst dann zu beginnen habe, wenn der Reinertrag nach Deckung der Prioritätszinsen und der Amortisations-
quote jährlich 5°/, Zinsen der Actien ergibt."

　　Die Erledigung dieses Gesuches blieb jedoch aushaftend; dessungeachtet beschloss der Verwaltungsrath den Jänner- (1868) Coupon mit 5 fl. einzulösen. Die mehrgezahlten 50 kr. per Coupon, d. i.
fl. 37.500, wurden aus dem Netto-Ertrage per fl. 34.954.11 gedeckt

---

　　') Der §. 6 (lit. e) der Conc.-Urk. lautet:
　　„Sobald der Jahresertrag der Unternehmung die gewährleistete
Annuität übersteigt, bleibt jeder Jahres-Ueberschuss zur Rückzahlung des
Vorschusses sammt Zinsen bis zu dessen gänzlicher Tilgung, vorzugs-
weise vor jeder anderen Verwendung bestimmt."
　　') Vgl. d. hist. Mitthlg. über d. Elisab.-B. u. Theissb. S. 91 u. 106.

und der fehlende Rest per fl. 2545.89 dem Interessen-Conto entnommen. (Vgl. den Abschluss der Betriebsrechnung S. 160.)

Reconstructions- oder Ergänzungbauten waren im
Laufe des Jahres 1867 nur wenige erforderlich und auch diese
betrafen zum grösseren Theile die Reparation der Kriegsschäden.

Der Verkehr war, in Folge des lebhaften Exportes im Jahre
1867, auch auf der süd-norddeutschen Verbindungsbahn ein
sehr reger.

Es wurden im Ganzen 2,439.079 Zoll-Ztr. mehr verfrachtet
als im Vorjahre.

Die Mehreinnahmen aus dem Frachtenverkehre beträgt
fl. 598.554.78.

Beschlüsse der General-Versammlung
vom 30. April 1868.

1. Der Rechnungsabschluss pro 1867 wird genehmigt und
dem Verwaltungsrathe das Absolutorium ertheilt.

2. Der in der Betriebsrechnung als Einnahme verrech-
nete „Gewinn durch den Eisengiesserei-Betrieb" per
fl. 18.542.55, sowie die gleichartigen Einnahmsposten der früheren Jahre seien aus den Betriebsrechnungen auszuscheiden und
auf einem separaten Conto als freies Eigenthum der Actionäre
zu verbuchen. ')

') Dieser Beschluss wurde über Antrag des Revisions-Ausschusses
gefasst, dessen Berichterstatter ihn wie folgt motivirte:

Die Gesellschaft hat zum Bahnbaue einen höheren als den vom
Staate garantirten Betrag gebraucht und zur Deckung dieses Mehrbetra-
ges eine Obligationsschuld aufgenommen, die durch Actienzinsen-Abzüge
verzinst und theilweise bereits rückgezahlt wurde. — Offenbar von diesem
die Obligationsschuld bildenden Mehrbetrage sei die nicht direct zum
Bahnbetriebe gehörige Eisengiesserei gebaut worden und sei diese
demnach freies und unbeschränktes Eigenthum der Gesellschaft; es könne
daher ihr Ertrag nicht in die Betriebseinnahmen, welche zur Tilgung der
Subventionsschuldbeträge bestimmt sind, eingestellt werden.

3. Der Verwaltungsrath wird beauftragt und ermächtigt, mit der Staatsverwaltung ein Uebereinkommen zu treffen, des Sinnes, dass die concessionsmässige Buchforderung des Staates (für erfolgte Vorschüsse aus dem Titel der Zinsengararantie) in eine consolidirte, innerhalb der Concessionsdauer rückzahlbare Schuld der Gesellschaft verwandelt würde und dass hingegen die Betriebserträgnisse zur statutenmässigen Verwendung gelangen mögen. Die Genehmigung des betreffenden Vertrages bleibe jedoch der nächsten Generalversammlung vorbehalten.

Das Scrutinium für die Wahlen in den Verwaltungsrath ergab folgendes Resultat:

Die ausgelosten Verwaltungsräthe wurden wiedergewählt und zwar:

Herr Graf Harrach   mit 723 Stimmen,
  „ Jacob Brandeis   „ 722   „
  „ Joh. Freih. v. Liebig „ 722   „

Bahngebiet.

	Wirkliche	Tarifmässige
	Länge in Meilen	
Hauptbahn:		
Pardubitz-Reichenberg..................	21·157	22·—
Flügelbahn:		
Jaromeř-Schwadowitz..................	4·742	5·—
Schwadowitz-Königshain	3·472	3·5
	29·371	30.5

Der Director der Gesellschaft, Herr Dr. Gross, fügte dieser Motivirung noch die Erklärung bei: dass der Verwaltungsrath die Anschauung des Revisions-Ausschusses vollkommen theile und diese Frage — obgleich bisher leider fruchtlos — wiederholt betreffenden Ortes angeregt habe. Die Verwaltung hat erst neuester Zeit gegen eine entgegengesetzte Entscheidung des hohen k. k. Finanzministeriums Verwahrung eingelegt und sich für den äussersten Fall den Rechtsweg vorbehalten."

Anlage der Bahn
von Schwadowitz bis Königshain. [1]

Die Ergänzungsstrecke der Flügelbahn zur Landesgrenze bei Königshain, welche von Schwadowitz auszieht, liegt durchgehends im gebirgigen Terrain. Sie übersetzt das Riesengebirge, beziehungsweise die Wasserscheide zwischen der Aupa und dem Boberflusse in der Nähe der Station Königshain. (Höhe 265.°879 über dem Wasserspiegel des mittelländischen Meeres.)

Neigungsverhältnisse.

Hori-zontal	Steigung				Neigung				Zu-sammen
	bis 1:1200	1:1200 bis 1:600	1:600 bis 1:200	1:200 bis 1:100	bis 1:1200	1:1200 bis 1:600	1:600 bis 1:200	1:200 bis 1:100	
			M	e	i	l	e	n	
0.785	.	0.130	0.175	1.541	.	0.075	0.512	0.274	3.472

Die stärkste Steigung beträgt 1 : 80.

Richtungsverhältnisse.

Gerade Bahn	In Curven					Zusammen
	bis zu 1200° R.	von 1200° bis 800° R.	von 600° bis 300° R.	von 300° bis 200° R.	von 200° bis 100° R.	
			M	e	i l e n	
1.751	.	0.017	0.144	0.302	1.258	3.472

Der kleinste Radius beträgt 150°.

Unterbau.

Die Kronenbreite des Dammes ist für das einfache Geleise mit 12' und für die Doppelgeleise mit 24' angenommen.

---

[1] Die Anlage der Hauptbahn Pardubitz-Reichenberg und der Flügelbahn von Josefstadt bis Schwadowitz ist bereits im I. Jahrg. d. Buch. (S. 192—195) genau beschrieben worden.

Rücksichtlich des Capitels „Telegraf und Signale" jedoch wurde mehrfacher Ergänzungen wegen eine Wiederholung vorgenommen.

Die bedeutendsten **Aufdämmungen** kommen bei Par-
schnitz, Gabersdorf, Krinsdorf und Bernsdorf vor. Grössere Einschnitte kommen vor bei Krinsdorf und Bernsdorf.

Die gesammten **Erdarbeiten**, inclusive **Felsensprengun-**
gen, betragen circa 150.000 Cubik-Klafter.

Unterbau-Objecte zählt dieses Bahnfragment 98 ; die
bedeutendsten davon sind:

Bezeichnung und Standort des Objectes.	Anzahl der Oeffnungen	lichte Weite	Construction
Viaduct bei Parschnitz............	1	15 °	Widerlager aus
„ „ Gabersdorf	1	15 °	Quadern — Eisen-
„ „ Krinsdorf............	1	15 °	construction nach
„ „ Bernsdorf	1	15 "	Schifkorn's System
Tunnel bei Saugwitz (durch den Ruprechtsfelsen)....	Länge: 98,6 °		gewölbt, f. Doppelgel.

Oberbau.

Die Bahn von Schwadowitz bis Königshain ist durchwegs
eingeleisig.

Die **Schienen** sind, so wie jene auf den älteren Linien der
süd-norddeutschen Verbindungsbahn, breitbasig und wiegen
22.6 Zoll-Pfd. per laufenden Fuss.

Dieselben wurden theils von der Prager Eisenindustrie-
gesellschaft, theils von Zöptau und Stefanau bezogen.

Die **Schwellen** sind grösstentheils Kiefer- und Tannenholz.

Die **Bettung** des Oberbaues besteht aus einem Sturzpflaster
und einer soliden Schlägelschotterlage.

Hochbau.

Auf dieser Bahnstrecke sind inclusive der 28 **Wächter-**
häuser im Ganzen 33 Gebäude aufgeführt worden, die sämmtlich aus Stein und Ziegelmauerwerk hergestellt und mit Schiefer
eingedeckt sind.

Stationen sind in Trautenau und Königshain. In Bernsdorf
besteht überdies eine Anhaltestelle.

Telegraf und Signale

(auf den Strecken Pardubitz-Reichenberg und Josefstadt-
Königshain).

Die Telegrafenleitung besteht auf den sämmtlichen Strecken
aus Eisendraht.

Die Apparate sind nach Morsée construirt und alle für
die Zugskreuzung bestimmten Stationen für den Telegrafendienst
eingerichtet.

Die Signalisirung erfolgt mittelst optischer (Korb-)
Signale. Nebst diesen kommen aber am Eingange und zwischen
den vier Tunnels der Strecke Semil-Eisenbrod, dann beim Sie-
brower Tunnel der Strecke Siebrow-Turnau, sowie vor, nach
und bei der Anhaltestation Bernsdorf, ferner von der Station
Eisenbrod gegen Turnau durch eilf Wächterstrecken, welche die
Tunnelpartien bei Lischnai, Rakaus und die Rakauser-Iserbrücke
umfassen, auch noch electrische Läutewerke in Anwendung.

Eröffnungsdaten.

Datum		Strecke
1857	4. November	Pardubitz-Josefstadt
1858	1. Juni	Josefstadt-Falgendorf
1858	1. December	Falgendorf-Turnau
1859	1. Mai	Turnau-Reichenberg Josefstadt-Schwadowitz
1868	1. August	Schwadowitz-Königshain

Stand der Fahrbetriebsmittel
mit Ende 1867.

a) Locomotive und Tender.

Personenzugs-Locomotive . . . .   12 Stück.
Lastzugs-Locomotive   28   „

Zusammen . . . .   40 Stück.

Tender . . . .   40 Stück.

b) Personenwagen.

Salonwagen . . . .   2 Stück.
I. Classe   4   „
I. und II. Classe   14   „
II. Classe   17   „
II. und III. Classe   12   „
III. Classe   27   „
III. und IV. Classe   9   „
IV. Classe   7   „

Zusammen . . . . . .   92 Stück.

c) Lastwagen.

Gepäckswagen . . . .   12 Stück.
Gedeckte Lastwagen   285   „
Equipage-Wagen   148   „
Kohlenwagen   337   „
Pferdewagen   9   „
Borstenvieh-Wagen   3   „
Gänsewagen   2   „

Summa . . 796 Stück.

Der Fahrpark wurde somit im Jahre 1867 um 300 Wagen vermehrt (u. z. um 3 Personenwagen IV. Cl. und 297 Lastwagen). Diese Vermehrung geschah in Folge der Vollendung der Strecke Schwadowitz-Königshain und zu Lasten des Baucontos derselben.

Gesellschafts-Capital.

Actien-Capital	fl.	15.750.000
Lotto-Anlehen	„	3.150.000
Prioritäts- Anlehen	„	2.100.000
Silber-Prioritäts-Anlehen	„	4.925.100
	fl.	25.925.100

Auf das Actien-Capital sind fl. 2541 noch nicht eingezahlt; dagegen sind bereits amortisirt:

vom Lotto-Anlehen	fl.	47.250 und
„ Prioritäts-Anlehen	„	337.400

Anlagekosten. [1]

	Bis Ende 1866	Im Jahre 1867	Zusammen
Vorarbeiten	371.615·82	.	371.615.82
Actien-Emissionskosten	58.368·53	.	58.368·53
Grund- und Gebäude-Einlösung	1.179.775·71	926.90	1.180.702·61
Unterbau	8,649.598·09	1.910.88	8,651.508·97
Oberbau	4,890.771·48	1.187.42	4,891.958·90
Hochbau	1,505.867·42	9.782.26	1,515.649·68
Bahn- und Gebäude-Einrichtung	291.781·71	.	291.781·71
Fahrbetriebsmittel	2,664.569·17	.	2,664.569·17
Bahnbetriebs-Vorauslagen	46.165·68	.	46.165·68
Central-Bureau-Regie	76.249·85	.	76.249·85
Actienzinsen während der Bauzeit	1,110.083·77	.	1,110.083·77
Werkstätten-Betrieb	130.183 65	.	130.183 65
Summe	20,975.030·88	13.807.46	20,988.838·34

Durchschnittliche Baukosten per Bahnmeile (wirkliche Länge) fl. 810.400. Bei Einrechnung des Werthes der Material-Vorräthe (fl. 170.102.85) in die Anlagekosten erhöht sich der Kostenpreis der Bahnmeile um (rund) fl. 6570.

[1] Diese Anlagekosten betreffen blos die Strecken Pardubitz-Reichenberg und Jaromer-Schwadowitz. Der Bauconto der neuen Strecke (Schwadowitz-Königshain) wird erst im Jahre 1868 abgeschlossen werden. Bis Ende 1867 haben die Baukosten derselben fl. 3 828.037.80 betragen, u. z.

Tracirung	fl.	6.419.41
Technische Regie	„	13.225.45
Prioritäts-Emissionskosten	„	19.134.72
Grund- und Gebäude-Einlösung	„	43.437.37
Unter-, Ober- und Hochbau	„	3.281.324.—
Bahn- und Gebäude-Einrichtung	„	4.000.64
Fahrbetriebsmittel	„	424.892.07
Central-Bureau-Regie	„	28.191.32
Agio-Verlust	„	7.410.82
	fl.	3.828.037.80

Betriebsrechnung pro 1867.

Einnahmen.

I. Transport-Einnahmen.

Personen	fl.	333.731.98
Militär-Transporte	„	9.182.14
Gepäck	„	8.842.52
Eilgut	„	32.523.34
Waaren	„	1,309.976.76
Summe..	fl.	1,694.256.74

II. Verschiedene Einnahmen.

Mieth- und Pachtzinse, Wagenmiethe, Erlös für alte Materialien	fl.	76.687.01
Gewinn aus dem Eisengiesserei-Betrieb	„	18.542.45
Gesammt-Einnahmen..	fl.	1,789.486.20

Ausgaben.

I. Allgemeine Verwaltung.

Bezüge des Personals	fl.	37.804.26
Bureaukosten und sonstige Auslagen	„	16.688.62
Summe..	fl.	54.492.88

II. Bahnaufsicht und Bahnerhaltung.

Centralleitung	fl.	19.212.41
Streckendienst	„	5.494.76
Bahnaufsicht	„	52.776.60
Unterbau	„	24.253.26
Oberbau	„	91.251.08
Gebäude	„	12.581.82
Ausserordentliche Auslagen	„	22.592.86
Summe..	fl.	228.162.99

III. Verkehrs- und commercieller Dienst.

Centralleitung	fl.	23.067.87
Stationsdienst	„	115.177.76
Fahrdienst	„	41.286.75
Summe..	fl.	179.512.38

IV. Zugförderung und Werkstätten.

Zugsdienst	fl.	133.648.18
Erhaltung der Fahrbetriebsmittel	„	145.853.95
Summe..	fl.	279.502.13
Gesammt-Ausgaben..	fl.	741.690.38 [1]

[1] Damit die Vergleichung mit den Betriebsergebnissen anderer Eisenbahnunternehmungen nicht beeinträchtigt sei, wurden die besonderen, zu den eigentlichen Betriebskosten nicht gehörigen Ausgaben direct in den „Abschluss der Betriebsrechnung" eingestellt.

Ertrags-Resultate und deren Verwendung.

(Abschluss der Betriebsrechnung pro 1867.)

Betriebseinnahmen................... .... fl. 1,789.486.20

Betriebskosten .. . . „   741.690.38

Ueberschuss .. fl. 1,047.795.82

Hievon wurden bestritten:

Die besonderen zu den eigentlichen Betriebskosten nicht gehörigen Ausgaben u. z. :

Steuern .... fl. 33.745.03

Stempel .... „   3.376.68

fl.   37.121.71

fl. 1,010.674.11

Die Verzinsung und Amortisirung des Anlagecapitals erfordert .... fl. 975.720.—

daher Reinertrag..... fl.   34.954.11

Diese Summe wurde zur Mehrzahlung von je 50 kr.
pr. Actien- (Jänner-) Coupon verwendet, was
jedoch einen Betrag von.... .. .. fl.   37.500.—

erheischte; der fehlende Rest pr. .... fl.   2.545.89

wurde dem Interessen-Conto entnommen. (Vgl. die histor.
Mittheilungen S. 52.)

Statistik der Betriebsresultate pro 1867.

		Einheit	Menge	
Länge der Bahn..........................		Meilen	27.—	
Zurückgelegte Zugsmeilen.................		„	66.048	%
	Reisende I. Classe	Anzahl	1.772	0.5 „
	„ II. „	„	26.805	6.9 „
	„ III. „	„	136.332	35.1 „
	„ IV. „	„	223.539	57.5 „
Befördert wurden	„ aller Classen	„	388.448	100.—
	Militär...................	„	24.617	
	Gepäck	Zll-Ctr.	20.542	
	Eilgut	„	29.553	
	Parteifrachten	„	6,934.625	
	Regiefrachten	„	512.083	
				%
Betriebs-Einnahmen	Von Reisenden.............	Gulden	333.732	18.7 „
	für Militär-Transporte......	„	9.182	0.5 „
	Für Gepäck und Eilgut	„	41.366	2.3 „
	Aus dem Frachten-Verkehr..	„	1,309.877	73.2 „
	Sonstige Einnahmen	„	95.229	5.3 „
	Zusammen	„	1,789.486	100.—
Betriebs-Ausgaben	Allgemeine Verwaltung	„	54.493	7.3 „
	Bahnaufsicht u. Bahnerhaltung	„	228.163	30.8 „
	Commerc.- u. Verkehrsdienst.	„	179.532	24.2 „
	Zugförderung u. Werkstätten	„	279.502	37.7 „
	Zusammen	„	741.690	100.—
Ueberschuss....................		„	1,047.796	
Verhältniss der Ausgaben zu den Einnahmen		%	41.5	
Einnahme per Bahnmeile.................		Gulden	66.277.27	
Ausgabe „ „		„	27.470.—	
Einnahme „ Zugsmeile...............		„	27.09	
Ausgabe „ „		„	8.23	
Von den Reisenden zurückgelegter Weg in..		Meilen	1.691.875.—	
Von 1 „ „ „ „		„	4.4	
Durchschnittl. Einnahme von 1 Reisenden.....		Kreuz.	85.9	
„ „ „ 1 „ per Meile		„	19.6	
Von den Frachtcentnern zurückgel. Weg in..		Meilen	62.151.808.—	
Von 1 Centner durchlaufener Weg in.......		„	8.9	
Durchschnittl. Einnahme für 1 Centner		Kreuz.	20.9	
„ „ „ 1 „ per Meile		„	2.3	

Bilanz mit 31. December 1867.
Activa.

Kostenwerth der Haupt- und Flügelbahn ...	fl.	19,878.754.57
Actien-Zinsen während der Bauzeit	„	1,110.083.77
Bau-Conto: Schwadowitz-Königshain	„	3,820.077.12
Agio-Gewinn- und Verlust-Conto	„	7.410.82
Effecten-Conto: 7313 Stück Silber-Prioritäten		
à fl. 300	„	2,193.900.—
Material-Vorräthe.......................	„	170.102 85
Tracirungs-Conto: Pardubitz-Iglau-Znaim	„	14.969.85
Kriegsschäden-Conto (angemeldete Schäden) .	„	471.237.53
Cassa-Bestände	„	525.576.83
Erforderniss aus dem Titel der Staats-Zinsen-		
garantie bis 31. December 1867	„	5,052.397.72
	fl.	33.244.511.06

Passiva.

Actiencapital-Conto......................	fl.	15,747.459.—
Prioritäts-Anlehen-Conto.................	„	1,762.600.—
Lotterie-Anlehen-Conto	„	3,102.750.—
Silber-Anlehen-Conto	„	4,925.100.—
Amortisations-Conto (amortisirte Quoten des		
Lotterie- und Prioritäts-Anlehens)	„	384.650.—
Tratten-Conto.......................	„	844.998.13
Zinsen- und Tilgungs-Rückstände	„	448.294.94
Interessen-Conto	„	43.001.34
Diverse Creditoren	„	63.897.71
Pensionsfond	„	6.120.09
Bauunternehmung: Schwadowitz-Königshain..	„	124.—
Cautions-Conto der Bauunternehmung	„	550.000.—
Staatsvorschüsse aus d. Titel d. Zinsengarantie ..		5,065.515.85
Staatsvorschüsse (event.) für Kriegsschäden [1].	„	300.000.—
	fl.	33,244.511.06

---

[1] Diese Summe repräsentirt eigentlich eine à conto-Zahlung des Staates an die Gesellschaft auf die angemeldeten Kriegsschäden und figurirt nur insolange als Vorschuss, bis die Entscheidung über den Schadenersatz erfolgt sein wird.

Bilanz des Pensionsfondes

mit 31. December 1867.

Activa.

Pensionen und Abfertigungen im Jahre 1867 . . . . . fl. 3.105.75

Vermögensbestand $\Big\{$ in Effecten . . . fl. 90.053.80
„ Baarem . . . . „ 6.120.09

$\hspace{7cm}$ „ 96.173.89

$\hspace{7cm}$ fl. 99.279.64

Passiva.

Saldo vom 31. December 1866 . . . . fl. 86.516.96
Beiträge der Mitglieder pro 1867 . . . . „   6.016.58
Eingeflossene Zinsen . . . . „   5.246.10
Erlös für ausgeloste Prioritäten . . . . „   1.500.—

$\hspace{7cm}$ fl. 99.279.64

Die wichtigsten Bestimmungen der Statuten des Pensions-Institutes sind im I. Jahrg. (S. 199) enthalten.

Böhmische Westbahn.

Verwaltungsrath.

Präsident: Jonas Ritter v. Königswarter.

Vice-Präsident: Moriz Ritter v. Todesco.

Joh. Fillunger.	Florent Robert.
Max Gomperz.	Joh. Ritt. v. Schimke.
Louis v. Haber.	N. A. Freih. v. Rothschild.
Adolf Landauer.	Dr. Jos. Weissel.
Aug. Stummer.	Alb. Klein, R. v. Wiesenberg.

Central-Verwaltung.

General-Inspector und Betriebs-Director: Fr. Mráz.

General-Secretär: Dr. Ed. Sochor.

Central-Buchhalter: I. Machatsch.	Secretär: Wilhelm Edler von Wertheimstein.
Central-Cassier: Josef Ph. Vonderheid.	Expeditsleiter: Cäsar Sgardelli.

Direction in Prag (Smichow, Westbahnhof).

Director: Fr. Mráz (wie oben).

Directors-Stellvertreter: Heinrich Jarsch, Inspector.

Dienstabtheilungen:

Directions-Secretariat u. Grundeinlösungs-Bureau.

Secretär: Josef Kurfürst.

Adjunct: Josef Vogel.

Expedit und Registratur:

Expeditor: Carl Rasp.

Commercieller Dienst.

Inspector: Heinrich Wissgrill.

Buchhalter: Ferd. Kirschner

Revisions-Bureau.

Josef Kretz, Ingenieur.

Cassa.

Cassier: Carl Szurek.

Bau- u. Bahnerhaltung.

Unbesetzt.

Ingenieur: Ignaz Rzechka.

Verkehr u. Stationsdienst.

Ingenieur: Carl Hawliček.

„ Marc. Pančera.

Zugförderung u. Werkstättendienst.

Ingenieur: Franz Gersik.

Material-Verwaltung.

Ober-Ingenieur: Carl Schreyer.

Historische Mittheilungen.

Die „böhmische Westbahn" ist nach Beilegung der bekannten Differenzen zwischen der Staatsverwaltung und den
„subventionirten Bahnen" gleich diesen ihren Schicksalsgefähr-
ten in bessere Verhältnisse eingetreten; doch aber war es ihr
nicht geglückt, hierin mit denselben völlig gleichen Schritt
zu halten. Während jene nämlich für das Jahr 1867 keiner Staatssubvention mehr bedurften, musste diese noch immer einen —
wenn auch relativ geringen — Zuschuss in Anspruch nehmen.

Die Ursache dessen ist jedoch hauptsächlich in dem leidi-
gen Umstande gelegen, dass die böhmische Westbahn zur Stunde
noch jeglichen Anschlusses an das inländische Bahnnetz in Prag
entbehrt und hiedurch eben von dem grossen Exportverkehre,
welcher zumeist die hohen Einnahmen der betheiligten Bahnen
im Jahre 1867 bewirkte, nahezu ausgeschlossen war.

Dieses augenfällige Hinderniss des Emporblühens der böhmischen Westbahn konnte natürlich nicht verfehlen die Aufmerksamkeit des Verwaltungsrathes sowohl, als auch der Actionäre
in vollstem Masse auf sich zu lenken. Der Erstere hat bereits im
December 1867 eine Eingabe an das k. k. Handelsministerium
gerichtet, mit der Bitte „um Beschleunigung der schon im Vorjahre in Aussicht gestellten Inangriffnahme des Baues der projectirten Verbindungsbahn", und die Letzteren haben in der Generalversammlung vom 15. Mai 1868 den Beschluss gefasst: „es
sei der Verwaltungsrath der Kaiser Franz Josefs-Bahn zur Erklärung einzuladen, ob er geneigt sei den Bau der Verbindungsbahn zu übernehmen, widrigenfalls die böhmische Westbahn die
geeigneten Schritte zu veranlassen hätte, diesen Bau selbst in
die Hand zu bekommen."

Hoffentlich wird diesen Anregungen die gerechte Würdigung zu Theil und der gegenwärtige, die Verkehrsinteressen im
Allgemeinen und jene der böhmischen Westbahn insbesonders
schwer beeinträchtigende Zustand, wornach die Schienenstrassen
des östlichen und nördlichen Böhmens von jenen des Westens

dieses Landes förmlich abgeschnitten sind, in Bälde behoben
werden.

Die seit dem Jahre 1863 zwischen der Gesellschaft und der
Bauunternehmung der böhmischen Westbahn bestandene Streitfrage, wer von den Beiden die Generalkosten, die Verzinsung
des Anlagecapitals während der Bauzeit des Radnitzer Flügels etc. etc. zu tragen habe, [1]) gelangte endlich in den ersten
Tagen dieses Jahres (1868) zur gütlichen Austragung, indem der
Verwaltungsrath unterm 17. Jänner mit den Gebrüdern Klein
einen Vergleich schloss, dem zufolge die Bauunternehmung die
Hälfte der strittigen Intercalarzinsen sammt Geldbeschaffungskosten und die ganzen Generalkosten, inclusive der Zinsen zur Deckung übernahm, während der hiernach noch verbliebene Rest
der Gesellschaft zur Last fällt.

Die Staatsverwaltung gab dem Vergleichsschlusse ihre Zustimmung und gestattete der Gesellschaft — um ihr die Last zu
erleichtern — dass sie die Zinsen und Geldbeschaffungskosten
der neuen Schuld in die Betriebsrechnung einstelle, die Schuld
selbst aber im Vorrange vor den an die Staatsverwaltung zu
refundirenden Vorschüssen aus dem Titel der Zinsengarantie ab-
stossen dürfe.

Gleichsam als Gegenstück hiezu kömmt eine in jüngster
Zeit der Gesellschaft gewordene ausserordentliche Einnahme per
fl. 100.000 in Actien der Kaiser Franz Josefs-Bahn zu verzeichnen, welcher Betrag von der Bauunternehmung dieser letzteren
Bahn als Entschädigung dafür geleistet wurde, dass die böhmische Westbahn — nachdem sie sich ausser Stande sah, die Linien Pilsen-Budweis und Pilsen-Eger in Combination mit den
übrigen Linien der Kaiser Franz Josefs-Bahn selbst zur Ausführung zu bringen — ihrem concessionsmässigen Vorrechte auf die
genannten Linien entsagte.

Diese Einnahme wird in der Vermehrung der Fahrbetriebsmittel seine Verwendung finden.

---

[1]) Die strittige Schuldsumme betrug mit Ende 1866 fl. 495.739.27
und laut der Bilanz pro 1867 um circa 100 fl. mehr; vergl. „Anlagekosten" der böhmischen Westbahn und die Bilanz pro 1866 S. 209 und 211
d. I. Jahrg. und „d. Bilanz pro 1867" auf S. 174 d. Buches.

Der Verkehr auf der böhmischen Westbahn war im Jahre
1867 — aus dem eingangs dieser Mittheilungen dargelegten
Grunde — wohl kein so bedeutender wie auf vielen anderen österreichischen Eisenbahnen, immerhin aber im Vergleiche zu den
Vorjahren ein wesentlich gesteigerter.

Der Frachtentransport hat sich gegen das Jahr 1866 um
38·3 % gehoben und die Einnahmen aus demselben sind gegen
jene des Vorjahres um fl. 428.588.92 gestiegen.

Die Betriebseinnahmen überhaupt betragen

pro 1867 .... fl. 2,096.146.78
pro 1866 haben dieselben............... „ 1,591.709.90
betragen, daher Zunahme .... fl.   504.436.88

Die Verwaltung der böhmischen Westbahn ist aber auch
unablässig bemüht, die Verkehrsverhältnisse ihrer Unternehmung
zu heben. So hat dieselbe eine Reihe commercieller Massnahmen getroffen, deren günstige Einwirkung auf den Verkehr
gewiss nicht ausbleiben kann; die wichtigsten davon sind:

a) im internen Verkehre:

Die Ausdehnung des Specialtarifes für Kohlen, ferner die Gewährung von Begünstigungen für Baumateria-
lien, Eisen, Holz etc.;

b) im externen Verkehre:

Die Einbeziehung mehrerer wichtiger Städte Süd-
deutschlands, der Schweiz und Frankreichs in den (seit
15. September v. J.) bestehenden directen Personen- und
Gepäcksverkehr ab Prag, sowie die Einführung eines
directen Personenverkehres zwischen Prag und Kuf-
stein nach der Eröffnung der Brennerbahn; ferners die
Aufstellung eines neuen Tarifes für Steinkohe [1]) nach
Tirol und Oberitalien (via Brenner).

Auch ist die böhmische Westbahn dem (am 1. August
1867) zu Stande gekommenen neuen Tarif des süd-
deutschen Verbandes beigetreten.

Die im verflossenen Sommer erfolgte Eröffnung eines
Theiles der Franz Josefs-Bahn hat die böhmische West-

_____

[1]) Dieser Tarif ist bereits seit 10. Juli 1867 in Kraft.

bahn überdies mit einem stark bevölkerten, industriereichen Gebiete des Landes in Verbindung gebracht, wodurch derselben wieder neue und mächtige Verkehrsquellen erschlossen wurden.

Alle diese Thatsachen, in Verbindung mit der Hoffnung auf die jetzt bald zu gewärtigende Herstellung der Prager Verbindungsbahn, berechtigen wohl zu dem Schlusse, dass die Zeit der Prüfungen nunmehr auch für die böhmische Westbahn vorüber sei.

Beschlüsse der General-Versammlung
vom 15. Mai 1868.

1. Der Rechnungsabschluss pro 1867 wird genehmigt und dem Verwaltungsrathe das Absolutorium ertheilt.

2. Der Verwaltungsrath der Kaiser Franz Josefs-Bahn sei zur Erklärung einzuladen, ob er geneigt sei, den Bau der (Prager) Verbindungsbahn zu übernehmen, widrigenfalls die böhmische Westbahn die geeigneten Schritte zu veranlassen hätte, den Bau selbst in die Hand zu bekommen.

Das Scrutinium für die Wahlen in den Verwaltungsrath ergab, dass

Herr Joh. Ritter v. Schimke mit 244 Stimmen,
   „ Louis v. Haber   „ 242   „
   „ Florent Robert   „ 240   „
wiedergewählt wurden.

Herr Albert Klein Ritter v. Wisenberg hat nach Abschluss des obbesprochenen Vergleiches zwischen der Gesellschaft und der Bauunternehmung die ihm (auf Grund des §. 33 der Statuten) vorbehaltene Stelle im Verwaltungsrathe eingenommen und ist derselbe nunmehr auf die statutenmässige Anzahl von zwölf Mitgliedern completirt.

Bahngebiet.

Dasselbe blieb im Jahre 1867 unverändert und umfasst (wie im I. Jahrg. S. 206 detaillirt nachgewiesen wurde) 26.46 wirkliche, beziehungsweise 27. -- tarifmässige Meilen.

Ausserdem versieht die Gesellschaft auch den Betrieb auf mehreren benachbarten Gewerksbahnen in der Gesammtlänge von 2.345 Meilen. [1])

Anlage der Bahn

unverändert. (Die Beschreibung derselben ist im I. Jahrg., S. 206—209 enthalten.)

Stand der Fahrbetriebsmittel
mit Ende 1867.

Locomotive und Tender	27 Stück.

Personenwagen:

Salonwagen................	1	Stück.
I. und II. Classe.....	9	„
II. Classe	24	„
III. „	46	„
Zusammen.. .	80	Stück.

Lastwagen:

Postwagen	2	Stück.
Gepäckswagen	12	„
Gedeckte Militärwagen..........	2	„
„ Lastwagen.........	180	„
„ Pferdewagen	4	„
„ Borstenviehwagen	6	„
Offene Hornviehwagen.........	14	„
„ Kohlenwagen	400	„
„ Langholzwagen..........	86	„
Lowrys	40	„
Zusammen....	806	Stück.

Schneepflüge 5 Stück, Draisinen 10 Stück.
Der Fahrpark ist somit gleichfalls unverändert geblieben.

---

[1]) Diese Privat-Gewerksbahnen sind folgende:

1. von der Station Nürschan:	
zu den Pankraz'schen Kohlengruben in einer Länge von	2.259 Klafter
zu dem Humbolds-Schachte des westböhmischen Bergbau- und Hüttenvereins	1.092 ,
zu den Fürst Thurn- und Taxis'schen Kohlengruben in Littitz pr.	4.160 ,
anschliessend hieran die Bergwerksbahn des Herrn Franz Hyra pr.	115 ,
2. von der Station Staab zu den der Mantauer Kohlengewerkschaft gehörigen Gruben in Mantau pr......	1.754 ,
Zusammen....	9.380 Klafter
	oder 2.345 Meilen.

Gesellschafts-Capital.

60.000 Stück Actien à fl. 200 . . . .   fl. 12,000.000
40.000 „   Prioritäts-Obligationen à fl. 300   „ 12,000.000

Zusammen fl. 24,000.000

Von den Prioritäts-Obligationen waren mit Ende 1867 bereits 880 Stück mit fl. 264.000 amortisirt.

Anlage-Kosten. [1])

Pauschalsumme für die vollständige Herstellung und Instruirung der Bahn . . . .   fl. 24,000.000.—
Generalkosten und Intercalarzinsen . . . .   „   495.834.73
Materialvorräthe . . . . :. . . .   .   „   316.491.89

Zusammen . . . .   fl. 24,812.326.62

Durchschnittliche Baukosten pr. Bahnmeile, wirkliche Länge. . . . .   fl.   936.300.—

[1]) Die Vertheilung der Anlagekosten auf die einzelnen Bautitel ist in den Geschäftsberichten nicht ersichtlich gemacht, da die Bauunternehmung den Bau und die Instruirung der Bahn für obige **Pauschalsumme** bewerkstelligt hatte.

Betriebsrechnung pro 1867.
Einnahmen.

I. Transports-Einnahmen.

Personen .... fl. 409.782.—
Militär-Transporte .... » 6.503.13
Gepäck..................................... » 16.761.65
Eilgut..................................... » 12.258.51
Waaren .... » 1,557.975.23

Summe.. fl. 2,003.280.52

II. Verschiedene Einnahmen.

Mieth- und Pachtzinse, Wagenmiethe, Depeschen etc. etc. fl. 92.866.26

Gesammt-Einnahmen fl. 2,096 146.78

Ausgaben.

I. Allgemeine Verwaltung.

Bezüge des Personals .... fl. 45 372.17
Bureaukosten und sonstige Auslagen .... » 18.399 82

Summe.. fl. 64.771.99

II. Bahnerhaltung und Bahnaufsicht.

Centralleitung .... fl. 4.721.54
Streckendienst .... » 11.316.21
Bahnaufsicht.. .... » 51.982.11
Unterbau................................... » 28.038 41
Oberbau.................................... » 221 020.31
Gebäude .... » 22.264.21
Ausserordentliche Auslagen................. » 3.574 33

Summe.. fl. 342 917.12

III. Verkehrs- und commercieller Dienst.

Centralleitung .... fl. 25.040.74
Stationsdienst .... » 117.435.37
Fahrdienst................................. » 31.168.77

Summe.. fl. 174.644.88

IV. Zugförderung und Werkstätten.

Centralleitung .... fl. 5.886.04
Zugsdienst .... » 102 130.83
Erhaltung der Fahrbetriebsmittel .... » 133.660.65

Summe.. fl. 241.677.52

Gesammt-Ausgaben [1).. fl. 822.011.51

[1) Die besonderen Ausgaben wurden aus demselben Grunde wie bei der Süd-nordd. Verbindungsbahn in den »Abschluss« der Betriebsrechnung aufgenommen.

Ertrags-Resultate und deren Verwendung.
(Abschluss der Betriebsrechnung pro 1867.)

Betriebs-Einnahmen .... fl. 2.096.146.78
Betriebskosten .... „   822.011.51

Ueberschuss.... fl. 1.274.135.27

Hievon wurden bestritten:
Pachtzins für die Bahnstrecke
von der Landesgrenze bis
Furth .... fl. 37.803.10
Steuerrückstände seit 1864 [1]). „ 129.395.63
Steuern und Stempel pro 1867 „ 51.162.75 fl. 218.361.48

Rest... fl. 1.055.773.79

Zur Bedeckung des garantirten $5\frac{1}{4}\%$igen Erträgnisses sind
edoch fl. 1.248.000 erforderlich, wornach sich ein Ausfall von
fl. 192.226.21 ergibt. Hievon entfallen jedoch (in Folge der Begleichung der Steuerrückstände) fl. 129.395.63 auf die Schul-
digkeit aus den Vorjahren und fl. 92.830.58=0·26% des Anlagecapitals auf das Jahr 1867.

---

[1]) Die obigen Steuerrückstände wurden aus dem Grunde im Jahre
1867 bezahlt, weil der definitive Abschluss der auch die Einkommensteuer-
Entrichtung betreffenden Auseinandersetzungen zwischen der h. Staatsverwaltung und der böhmischen Westbahn erst mit Herablangung des b. F. M. E.
vom 24. April 1867, Z. 1621 (s. S. 351—352 d. I. Jahrg.), womit der
Nachtragsvertrag vom 12. Jänner 1865 a. h. genehmigt wurde, erfolgt
ist, und erst darnach die für die abgelaufenen Jahre zu entrichtende Einkommensteuer definitiv bemessen werden konnte.

Statistik der Betriebsresultate pro 1867.

		Einheit	Menge	
Länge der Bahn..........................		Meilen	27.—	
Zurückgelegte Zugsmeilen..................		„	77.072	%
	Reisende I. Classe..........	Anzahl	4.530	2.4 „
	„ II. „	„	29.121	15.2 „
	„ III.	„	158.256	82.4 „
Befördert	„ aller Classen.......	„	191.907	100.—
wurden	Militär....................	„	12.430	
	Gepäck	Zll-Ctr.	23.575	
	Eilgut	„	13.464	
	Parteifrachten	„	9,487.115	
	Regiefrachten............. .	„	457.253	
				%
	Für Reisende	Gulden	409.782	19.5 „
Betriebs-	„ Militär-Transporte......	„	6.503	0.3 „
Einnahmen	„ Gepäck und Eilgut.....	„	29.020	1.4 „
	aus dem Frachtenverkehre...	„	1,557.975	74.3 „
	Sonstige Einnahmen	„	92.866	4.5 „
	Zusammen	„	2,096.146	100.—
	Allgemeine Verwaltung	„	63.772	7.8 %
Betriebs-	Bahnerhaltung u. Bahnaufsicht	„	342.917	41.7 „
Ausgaben	Verkehrs- u. commerc. Dienst	„	173.845	21.1 „
	Zugförderung u. Werkstätten.	„	241.677	29.4 „
	Zusammen	„	822.011	100.—
Ueberschuss............................		„	1,274.135	
Verhältniss der Ausgaben zu den Einnahmen		%	39.2	
Einnahme per Bahnmeile..................		Gulden	77.635.07	
Ausgabe „ „		„	30.444.87	
Einnahme „ Zugsmeile		„	27.20	
Ausgabe „ „		„	10.67	
Von den Reisenden zurückgelegter Weg in..		Meilen	1,565.647	
„ 1 „ „ „ „ „		„	8.2	
Durchschnittl. Einnahme von 1 Reisenden.....		Gulden	2.14	
„ „ „ 1 „ per Meile		Kreuz.	26.1	
Von den Frachtcentnern durchlaufener Weg in		Meilen	103.798.584	
„ 1 „ „ „ „		„	10.9	
Durchschnittl. Einnahme für 1 Frachtcentner...		Kreuz.	16.3	
„ „ „ 1 „ per Meile		„	1.5	

Bilanz mit 31. December 1867.

Activa.

Bau-Conto (Pauschale für die vollständige Herstellung
und Instruirung der Bahn) .... fl. 24,000.000 —
Generalkosten nach Vollendung der Hauptbahn [1]) .... „　495.834.73¹⁄₂
Material-Vorräthe .... „　316 491.89
Depos ten .... „　399.100.—
Debitoren .... „　978.182.41¹⁄₂
Cassa-Bestände .... „　783.373 20
Guthaben bei der Staatsverwaltung aus dem Titel der
Zinsengarantie .... „　1,377.538.42
　　　　　　　　　　　　　　　　　　　　　　　　fl. 28,352.520.66

Passiva.

Actien-Capital .... fl. 12,000 000.—
Prioritäts-Obligationen .... „　12,000 000.—
Zinsen- und Tilgungs-Rückstände............... „　896.862 50
Amortisations-Conto (Saldo zu dessen Gunsten)....... „　90¹.—
Creditoren .... „　1,588 469.30
Tratten-Conto .... „　550 000.—
Pensionsfond .... „　395.40
Krankencassa .... „　541.21
Schuld an die Staatsverwaltung für erhaltene Vorschüsse „　1,515.353.25
　　　　　　　　　　　　　　　　　　　　　　　　fl. 28,352.520.66

Bilanz des Pensionsfondes
per 31. December 1867.
Activa.

Auslagen für Pensionen und Abfertigungen im Jahre 1867 fl. 2.223.51
Rückgezahlte Beiträge............................ „　247.01
Vermögensbestand { in Effecten .... fl. 66.500.—
　　　　　　　　　　{ in Baarem .... „　395.40　„　66.895.40
　　　　　　　　　　　　　　　　　　　　　　　　fl. 69.365.92

Passiva.

Saldo vom 31. December 1866 { in Effecten fl. 56.800.—
　　　　　　　　　　　　　　　{ in Baarem „　797.36¹⁄₂ fl. 57.597.36¹⁄₂
Beiträge der Mitglieder pro 1867..................... „　7.021 58—
Eingeflossene Zinsen .... fl. 3117.31¹⁄₂
　„　　Strafbeträge .... „　254.42
Cursgewinn und sonstige Zuflüsse......... „　77.—　„　3.448.73¹⁄₂
Differenz zwischen dem Nominalwerthe und dem Ankaufs-
preise der im J. 1867 angekauften Effecten (u. z. fl. 9700
Nominal- fl. 8401 76 Ankaufswerth =)............... „　1.298.24
　　　　　　　　　　　　　　　　　　　　　　　　fl. 69.365.92

Buschtěhrader Eisenbahn.

(Sitz der Central-Administration in Prag.)

Verwaltungsrath.

Präsident: Josef Fritsch, k. k. Bergrath.

Vice-Präsident: Frdr. Zdekauer Ritter v. Treukron, k. Rath.

J. W. Bayer, k. Rath.	Carl Goltz, fürstl. Fürstenberg'-
C. A. Fiedler.	scher Cabinetsrath.
C. Bachofen v. Echt.	A. Lanna.
J. U. Dr. Josef Tragy.	

Direction.

Director: Josef Kress.

Secretär: Moriz Pfeifer.

Ingenieure bei der Direction: Josef Chwala und Anton Mlynař.

Buchhalter: Friedrich Eil.

Cassier: Wilhelm Dollansky.

Betriebsleiter der Locomotivbahn: Fr. Schima, Ingenieur.

Betriebsleiter der Pferdebahn: Adalb. Kuchinka, Ingenieur.

Historische Mittheilungen.

Zu Anfang des Jahres 1867 nahm es den Anschein, als sollten nunmehr die engen Grenzen fallen, welche bis dahin der Unternehmung der Buschtěhrader Eisenbahn-Gesellschaft gezogen waren.

Die Gesellschaft erhielt unterm 11. Jänner 1867 die a. h. Concession [1] zum Umbau ihrer Pferdebahn (Wejhybka-Pinie) und zur Fortsetzung derselben in der Richtung gegen Krupa

---

[1] Die wichtigsten Bestimmungen dieser Concession sind:

Die Concession vom 11. Jänner 1867 tritt an Stelle des Privilegiums vom 30. Juli 1827 (für die Prag-Lanaer Bahn) und der Concession vom

und Lužua au die damals concessionirt gewesenen Bahnen.
„Prag-Eger" und „Katschitz-Weipert", [1]) sowie zur Verbindung
des gesellschaftlichen Bahnhofes in Prag (Bubna) mit jenem der
Staatsbahn, eventuell auch mit jenem der böhmischen Westbahn
(durch eine Abzweigung von Hostivic nach Smichow), wodurch
die Buschtĕhrader Bahn zum wichtigen Mittelgliede in dem Bahnnetze Böhmens werden konnte und sollte.

Aeussere Einflüsse haben jedoch die volle Durchführung
dieser Concession, mithin auch die Erfüllung ihres wesentlichsten Zweckes verzögert.

Es kam vorerst nur die Verbindungsstrecke zum Staatsbahnhofe in Prag zur Ausführung — ihre Eröffnung hat am 28. April
1868 stattgefunden — die anderen Bauten aber unterblieben,
nachdem die Herstellung der obbezeichneten Nachbarbahnen immer fraglicher wurde — der concessionsmässige Termin zum Be-
ginne des Baues war nämlich verstrichen, ohne dass auch nur
die Voreinleitung zu demselben getroffen worden wäre — und
ohne die Anschlüsse an dieselben der Kostenaufwand für den

---

20. November 1855 (zur Fortsetzung der vorgenannten Pferdebahn) nach
Wejhybka und zum Baue einer Locomotivbahn von Kladno nach Kralup,
umfasst daher die sämmtlichen (bis zu jenem Zeitpuncte) concessionirten
Linien der Buschtĕhrader Eisenbahn und gewährt der Gesellschaft das
Recht zum Umbau ihrer Pferdebahnlinien und zu den obbezeichneten Fort-
setzungsbauten. (§. 1 d. Conc.-Urk.) Der Gesellschaft wird zur Ausführung
dieser Bauten das Recht der Expropriation ertheilt. (§. 5.) Die Höhe
der Fahr- und Frachtpreise ist folgender Begrenzung unterworfen: Ma-
ximaltarif für Reisende per Kopf und Meile: I. Cl. 36 kr. ö. W.,
II. Cl. 27 kr., III. Cl. 18 kr., IV. Cl. 12 kr.; bei Schnellzügen dürfen diese
Tarife um 20% erhöht werden: — Maximaltarif für Frachten per
Zoll-Centner und Meile: I. Cl. 2 kr. ö. W., II. Cl. 2¼ kr., III. Cl. 3½ kr.
(§. 9). Der Gesellschaft steht das Recht zu, die Tarifsätze in Silber-
münze oder mit dem entsprechenden Agiozuschlage einzuheben. (§. 11.)
Die Dauer der Concession ist auf 80 Jahre (vom Datum der Conc.-
Urk. gerechnet) festgesetzt. (§. 17.) Doch kann die Staatsverwaltung nach
Ablauf von 30 Jahren die Bahn einlösen. (§. 18.)

[1]) Die Katschitz - Weiperter Bahn (Rakonitz - Komotau - Annaberg)
wurde am 25. und die Prag-Egerer Bahn am 26. August 1865 concessionirt. (Vergl. d. „Entwicklung des österr. Eisenbahnwesens", S. 12 d. I. Jahrg.
d. Buch.)

Um- und Weiterbau der Pferdebahn nicht gerechtfertigt gewesen wäre.

Um nun die Buschtěhrader Bahn für alle Fälle gegen die ihr neuerlich drohende Isolirtheit zu sichern, fasste der Verwaltungsrath den Entschluss, das im Jahre 1864 schon gehegte Project, diese Bahn selbst über Komotau und Weipert bis an die sächsische Grenze zu führen, wieder aufzunehmen und die damals veranlassten, durch die Concessionirung dieser Linie an das Annaberger Consortium aber unterbrochenen Vorarbeiten wieder fortzusetzen.

Die Bewilligung hierzu war der Verwaltung der Buschtěhrader Bahn mit dem Termine bis Mitte Juni ertheilt worden und mit Ende desselben Monats hatte sie auch bereits das technische Elaborat für eine Bahn von Krupa über Saaz und Komotau nach Weipert der Regierung unterbreitet, begleitet von dem Gesuche um die Eröffnung von Verhandlungen bezüglich der definitiven Concession dieser Bahnlinie.

Da aber die Entscheidung hierüber ausblieb, so haben die Vertreter der Buschtěhrader Eisenbahn-Gesellschaft (Dr. Trągy und Director Kress) am 20. Juli das Gesuch um die Eröffnung der Concessions-Verhandlungen wiederholt; gleichzeitig aber auch sowohl im Namen der Buschtěhrader Bahn, als wie Namens des von ihnen ebenfalls vertretenen Consortiums für die Saaz-Egerer Bahn, dem Abgeordnetenhause eine Petition überreicht, worin die Vortheile einer combinirten, von der Buschtěhrader Bahn in Prag ausgehenden, über Krupa-Saaz-Komotau nach Weipert und mittelst einer Zweigbahn von Saaz und Priesen, respective Komotau auch nach Carlsbad und Eger führenden Bahn, gegenüber den im Jahre 1865 concessionirten Linien Prag-Eger und Kaltschitz-Weipert, dargestellt und gebeten wurde, die Concession für diese combinirte Linie der Buschtěhrader Eisenbahn-Gesellschaft (im Vereine mit dem letztgenannten Consortium) zu verleihen. [1]

---

[1] Diese Petition wurde über Beschluss des Abgeordnetenhauses vom 25. Juli 1867 dem Ministerium zur eingehenden Erwägung und behufs der bezüglichen Vorlage zur verfassungsmässigen Verhandlung übergeben.

In der Zwischenzeit hatten die Concessionäre der mehrerwähnten zwei Bahnen neuerliche Anstrengungen gemacht, die
ihnen verliehenen Concessionen aufrecht zu erhalten.

Das Consortium für die Prag-Egerer Bahn schritt um eine
Erhöhung der Zinsengarantie ein und das Annaberger Consortium
erbat sich eine weitere Erstreckung des Termines zum Baube-
ginne, welche demselben auch unterm 12. September für weitere
6 Wochen zugestanden wurde, mit dem Bedeuten: „vor Ablauf
dieser Zeit eine Caution zu leisten und einen mit accreditirten Bauunternehmern abgeschlossenen Bauvertrag in Vorlage zu bringen."

Nachdem jedoch auch dieser Termin fruchtlos verstrich und
die dem Consortium für die Prag-Egerer Bahn früher schon bewilligte letzte Frist bereits mit Ende August abgelaufen war,
liessen die Vertreter der Buschtěhrader Bahn unterm 13. October
ihren bis dahin unerledigten Concessionsgesuchen noch eine dritte
Eingabe folgen, doch blieb die Entscheidung in Folge der mittlerweile hinzugetretenen neuen Bewerber ¹) noch längere Zeit
in der Schwebe.

Erst nachdem die Vertreter der Buschtěhrader Bahn den
Intentionen der Regierung (die Administration des ganzen combinirten Bahnnetzes in eine Hand zu legen) folgend, am 3. November 1867 ein Gesuch um die Concession für das projectirte
gesammte „nordwestlich-böhmische Bahnnetz" überreicht hatten,
fand das Ministerium sich bestimmt in die erbetenen Concessions-
Verhandlungen einzutreten, welche nunmehr rasch zu Ende gediehen.

Die vereinbarten Concessionsbedingungen wurden von der

----

¹) Anfangs October 1867 war die sächsisch-böhmische Indu-
strie- und Bergbau-Gesellschaft (vertreten durch den Reichsraths-
Abgeordneten Dr. Alex. Schindler) um die Concession für die Eisenbahnlinien: Dux-Komotau-Carlsbad-Eger und Prag-Saaz-Komotau-Annaberg
eingeschritten; später verzichtete diese Gesellschaft auf jede weitere Bewerbung zu Gunsten des Grafen Emil Wimpfen, welcher in Gemeinschaft
mit dem Freih. Alex. de Lossy aus Paris für dieselben Linien in Bewerbung trat.

Ausserdem interessirten sich für die Katschitz-Weiperter Linie auch
noch einige sächsische Capitalisten (vertreten durch Dr. Gerhard in
Dresden und den Bergwerksbesitzer Heidtmann).

Regierung am 14. December 1867 im Abgeordnetenhause als Gesetzesvorlage eingebracht, nachdem mit der a. h. Entschliessung vom gleichen Tage die am 25., respective 26. August 1865 ertheilten Concessionen für die Eisenbahn von Katschitz nach Weipert und von Prag nach Eger für verfallen erklärt worden waren.

In der Sitzung des Abgeordnetenhauses vom 18. December gelangte der Gesetzentwurf zur ersten Lesung, worauf derselbe dem volkswirthschaftlichen Ausschusse mit dem Auftrage zugewiesen wurde, „die Berathung zu beschleunigen und nach Wiederaufnahme der (damals vertagten) Sitzungen des Abgeordnetenhauses Bericht zu erstatten."

Die Generalversammlung der Actionäre der Buschtěhrader Eisenbahn-Gesellschaft vom 20. Februar 1868 genehmigte den mit der Regierung vereinbarten Concessionsentwurf, sowie überhaupt alle von den Vertretern der Gesellschaft, beziehungsweise vom Verwaltungsrathe in dieser Angelegenheit unternommenen Schritte und ermächtigte denselben, das zur definitiven Erwerbung der angestrebten Concession — und im Falle ihrer Erlangung auch das zum Ausbaue der Strecke von der sächsischen Grenze bis zum Anschlusse an die Chemnitz-Annaberger Bahn — noch Erforderliche zu veranlassen. [1]

So weit wäre nun der Verlauf der Angelegenheit ein für die Buschtěhrader Bahn günstiger gewesen; allein von da ab hatte die Gesellschaft einen schweren Kampf durchzumachen, ehe sie das angestrebte Ziel erreichte.

Während nämlich die früher erwähnten Concurrenten bald wieder von ihren Bewerbungen abliessen, erstand ihr jetzt in dem Consortium Gebrüder Klein — österr. Creditanstalt — ein neuer Concurrent, [2] der um so gefährlicher war, als sie (die

---

[1] Der Wortlaut der „Beschlüsse der Generalversammlung vom 20. Februar 1868" ist seinem vollen Inhalte nach auf S. 185 abgedruckt.

[2] Das Consortium Gebrüder Klein - Creditanstalt hatte Anfangs Februar 1868 dem k. k. Handelsministerium ein Gesuch um Ertheilung der Concession für eine Eisenbahn von Prag (Smichow) über Saaz und Komotau bis an die sächsische Grenze mit einer Abzweigung von Saaz über Carlsbad nach Franzensbad und Eger überreicht.

Buschtěhrader Gesellschaft) in ihren Concessionsbestrebungen einen grossen Theil der öffentlichen Presse gegen sich hatte.

In Publicationen aller Art, in Journalartikeln, wie in Broschüren wurde der Buschtěhrader Gesellschaft der Vorwurf gemacht, dass sie gar nicht ernstlich daran denke, die angestrebte Concession auch factisch durchzuführen, dass sie vielmehr nur jede Concurrenz aus dem Felde schlagen wolle, um die ganze Sache im Interesse ihres Monopols möglichst lange zu verzögern, — und den Widerlegungen dessen folgten immer neue Anklagen gegen das Tarifsystem und die monopolistischen Tendenzen der Buschtěhrader Gesellschaft.

So entwickelte sich ein Federkrieg, der, weil manchmal auch von nationalem Hader untermischt, an Heftigkeit noch jenen übertraf, welcher zur selben Zeit wegen der Concessionirung der „österr. Nordwestbahn“ geführt wurde.

Dieser Kampf, dessen Wogen am höchsten gingen, als die verfassungsmässige Behandlung der Gesetzesvorlage zu Ende gedieh [1] und es sich nunmehr um die definitive Concessionsertheilung handelte, währte bis August, obzwar die eigentliche Streitfrage bereits mit 1. Juli entschieden war, da an diesem Tage die a. h. Entschliessung erfolgte, auf Grund welcher die Concession für das nordwestlich-böhmische Bahnnetz der Buschtěhrader Eisenbahn-Gesellschaft verliehen wurde. [2]

---

[1] Im Abgeordnetenhause kam die Gesetzesvorlage über das nordwestlich-böhmische Bahnnetz am 28. April zur Berathung. Die Debatte nahm drei Sitzungen in Anspruch, so dass erst am 30. April die dritte Lesung und Annahme erfolgte, nachdem der Garantiebetrag im Sinne des Minoritäts-Votums (des volkswirthschaftlichen Ausschusses) von 850.000 fl. auf 890.000 fl. per Meile erhöht und auch sonst noch manche Aenderung an dem Entwurfe vorgenommen worden war. Im Herrenhause gelangte der Gesetzentwurf am 7. Mai zur ersten und am 18. Mai zur zweiten und dritten Lesung, worauf derselbe — mit einigen unwesentlichen Abänderungen — nach der Fassung des Abgeordnetenhauses angenommen wurde. Die a. h. Sanction erlangte das Gesetz am 3. Juni 1868.

[2] Ueber die Gründe, welche die Regierung bestimmten, sich für die Buschtěhrader Gesellschaft zu entscheiden, enthielt das „Central-Blatt für Eisenbahnen und Dampfschiffe“ vom 11. Juli 1868 (Nr. 28) folgende Auseinandersetzung:

Die ausserordentliche Generalversammlung vom 7. Juli 1868 acceptirte diese Concession in allen ihren Thei-

---

„Mit dem Gesetze in Betreff des nordwestböhmischen Bahnnetzes war bekanntlich eine zweifache Unterstützung in Aussicht genommen worden; entweder die Betheiligung des Staates durch eine Subvention, oder die Garantie des Reinerträgnisses. In beiden Richtungen lagen der Regierung Offerte vor. Den Modus der Subvention acceptirte das Offert der Buschtěhrader Eisenbahn-Gesellschaft, wogegen das Offert der Creditanstalt und der Gebrüder Klein, sowie jenes eines Consortiums ausländischer Capitalisten, vertreten durch Baron Braunecker, die Zinsengarantie voraussetzte.

Nach der a. h. Sanctionirung des Gesetzes wurden die Verhandlungen fortgesetzt, und unter dem heilsamen Drucke der erwähnten Concurrenz gelang es der Regierung, gegenüber den im Gesetze stipulirten Concessionsbedingungen noch weitere sehr wesentliche Zugeständnisse zu erzielen. Das Consortium Creditanstalt-Gebrüder Klein ging von seinem ursprünglichen Offerte, dem eine Maximalsumme des Anlagecapitales von 890.000 fl. per Meile zu Grunde gelegt war, herab, hielt aber doch die Garantie eines 5½procent. Nettoerträgnisses aufrecht.

Die Buschtěhrader Gesellschaft, welche von Anfang sich mit einer Subvention begnügte und auf eine Zinsengarantie nur in zweiter Linie reflectirte, gewährte Zugeständnisse, welche theils finanzieller, theils volkswirthschaftlicher Natur waren.

In ersterer Beziehung wurden die Modalitäten der Betheiligung des Staates sowohl hinsichtlich der Erfolglassung der Vorschüsse als der Tilgung dieser Vorschüsse durch Actien in einer Weise festgestellt, die für den Staat höchst günstig und geeignet ist, demselben das gebrachte Opfer kaum fühlbar zu machen, sowie jede eventuelle Verlegenheit auszuschliessen.

In volkswirthschaftlicher Beziehung wurden ausserdem sehr wesentliche Tarifermässigungen vereinbart. Die Buschtěhrader Gesellschaft hat sich verpflichtet, vom Tage der Betriebseröffnung auf den neu zu concessionirenden Linien auch im Localverkehr der bestehenden Linien den concessionsmässigen Tarif, mit Ausnahme jenes für Kohlen, einzuführen, deren Tarifsatz statt des gegenwärtig mit 2 kr. festgestellten vorläufig und zwar schon binnen 6 Wochen nach Erhaltung der Concession auf 1·3 kr. ermässigt wird. Dieser Localtarif wird ferner mit der Eröffnung der neuconcessionirten Linien auf 1·2 kr. herabgemindert und im Falle der voraussichtlich eintretenden Steigerung des Kohlenverkehres aus dem Buschtěhrad-Kladnoer Reviere selbst bis auf den im Gesetze normirten Satz von 1 kr. ermässigt werden.

Bei der vergleichenden Beurtheilung der Concurrenz kommt ferner in Betracht, dass das Consortium Creditanstalt-Klein das neue Netz mit Prag nur an einem Puncte, in Smichow, in Verbindung bringen würde, während

len [1]) und fasste zugleich die (weiter unten Seite 186 wörtlich mitgetheilten) nöthigen Beschlüsse in Bezug auf die Durchfüh-

---

durch die Buschtěhrader Bahn die Verbindung des nordwestböhmischen
Bahnnetzes mit Prag an vier Puncten, und zwar in Smichow, vom Sand-
thorba nhof aus und mittelst der bereits im Betriebe stehenden Verbindungsbahn Sandthorbahnhof-Bubna durch Bubna und den dort befindlichen
Staatsbahnhof hergestellt wird. Ausserdem mussten die besonderen Vortheile auffallen, welche die Buschtěhrader Gesellschaft durch die ihr mög-
liche billigere Geldbeschaffung gegenüber der Creditanstalt bietet.

Nach den erwähnten Zugeständnissen musste sich die Regierung um-
somehr für das Offert der Buschtěhrader Bahngesellschaft entscheiden, als
die Concessionsverleihung an diese Gesellschaft im Einklange mit den
Wünschen der unmittelbar betheiligten Landesorgane steht, indem sich die
Handels- und Gewerbekammer in Prag und in Eger, der böhmische Lan-
desausschuss, der Prager Stadtrath und die böhmische Statthalterei einstimmig für die Concessionirung der Buschtěhrader Gesellschaft und nicht
des Consortiums Creditanstalt-Klein ausgesprochen haben. Demgemäss ist
die Entscheidung zu Gunsten der mehrerwähnten Gesellschaft erfolgt.«

[1]) Die wesentlichsten Bestimmungen der Concession vom 1. Juli 1868
sind folgende:

Dieselbe verleiht der Buschtěhrader Eisenbahn-Gesellschaft das
Recht zum Baue und Betriebe einer Locomotiv-Eisenbahn von Prag
(Smichow) über Saaz und Komotau bis Weipert (oder einen anderen,
bei weiterer Prüfung etwa als vortheilhafter erkannten Punct an der
sächsischen Grenze) zum Anschlusse an die Chemnitz-Annaberger
Bahn, mit einer von der Hauptbahn nächst Priesen abzweigenden Linie
durch das Egerthal über Carlsbad nach Eger und einer weiteren Zweigbahn nach Franzensbad, ferners mit einer von der Hauptbahn abzweigenden Flügelbahn in das Rakonitzer Kohlenrevier und verpflichtet
die Gesellschaft diese Linien, resp. die zur Herstellung des ganzen Netzes
von ihr noch zu erbauenden neuen Strecken, mit den alten Linien in Verbindung zu bringen. (§. 1 der Conc.-Urk.) Der Bau muss binnen 2 Monaten bei Eger beginnen und die Strecke bis Carlsbad binnen zwei Jahren
dem Betriebe übergeben sein, ebenso muss der Bau binnen 3 Monaten von
Komotau in der Richtung gegen die sächsische Grenze zu begonnen und
diese Strecke, sowie die übrigen Linien binnen 3 Jahren dem öffentlichen
Verkehre übergeben werden. Für die Erfüllung dieser Pflichten hat die
Gesellschaft durch den Erlag einer Caution von 2 Millionen Gulden der
Staatsverwaltung Sicherheit zu leisten. (§. 2.) Die Fahr- und Frachtpreise
für den Gesammtcomplex der im §. 1 bezeichneten Linien sind folgender
Begränzung unterworfen.

Maximaltarif für Reisende per Person und Meile in der I. Cl.

rung der Concession, die Beschaffung des hiezu erforderlichen
Capitals, die getrennte Verrechnung, Statutenänderung u. s. w.
so namentlich, dass das bisherige Unternehmen der Gesellschaft
auf die Fortsetzung ihrer Locomotivbahn über Saaz nach Priesen, mit der Abzweigung in das Rakonitzer Kohlenrevier
und mit der Abzweigung von Hostivic nach Smichow auszudehnen, die Flügelbahn von Priesen über Carlsbad nach Eger
und Franzensbad, sowie die Bahnstrecke von Priesen an die

---

30 kr. ö. W., II. Cl. 25 kr., III. Cl. 15 kr., IV. Cl. 9 kr. Bei Schnellzügen
dürfen diese Tarife um 20% erhöht werden.

    Maximaltarif für Frachten pr. Ztr. und Meile I. Cl. 2 kr. ö. W.,
II. Cl. 2½ kr., III. Cl. 3 kr. Ausnahmsweise haben für folgende Gegenstände bei ganzen Wagenladungen die nachstehenden Frachtsätze zu
gelten:

	Getreide und Salz	Brenn- und Schnittholz	Mineralkohle, Coaks, Torf, Erze, Eisenflossen, Steine
	Kreuzer		
für die ersten 10 Meilen	1.5	1.2	1.—
„ „ zweiten 10 „	1.4	1.—	0.8
„ die weiteren Entfernungen ...	1.2	0.9	0.6

Als Expeditionsgebühr werden für alle Güter 2 kr. pr. Zollzentner
eingehoben, worin die Auf- und Abladegebühr und die allgemeine Assecuranz einbezogen ist. (§. 8.) Die Frachtsätze können in Silbermünze, resp.
mit dem entsprechenden Agiozuschlage eingehoben werden. (§. 9.) Die
Gesellschaft erhält zum Bau der im § 1 genannten Linien Staatsvorschüsse bis zum Betrage von 5 Millionen Gulden, welche in Actien des
ganzen Netzes u. z. zum Emissionscurse refundirt werden. (§. 15.) Während der Bauzeit und vom Tage der Eröffnung des Betriebes auf sämmtlichen Linien des neuen Netzes an gerechnet geniesst die Gesellschaft für
dasselbe durch 12 Jahre zur Gänze und weitere 8 Jahre zur Hälfte die
Befreiung von der Einkommensteuer und der Entrichtung der Coupons-Stempel. (§. 17.) Die Dauer der Concession ist auf 90 Jahre,
gerechnet vom Tage der Eröffnung des Betriebes auf sämmtlichen Linien,
festgesetzt (§. 18), doch steht der Staatsverwaltung das Recht zu, nach
Ablauf von 30 Jahren die Bahn jederzeit einzulösen. (§. 19.)

sächsische Grenze aber als ein „weiteres" Unternehmen
der Gesellschaft durchzuführen sei und das Baucapital durch
die Ausgabe:

a) von Actien der gegenwärtigen
　　 Serie (A) in dem Gesammtbetrage von fl. 1.615.950. —
　　 zum Paricurse à 525 fl. pr. Stück;

b) von Actien einer neuen Serie (B)
　　 im Gesammtbetrage .... „　„　7.600.000. —
　　 zum Paricurse à 200 fl. pr. Stück:

c) von 5°/₀igen Silber-Prioritäts-
　　 Obligationen im Gesammtbetrage „　„　15.500.000. —

beschafft werden solle.

Auf Grund dieser Beschlüsse ist gegen Ende Juli eine Quote
des Prioritäts-Anlehens im Betrage von 2 Millionen Thaler (bei
Moriz Zdekauer in Prag, dann in Dresden und Leipzig) mit dem
Emissionscurse von 77¹/₄ in Silber = 86.₄ ö. W. zur öffentlichen
Subscription aufgelegt worden, welche Summe um mehr als das
16fache überzeichnet wurde, so dass sehr namhafte Reductionen
stattfinden mussten. ¹)

Die concessionsmässige Caution (§. 2 d. Conc.-Urk.) ist
Anfangs August, u. z. zur einen Hälfte, d. i. 1 Million Gulden,
in Baarem und zur andern Hälfte mittelst Realhypothek, beigestellt worden.

Die Buschtěhrader Eisenbahn-Gesellschaft steht somit am
Ziele ihrer Wünsche und ist es jetzt an ihr, durch eine rasche
Bauführung die wider sie erhobenen Klagen thatsächlich zu
widerlegen und die als Nachhall zu dem bestandenen Kampfe
noch immer gegen sie laut werdenden Bedenken zum Schweigen
zu bringen.

---

¹) Statt der aufgelegten 2 Millionen wurden 51.707.000 Thlr. gezeichnet, wovon 587.000 Thlr. als von den Actionären der Buschtěhrader Bahn
subscribirt, den Subscriptionsbedingungen gemäss, unverkürzt erfolgt
wurden, während bei den übrigen Beträgen eine namhafte Reduction eintrat, derart, dass auf 1—40 gezeichnete Obligationen 1 Stück, auf 41—80
gezeichnete Obligationen 2 Stück u. s. f. für jedes angefangene Vierzig
der gezeichneten Stücke Eine Obligation mehr entfiel.

Vorläufig hat, u. z. am 6. Juli 1868, der Umbau der Pferdebahn von Wejhybka bis Stochow begonnen.

Der Verkehr auf der Buschtěhrader Bahn war im Jahre
1867 ein wesentlich gesteigerter; es wurden 12.551.879 Ztr.
Kohle und 977.506 Ztr. andere Güter, zusammen daher
13.529.385 Ztr. Fracht befördert, ein Quantum, das noch in
keinem der vorgehenden Jahre erreicht worden ist.

Die Betriebs-Einnahmen pro 1867 betragen fl. 928.156.65,
daher um fl. 160.372.24, oder bei Berücksichtigung des auf
fl. 60.000 veranschlagten Betriebsentganges in Folge der Kriegsereignisse [1]) um (rund) fl. 100.000 mehr als im Vorjahre.

Beschlüsse der (ordentl.) Generalversammlung
vom 20. Februar 1868.

1. Die Rechnungs-Abschlüsse werden genehmigt und der
Verwaltung das Absolutorium ertheilt.

2. Von dem disponiblen Ueberschusse per fl. 363.348.79
sollen an Zinsen und Dividenden noch 40 fl. per Actie, resp.
26.87½, per Genusschein, ausbezahlt, fl. 4227.50 dem Pensions-
und Unterstützungs-Fonde zugewiesen werden, der hiernach und
nach Abzug der Tantième etc. etc. zu verwendenden Summe noch
erübrigende Betrag aber dem Reservefonde zufliessen.

3. Der von den Bevollmächtigten der Gesellschaft mit der
Regierung vereinbarte Concessionsentwurf wird zur genehmigen-
den Kenntniss genommen;

4. Die Direction wird ermächtigt, die wegen der Ertheilung
der Concession zum Bau der Fortsetzung der Buschtěhrader
Eisenbahn über Saaz-Komotau an die Chemnitz-Annaberger
Bahn mit der Abzweigung von Saaz und Priesen, resp. Komotau
über Carlsbad nach Eger weiters nöthigen Schritte zu veranlassen, allfällige Aenderungen der Bestimmungen dieses Concessions-
entwurfs zu vereinbaren und anzunehmen, sowie über Verlangen

---

[1]) Vgl. d. „Geschichte der Buschtěhrader Bahn" S. 219 d. l. Jahrg.
d. Buch.

der Regierung derselben auch für die wirkliche und concessionsmässige Ausführung der Bahn Caution zu leisten.

5. Für den Fall der Erlangung dieser Concession wird die
Direction ermächtigt,

a) das zum Ausbau des neuen Bahnnetzes und speciell auch
das zum Ausbaue der Strecke von der sächsischen Grenze
bis zum Anschlusse an die Chemnitz-Annaberger Bahn
Nöthige zu verfügen und

b) behufs der Beschlussfassung über die Geldbeschaffung
unverweilt eine ausserordentliche Generalversammlung
einzuberufen.

Das Scrutinium für die Wahlen in die Direction ergab, dass
die austretenden Directionsmitglieder J. W. Bayer und C. A.
Fiedler, ersterer mit 224, letzterer mit 234 von den abgegebenen 234 Stimmen wiedergewählt wurden.

Beschlüsse der (ausserordentl.) Generalversammlung
vom 7. Juli 1868.

1. Die Concession ddto. 1. Juli 1868 wird mit dem ehrerbie-
tigsten Danke an Se Majestät dem Kaiser zur Kenntniss genommen.

2. Betreffs der Durchführung dieser Concession wird
beschlossen:

a) das bisherige Unternehmen auf die Fortsetzung der Locomotivbahn über Saaz nach Priesen mit der Abzweigung
in das Rakonitzer Kohlenrevier und der Abzweigung von
Hostivic nach Smichov auszudehnen und

b) die Flügelbahn von Priesen über Carlsbad nach Eger und
Franzensbad, sowie die Bahnstrecke von Priesen an die
sächsiche Grenze als ein weiteres Unternehmen der Gesellschaft zur Ausführung zu bringen.

3. Das hiezu erforderliche Capital soll beschafft werden:

a) durch die Ausgabe von Actien gegenwärtiger Serie
und Categorie zum Paricurse à 525 fl. im Gesammtbetrage
von 1.615.950 fl. ö. W.,

b) durch die Ausgabe von Actien einer neuen Serie (lit. B)

zum Paricurse à 200 fl. in dem Gesammtbetrage von
7.600.000 fl. ö. W.,

c) durch die Ausgabe von 5%igen Silber-Prioritätsobligationen im Gesammtbetrage von 15,500.000 fl. ö. W.

4. Rücksichtlich des künftigen Verhältnisses der Actien
I. und II. Serie wird bestimmt:

a) die bisher emittirten und noch zu emittirenden Actien
I. Serie (lit. A) à 500 fl. C. M., oder 525 fl. ö. W., haben
Anspruch auf den statutenmässigen Reinertrag der bisherigen Eisenbahnlinien der Buschtěhrader Eisenbahngesellschaft und deren herzustellenden Fortsetzung über
Saaz bis Priesen mit der Flügelbahn in das Rakonitzer
Kohlenrevier und der Flügelbahn von Hostivic nach Smichow; die neu zu emittirenden Actien I. Serie in dem
Gesammtbetrage von 1.615.950 fl. ö. W. jedoch erst mit
dem 1. Jänner des auf die Eröffnung des Betriebes auf
der Fortsetzungsstrecke bis Priesen folgenden Jahres —
bis zu welchem Zeitpuncte die auf dieselben geleisteten
Einzahlungen mit 5% jährlich verzinst werden.

b) Die zu emittirenden neuen Actien II. Serie (lit. (B) à 200 fl.
ö. W., auf den Ueberbringer lautend, werden auf den statutenmässigen Reinertrag der zu erbauenden Flügelbahn
von Priesen über Carlsbad nach Eger und Franzensbad
und der Bahnstrecke von Priesen über Komotau an die
sächsische Grenze Anspruch haben; bis zur Eröffnung des
Betriebes auf diesen Strecken werden die Einzahlungen
auf dieselben mit 5% jährlich verzinst.

5. In Betreff der Baurechnung wird bestimmt:
Sobald die Baurechnung für die Fortsetzungsstrecke bis Priesen nebst deren Zweigbahnen in das Rakonitzer Kohlenrevier und
nach Smichow und ebenso die Baurechnung für die Bahnstrecke
Eger-Carlsbad-Priesen-sächsische Grenze abgeschlossen ist,
wird das Capital für jede der Bahnstrecken, d. i. sowohl für die
Fortsetzungsstrecke über Saaz bis Priesen mit den Abzweigungen
in das Rakonitzer Kohlenrevier und nach Smichow, als auch für
die Strecke Eger-Carlsbad-Priesen-sächsische Grenze definitiv

festgestellt, und ebenso der von den Prioritäts-Obligationen für
jede dieser 2 Bahnstrecken nebst ihren Abzweigungen verwendete Betrag ermittelt.

Zu Lasten des Bauconto werden geschrieben:

a) Die Kosten für definitive Herstellung und Einrichtung
der Bahnstrecke mit Inbegriff aller Auslagen, welche aus
Anlass der Errichtung und Inbetriebsetzung der Bahnstrecke nothwendig bestritten werden müssen, insbesondere die Beschaffung der den Verkehrsverhältnissen entsprechend erforderlichen Fahrbetriebsmittel;

b) die Kosten zur Aufbringung des erforderlichen Anlagecapitals;

c) die Zinsen während der Bauzeit;

d) die Generalkosten und Vorauslagen, die sich nicht abgesondert verrechnen lassen, im Verhältnisse der Länge der
neu zu erbauenden Strecken.

6. In Betreff der Betriebsrechnung wird bestimmt:

1. Die Betriebsrechnungen für die bisherigen Linien der
Buschtěhrader Eisenbahn mit der auszubauenden Fortsetzung
über Saaz nach Priesen mit der Abzweigung in das Rakonitzer
Kohlenrevier und nach Smichow einestheils und für die Bahnstrecke von Eger über Carlsbad nach Priesen und an die sächsische Grenze anderntheils sind abgesondert zu führen;

2. die für eine Bahnstrecke ausschliesslich gemachten Auslagen werden direct der Betriebsrechnung für dieselbe Strecke
zur Last zu legen sein;

3. von den gemeinsamen Ausgaben beider Eisenbahnstrecken
kommen zu vertheilen:

a) die allgemeinen Verwaltungskosten (Directions- und Verwaltungsauslagen) im Verhältnisse der Länge beider Be-
triebsstrecken;

b) die Transportsverwaltungskosten (Fahrdienst und Zugför-
derungskosten), sowie die Reparaturs- und Erhaltungs-
Auslagen für Fahrbetriebsmittel, welche ohne Rücksicht
darauf, für Rechnung welches Fondes sie angeschafft
wurden, für alle Theile des Gesammt-Unternehmens ge-

meinschaftlich benützt werden können, im Verhältnisse
der auf beiden Bahnstrecken zurückgelegten Anzahl von
Locomotiv- und Wagenachsmeilen;

c) die Auslagen des Bahnhofes Priesen im Verhältnisse der
ankommenden und abgehenden Züge.

7. Hinsichtlich der Ausgabe von Prioritäten wird beschlossen:

1. Die Direction ist ermächtigt, die Prioritäts-Obligationen
im Interesse des Unternehmens entweder für das gesammte Eisenbahnnetz der Buschtěhrader Gesellschaft von einer Gattung, oder
für je eine der abgesonderten Bahnstrecken, somit von verschiedenen Gattungen durch eine oder durch mehrere Emissionen
zugleich oder successive auszugeben, wegen der Begebung das
Nöthige zu verfügen, diesfällige Verträge mit Geldkräften definitiv abzuschliessen, die Höhe der einzelnen Obligationen, deren
Amortisirung, den Begebungscurs und überhaupt alle erforderlichen Anordnungen zu bestimmen, doch soll die Direction bei
der Negozirung des Anlehens die Rechte der dermaligen Actien-
besitzer in der Weise wahren, dass die von denselben gezeichneten Beträge auf das Anlehen, bis zur Höhe ihres ausgewiesenen
Actienbesitzes, keiner Reduction unterlägen.

2. Im Falle die Prioritäts-Obligationen für das gesammte
Bahnnetz von einer Gattung ausgegeben und somit für dieselben die
sämmtlichen Linien der Buschtěhrader Eisenbahngesellschaft als
Hypothek eingesetzt werden, so sind den Betriebsrechnungen
der Strecken Prag-Kralup-Priesen und Eger-Priesen-sächsische
Grenze, die Zinsen und die Amortisationsquote von jenem Theile
des Prioritäts-Obligationscapitals zur Last zu schreiben, welcher
für die bezügliche Bahnstrecke verwendet worden ist.

Sollte der Ertrag einer oder der anderen abgesondert zu be-
rechnenden Bahnstrecke zur Berichtung der Zinsen und Amortisationsquote für das auf diese Strecke verwendete Prioritäts-Obliga-
tionscapital nicht hinreichen, so ist der fehlende Betrag aus dem Erträgnisse der anderen Bahnstrecke vorschussweise zu berichtigen
und dieser Vorschuss sammt den landesüblichen Zinsen aus dem
nächsten Erträgnisse der belehnten Strecke wieder zu ersetzen.

8. Hinsichtlich der Actien-Emission wird beschlossen:

a) Der Besitzer von je 5 Actien bisheriger Serie oder deren Genussscheinen hat das Recht zur Zeichnung einer Actie bisheriger Serie im Nominalwerth à 525 fl.;

b) mit der weiteren Durchführung dieser neuen Actien-Emission unter den gleichen Modalitäten, wie sie gelegentlich der II. Actien-Emission im Jahre 1863 von der XI. Generalversammlung und gelegentlich der III. Actien-Emission im Jahre 1866 von der III. (ausserordentlichen) Generalversammlung beschlossen wurden, ist die Direction beauftragt und bevollmächtigt;

c) ebenso ist die Direction ermächtigt, die statutengemässe Ausgabe der Actien neuer Serie lit. B zu veranlassen, die Einzahlungstermine zu bestimmen, und falls bezüglich eines Theiles eine öffentliche Subscription eingeleitet würde, darauf Bedacht zu nehmen, dass wo möglich eine Reducirung des von den Actionären subscribirten Betrages nicht eintrete.

9. In Betreff der nothwendig gewordenen Statutenänderung wird beschlossen, dass eine ausserordentliche Generalversammlung einberufen werde, welcher mit Rücksicht auf die eben angenommenen Grundsätze und auf den in der 14. Generalversammlung gefassten Beschluss ein revidirter Entwurf der Gesellschaftsstatuten vorzulegen ist. Zu diesem Behufe wird das bereits bestehende Comité (Gustav Pilz, Dr. Robitschek und Dr. Novotny) auch mit der Verfassung des gegenwärtig erforderlichen Entwurfes betraut.

Bahngebiet
(alte Linien).

	Wirkliche	Tarifmässige
	Länge in Meilen	
Hauptbahn.		
Locomotivbahn Kladno-Kralup	2.861	3.—
„ Wejhybka-Prag (Bubna) .	3.750	4.—
	6.611	7.—
Flügelbahn.		
Locomotivbetrieb von der Hauptbahn zu den		
einzelnen Schächten, incl. der Verbindungs		
strecke Kladno-Wejhybka	1.331	—
Zusammen	7.942	7.— *)
Pferdebahn.		
Wejhybka-Lana-Pinie	4.310	4.—
	12.252	11.—

Hierzu kommt noch die Prager Verbindungsbahn (Bubna)
Staatsbahnhof mit einer wirklichen Länge von 0.25 Meilen, seit
deren Eröffnung die Personenzüge von Kladno nach Prag bis in
den Staatsbahnhof und vice versa verkehren.

Die unterm 1. Juli 1868 concessionirten Linien des nordwestlichen böhmischen Bahnnetzes haben eine Gesammtlänge von
circa 34 Meilen.

Anlage der Bahn.

Die Buschtěhrader Bahn führt von Kladno, in dessen Umgebung sich mächtige Kohlenlager befinden, einerseits nach Kralup
(Anschluss der Turnau-Kraluper Bahn), anderseits über Wejhybka nach Prag. Von Wejhybka bis Lana (Pinie) besteht
noch die ursprüngliche Pferdebahn, welche soeben in der Strecke
Wejhybka-Stochow zur Locomotivbahn umgestaltet wird.

*) Für die ganze Locomotivbahn werden blos 7 Tarifsmeilen berechnet.

Zur Verbindung der beiden Linien Kralup-Kladno und Prag-
Wejhybka dient die Strecke Kladno-Wejhybka der Nučicer Indu-
striebahn, welche von der Buschtěhrader Bahn — gegen Tragung
der halben Erhaltungskosten — mitbenützt wird. Von der Hauptbahn Kralup-Klado führen auch einige (Montan-) Zweigbahnen zu
den umliegenden Kohlenwerken.

Vermöge der neu concessionirten Bahnlinien wird die
Buschtěhrader Bahn in Smichow an die böhmische Westbahn
und die Kaiser Franz-Josefsbahn, in Komotau an die Aussig-Dux-
Komotauer Bahn, bei Weipert an die sächsischen und bei Franzensbad und Eger abermals an die sächsischen und auch an die
baierischen Bahnen anschliessen.

Die Terrainverhältnisse der alten Linien boten keine
nennenswerthen Schwierigkeiten und sind dieselben aus den
folgenden Zusammenstellungen der Neigungs- und Richtungs-
Verhältnisse, dann der verschiedenen Objecte genau ersichtlich.

Neigungsverhältnisse.

Bezeichnung der Bahnstrecke	horizontal	Steigung							Neigung							Zusammen
	bis 1:800	1:800 bis 1:600	1:600 bis 1:500	1:500 bis 1:200	1:200 bis 1:100	1:100 bis 1:40	bis 1:800	1:800 bis 1:500	1:500 bis 1:300	1:300 bis 1:200	1:200 bis 1:100	1:100 bis 1:40			
		Meilen														
A. Locomotivbahn-Strecke. a) Hauptbahn.																
Kralup-Kladno	0.443	0.065	0.363	0.725	1.255				0.01							2.961
Wejhybka-Bubna (Prag)	0.190		0.616	2.010	0.837											3.750
b) Flügelbahnen (sammt Kladno-Wejhybka).																
Zu den einzelnen Schachten	0.410				0.763					0.025	0.043	0.067				1.831
Summe	1.041	0.065	0.878	2.735	2.685				0.071	0.01	0.063	0.067				7.942
B. Pferdebahn.																
Wejhybka-Pilm			0.366	0.949					1.622	0.034	0.149	0.522				4.310

Das grösste Steigung kommt auf der seinerzeit zur Locomotivbahn umgestalteten Strecke Prag (Sandthor-) Weleslavin vor und beträgt 1:43 in einer Steigung von 1:52 und auf der Hauptbahn, zwischen Zakolar und Brandeisl eine solche von 1:78.

Richtungsverhältnisse.

Bezeichnung der Bahnstrecke	Gerade Bahn	In Curven							Zusammen
		von 1200° R. und mehr	von 1200° bis 800° R.	von 800° bis 500° R.	von 500° bis 400° R.	von 400° bis 300° R.	von 300° bis 200° R.	von 200° bis 100° R.	von 100° R. u. weniger
		Meilen							
Locomotivbahn-Strecke. Hauptbahn.									
Kralup-Kladno	1.869	0.098			0.264	0.359	0.512	0.235	0.044	2.961
Wejhybka-Bubna (Prag)	1.646				0.037	0.300	0.658	1.012		3.750
Flügelbahnen (sammt Fladno-Wejhybka)	0.862		0.202		0.081		0.069	0.811	0.399	1.331
Zu den einzelnen Schachten										
	3.667	0.098	0.202		0.081	0.659	1.124	1.458	0.443	7.912

Die schärfste Krümmung kommt in der Station Kladno vor und beträgt 100° Radius.

13

Unterbau.

Die Kronenbreite ist für das einfache Geleise mit 13′ für Einschnitte und mit 14′ für Dämme, für das Doppelgeleise mit 24′ angenommen. Die Strecke Kralup-Kladno ist im Unterbau doppelgeleisig angelegt.

Von der ganzen Länge der Locomotivbahn entfallen circa 4 Meilen auf Erdarbeiten, bis 3 Fuss Terrain-Ausgleichung, circa 2 Meilen Dammarbeiten bis höchstens 2° Aufdämmung; der grösste Damm von 5° ist bei Kladno. Der übrige Theil der Länge, circa 1·700 Meilen, fällt auf vollständige Einschnitte und 0.4 Meilen davon auf Berglehnen. Der grösste Einschnitt ist der Felsendurchstich zwischen Sandthorbahnhof und Bubna (Prag) in der Länge von 250° zwischen 3° und 5° Tiefe, welcher auf 55° Länge eingewölbt ist und 2 Strassen-Ueberfahrten mit 3° Spannweite hat. Ferner ist bemerkenswerth der Durchstich bei Zakolan von circa 150° Länge und 4° Tiefe.

An Unterbau-Objecten zählt die ganze Bahn 158. Die bedeutendsten sind der obgenannte Tunnel bei Prag und der Viaduct bei Zakolan von 20° Länge mit 3 Oeffnungen.

Oberbau.

Die Bahn ist durchgehends eingeleisig. Die gegenwärtig im Gebrauche befindlichen Schienen sind breitbasige mit einem Gewichte von 20 Zollpfund per laufenden Fuss; dieselben wurden grösstentheils von der Prager Eisen-Industrie-Gesellschaft bezogen.

Die Schwellen sind aus Eichen-, Kiefern- und Tannenholz und nicht imprägnirt. Die Bettung besteht aus Steinschlag.

Die Wechsel-Vorrichtungen sind zumeist Sicherheitswechsel. Drehscheiben zählt die Bahn 5 Stück.

Hochbau.

Die Bahn zählt 108 Gebäude, darunter 63 Wächterhäuser. Die Locomotivbahn hat im Ganzen 16 und die Pferdebahn drei Stationen. Die wichtigsten davon sind: Kladno, Brandeisl und Kralup, dann Wejhybka, Sandthorbahnhof (Prag) und Bubna (Prag); auf der Pferdebahn: Rinholec und Lana.

In Kralup, Kladno und Bubna sind Heizhäuser. Die Hauptwerkstätte ist in Kralup, eine Filiale in der Station Wejbybka.

Telegraf und Signale.

Die Apparate sind nach dem Bain'schen Systeme; die Leitung besteht aus Eisendraht. Es sind 11 Stationen für den Telegrafendienst eingerichtet. (Die Bain'schen Apparate werden noch im Laufe dieses Jahres gegen solche nach System Morsé umgewechselt.)

Die Signalisirung wird mittelst optischer Signale bewerkstelligt.

Stand der Fahrbetriebsmittel
mit Ende 1867.
a) Locomotivbahn.

Locomotive sammt Tender	10 Stück.
Personenwagen I., II., III. Classe ..	8 Stück.
„ „ IV. „	3 „
Zusammen....	11 Stück.
Gedeckte Lastwagen	14 Stück.
Kohlenwagen	166 .,
Equipagewagen...............	2 „
Zusammen....	182 Stück.

b) Pferdebahn.

Diverse Personenwagen	9 Stück.
Lastwagen	107 „

Der Fahrpark der Locomotivbahn hat sich somit gegen das Vorjahr um 78 Lastwagen vermehrt. Gegenwärtig sind noch 2 Maschinen, 40 Kohlenwagen und 4 Personenwagen angeschafft worden.

Chronologisch geordnete Uebersichts-Tabelle der Eröffnungsdaten der einzelnen Strecken der Buschtěhrader Bahn.

Datum		Bahnstrecke
1828—1831	—	Prag-Lanaer Pferdebahn
1855	5. November	Kralup-Kladno (streckenweise)
1856	30. Juli	» » (der ganzen Länge nach)
1863	4. November	Prag (Sandthor-) Wejhybka
1868	27. April	Prager Verbindungsbahn (Sandthor-Bubna-Staatsbahnhof)

Gesellschafts-Capital.

7040 Actien à fl. 525 . . . . fl. 3,696.000,
wovon bis Ende 1867 bereits 331 Actien mit fl. 173.775 amortisirt waren.

Anlagekosten

mit 31. December 1867.

Gegenstand der Auslage	Linie Kralup-Kladno	Linie Prag-Lana		Zusammen
		Strecke Prag Wejhybka	Strecke Wejhybka-Lana	
	Locomotivbahn		Pferdebahn	
Grundeinlösung	154.943.91	89.503.75	14.530.12	258.977.78
Unterbau	538.882.36	81.405.45	35.907.38	656.285.19
Oberbau	801.765.61	274.070.71	96.685.26	1,172.521.58
Hochbau	189.694.51	74.696.55	24.063.09	288.454.15
Diverse Bauten und Telegrafenleitung	64.657.96	5.910.28	2.282.77	72.851.01
Bau-, Regie- und Tracirungskosten	177.023.79	11.149.77	.	188.173.56
Betriebsmittel	476.461.34	207.214.56	32.504.82	716.180.72
	2,403.429.48	744.041.07	205.973.44	3,353.443.99

Durchschnittliche Baukosten:
　　per Meile Locomotivbahn　fl. 476.100.—
　　„　„　Pferdebahn　„　47.790.—

Bei Einrechnung des Werthes der Material-Vorräthe (per fl. 312.601·27) in die Anlagekosten erhöht sich jedoch der durchschnittliche Kostenpreis einer Bahnmeile um circa fl. 2860.—

Betriebsrechnung pro 1867.

	Linie Kralup-Kladno	Linie Prag-Lana	Zusammen
Einnahmen.			
I. Transports-Einnahmen.			
Personen	12.701 88	44.032 67	56.734 55
Militär-Transporte	— —	272 84	272 84
Reisegepäck	503 22	997 73	1.500 95
Eilgut	513 70	328 51	842 21
Waaren	638.966 22	226.972 28	865.939 50
Summe.	652.685 02	272.605 03	925.290 05
II. Verschiedene Einnahmen.			
Mieth- und Pachtzinse. Depeschen etc. etc.	1.450 30	1.416 30	2.866 60
Gesammt-Einnahmen	654.135 32	274.021 33	928 156 65
Ausgaben.			
I. Allgemeine Verwaltung.			
Bezüge des Personals.............	20.184 30	8.657 90	25.842 20
Bureaukosten und andere Auslagen ..	7.386 4	3.512 63	10.899 06
Summe.	27.570 73	12.170 53	39 741 26
II. Bahnaufsicht und Bahnerhaltung.			
Centralleitung	3.643 36	3.036 44	6.679 80
Bahnaufsicht	14.205 56	8.839 55	23.045 11
Unterbau.................	2.591 52	3.926 98	6.518 50
Oberbau	54.276 65	57.825 19	112.101 84
Gebäude	15.770 67	1.872 55	17.643 22
Ausserordentliche Auslagen.........	539 30	— —	539 30
Summe.	91.027 06	75.500 71	166.527 77
III. Verkehrs- und commercieller Dienst.			
Centralleitung	18.747 49	15.822 30	34.569 79
Stationsdienst...............	7.942 05	1.880 21	9.822 26
Fahrdienst...............	9.675 94	5.770 60	15.446 54
Summe.	36.365 48	23.473 11	59.838 59
IV. Zugförderung u. Werkstätten.			
Zugsdienst*)...............	24.870 37	24.518 50	49.388 87
Erhaltung der Fahrbetriebsmittel......	30.928 72	23.676 81	54.605 53
Wagenmiethe	44.344 87	— —	44.344 87
Summe.	100.143 96	48.195 31	148.339 27
Gesammt-Ausgaben **)	255.107 23	159.339 66	414.446 89

*) In dieser Post sind auch die Kosten der Leitung des Zugförderungsdienstes inbegriffen.

**) Die „besonderen Ausgaben" wurden der Gleichförmigkeit wegen erst in den „Abschluss der Betriebsrechnung" aufgenommen.

Ertrags-Resultate und deren Verwendung.

(Abschluss der Betriebsrechnung pro 1867.)

Betriebs-Einnahmen .... fl. 928.156.65
Betriebskosten .... » 414.446.89
                                    Uebersehuss.... fl. 513.709.76

Hievon ab:

Die „besonderen" zum eigentlichen
Betriebe nicht gehörigen Ausgaben.
und zwar:

Steuern und Stempel.......... fl. 38.727.03
Beiträge zum Pensions- und Hand-
werker-Unterstützungs-Fond..... »   1.793.73
Geschenke und Gaben, Ärztlicher
Dienst....................... »   4.873.64
                             fl. 45.394.40

Ferner:

Interessen-Verluste .... fl.   3.005.38
Diverse Vermessungskosten ..... » 11.201.81
                                              fl.   59.601.59
                                    Reinertrag fl. 454.108.17

Hievon wurden bestritten:

à conto der Actien-Verzinsung
eine Zahlung von fl. 13.12½ per
Actie, d. i. für 4995 Stück..... fl. 65.559.38
Die Verlosung von 48 Actien = .   » 25.200.—
                                              fl.   90.759.38
                                    Disponibel.... fl. 363.348 79

Laut Beschluss der Generalversammlung wurden hievon verwendet: An weiteren Zinsen und Dividenden fl. 40 per Actie, respect.
fl. 26.87½ per Genussschein, d. i.
für 4949 Actien .... fl. 197.960.—
 »   331 Genussscheine........ »   8.895.62½
als Dotation des Pensions- und des
Unterstützungsfondes .... »   4.227.50
zur Bedeckung des auf Neubauten
und die Vermehrung der Fahrbetriebsmittel verwendeten Betrages
per......................... fl. 102.715.15
                                              fl. 313.798.27½
                                    Rest.... fl. 49.550.51½

welcher Betrag für die statutenmässige Tantième und zur Dotirung des
Reservefondes verwendet wurde.

Statistik der Betriebsresultate pro 1867.

		Einheit	Menge	
Länge der Bahn		Meilen	11.—	
	Reisende I. Classe	Anzahl	742	0.5%
	„ II. „	„	11.998	8.8 „
Befördert	„ III. „	„	72.840	53.6 „
wurden	„ IV. „ u. Militär	„	50.431	37.1 „
	„ aller Classen.......	„	136.011	100.—
	Parteifrachten	Zll-Ctr.	13,228.580	
	Regiefrachten	„	300.738	
	aus dem Personen-Verkehr..	Gulden	57.007	6.1%
Betriebs-	für Gepäck und Eilgut.....	„	2.343	0.3 „
Einnahmen	aus dem Frachten-Verkehr ..	„	865.940	93.3 „
	Sonstige Einnahmen	„	2.867	0.3 „
	Zusammen....	„	928.157	100.—
	Allgemeine Verwaltung......	„	39.741	9.6%
Betriebs-	Bahn-Aufsicht u. Erhaltung..	„	166.528	40.2 „
Ausgaben	Commerc.- u. Verkehrsdienst.	„	59.838	14.4 „
	Zugförderung u. Werkstätten	„	148.340	35.8 „
	Zusammen	„	414.447	100.—%
Ueberschuss		„	513.710	
Verhältniss der Ausgaben zu den Einnahmen		%	43.8	
Einnahme per Bahnmeile		Gulden	84.377.91	
Ausgabe „ „		„	37.677.—	
Durchschnittl. Einnahme von 1 Person		Kreuz.	41.9	
„ . „ für 1 Frachtcentner [1]).		„	6.6	

---

[1]) Die zurückgelegten Zugs- (Nutz-) Meilen, sowie die Passa-
gier- und Centner-Meilen sind aus dem Geschäftsberichte nicht ersichtlich.

Bilanz [1]) mit 31. December 1866.
Activa.

Eisenbahnen.....	fl.	3,353.443.99
Omnibusse und Kraluper Ueberfuhr...................	»	9.155.71
Material-Vorräthe................................. ..	»	312.601.27
Bauauslagen für die Prager Verbindungsbahn..........	»	128.351.63
Cassabestände............................	»	19.748.52
Rückständige Einzahlungen auf die Actien III. Emission .	»	258.370.—
Effecten.......................	»	527.482.50
Debitoren und Vorschüsse..........................	»	330.016.70
	fl.	4,939.170.32

Passiva.

Actien-Capital............................	fl.	3,696.000.—
Conto für Neubauten...................	»	590.599.70
Reserve- und Erneuerungs-Fond.....................	»	132.564.26
Zinsen-Dividenden und Tilgungs-Rückstände...........	»	5.036.31
Interessen für Einzahlungen auf Actien der III. Emission.	»	23.827.75
Assecuranz-Conto..................................	»	7.032.02
Creditoren	»	95.561.49
Betriebs-Ueberschüsse........	»	388.548.79
	fl.	4,939.170.32

Bilanz des Pensionsfondes
mit 31. December 1867.
Activa.

Auslagen für Pensionen	fl.		5.629.40
Vermögensbestand { in Effecten..........fl. 64.353.25			
{ in Baarem .... » 250.77			
	fl.		64.604.02
	fl.		70.233.42

Passiva.

Saldo vom 31. December 1866	fl.	62.407.39
Beiträge pro 1867	»	1.597.41
Eingeflossene Zinsen etc. etc.	»	6.228.62
	fl.	70.233.42

[1]) Die sich völlig bilanzirenden Posten: Pensionsfond, Krankenfond und Unterstützungsfond wurden hier nicht in die Bilanz eingestellt. weshalb die Schlussumme der Bilanz hier um fl. 75.204.49 kr. geringer erscheint als in dem Geschäftsberichte.

K. k. priv.

Turnau-Kralup-Prager Bahn.

Sitz der Gesellschaft in Prag (Nr. 1012-I.).

Verwaltungsrath.

Präsident: Ernst Graf Waldstein, Exc.

Vice-Präsident: Frdr. Zdekauer Ritter v. Treukron, kais. Rath.

Dr. Ant. Banhans.	Dr. Rud. Wachsmuth.
Frdr. Ritter v. Leitenberger.	Jos. Kress, Dir. d. Buschtěhr. B.
Carl Freiherr v. Weidenheim.	J. W. Bayer, kais. Rath.
Clemens Bachofen v. Echt.	Jos. Fritsch, k. k. Bergrath.
Ludwig Waydelin.	Adalbert Ritter von Lanna.

Direction.

Director: Georg Löw.

Secretär: Heinrich Ballabene.

Betriebs-Oberingenieur: Fr. Lat.

Buchhalter: Mich. Schramek.

Historische Mittheilungen.

Die Turnau-Kralup-Prager Eisenbahn erfreut sich, seit der kurzen Zeit ihres Bestandes, eines immer lebhafteren Aufschwunges.

Der Verkehr wächst zusehends und in gleichem Masse steigt selbstverständlich auch das Erträgniss.

Die Betriebs-Einnahmen haben im Jahre 1866 — trotz der 75tägigen Verkehrsunterbrechung in Folge der Kriegsereignisse — fl. 536.364 betragen und im Jahre 1867 die Summe von fl. 700.893 erreicht, pro 1868 aber werden dieselben noch weit höher ausfallen, da im I. Semester schon eine Mehreinnahme von über 20% gegenüber derselben Zeitperiode des Vorjahres erzielt wurde.

Diese Resultate, welche um so bedeutsamer sind, als sie ihre
Begründung lediglich in der Entwicklung der Industrie längs der
Bahn und deren Umgebung finden, [1]) mithin als bleibende gelten können, werden sich jedoch noch weit günstiger gestalten,
sobald die „böhmische Nordbahn" ihrer ganzen Länge nach im
Betriebe stehen, und der durch sie vermittelte Uebergangsverkehr
der Turnau-Kraluper Bahn zu Gute kommen wird. Theils in dieser Voraussicht, theils um den Anforderungen des ohnehin schon
gesteigerten Verkehrs gerecht zu werden, sah sich die Gesellschaft veranlasst, eine Reihe von Baulichkeiten auszuführen —
so namentlich die Herstellung von Frachtenmagazinen in
den Stationen: Liblic-Bisic, Wrutic und Kuttenthal und
eines Holzmagazins in Kralup — deren Kosten dem Bau-Conto
zur Last geschrieben wurden.

In Folge dessen, sowie durch den Coursverlust an den in
jüngster Zeit definitiv begebenen letzten Prioritäten und durch die
Zahlung mehrerer Grundeinlösungen, hat derselbe sich im Jahre 1867,
excl. der Materialvorräthe, auf fl. 6,951.319.92 (d. i. gegen das
Vorjahr um fl. 585.438) erhöht.

Nachdem aber die Baurechnung hiermit als abgeschlossen
betrachtet werden kann, so erübrigt von dem ursprünglich präliminirten Baucapitale per 7 Millionen immerhin noch ein ansehnlicher
Rest, der hinreichen wird, die Kosten der im Baupräliminare nicht
vorgedachten Errichtung der (mit der böhm. Nordbahn) gemein-
schaftlichen Station Neu-Bakow zu decken.

Die sonach erwiesene günstige Lage ihrer Unternehmung
gestattete der Gesellschaft nicht nur die im Portefeuille erlie-
genden 1166 Stück Actien unveräussert zu lassen, sondern auch
— wie aus den folgenden Beschlüssen der letzten General-Versammlung zu entnehmen — die Coupons-Steuer aus gesellschaftlichen Mitteln zu bestreiten, und auf diese Weise den Actionären
ihre Rente ungeschmälert zu erhalten.

---

[1]) Die Turnau-Kraluper Bahn wurde von dem in jüngster Zeit stattgefundenen massenhaften Getreide-Export nahezu gar nicht berührt und
beschränkte sich dieser Verkehr nur innerhalb der Grenzen dieser Bahn
selbst.

Schliesslich kömmt noch zu erwähnen, dass die Verwaltung
der Turnau-Kralup-Prager Eisenbahn bezüglich der Herstellung
des Flügels Neratowitz-Prag bereits Voreinleitungen getroffen
hat, doch soll der Bau erst dann ausgeführt werden, wenn derselbe sich im Interesse des Unternehmens als nothwendig und
unaufschiebbar darstellt. —

Beschlüsse der Generalversammlung
vom 13. Juni 1868.

1. Der Geschäftsbericht und Rechnungs-Abschluss pro 1867
werden genehmigt.

2. Der Reinertrag pr. fl. 239.347.90'/, ist zu verwenden, wie
folgt:

    a) zur Dotirung des Reservefondes nach §. 47
       der Statuten mit 5°/, = ... fl. 11.967.39'/,

    b) zur Auszahlung der Dividende mit 12 fl.
       pr. Actie, d. i. für 18.834 Stück . . . . . . fl. 226.008. --

3. der Rest pr. . . . . fl. 1.372.51
ist dem Jahre 1868 gutzubringen;

4. die Couponsteuer sei aus gesellschaftlichen Mitteln zu
bestreiten.

Das Scrutinium für die Wahlen in den Verwaltungsrath ergab nachstehendes Resultat:

Abgegeben wurden 457 Stimmen; hievor entfielen
auf Dr. Banhans 457,
auf Friedr. Zdekauer Ritter v. Treukron 450 und
auf Dr. Wachsmuth 437,
wonach dieselben als wiedergewählt erscheinen.

Bahngebiet
unverändert; es umfasst dasselbe 11·442 M. wirklicher, resp.
11·5 M. tarifmässiger Länge.

    Auch in der

Anlage der Bahn
hat sich, mit Ausnahme der oben angeführten Neuherstellungen,
keine Aenderung ergeben.

Stand der Fahrbetriebsmittel.

Personenzugs-Maschinen	4	Stück,
Lastzugs-Maschinen	6	„
	10	Stück.
Tender	8	„
Personenwagen I. und II. Classe	4	Stück,
„ II. Classe	4	„
„ II. und III. Classe	4	„
„ III. Classe	6	„
„ IV. Classe	6	„
Zusammen...	24	Stück.
Post- und Conducteurwagen	4	Stück,
Gedeckte Lastwagen	20	„
Hornviehwagen..................	3	„
Kohlenwagen	120	„
Lowrys	8	„
Zusammen...	155	Stück.

Der Fahrpark hat sich somit gegen das Vorjahr um einen Hornviehwagen vermindert.

Gesellschafts-Capital.

20.000 Actien à 200 fl.	fl.	4,000.000
20.000 Prioritäts-Obligationen à 150 fl.	fl.	3,000.000
Zusammen......	fl.	7,000.000

Von den Obligationen sind 205 Stück mit fl. 30.750 bereits amortisirt.

Anlagekosten [1]
mit Ende December 1867.

Grund- und Gebäude-Einlösung	fl.	338.845.71
Unterbau	„	2,798.515.95
Oberbau	„	2,411.598.91
Hochbau	„	418.923.63
Diverse Bauten und Einrichtungen	„	283.518.66
Fahrbetriebsmittel (s. Reservegegenstände)	„	719.917.06
Material-Vorräthe	„	11.793.19
	fl.	6,963.113.11

Durchschnittliche Baukosten per Bahnmeile wirklicher Länge fl. 607.500.

---

[1] In der dem letzten Geschäftsberichte beigeschlossenen Baurechnung erscheinen die früherhin speciell ausgewiesenen Summen für Intercalarzinsen, Geldbeschaffungskosten etc. den obigen Bautiteln anrepartirt, wesshalb dieselben auch hier nicht mehr specificirt werden konnten.

Betriebsrechnung pro 1867.

Einnahmen.

I. Transports-Einnahmen.

Personen.. fl. 156.031.24
Militär-Transporte.............................. „ 1.115.31
Gepäck... „ 3.798.73
Eilgut... „ 7.117.54
Waaren... „ 510.012.99

Summe.. fl. 678.075.81

II. Verschiedene Einnahmen.

Mieth- und Pachtzinse. Wagenmiethe, telegraphische Depeschen etc. etc. .... fl. 22.817.54

Gesammt-Einnahme.. fl. 700.393.35

Ausgaben.

I. Allgemeine Verwaltung.

Bezüge des Personals .... fl. 13.974.47
Bureaukosten und sonstige Auslagen............. „ 8.401.02

Summe.. fl. 22.375.49

II. Bahnaufsicht und Bahnerhaltung.

Centralleitung .... fl. 1.024.29
Streckendienst .... „ 4.216.84
Bahnaufsicht.................................... „ 16.511.62
Unterbau.. „ 24.147.94
Oberbau... „ 31.884.88
Gebäude... „ 1.011.65
Ausserordentliche Auslagen...................... „ 627.55

Summe.. fl. 79.424.97

III. Verkehrs- und commercieller Dienst.

Centralleitung.................................. fl. 8.556.50
Stationsdienst.................................. „ 24.248.07
Fahrdienst...................................... „ 11.368.49

Summe.. fl. 44.173.06

IV. Zugförderung und Werkstätten.

Centralleitung.................................. fl. 2.310.67
Zugsdienst...................................... „ 42.509.66
Erhaltung der Fahrbetriebsmittel................ „ 14.189.99

Summe.. fl. 59.010.32

Gesammt-Ausgaben.. fl. 204.983.84

Ertrags-Resultate und deren Verwendung.

(Abschluss der Betriebsrechnung pro 1867.)

Betriebs-Einnahmen	fl.	700.893.35
Betriebskosten	„	204.983.84
Ueberschuss . . .	fl.	495.909.51
Hiezu an eingeflossenen Interessen	„	4.568.18
Gesammt-Ueberschuss . . .	fl.	500.477.69

Hievon wurden bestritten:

Steuern	fl.	32.361.20	
Verzinsung der Obligationen	„	104.223.75	
Amortisirung von Obligationen	„	15.750.—	
Zinsen an die deutsche Creditanstalt auf das von derselben erhaltene Darlehen	„	45.869.75	
Agioverluste bei der Verzinsung und Rückzahlung der Obligationen	„	40.450.48	
		fl.	238.655.18
	Rest . .	fl.	261.822.51
und nach Zurechnung des Vortrages vom Jahre 1866 per		„	1.791.37½
		fl.	263.613.88½

Hievon wurden dotirt:

der Reservefond mit	fl.	11.967.39½	
der Erneuerungsfond mit	„	22.000.—	
der Pensionsfond mit	„	2.265.98	
		„	36.233.37½
Daher Reinertrag . . .		fl.	227.380.51

Laut Beschluss der Generalversammlung wurden hievon bezahlt für jeden Actiencoupon fl. 12.—, d. i. für

18.834 Stück	fl.	226.008.—
der Rest von . . .	fl.	1.372.51

aber ist dem Jahre 1868 gutgeschrieben worden.

Statistik der Betriebsresultate pro 1867.

		Einheit	Menge	
Länge der Bahn		Meilen	11.5	
	Reisende I. Classe	Anzahl	1.327	0.8 °/₀
	„ II. „	„	13.501	8.1 „
	„ III. „	„	66.403	39.6 „
	„ IV. „	„	86.295	51.5 „
Befördert wurden	„ aller Classen	„	167.526	100.—
	Militär	„	4.995	
	Gepäck	Zll.-Ctr.	9.620	
	Eilgut	„	9.240	
	Parteifrachten	„	3,804.642	
	Regiefrachten	„	20.749	
Betriebs-Einnahmen	Für Reisende	Gulden	156.031	22.3 °/₀
	„ Militär-Transporte	„	1.115	0.2 „
	„ Gepäck und Eilgut	„	10.916	1.5 „
	aus dem Frachten-Verkehr	„	510.013	72.8 „
	Sonstige Einnahmen	„	22.818	3.2 „
	Zusammen	„	700.893	100.—
Betriebs-Ausgaben	Allgemeine Verwaltung	„	22.375	10.9 „
	Bahnerhaltung u. Bahnaufsicht	„	79.425	38.7 „
	Verkehrs- u. commerz. Dienst	„	44.173	21.6 „
	Zugförderung u. Werkstätten	„	59.010	28.8 „
	Zusammen	„	204.983	100 —
Ueberschuss		„	495.910	
Verhältniss der Ausgaben zu den Einnahmen.		°/₀	29.2	
Einnahme per Bahnmeile		Gulden	60.947.22	
Ausgabe „ „		„	17.824.61	
Durchschnittl. Einnahme von 1 Reisenden		Kreuz.	92.—	
Durchschnittl. Einnahme für 1 Frachtcentner		„	13.—	

Anmerkung. Die zurückgelegten Zugs-, Passagier- und Centner-Meilen sind aus dem Geschäftsberichte nicht zu entnehmen.

Bilanz mit 31. December 1867.
Activa.

Baukosten der Bahn	fl.	6,951.319.92
Material-Vorräthe	„	11.793.19
Cassa-Bestände	„	84.495.76
Debitoren	„	273.129.43
Effecten	„	233.200.—
	fl.	7,553.938.30

Passiva.

Actien-Capital	fl.	4,000.000.—
Prioritäts-Anlehen	„	3,000.000.—
Zinsen- und Tilgungs-Rückstände	„	6.751.25
Agiogewinn (als Reserve)	„	2.627.—
Creditoren	„	244.902.40
Reservecouto (zur Completirung der Station Turnau)	„	12.900.—
Reservefond	„	10.143.76½
Erneuerungsfond	„	13.000.—
Betriebs-Ueberschüsse	„	263.613.88½
	fl.	7,553.938.30

Bilanz des Pensionsfondes
mit 31. December 1867.
Activa.

Abfertigungen im Jahre 1867		fl.	600.—
Rückgezahlte Beiträge		„	46.14
Zinsenvergütung für fällige Coupons angekaufter Effecten		„	342.—
Diverse Auslagen		„	—.40
Vermögensbestand { Effecten	fl. 7.251.05		
Baar	„ 1.251.14	„	8.502.19
		fl.	9.490.73

Passiva.

Saldo vom 31. December 1866	fl.	3.246.77
Beitrag der Gesellschaft pro 1866	„	2.600.17
Beiträge der Mitglieder „ 1867	„	3.265.59
Eingeflossene Zinsen	„	111.10
Strafgelder	„	57.10
Diverse Einnahmen	„	210.—
	fl.	9.490.73

Graz-Köflacher Eisenbahn- und Bergbau-Gesellschaft.

Sitz der Central-Administration in Wien (I., am Gestade Nr. 4).

Verwaltungsrath.

Präses: Dr. Leopold Mayer v. Alsó-Russbach.

J. Jacobi, General-Secretär der Nordbahn.

Joh. Blümel.

Heinrich Saruba.

Dr. Ferd. Stamm.

Carl Polley.

Ignaz Wokaun.

Secretär des Verwaltungsrathes und Vorstand des Central-Bureaus: Heinrich Pfeiffer.

Buchhalter: Gustav Kramer.

Ingenieur: Alfr. Zander.

Haupt-Cassier: Carl Münichsdorfer.

Betriebs-Direction in Graz.

Betriebs-Director: Reinh. Eisl.

Directors-Stellvertreter: Franz Schrott, Ingenieur.

Cassier: Alfred Chimani.

Bureau-Chef: Anton Slakal.

Historische Mittheilungen.

Das Aufblühen der so lange darniedergelegenen Industrie im Umkreise der Graz-Köflacher Bahn, sowie der im Allgemeinen gesteigerte Bedarf an Kohle und Rohproducten — den Haupt-Verkehrsartikeln dieser Bahn — konnten für dieselbe nicht ohne günstige Folge bleiben.

In der That machte sich auch bereits zu Beginn des Jahres 1867 eine Zunahme des Verkehrs bemerkbar, ein förmlicher Um-

14

schwung zum Besseren trat aber erst in der zweiten Hälfte des Jahres ein, und am Schlusse desselben zeigte es sich, dass der Frachtenverkehr um 511.535 Ctr. und die Betriebs-Einnahme um fl. 68.542 gegen das Vorjahr zugenommen.

Diese Resultate hätten sich jedoch noch günstiger gestaltet, wenn nicht die enormen Schneefälle im Monate December und der notorisch schlechte Zustand der zu den Gewerken führenden Strassen überhaupt, die Zufuhr zu den Bahnhöfen beeinträchtigt hätten.

Um nun diesem letzteren Uebelstande für die Zukunft gründlich abzuhelfen, war die Gesellschaft bedacht, die bedeutenderen Gewerke durch Flügelbahnen mit den Stationsplätzen, respective mit der Hauptbahn in Verbindung zu bringen, und zwar soll die Ausführung dieser Bahnen noch im Laufe des Jahres 1868 bewirkt werden.

Ein weit wichtigerer Act der Vorsorge für die Prosperität der Graz-Köflacher Bahn und des damit verbundenen Bergbau-Unternehmens war es aber, dass die Gesellschaft dem Consortium für die projectirte Graz-Raaber Bahn beigetreten ist, um bei dem Zustandebringen dieser Bahn thätigen Antheil zu nehmen und bei den bezüglichen Verhandlungen zugleich auch die eigenen Interessen zu wahren, denn die Realisirung der projectirten Eisenbahnverbindung ist für die Graz-Köflacher Gesellschaft von doppelter Wichtigkeit, weil von doppeltem Nutzen; sie würde der Kohle des Voitsberg-Köflacher Revieres ein neues, weites Absatzgebiet erschliessen und dadurch allein schon auch eine namhafte und dauernde Steigerung des Frachtenverkehres auf auf der Graz-Köflacher Bahn herbeiführen.

Die Bestrebungen der Gesellschaft, eine Befreiung von der Einkommensteuer oder eine Ermässigung derselben zu erzielen und zu den Tarifsätzen einen Agiozuschlag einheben zu dürfen[1]) blieben erfolglos, indem das Gesuch in Betreff der ersteren Angelegenheit vom Finanzministerium rundweg abgewiesen wurde und das Gesuch hinsichtlich des Agiozuschlages bisher unerle-

---

[1]) Vergl. die „Beschlüsse der Generalversammlung" vom 24. April 1867, S. 248 d. I. Jahrg. dieses Buches.

digt blieb; der Verwaltungsrath will jedoch versuchen, diese Fragen bei den Verhandlungen über die Tarifreform neuerlich anzuregen.

In finanzieller Beziehung kommt an dieser Stelle auch der Beschluss der letzten Generalversammlung (19. Mai 1868) zu verzeichnen, wornach die Amortisation der Actien um ein Jahr früher als statutengemäss festgesetzt, d. i. bereits im Jahre 1869 beginnen soll. [1]

Reconstructions- oder Ergänzungsbauten wurden im Jahre 1867 nur sehr wenige vorgenommen. Die nennenswerthen davon sind: Die Legung eines neuen Geleises zum Kohlendepôt in der Station Graz und die Auswechslung der auf diesem Stationsplatze früher verwendeten 18' langen Schienen gegen solche von 21' Länge; die Herstellung einer Ausweiche und kurzen Flügelbahn zu dem Koch'schen Kohlenwerke nächst der Station Oberdorf; [2] die Herstellung eines kleinen Wartelocales in Strassgang und schliesslich einige Reparaturen an Brücken und sonstigen Objecten. [3]

Beschlüsse der General-Versammlung
vom 19. Mai 1868.

1. Der Rechnungsabschluss pro 1867 wird genehmigt und dem Verwaltungsrathe das Absolutorium ertheilt.

---

[1] Nach dem vom Professor Simon Spitzer ausgearbeiteten Amortisationsplane wird das mit 16.800 Actien = fl. 3,336.000.— angenommene Actiencapital binnen 67 Jahren, also bis zum Jahre 1935, vollständig getilgt sein. Hierzu muss aber bemerkt werden, dass das bis jetzt emittirte Actiencapital — wie die Bilanz (S. 217) zeigt — blos 14.487$^{15}/_{40}$ Actien = fl. 2,897.475 beträgt, mithin um so viel früher amortisirt sein wird.

Der Berechnung des Tilgungsplanes wurde deshalb ein Actiencapital von fl. 3,336.000 (= 16.800 Actien) zu Grunde gelegt, weil die Gesellschaft statutengemäss berechtigt ist, ihr Actiencapital bis zu dieser Höhe zu bringen und sie dieses Recht sich gewissermassen für den möglichen Fall wahren wollte, wo die Mittel zur Vergrösserung des Unternehmens durch die Ausgabe von Actien beschafft werden könnte. Durch diesen Vorgang wird übrigens anderen Transactionen zur eventuellen Geldbeschaffung in keiner Weise präjudicirt.

[2] Die Kosten dieser Herstellungen wurden von dem Kohlenwerksbesitzer Koch getragen.

[3] Die grösste Arbeit dieser Art kam bei der Brücke Prof. Nr. 277 vor, an welcher die rechtsseitige Tragwand von 35' Länge neu hergestellt wurde.

14*

2. Von dem Reinertrage pro 1867 per fl. 138.130.14 sind zu verwenden:

als 3%tige Quote für den Reservefond .... fl.   4.143.91
„ 5%tige Tantième für den Verwaltungsrath.... „   6.699.33
für den Erneuerungsfond .... „ 28.364.18
und den Rest per .... „ 98.923.—
zur Vertheilung einer Dividende von fl. 8.50 auf jede der 11.638 im Umlaufe befindlichen Actien, [1]) so dass, nachdem der Jänner-Coupon mit fl. 3.50 eingelöst wurde, auf den Juli-Coupon (1868) noch 5 fl. zu zahlen sind.

3. Die Amortisation des Actien-Capitals soll bereits im Jahre 1869 beginnen.

Das Scrutinium für die Wahl in den Verwaltungsrath ergab, dass Herr Johann Blümel wiedergewählt wurde.

Bahngebiet

unverändert; es umfasst dasselbe 5·244 Meilen wirklicher, beziehungsweise 5.5 Meilen tarifmässiger Länge, doch gehören zu dem Eisenbahnunternehmen auch mehrere kurze, zum Betriebe mit Pferden eingerichtete Gewerksbahnen.

In der

Anlage der Bahn

hat sich, mit Ausnahme der vorerwähnten Reconstructionen, gleichfalls keine Aenderung ergeben. [2])

Stand der Fahrbetriebsmittel.

Locomotive sammt Tender .... 7 Stück
Personenwagen verschiedener Classen. 12 Stück
Lastwagen:
Gedeckte Lastwagen .... 7 Stück
Offene Lastwagen................ 135 „
Zusammen.... 142 Stück.
Ferner 10 Bahnwagen und 1 Schneepflug.

---

[1]) Von dem in der Bilanz ausgewiesenen Actiencapital per fl. 2.897.475 = 14.487¹⁵/₁₀ Actien befinden sich 2.849⁹/₁₀ Actien im Depôt.

[2]) Die ausführliche Beschreibung der „Anlage der Bahn" ist bereits im I. Jahrg. d. Buches, S. 241—243, enthalten.

Gesellschafts-Capital.

14.487¹⁵/₄₀ Actien à fl. 200.— ö. W. . . . . fl. 2.897.475.—
8.000 Stück 4½%ige Silber-Prioritäts - Obligationen
à fl. 150 ö. W. ¹) . . . . „ 1.200.000.—
Zusammen . . . . fl. 4.097.475.—

Von den Actien befinden sich 2849²/₄₀ Stück = fl. 569.810 im Depôt, respective ausser Umlauf, und von den Obligationen waren mit Ende 1867 bereits 126 Stück mit fl. 18.900 getilgt. Von dem gesammten Gesellschafts-Capitale entfallen 72% auf die Eisenbahn und 28% auf die Bergbau-Unternehmung.

Anlagekosten
(der Eisenbahn).

	Bis Ende 1866	Im Jahre 1867	Zusammen
Vorarbeiten	8.887.41	.	8.887.41
Actien-Emanirung	22.960.46		22.960.46
Grundeinlösung	177.663.50	382.12	178.045.62
Unterbau	732.138.98		732.138.98
Oberbau	898.509.25	.	898.509.25
Hochbau	327.469.63	1.125.41	328.595.04
Bahn- und Gebäude-Einrichtung	52.248.94	3.950.83	56.199.77
Betriebs-Vorauslagen	9.889.64		9.889.64
Bau-Regie	48.441.90	.	48.441.90
Zinsen und Steuern während der Bauzeit	125.811.54	.	125.811.54
Cursverluste	225.929.92²)	3.602.83	229.532.75
Antheil an den allgemeinen Verwaltungskosten	42.172.74	.	42.172.74
Fahrbetriebsmittel	280.310.33	3.350.94	283.661.27
Summe.	2.952.434.24	12.412.13	2.964.846.37

Durchschnittliche Baukosten per Bahnmeile wirklicher Länge fl. 765.380.—. Bei Einrechnung des Werthes der Material-Vorräthe mit Ende 1867 pr. fl. 131.569.28, erhöht sich jedoch der Kostenpreis einer Bahnmeile um circa fl. 26.000.—.

---

¹) Zur Berichtigung des im I. Jahrgang ausgewiesenen Prioritäten-Capitals muss erwähnt werden, dass dasselbe dort nicht in seiner Gänze, sondern abzüglich des bereits amortisirten Theiles aufgeführt erscheint.

²) Diese Post erschien im I. Jahrgang um fl. 69.937.83 geringer, weil dieser Betrag, welcher den pro portionellen Antheil an der Agiodifferenz und den Cursverlusten seit der Creirung des Unternehmens repräsentirt, erst nachträglich dem Eisenbahn-Bauconto zugeschlagen wurde.

Betriebsrechnung pro 1867.

Einnahmen.

I. Transports-Einnahmen.

Personen	fl.	53.627·30
Gepäck	„	427·22
Eilgut	„	737·80
Waaren	„	337.978·51
Summe..	fl.	392.770·83

II. Verschiedene Einnahmen.

Pacht- und Miethzinse, Depeschen etc.	fl.	471·37
Gesammt-Einnahme..	fl.	393.242·20

Ausgaben.

I. Allgemeine Verwaltung.

Bezüge des Personals	fl.	13.710·61
Bureaukosten, Beiträge zum Pensionsfonde und sonstige Auslagen	„	8.393·28
Summe..	fl.	22.103·89

II. Bahnaufsicht und Bahnerhaltung.

Central-Leitung	fl.	2.227·12
Streckendienst	„	2.582·84
Bahnaufsicht	„	8.799·52
Unterbau	„	3.928·91
Oberbau	„	25.190·38
Gebäude	„	5.454·22
Ausserordentliche Auslagen	„	1.516·08
Summe..	fl.	49.699·07

III. Verkehrs- und commercieller Dienst.

Central-Leitung	fl.	3.240·92
Stationsdienst	„	27.870·05
Fahrdienst	„	6.497·71
Summe..	fl.	37.608·68

IV. Zugförderung und Werkstätten.

Central-Leitung	fl.	3.050·92
Zugsdienst	„	15.881·10
Erhaltung der Fahrbetriebsmittel	„	15.421·99
Summe..	fl.	34.354·01
Gesammt-Ausgaben..	fl.	143.765·65

Ertragsresultate und deren Verwendung.

(Abschluss der Betriebsrechnung pro 1867.)

Einnahmen aus dem Eisenbahnbetriebe	fl. 393.242·20	
Bahn-Betriebskosten................	„ 143.765·65	
	Ueberschuss....	fl. 249.476·55
Einnahmen aus dem Montanbetriebe..	fl. 96.512·11½	
Betriebskosten.....	„ 86.615·41	
	Ueberschuss....	fl. 9.896·70½
	Gesammt-Ueberschuss....	fl. 259.373·25½

Hiezu:

Eingeflossene Zinsen..............	fl. 2.495·65½	
Gewinn bei der Ziegelerzeugung	„ 160·08	
„ beim Brennholz-Verkauf.....	„ 420·09	
		fl. 3.075·82½
	daher Gesammt-Erträgniss....	fl. 262.449·08

Hievon wurden bestritten:

Die Kosten des Kohlenverschleisses..	fl. 14.996·73	
Zinsen und Amortisationen....... ··	„ 87.126·53½	
Steuern..	„ 21.883·87½	
Verluste und Abschreibungen........	„ 311·52	
		fl. 124.318·66
	Reinertrag....	fl. 138.130·42

Laut Beschluss der General-Versammlung wurden hievon verwendet:

zur statutenmässigen Dotirung des Reserve-Fonds	fl. 4.143·91	
für Tantième für den Verwaltungsrath	„ 6.699·33	
zur Dotirung des Erneuerungsfondes..	„ 28.364·18	
		fl. 39.207·42
	und der disponible Rest per..	fl. 98.923·—

Zur Bezahlung einer Dividende von fl. 8.50 auf jede der im Umlaufe befindlichen 11.638 Actien; —. (da der Jänner-Coupon bereits mit fl. 3.50 eingelöst wurde, so kamen auf den Juli-Coupon noch fl. 5.— auszuzahlen.)

Statistik der Betriebsresultate pro 1867.

		Einheit	Menge	
Länge der Bahn		Meilen	5.5	
Zurückgelegte Zugsmeilen		„	18.691	%
	Reisende I. Classe	Anzahl	121	0·1 „
	„ II. „	„	6.326	6.1 „
	„ III. „	„	96.402	93.8 „
Befördert	„ aller Classen	„	102.849	100.—
wurden	Militär	„	2.253	
	Gepäck	Zll–Ctr.	1.611	
	Eilgut	„	1.291	
	Frachten	„	3.141.199	
	Regiegüter	„	67.625	
	Für Reisende	Gulden	53.627	13.7%
Betriebs-	für Gepäck und Eilgut	„	1.165	0.3 „
Einnahmen	Frachten	„	337.979	85.9 „
	Andere Einnahmen	„	471	0.1 „
	Zusammen	„	393.242	100.—
	Allgemeine Verwaltung	„	22.104	15.3 „
Betriebs-	Bahnaufsicht u. Bahnerhaltung	„	49.699	34.6 „
Ausgaben	Commerc.- u. Verkehrsdienst	„	37.609	26.2 „
	Zugförderung u. Werkstätten	„	34.354	23.9 „
	Zusammen	„	143.766	100.—
Ueberschuss		„	249.476	
Verhältniss der Ausgaben zu den Einnahmen.		%	36.6	
Einnahmen per Bahnmeile		Gulden	71.316.76	
Ausgabe „ „		„	26.139.21	
Einnahme „ Zugsmeile		„	23.56	
Ausgabe „ „		„	8.61	
Von den Reisenden zurückgelegter Weg		Meilen	266.306	
„ 1 „ „ „		„	2.5	
Durchschnittl. Einnahme von 1 Reisenden		Kreuz.	51.—	
„ „ „ 1 „ pr. Meile		„	20.4	
Von den Frachtcentnern durchlaufener Weg		Meilen	15,368.255	
„ 1 Ctr. durchlaufener Weg		„	4.9	
Durchschnittl. Einnahme für 1 Ctr.		Kreuz.	10.7	
„ „ „ 1 „ pr. Meile		„	2.2	

Bilanz mit 31. December 1867.
Activa.

Eisenbahn	fl. 2,964.846.37.5
Kohlenwerke	„ 756.626.11.5
Cassenbestände	„ 59.084.10.5
Effectenbestände	„ 460.979.58
Material-Vorräthe	„ 138.578.77.5
Debitoren	„ 114.347.92.5
Depositen	„ 134.100.—
	fl. 4,628.562.87.5

Passiva.

Actien-Capital	fl. 2,897.475.—
Prioritäts-Anlehen	„ 1,181.100.—
Dividenden-, Zinsen- u. Tilgungs-Rückstände	„ 31.462.75.5
Reservefond	„ 23.256.25
Erneuerungsfond	„ 35.682.08
Amortisationsfond	„ 18.900.—
Pensionsfond	„ 16.493.53
Creditoren	„ 286.062.84
Betriebsüberschüsse	„ 138.130.42
	fl. 4,628.562.87.5

Bilanz des Pensionsfondes
per 31. December 1867.
Activa.

Auslagen für Abfertigungen im Jahre 1867		fl. 42.70
Zinsenvergütung beim Ankaufe von Effecten		„ 45.81
Vermögensbe-stand { in Effecten	fl. 15.302.35	
in Baarem	„ 1.191.18	
		fl. 16.493.53
		fl. 16.582.04

Passiva.

Saldo vom 31. December 1866		fl. 13.142.52
Beiträge pro 1867 { von den Mitgliedern	fl. 1.591.70	
von der Gesellschaft	„ 1.000.—	fl. 2.591.70
Eingeflossene Zinsen		„ 835.82
Strafgelder		„ 12.—
		fl. 16.582.04

Aussig - Teplitzer Eisenbahn.

Verwaltungsrath.

Präsident: Albert Graf Nostitz.

Vice-Präsident: Carl Anton Fiedler.

Edm. Fürst Clary-Aldringen.	Josef Kress.
Werner Frdr. Freih. v. Riese-Stallburg.	Dr. Josef Tragy.
	Hermann Marbach.
Friedr. Zdekauer Ritter von Treukron.	Josef Straka.
	Die allgemeine deutsche Credit-Anstalt in Leipzig.
Carl Kaskel.	
Dr. Franz Stradal.	

Central-Leitung.

Director: Franz Diettrich.

Betriebs-Chef: Fr. Edler von Emperger (in Aussig).

Directions-Adjunct: Fr. Rilke.	Buchhalter: Georg Diettrich-Kalkhoff.
Betriebs-Adjunct: Carl Funk.	
	Controlor: Ferd Nechansky.

Cassier: Wilhelm Rochelt.

Historische Mittheilungen.

Die vielen Verhandlungen, welche letzterer Zeit über die Ausführung des Bahnnetzes im nordwestlichen Böhmen geführt wurden, liessen auch die Wichtigkeit des raschen Ausbaues der Aussig-Teplitzer Bahn bis Komotau — dem Knotenpuncte des nordwest-böhmischen Bahnnetzes — klar zu Tage treten.

Das Abgeordnetenhaus nahm (gelegentlich der oberwähnten Verhandlungen) wiederholt Anlass, dem Wunsche nach einer baldigen Herstellung der Strecke Dux-Komotau Ausdruck zu leihen und das k. k. Handelsministerium säumte nicht diese Wünsche der besonderen Berücksichtigung des Verwaltungsrathes der Aussig-Teplitzer Bahn zu empfehlen.

Dem entsprechend brachte derselbe die beregte Angelegenheit vor die letzte Generalversammlung (30. Mai 1868), welche, den Anträgen des Verwaltungsrathes vollkommen beipflichtend, diesen ermächtigte: „ohne nochmalige Einberufung einer Generalversammlung die Einleitungen zum Baue der Strecke Dux-Komotau zu treffen, die nöthigen Geldmittel nach bestem Ermessen zu beschaffen, die durch die Erweiterung des Unternehmens bedingte Statuten-Aenderung zu erwirken und den Bau so zu beginnen, dass die neue Strecke gleichzeitig mit einer der von Komotau nach Prag, Eger oder Weipert zu erbauenden Bahnen eröffnet werden könne. [)] (Vergleiche die Beschlüsse der Generalversammlung Seite 221.)

Als hiermit im engen Zusammenhange stehend, hatte der Verwaltungsrath auch die Frage der Herstellung einer Zweigbahn von Dux nach Schwaz [)] auf die Tagesordnung der letzten Generalversammlung gesetzt, nachdem' er früher schon und vorbehaltlich der Genehmigung der Generalversammlung die voreinleitenden Schritte für diesen Bau unternommen hatte.

[)] Der § 2 der Conc.-Urk. für die Bahn von Teplitz nach Komotau ddo. 10. Mai 1866) verpflichtet die Gesellschaft, die Strecke Dux-Komotau spätestens ein Jahr nach Inbetriebsetzung einer der obbezeichneten Bahnen dem Verkehre zu übergeben (s. d. Gesch. der Aussig-Tepl. B., S. 253—254 d. I. Jahrg.). Der obige Beschluss bekundet daher ihren Willen, den diesfalls laut gewordenen Wünschen nach Möglichkeit Rechnung zu tragen.

[)] Die Herstellung einer Zweigbahn von Dux nach Schwaz, welche den Zweck hat, die Kohlenwerke jenes Reviers mit der Hauptbahn in Verbindung zu bringen, war schon bei den ersten Verhandlungen über den Fortsetzungsbau Teplitz-Dux-Komotau angeregt und von der Staatsverwaltung als wünschenswerth bezeichnet worden.

Die Gewerksbesitzer haben jedoch wegen des aufgetauchten Bahnprojectes Lobositz-Klingenberg die Betheiligung an der erstgenannten Zweigbahn, resp. die für solche Anlagen übliche Erträgniss-Garantie, nur in ungenügendem Masse zugestanden, wodurch die Ausführung unterblieb, bis sie. wie jetzt geschieht, auf alleinige Kosten der Gesellschaft erfolgen soll.

Der Kostenvoranschlag beziffert sich auf (rund) fl. 184.000.

Die Generalversammlung theilte rücksichtlich der Nothwendigkeit auch dieser Ausführung die Anschauung des Verwaltungsrathes und ermächtigte denselben, unter gleichzeitiger
Genehmigung der von ihm bereits getroffenen Voreinleitungen,
den Bau der projectirten Zweigbahn gleich nach Erlangung der
bezüglichen Concession zu beginnen und die hiezu erforderlichen
Geldmittel vorläufig in Form einer schwebenden Schuld zu
beschaffen, deren Fundirung unter Einem mit der Geldbeschaffung
für den Bau der Strecke Dux-Komotau bewirkt werden soll.
(Vergl. Beschl. d. Generalversammlung S. 221.)

Als im Vorjahre vollendete Neu-, resp. Ergänzungs-
Bauten kommen zu verzeichnen:

die Serbitzer (Kohlen-) Zweigbahn, [1] Reserve- und
Werkstätten-Geleise in Aussig und das Wächterhaus in
Karbitz.

Der Verkehr auf der Aussig-Teplitzer Bahn hat im Jahre 1867
einen erfreulichen Aufschwung genommen.

Es wurden im Ganzen 14,793.333 Ctr. Fracht befördert,
worunter 13,409.600 Ctr. Kohlen. [2]

Die Betriebs-Einnahmen pro 1867 haben fl. 689.974,
d. i. um fl. 248.834, oder nach Abschlag des auf fl. 49.074 ge-
schätzten Betriebsentganges in Folge der Kriegsereignisse um
fl. 199.760 mehr betragen, als im Jahre 1866.

Das Jahr 1868 wird jedoch — nach den bisher bekannt-
gewordenen Resultaten zu schliessen — noch weit günstigere
Ergebnisse liefern, da die Kohlenverfrachtung, zumal nach dem
Auslande, stetig zunimmt. (Im I. Semester 1868 waren schon an

---

[1] Die Serbitzer Zweigbahn, zu deren Herstellung die betreffenden
Interessenten einen verzinslichen Vorschuss pr. fl. 12.000 leisteten, erheischte
einen Kostenaufwand von circa fl. 41 500.

[2] Von dem obbezifferten Kohlenquantum wurden expedirt:

nach Stationen des Auslandes ..	3,141.400	Ctr.
„ „ der Staatsbahn..	3,299.200	„
„ Aussig (loco)	892.200	„
zur Elbe	6,157.800	„

Der Elbeverkehr bildet sonach den Hauptfactor der Kohlenverfrachtung der Aussig-Teplitzer Bahn.

2 Millionen Ctr. Kohle mehr befördert, als in derselben Periode des Vorjahres.

Zum Schlusse kommt noch rücksichtlich des Kriegsschaden-Ersatzes zu berichten, dass die Staatsverwaltung der Gesellschaft eine Pauschalvergütung von fl. 30.000 — pro omni et toto" — gewährt, welcher Betrag im Sinne des Beschlusses der vorjährigen Generalversammlung, [1] theils in einer Dividenden-Nachzahlung, theils in der Dotirung des Reserve- und Pensionsfondes seine Verwendung fand.

Beschlüsse der General-Versammlung
vom 30. Mai 1868.

1. Der Rechnungsabschluss pro 1867 wird genehmigt und dem Verwaltungsrathe das Absolutorium ertheilt.

2. Von dem Reinerträgnisse pro 1867, im Betrage von fl. 366.173.75, sind zu verwenden:

fl.   5.250. — zur Actien-Tilgung,
„   40.000. — „ Dotation des Reservefondes,
„   105.000. — „ Verzinsung des Actien-Capitals,
„   5.000. — „ Dotation des Pensionsfondes,
„   90.000. — „   „   „ Erneuerungsfondes.
„   12.092.37 „ Bezahlung der Tantième des Verwaltungs-
                     rathes,
„   105.000. — „ Vertheilung einer Superdividende von
                     fl. 10.50 auf jede Actie, resp. auf jeden
                     Genussschein und
„   3.831.38 „ Vorschreibung auf das Jahr 1868.

3. Der Verwaltungsrath wird ermächtigt, im Sinne der §§. 8 und 44 der Statuten, ohne nochmalige Einberufung einer Generalversammlung:

a) alle Einleitungen zum Baue der Strecke Dux-Komotau zu treffen;

b) die dafür erforderlichen Geldmittel innerhalb der Grenzen

---

[1] Siehe Seite 258 des I. Jahrganges.

der Concession vom 10. Mai 1866 (§. 15) nach seinem
besten Ermessen zu beschaffen;

c) die durch die Erweiterung des Unternehmens bedingte
   Statutenänderung zu erwirken, und

d) den Bau so zu beginnen, dass die neue Linie gleichzeitig
   mit einer der von Komotau nach Prag, Eger oder Sachsen
   projectirten Bahnlinien eröffnet werden könne.

4. Die Voreinleitungen für die Herstellung einer Zweigbahn
von Dux nach Schwaz werden genehmigt und der Verwaltungsrath ermächtigt, den Bau dieser Zweigbahn gleich nach Erlangung
der Concession zu beginnen und die hiezu nöthigen Geldmittel
vorläufig in Form einer schwebenden Schuld zu beschaffen.

Das Scrutinium für die Wahlen in den Verwaltungsrath
ergab, dass von den abgegebenen 539 Stimmen auf

Herrn Dr. Stradal 534

„ Josef Straka 393

„ Fürst Clary 356

„ Josef Kress 342

Stimmen entfielen, diese Herren daher als wiedergewählt erscheinen.

Stand der Fahrbetriebsmittel. [1])

Locomotive u. Tender	7 St.	Kohlenwagen	280 St.
Diverse Personenwa-		Bahnwagen	12 „
gen	20 „	Draisinen	1 „
Gedeckte Lastwagen .	15 „	Schneepflug	1 „

Der Fahrpark hat sich somit gegen das Vorjahr um eine
Maschine und 25 Kohlenwagen vermehrt.

Eröffnungsdaten der einzelnen Bahnstrecken.

1858   21. Mai Aussig-Teplitz für den Personen-Verkehr.

1858   8. Juli   „   „   für den Frachten-Verkehr.

1867   15. Juli Teplitz-Dux.

---

[1]) Technische Daten oder Behelfe, welchen dieselben zu entnehmen
wären, konnten wir auch heuer nicht erlangen.

Gesellschafts-Capital.

Actien: 10.000 Stück à 210 fl. ö. W.................... fl. 2.100.000·—
Silber-Prioritäts-Obligat. Lit. A. 5000 St. à 150 fl. 750.000
    »   »   »   Lit. B. 3000 » à 150 » 450,000 » 1.200.000·—

Zusammen.. fl. 2.300.000·—

Hievon sind bereits amortisirt:
        203 Actien im Betrage von fl. 42.630·—
        169 Obligationen »   »   » 25.350·—

Anlagekosten [1]) (der Aussig-Teplitzer Bahn).

	Bis Ende 1866	Im Jahre 1867	Zusammen
Grund-Einlösung	395.380·38	— 1,080.46	394.299·92
Unterbau.................	986.128·18	.	986.128·18
Oberbau	826.574·03	.	826.574·03
Hochbau	380.159·13	230.83	380.389·96
Bahn- und Gebäude-Einrichtung.	67.972·37	— 275.27	67.697·10
Fahrbetriebsmittel	733.930·24	70.180·97 [2])	804.111·21
	3,390.144·33	69.056.47	3,459.200·40

Durchschnittliche Baukosten [2]) per Meile (wirklicher Länge) fl. 1.285.610·—

[1]) Die Intercalar-Zinsen, Tracirungskosten, Betriebs-Voranslagen, Administrationskosten, Taxen, Stempel u. dgl. haben in Summa fl. 292.985.81 betragen, und wurde dieser Betrag schon bei der ursprünglichen Aufstellung der Baurechnung den einzelnen Bau-Conti verhältnissmässig zugeschlagen.

[2]) Diese Summe dürfte grösstentheils den Anlagekosten der Teplitz-Duxer Linie zuzurechnen sein (deren Baurechnung noch nicht abgeschlossen ist), weeshalb sie bei Berechnung der durchschnittlichen Baukosten per Bahnmeile vorerst unberücksichtigt blieb.

Betriebsrechnung pro 1867.

Einnahmen.

I. Transport-Einnahmen.

Personen	fl.	78.775.78
Militär..	„	160.37
Gepäck..	„	4.742.43
Eilgut	„	5.992.39
Waaren	„	564.001.88
Summe..	fl.	653.672.83

II. Verschiedene Einnahmen.

Pacht- und Miethzinse, Drucksorten-Verkauf etc. etc...	fl.	36.301.59
Gesammt-Einnahmen..	fl.	689.974.42

Ausgaben.

I. Allgemeine Verwaltung.

Bezüge des Personals	fl.	23.501.83
Bureaukosten und sonstige Auslagen	„	5.513.24
Summe..	fl.	29.015.07

II. Bahnaufsicht und Bahnerhaltung.

Streckendienst	fl.	3.497.99
Bahnaufsicht	„	12.483.82
Unterbau..	„	4.333.40
Oberbau	„	37.648.49
Gebäude...	„	10.305.33
Ausserordentliche Auslagen.......................	„	1.764.20
Summe..	fl.	70.033.23

III. Verkehrsdienst.

Stationsdienst..............................	fl.	46.678.58
Fahrdienst	„	8.863.09
Summe..	fl.	55.541.67

IV. Zugförderung und Werkstätten.

Zugsdienst	fl.	46.136.06
Erhaltung der Fahrbetriebsmittel..................	„	21.063.64
Summe..	fl.	67.199.70
Gesammt-Ausgaben..	fl.	221.789.67

Ertrags-Resultate und deren Verwendung.

(Abschluss der Betriebsrechnung pro 1867.)

Betriebseinnahmen............................	fl.	689.974.42
Betriebskosten	„	221.789.67
Ueberschuss.. fl.		468.184.75

Hievon wurden bestritten:

Steuern und Stempel...... ..... fl.	27.539.32	
Verzinsung der Prioritäts-Obligat... „	72.877.96	
Amortisirung von 25 Obligationen . „	3.750.—	
fl.	104.167.28	

abzüglich des Activ-Saldo des Pro-		
visions-Conto.......... ..... „	2.156.28	
fl.		102.011.—
Reinertrag fl.		366.173.75

Von diesem Betrage wurden laut Beschluss
der General-Versammlung verwendet:

Zur Amortisirung von 25 Actien .. fl.	5.250.—	
„ Dotation des Reservefondes... „	40.000.—	
„ 5%igen Verzinsung der Actien „	105.000.—	
„ Bezahlung einer 5% Superdivi-		
dende (fl. 10.50) auf jede Actie,		
resp. jeden Genussschein.... „	105.000.—	
„ Dotation des Erneuerungsfondes „	90.000.—	
„ „ „ Pensionsfondes .. „	5.000.—	
als Tantième für d. Verwaltungsrath „	12.092.37	
fl.		362.342.37
und der Rest von .... fl.		3.831.38

als Gutschrift für das Jahr 1868.

Statistik der Betriebsresultate pro 1867.

		Einheit	Menge	
Länge der Bahn		Meilen	3	—
Befördert wurden	Reisende I. Cl.	Anzahl	2.659	1.9%
	„ II. „	„	27.829	19.9 „
	„ III. „	„	109.785	78.2 „
	„ aller Arten	„	140.263	100. —
	Militär	„	3.766	
	Parteifrachten { Kohlen	Centnr.	13.490.600	
	andere Güter	„	1.302.733	
	Zusammen		14.793.333	
Betriebs-Einnahmen	für Reisende	Gulden	78.776	
	„ Militärtransporte	„	160	
	„ Gepäck und Eilgut	„	10.735	
	aus dem Frachtenverkehr	„	584.002	
	sonstige Einnahmen	„	36.302	
	Zusammen	„	689.975	
Betriebs-Ausgaben	Allgemeine Verwaltung	„	29.015	
	Bahnaufsicht u. Bahnerhaltung	„	70.033	
	Verkehrsdienst	„	55.542	
	Zugförderung u. Werkstätten	„	67.200	
	Zusammen	„	221.790	
Ueberschuss			468.185	
Verhältniss der Ausgaben zu den Einnahmen		%	32.2	
Einnahme per Bahnmeile		Gulden	229.658.33	
Ausgabe „		„	73.930.—	
Von den Reisenden zurückgelegter Weg		Meilen	372.459	
„ 1 „ „		„	2.7	
Durchschnittliche Einnahme von 1 Reis.		Kreuzr	56.2	
„ „ „ 1 „ pr. Meile		„	20.9	
„ „ für 1 Frachtcentner		„	3.8	

Anmerkung. Die zurückgelegten Zugsmeilen und Frachtcent-
nermeilen sind in dem Geschäftsberichte nicht ersichtlich gemacht; heuer
erscheinen auch die Regietransporte nicht ausgewiesen, es musste daher
die weitere Ausführung der Statistik hier unterbleiben.

Bilanz mit 31. December 1867.
Activa.
Bahn-Eigenthum.

Aussig-Teplitzer Bahn .... fl. 3.459.200.40		
(Neubau-Conto) Zweigbahnen .... „ 395.955.64		
Teplitz-Duxer Bahn .... „ 466.213.34		
	fl.	4.321.369.38
Material-Vorräthe..................................	„	161.916.95
Beiträge zu Vorarbeiten für verschiedene Eisenbahn-Projecte und Tracirungskosten der Carlsbader Linie......	„	14.411.68
Debitoren...	„	141.243.94
Effecten	„	25.000.—
Cassa-Bestände....................................	„	39.791.02
	fl.	4.703.732.97

Passiva.

Actien-Capital.....................................	fl.	2.100.000.—
Obligations-Capital	„	1.200.000.—
Zinsen-, Dividenden- und Tilgungs-Rückstände	„	46.734.41
Agio-Conto..	„	181.372.35
Erneuerungsfond	„	84.394.43
Reservefond	„	66.516.49
Einzahlungen auf die neuen Actien (Teplitz-Dux)	„	524.910.—
Teplitz-Duxer Grundeinlösungs-Conto	„	7.021.51
Rückzahlung eines Viertel-Interimsscheines	„	20.—
Creditoren	„	126.680.03
Bahn-Erträgniss pro 1867...........................	„	366.173.75
	fl.	4.703.732.97

Bilanz des Pensionsfondes
per 31. December 1866.
Activa.

Vermögens-Bestand	in Effecten...............	fl.	46.662.10
	„ Baarem.............	„	198.65
		fl.	46.860.75

Passiva.

Saldo vom 31. December 1865		fl.	41.098 79
Beitrag pro 1866 { v.d. Mitgliedern fl. 781.35 { v.d. Gesellschaft „ 1.911.33	fl.		2.692.68
Eingeflossene Zinsen.....................		„	3.021.16
Losgewinn...............................		„	48.12
		fl.	46.860.75

Brünn-Rossitzer Eisenbahn.

Sitz der Gesellschaft in Wien (1. Minoritenplatz 7).

Verwaltung.

Präsident: Ernst Johann Freiherr von Herring.

Vice-Präsident: Johann Anton Graf Pergen.

Anton Rahn.	Leopold Bresson.
Wilhelm Ritter von Engerth, k. k. Regierungsrath.	Emil Kopp.

Hauptcassier und Procuraführer: C. L. Nožička.

Secretär: Friedrich Balzer.

Betriebs-Direction in Brünn.

Betriebsleiter: Adolf Christl, Oberingenieur.

Buchhalter und Chef der Controle: Mathias Šewčzik.

Ingenieur für Verkehr- und Stationsdienst: Moriz Kawinek·

„   für Zugförderung, Werkstätte und Oeconomat: Anton Palla.

Ingenieur für Bahnaufsicht und Bahnerhaltung: Ferdinand Friedl.

Revisor und Zahlmeister: Alois Permann.

Expeditor: Josef Dess.

Historische Mittheilungen.

Die Concessionirung des „Ergänzungsnetzes" der österreichischen Staatseisenbahn brachte der Brünn-Rossitzer Bahn bekanntlich den Vortheil eines wesentlich erweiterten Wirkungskreises, indem sie bestimmt ist, neben dem eigenen localen Verkehr künftighin auch den Durchgangsverkehr der Staatsbahnzüge zu vermitteln, gleichsam ein Zwischenstück der Staatsbahnlinien zu bilden.

Für diesen ihren neuen Beruf rüstet sich nun die Brünn-Rossitzer Bahn durch entsprechende Erweiterungsbauten im Brünner Bahnhofe sowohl, als auch längs der Linie. [1]

Die hiezu erforderlichen Geldmittel, welche ursprünglich mit fl. 450.000 präliminirt waren, in der That aber nahezu das Doppelte betragen dürften, wurden vorläufig durch Baarvorschüsse von Seite der österreichischen Staatseisenbahn-Gesellschaft gedeckt, die der Brünn-Rositzer Bahn als eine Buchschuld mit 5°/₀ Zinsen vorgeschrieben werden.

Die letzte Generalversammlung (28. April 1868) genehmigte diese Art der Geldbeschaffung und ermächtigte den Verwaltungsrath zur Vorschussnahme bis zu dem Betrage von fl. 700.000 (s. „Beschl. d. Generalversammlung" S. 131).

Ausser den Bauangelegenheiten beschäftigten die Direction im letzten Jahre vornehmlich die Unterhandlungen mit der Nordbahn, welche die Geleise, Gründe und Gebäude in Gerspitz, deren die Rossitzer Eisenbahn-Gesellschaft in Folge der Umlegung der Trace ihrer Bahn (nächst dem Orte Gerspitz) nicht mehr

---

[1] Die Erweiterungsbauten umfassen namentlich

a) auf der Strecke Brünn-Butscheiner Mühle (Zwischenstück der Staatsbahnlinien):

  die Vermehrung der Geleise am Brünner Bahnhofe und die Errichtung eines grossen Frachtenmagazines daselbst;

  die Umgehung der Station Gerspitz durch Ueberbrückung der Nordbahn bei dem Dorfe Ober-Gerspitz;

  die Sicherung des Einschnittes bei Leskau gegen die in denselben vorkommenden Rutschungen und die Herabminderung der dortigen Steigung 1:66 bis auf das Verhältniss von 1:100; dann

b) auf der Strecke Butscheiner Mühle-Segen-Gottes und auf der Flügelbahn: die Vergrösserung der Magazine, Herstellung von Kanzleien und Wohnungen, Vermehrung der Stationsgeleise, Erbauung einer Wasserstation, einer definitiven Brücke, Errichtung elektrischer Läutewerke und Kohlen-Verladungsrampen etc. etc.

bedarf, erwerben wollte, um für die Einmündung der mährisch-schlesischen Nordbahn in diese Station Raum zu gewinnen.

Das Resultat dieser Verhandlungen war ein Uebereinkommen, wornach die Nordbahn die Grundflächen um denselben Preis überkommt, um welchen sie einst von der Rossitzer Bahn erstanden wurden, bei den Baulichkeiten aber für die stattgehabte Abnützung einen entsprechenden Nachlass zugestanden erhält; dagegen wird das Oberbau-Materiale der Rossitzer Bahn zurückgestellt und bleibt derselben gleichwohl der Uebergang der Züge von einer Linie auf die andere gewahrt.

Die von der vorjährigen Generalversammlung beschlossene Abänderung der Statuten [1] wurde vom Ministerium nicht genehmigt, weil es unterlassen wurde, über diese Abänderung die von dem gegenwärtig geltenden Handelsgesetze vorgeschriebene notarielle Urkunde aufzunehmen.

Die letzte General-Versammlung musste demnach die Abänderungsbeschlüsse vor dem beigezogenen Notare erneuern, worauf die bezügliche Eingabe nochmals an das Ministerium geleitet wurde. [2]

Der Verkehr auf der Rossnitzer Bahn war, obschon dieselbe von den grossen Getreide-Transporten im Jahre 1867 nur wenig gewinnen konnte, in diesem Jahre doch ein so bedeutender, wie noch in keinem der vorhergehenden Jahre und ist die Verkehrssteigerung um so erfreulicher, als sie in dem Aufblühen der vaterländischen Industrie begründet ist.

Es wurden im Ganzen 3,076.706 Ctr. Fracht befördert, somit um 645.935 Ctr. mehr als im Vorjahre. Von dieser Zunahme entfallen auf den Kohlentransport 626.704 Ctr. (Im Jahre 1866 wurden 1,938.435 Ctr. Kohle befördert, im Jahre 1867 dagegen 2,565.139 Ctr.)

Die Betriebs-Einnahmen betragen pro 1867 fl. 351.570, während dieselben im Vorjahre nur fl. 207.403 ausmachten.

---

[1] Vgl. diesfalls d. „Beschl. d. Generalversammlung" S. 268 des I. Jahrg.

[2] Bei Gelegenheit der neuerlichen Beschlussfassung über die Abänderung der Statuten wurde auch die Aenderung der §§. 14, 16, 21 und 50 beschlossen.

Ein gut Theil dieser Ergebnisse dankt die Gesellschaft jedenfalls auch dem von ihrer Verwaltung am 1. October 1867 in's Leben gerufenen regelmässigen Speditionsdienste zwischen Segen-Gottes und mehreren grösseren Orten des nordwestlichen Mährens; diese commerzielle Massnahme bietet der Geschäftswelt eine Basis zur sicheren Calculation der Frachtspesen, was zur Entfaltung des Güterverkehres wesentlich beigetragen hat und gewiss auch künftighin beitragen wird.

Beschlüsse der Generalversammlung
vom 4. April 1868.

1. Der Rechnungs-Abschluss pro 1867 wird genehmigt und der Direction das Absolutorium ertheilt.

2. Von dem Reinerträgnisse des Jahres 1867 pr. fl. 145.566.17 sind auf die Prioritäts-Actien die 6%igen Vorzugszinsen mit dem Betrage von fl. 123.480 am 1. Juli 1868 zu vertheilen, der Ueberschuss per fl. 22.086.17 aber ist mit der Bestimmung zur Deckung der für Erneuerung ausgenützter und schadhafter Kohlenwagen, Restaurirung von Bahnobjecten und Gebäuden etc. etc. erwachsenden Kosten dem Reservefonde zuzuweisen.

3. Die vorläufige Geldbeschaffung für die Erweiterungsbauten mittelst Vorschüssen der österreichischen Staatseisenbahn-Gesellschaft bis zu einem Betrage von fl. 700.000 wird genehmigt.

4. Der von der Direction vorgelegte Statuten-Abänderungs-Entwurf wird genehmigt. [1]

Das Scrutinium für die Wahlen in die Direction ergab, dass die austretenden Mitglieder u. z.

Herr Joh. Freiherr v. Herring mit 102 und
„ Wilh. Ritter v. Engerth „ 99
von den abgegebenen 105 Stimmen wiedergewählt wurden.

---

[1] Die beschlossene Abänderung der Statuten betrifft die §§. 8, 14, 16, 19, 21, 24 und 50; die §§. 42—47 kommen ganz ausser Geltung.
Laut der neuen Fassung der §§. 8 und 24 wird der Sitz der Gesellschaft nach Wien verlegt, woselbst auch künftighin die Generalversammlungen abgehalten werden.

Bahngebiet.

	Wirkliche	Tarifmässige
Hauptbahn:	Länge in Meilen	
Brünn-Rossitz (Segen-Gottes)..............	3·074	3·—
Zweigbahn:		
„Segen-Gottes"-, „Simon-Schacht.........	0·691	—

(Die Zweigbahn dient nicht dem allgemeinen Verkehre und werden die Frachtgebühren für die Kohlentransporte von „Segen-Gottes" an berechnet.)

Anlage der Bahn.

Die Brünn-Rossitzer Bahn verbindet die Kohlen- und Eisenwerke des Rossitzer Beckens mit Brünn und indirecte auch mit den daselbst einmündenden Bahnen (Nordbahn und Staatsbahn [1]). Die Strecke Brünn-Butscheiner Mühle (nächst Střelitz) wird nach dem Ausbaue des Ergänzungsnetzes der Staatsbahn überdies noch zur Vermittlung des Durchgangsverkehres der Staatsbahnzüge dienen.

Die Trace zieht von Brünn aus über den Schwarzawa-Fluss nach Gerspitz, wo sie die Nordbahn kreuzt, [2] dann über den Leskau-Bach nach Střelitz, in dessen Nähe die neue Linie der Staatsbahn (Stadlau-Butscheiner Mühle) einmünden wird und von da über den Obrawa-Bach (der wiederholt überschritten wird) nach Tečic und (Rossitz) Segen-Gottes, von wo aus eine Nebenlinie nach Zbeschau führt.

Die Terrain-Verhältnisse boten keine besonderen Schwierigkeiten, nur bei Leskau war ein grosser Einschnitt in äusserst rutschigem Erdreich auszuführen, welcher gegenwärtig regulirt wird, um die Rutschungen hintanzuhalten und die dort vorkommende Steigung (1:66) auf das mit der übrigen Linie übereinstimmende Verhältniss von 1:100 herabzumindern.

---

[1] Mit der Staatsbahn wird die Rossitzer Bahn in Brünn directe verbunden werden, sobald die neuen Linien der Staatsbahn ausgebaut sind.

[2] Jetzt wird die Trace der Rossitzer Bahn bei Gerspitz umgelegt, derart, dass bei dem Wächterhause Nr. 6 an der Wiener Aerarialstrasse, aus dem bestehenden Geleise ein zweites ausmündet, welches rechts neben dem ersteren sich hinzieht, bei dem Dorfe Ober-Gerspitz das Geleise der Nordbahn überbrückt, sodann parallel neben der Station Ober-Gerspitz in der Richtung gegen Brünn sich hinzieht und bei Stationsnummer 18 sich wieder mit dem alten Geleise vereinigt.

Neigungsverhältnisse.

Bezeichnung der Linien	Horizontal	Steigung — Meilen							Neigung — Meilen							Zusammen
		bis 1:1200	1:1200 bis 1:800	1:800 bis 1:500	1:500 bis 1:300	1:300 bis 1:200	1:200 bis 1:100	1:100 und weniger	bis 1:1200	1:1200 bis 1:800	1:800 bis 1:500	1:500 bis 1:300	1:300 bis 1:200	1:200 bis 1:100	1:100 und weniger	
Hauptlinie Brünn-Segen-Gottes	0.124	0.073	0.067	0.086	0.075	0.207	1.223	0.728	0.120				0.288	0.133		3.074
Nebenlinie Segen-Gottes-Zbeschau (sammt Abzweig)	0.098					0.010	0.038	0.283							0.267	0.691
	0.222	0.073	0.067	0.086	0.075	0.217	1.266	1.011	0.120				0.288	0.133	0.267	3.765

Die stärkste Steigung auf der Hauptlinie kommt zwischen Ober-Gespitz und Střelitz vor und beträgt 1 : 60 (wird jetzt regulirt werden).

Auf der Nebenlinie beträgt die stärkste Steigung 1:38.

Richtungsverhältnisse.

Bezeichnung der Linien	Gerade Bahn	In Curven — Meilen							Zusammen
		bis 1200° R.	von 1200° bis 800° R.	von 800° bis 500° R.	von 500° bis 300° R.	von 300° bis 200° R.	von 200° bis 100° R.	von 100° R. u. weniger	
Hauptlinie Brünn-Segen-Gottes	2.080	.	0.073	0.298	0.278	0.165	0.184	0.011	3.074
Nebenlinie Segen-Gottes-Zbeschau (s. Abzweig)	0.308	.		0.022	0.084	0.018	0.249	0.070	0.691
	2.388		0.073	0.315	0.302	0.178	0.433	0.081	3.766

Die schärfste Krümmung beträgt sowohl auf der Haupt- als auf der Nebenlinie 100° R.

Unterbau.

Die Kronenbreite des Bahndammes misst durchgehends 12·5 Fuss.

An Unterbau-Objecten zählt die Bahn:

	massive	eiserne	hölzerne	Diverse	Im Ganzen
	Brücken				
Auf der Hauptlinie Brünn-Segen-Gottes	3	7	3	22	35
Nebenlinie Segen-Gottes-Zbeschau ...	2	3	.	13	18
Zusammen ...	5	10	3	35	53

Das bedeutendste dieser Objecte ist die 29° 4' lange Schwarzawabrücke bei Brünn mit 5 Oeffnungen, wovon die drei Mitteljochöffnungen eine Spannweite von je 6° und die beiden Landjochöffnungen eine solche à 35' haben.

Die Brückenconstruction ist aus Holz.

Oberbau.

Die Brünn-Rossitzer Eisenbahn ist durchwegs eingeleisig. Die Schienen sind breitbasige und haben die von Brünn bis Střelitz gelegten ein Gewicht von 23·46 Pfund pro Curr. Fuss, und die von Strelitz bis Zbeschau gelegten ein Gewicht von 20 Pfund pro Curr.-Fuss. Bezogen wurden die Schienen von der Rossitzer Eisenhütten-Gewerkschaft. —

Die Schwellen sind aus Eichenholz.

Die Bettung des Oberbaues besteht aus Grubenschotter.

Die Gesammtzahl der Wechsel beträgt auf der Hauptlinie 46 Stück, auf der Nebenlinie 10 Stück.

Drehscheiben zählt die Hauptlinie 2 und die Nebenlinie 1 Stück.

Hochbau.

Auf der Hauptlinie wurden 36 Gebäude aufgeführt,

„ „ Nebenlinie „ 4 „ „

Zusammen . 40 Gebäude, darunter

auf der Hauptlinie 20 Wächterhäuser,

„ „ Nebenlinie 3 „

Zusammen . 23 Wächterhäuser.

Die Hauptlinie zählt 5 Stationen und zwar: Brünn, Ober-Gerspitz, Střelitz, Tečic, Segen-Gottes.

Die Nebenlinie hat bloss die eine Station Zbeschau, nebst dieser aber noch 3 Haltestellen für die Kohlenverladung, nämlich beim Ferdinand-, beim Heinrich- und beim Antonieschacht.

Heizhäuser sind in den Stationen Brünn und Segen-Gottes.

Die Werkstätte befindet sich in Brünn.

Wasserstationen sind in Brünn und Segen-Gottes.

Telegrafen und Signale:

Die zwei Telegrafenleitungen, deren erste von Brünn bis Zbeschau geführt ist, und die zweite den Brünn-Rossitzer Bahnhof mit jenem der Staatseisenbahn-Gesellschaft in Brünn verbindet, bestehen aus Eisendraht. Die Apparate sind nach dem Morse'schen Systeme construirt. Auf der ganzen Linie bestehen 6 Telegrafenstationen, von denen 5 auch für den Privatdepeschen-Verkehr geöffnet sind. Die Signalisirung wird mittelst elektrischer Läutewerke (nach dem Leopolder'schen Systeme) bewerkstelligt.

Stand der Fahrbetriebsmittel.

Locomotive . . . . 5 Stück

Personenwagen . . . . 6 „

Fracht- und Kohlenwagen . . . . 100 „

Nebst diesen eigenen Betriebsmitteln standen zeitweilig auch mehrere Locomotive und Wagen der priv. österr. Staats-Eisenbahn-Gesellschaft in Verwendung.

Eröffnungsdaten der einzelnen Strecken.

1856	2. Jänner	Brünn-Rossitz	für Kohlentransport.
	1. Juli		für den allgemeinen Verkehr.
1862	10. August: Segen-Gottes — Simon-Schacht.		

Gesellschafts-Capital zu Ende 1867.

256 Stück Stammactien à fl. 525....	fl.	134.400.—
10.290 „ Prioritäts-Actien à fl. 200.	„	2.058.000.—
3.000 „ Silber - Prioritäts - Obligationen à fl. 150........	„	450.000.—
Summe .	fl.	2,642.400.—

Von den Prioritäts-Obligationen sind 83 Stück mit fl. 12.450 bereits amortisirt.

Anlagekosten. [1])

Mit Ende 1866	fl.	2,683.867.74
Neu-u. Vervollständigungsbauten im Jahre 1867	„	75.593.77
	fl.	2,759.461.51

Durchschnittliche Baukosten pr. Bahnmeile, wirklicher Länge fl. 732.920.—

---

[1]) Eine Detaillirung der Anlagekosten nach den einzelnen Bautiteln ist in den Geschäftsberichten nicht enthalten.

Betriebs-Rechnung pro 1867.

Einnahmen.

I. Transports-Einnahmen.

Reisende	fl.	20.033.63
Militär-Transporte	„	584.64
Gepäck	„	596.91
Waaren	„	327.462.53
Zusammen . . .	fl.	348.677.71

II. Verschiedene Einnahmen.

Pacht- und Miethzinse, Depeschen etc. etc.	fl.	2.891.88
Gesammt-Einnahmen . .	fl.	351.569.59

Ausgaben.

I. Allgemeine Verwaltung.

Bezüge des Personals etc.	fl.	6.373.78
Allgemeine Unkosten	„	2.292.—
Summe . .	fl.	8.665.78

II. Bahnaufsicht und Bahnerhaltung.

Central-Leitung	fl.	2.481.99
Streckendienst	„	2.675.—
Bahnaufsicht	„	8.903.25
Unterbau	„	2.197.46
Oberbau	„	28.150.75
Gebäude	„	5.375.42
Ausserordentliche Auslagen	„	1.215.86
Summe . .	fl.	50.979.73

III. Verkehrs- und commerzieller Dienst.

Central-Leitung	fl.	3.774.79
Stationsdienst	„	26.248.98
Fahrdienst	„	4.638.63
Summe . .	fl.	34.662.40

IV. Zugförderung und Werkstätten.

Central-Leitung	fl.	2.006.67
Zugsdienst	„	14.857.78
Erhaltung der Fahrbetriebsmittel	„	25.776.69
Summe . .	„	42.641.14
Gesammt-Ausgabe . .	fl.	136.949.05

Ertrags-Resultate und deren Verwendung.

(Abschluss der Betriebsrechnung pro 1867.)

Betriebs-Einnahmen .... fl. 351.569.59
Betriebskosten .... „ 136.949.05

Ueberschuss .. fl. 214.620.54

Hievon wurden bestritten:

Steuern und Stempel............ fl. 14.932.38

Der Beitrag zum Pen-
sionsfonde .... fl. 1.968.66

Geschenke und Gna-
dengaben. ...... „ 2.660.—

fl. 4.628.66

Obligations-Zinsen . fl. 27.295.50
Conto-Corrent-Zinsen „ 2.716.61

fl. 30.012.11

Die Amortisirung von 18 Obligationen „ 3.394.50
Die Abschreibung von Coursverlu-
sten, uneinbringlichen Forderungen u. dgl. .... „ 16.086.72

fl. 69.054.37

Reinertrag .. fl. 145.566.17

Laut Beschluss der General-Versammlung
wurden hievon verwendet:

Zur Bezahlung der 6%igen Vorzugszinsen auf die
Prioritäts-Actien .... fl. 123.480.—
und der Rest per........................ „ 22.086.17
zur Dotirung des Reservefondes.

Statistik der Betriebsresultate pro 1867.

	Einheit	Menge	
Länge der Bahn.........................	Meilen	3.—	
Zurückgelegte Zugsmeilen.................	„	6.107	%
Reisende I. Classe	Anzahl	443	0.9
„ II. „	„	7.973	15.7
„ III. „	„	42.339	83.4
Befördert wurden aller Classen.......	„	50.755	100.—
Militär.................	„	3.597	
Gepäck	Zll-Ctr.	2.345	
Parteifrachten	„	3,076.706	
Regiefrachten	„	913.916	
Für Reisende..............	Gulden	20.034	% / 5.7
Militär-Transporte	„	585	0.1
Betriebs-Einnahmen Gepäck	„	597	0.2
Aus dem Frachten-Verkehr..	„	327.462	93.2
Sonstige Einnahmen	„	2.892	0.8
Zusammen	„	351.570	100.—
Allgemeine Verwaltung	„	8.666	6.3%
Betriebs-Ausgaben Bahnaufsicht u. Bahnerhaltung	„	50.980	37.2
Commerc.- u. Verkehrsdienst.	„	34.662	25.3
Zugförderung u. Werkstätten	„	42.641	31.2
Zusammen	„	136.949	100.—
Ueberschuss...................	„	214.621	
Verhältniss der Ausgaben zu den Einnahmen	%	39.—	
Einnahme per Bahnmeile............	Gulden	117.190	
Ausgabe „ „	„	45.649.67	
Einnahme „ Zugsmeile..............	„	57.57	
Ausgabe „ „	„	22.43	
Von den Reisenden zurückgelegter Weg in..	Meilen	135.091	
Von 1 „ „ „	„	2.66	
Durchschnittl. Einnahme von 1 Reisenden.....	Kreuz.	39.46	
„ „ „ 1 „ per Meile	„	14.03	
Von den Frachtcentnern durchlaufener Weg .	Meilen	9,502.485	
Von 1 „ „ „ „ ..	„	3.1	
Durchschnittl. Einnahme für 1 Frachtctr.....	Kreuz.	10.53	
„ „ „ 1 „ pr. Meile	„	3.41	

Bilanz mit 31. December 1867.

Activa.

Kostenwerth der Eisenbahn	fl. 2,759.461.51
Material-Vorräthe	„ 63.441 21
Debitoren	„ 52 073.47
Effecten.............................	„ 30.817 36
Cassen-Bestände.....................	„ 79.082.59
	fl. 2,984.876.14

Passiva.

Actiencapital......	fl. 2,192.400.—
Prioritäts-Anlehen	„ 450.000.—
Zinsen-, Dividenden- und Tilgungs-Rückstände	„ 143.179.12
Reservefond..........................	„ 26.693.87
Pensionsfond.........................	„ 12.278.48
Krankenfond	„ 1.892.32
Creditoren	„ 136.346.18
Betriebs-Ueberschuss.	„ 22.086.17
	fl. 2,984.876.14

Vermögensstand des Pensionsfondes [1]
mit 31. December 1867.

In Effecten	fl. 9.275.04
In Baarem.............	„ 3.003.44
	fl. 12.278.48

---

[1] Eine eigentliche Bilanz des Pensionsfondes ist im Geschäfts-berichte nicht enthalten.

Mohacs-Fünfkirchner Eisenbahn.

Die Central-Leitung dieser Bahn liegt in den Händen der

Administration
der k. k. priv. Donau-Dampfschiffahrt-Gesellschaft.

Präses: Moriz Freiherr von Wodianer.

Administratoren:

Adam Frh. v. Burg, k. k. Hof-rath etc.

Caspar Johann Freiherr von Seiller.

Eduard Ritter v. Wiener.

Josef Freiherr von Kalchberg, Excellenz.

Victor Graf Wimpfen, k. k. Corvetten-Capitän.

Ausschüsse.

Sam. v. Dioszeghy.
Dr. Joh. Nep. Hermann.
Dr. Josef Neumann.

Jonas Ritter von Königs-warter.
Leopold Blühdorn.

Direction.

Director: Martin Cassian.

Directors-Stellvertreter: Ludwig Nowotny, Administrations-Secretär.

Ober-Inspector: Ferd. Wehler.

Directions - Secretär : Franz Zetschke.

Chef des commerziellen Bureaus: Franz Urban.

Buchhalter: Franz Rotter.

Haupt-Cassier: Georg Zograf.

Liquidator: Ludwig Foglar.

Registrator: Anton Brucker.

16

Betriebsleitung in Fünfkirchen. *)

Vorstand der Bahn: Ludwig Böck.	Ober-Ingenieur: Daniel Dietz.
	Cassier: Franz Platz.
Betriebs - Inspector : Carl Schnaidt.	Ingenieur: Jul. Zeis.
	Revisor: Moriz Hoffmann.

Historische Mittheilungen.

Die Mohacs-Fünfkirchner Bahn wurde, wie bekannt, von der Donau-Dampfschiffahrt-Gesellschaft zumeist für deren eigene Zwecke gebaut und in ihrer Haupteinrichtung für die Zufuhr von Kohle aus dem gesellschaftlichen Werke in Fünfkirchen zu den Donaustationen bestimmt.

Ihrer eigenthümlichen Anlage und ihrer Abgeschiedenheit wegen konnte sie bisher eigentlich nicht zu jenen Verkehrsmitteln zählen, welche dem allgemeinen Interesse dienstbar sind, weder in Bezug auf den Gütertransport, noch hinsichtlich des Personenverkehrs, und blieben ihre Betriebs-Ergebnisse stets von der grösseren oder geringeren Ausbeute der gesellschaftlichen Kohlengruben und dem Consume der selbstgeförderten Kohle abhängig.

Nunmehr aber tritt in diesen Verhältnissen eine wesentliche Aenderung ein; die Bestimmung dieser Bahn ist jetzt eine zweifache geworden.

Durch die Fünfkirchen-Barcser Bahn mit den Linien der Südbahn in Anschluss gebracht, wird die Mohacs-Fünfkirchner Bahn künftighin auch der Vermittlung des zweifelsohne rasch und mächtig erblühenden, directen Verkehres von und nach jenen Linien vollen Antheil nehmen, das eine Schlussglied der grossen und wichtigen Schienenstrasse bilden, welche nunmehr die Donau mit der Adria directe verbindet.

Der Verkehr im Jahre 1867 bewegte sich noch innerhalb der obbezeichneten engen Grenzen.

Der Getreide-Export brachte wohl auch der Mohacs-Fünf-

---

*) Diese Betriebsleitung führt zugleich auch die Geschäfte der Barcs-Fünfkirchner Bahn.

kirchner Bahn nicht unbedeutenden Vortheil, dafür aber erlitt der Kohlentransport einen Ausfall dadurch, dass die Gesellschaft auf der oberen Donaustrecke zumeist Ostrauer Kohle verwendete, welche durch die Seitens der Nordbahn zugestandene Refactie sich billiger calculirte als die mit den eigenen Schiffen nach Wien transportirten Fünfkirchner Kohlen.

Während des Jahres 1867 wurden befördert:

Kohle für die Gesellschaft	Kohle für Partelen	Sonstige Güter
3,423.400 Ctr.	232.105 Ctr.	449.326 Ctr.
gegen 3,834.834 „	193.884 „	278.096 „

im Jahre 1866.

Die Betriebs-Einnahmen pro 1867 betragen fl. 598.561.37, also um fl. 18.200.14 weniger als pro 1866.

Das

Bahngebiet

blieb unverändert; es umfasst 8·022 Meilen wirklicher, beziehungsweise 8 Meilen tarifmässiger Länge.

Auch in der

Anlage der Bahn

welche bereits im I. Jahrgange (S. 273—274) ausführlich beschrieben wurde, hat sich keine Aenderung ergeben.

Stand der Fahrbetriebsmittel.

Locomotive und Tender	8 Stück.
Personenwagen diverse....	10 Stück.

Lastwagen:

Gepäckswagen	4	Stück.
Gedeckte Lastwagen......... ...	19	„
Kohlenwagen	216	„
Schotterwagen	22	„
Lowrys	11	„
Holzwagen	2	„
Viehwagen	1	„
Summe der Lastwagen	275	Stück.

Anlagekosten. [1])

	Bis Ende 1866	Im Jahre 1867	Zusammen
Grund- und Gebäude-Einlösung	220.552.47		220.552.47
Unterbau	2,136.226.24		2,136.226.24
Oberbau	2,111.683.32		2,111.683.32
Hochbau	474.396.08		474.396.08
Bahn- und Gebäude-Einrichtung	66.249.24	899.33	67.148.57
Bau-Regie	311.407.59	.	311.407.59
Antheil an den Kosten der Actien-Emanirung	51.823.84		51.823.84
Verzinsung des Baucapitals während der Bauzeit . . .	798.554.52	.	798.554.52
Fahrbetriebsmittel	818.691.01	720.—	819.411.01
Material-Vorräthe	70.571.58	— 9.131.15	61.440.43
	7,060.155.89	— 7.511.82	7,052.644.07
Hievon ab die Betriebsüberschüsse der Bau-Periode .			186.619.30
			6,866.024.77

Durchschnittliche Baukosten per Bahnmeile, wirkliche Länge fl. 855.900.

---

[1]) Das Anlagecapital für die Mohacs-Fünfkirchner Bahn ist in dem Anlagecapitale der Gesammt-Unternehmung der Gesellschaft inbegriffen und lässt sich desshalb nicht speciell nachweisen.

Betriebsrechnung pro 1867.

Einnahmen.

I. Transports-Einnahmen.

Personen .... fl.		41.131.34
Militär-Transporte .... »		3.090.19
Gepäck.. »		1.054.69
Waaren .... »		550.547.53
	Summe.. fl.	595.823.75

II. Verschiedene Einnahmen.

Pacht- und Miethzinse, Locomotiv- und Wagenmiethe etc. etc. fl.	2.737.62
Gesammt-Einnahmen fl.	598.561.37

Ausgaben.

I. Allgemeine Verwaltung.

Bezüge des Personals, Bureau- und sonstige Auslagen. . fl.	15.691.71
Summe.. fl.	15.691.71

II. Bahnerhaltung und Bahnaufsicht.

Bahnaufsicht.. .... fl.		31.446.69
Unterbau... »		3.462.27
Oberbau... »		24.581.39
Gebäude .... »		6.124.95
Gebäude- und Bahneinrichtung und Vervollständigung .... »		7.864.99
	Summ .. fl.	73.480.29

III. Verkehrsdienst.

Stationsdienst .... fl.		34.010.69
Fahrdienst.. »		11.618.68
	Summe.. fl.	45.629.37

IV. Zugförderung und Werkstätten.

Zugsdienst .... fl.		34.131.16
Erhaltung der Fahrbetriebsmittel .... »		79.497.33
	Summe.. fl.	113.628.49
	Gesammt-Ausgaben.. fl	248.429.86

Ertrags-Resultate und deren Verwendung.

(Abschluss der Betriebsrechnung pro 1867.)

Betriebseinnahmen .... fl.	598.561.37
Betriebskosten .... „	248.429.86
Ueberschuss .... fl.	350.131.51

Hievon wurden bestritten:

Steuern. .... fl.   30.154.38
Amortisations-Quote pro 1866
  von den Baukosten der Bahn   „   5.510.—
5°/₀ige Verzinsung des Anlage-
  capitals................ „ 309.053.33 fl.   344.717.71

Reinertrag. fl.   5.413.80

welche Summe auf den „allgemeinen Gewinn- und Verlust-
Conto" übertragen wurde.

Statistik der Betriebsresultate pro 1867.

		Einheit	Menge	
Länge der Bahn		Meilen	8.—	
Zurückgelegte Zugsmeilen		„	15.427	%
Befördert wurden	Reisende I. Classe	Anzahl	565	1.5
	„ II. „	„	11.314	30 6
	„ III. „	„	25.052	67.9
	„ aller Classen	„	36.931	100.—
	Militär	„	6.531	
	Fracht-güter diverse	Zll-Ctr.	449.326	
	Kohle für Private	„	232.105	
	„ in Regie	„	3,423.400	
Betriebs-Einnahmen				%
	Von den Reisenden	Gulden	41.131	7.—
	Für Militär-Transporte	„	3.090	0.5
	„ Gepäck	„	1.055	0.2
	aus dem Frachtenverkehre	„	550.547	91.9
	Sonstige Einnahmen	„	2.738	0.4
	Zusammen	„	598.561	100.—
Betriebs-Ausgaben	Allgemeine Verwaltung	„	15.692	6.3%
	Bahnaufsicht u. Bahnerhaltung	„	73.480	29.6
	Verkehrsdienst	„	45.629	18.4
	Zugförderung u. Werkstätten	„	113.629	45.7
	Zusammen	„	248.430	100.—
Ueberschuss		„	350.131	
Verhältniss der Ausgaben zu den Einnahmen		%	41.7	
Einnahme per Bahnmeile		Gulden	74.820.13	
Ausgabe „ „		„	31.053.75	
Einnahme „ Zugsmeile		„	38.80	
Ausgabe „ „		„	16.10	
Von den Reisenden zurückgelegter Weg in		Meilen	172.385	
„ 1 „ „ „ „ „ „			4.7	
Durchschnittl. Einnahme von 1 Reisenden		Gulden	1.12	
„ „ „ 1 „ per Meile		Kreuz.	23.9	
Von den Frachtcentnern durchlaufener Weg in		Meilen	32,327.095	
„ 1 „ „ „ „ „		„	7.8	
Durchschnittl. Einnahme für 1 Frachtctr.		Kreuz.	13.4	
„ „ „ 1 „ pr. Meile		„	1.7	

Königl. ung. Nordbahn.

Sitz der Verwaltung in Pest.

Königl. Betriebs-Direction.

Director: Carl Stempf, kais. Rath.
Director-Stellvertreter: Franz Neiser, Oberingenieur.

I. Central-Leitung.

Secretariat.

Secretär: Ludwig Riha.
Archivar: Friedrich v. Koppet.

Bau- und Bahnerhaltung.

Bahnerhaltungs-Chef: Josef Schubert.

Telegrafendienst.

Telegrafen-Ingenieur: Josef Sertic.

Material-Verwaltung.

Material-Verwalter: Valentin Schaschek.

Zugförderung.

Zugförderungs-Chef: Ludwig Györy von Nadudvar.

II. Rechnungs-Abtheilung.

Vorstand: Carl Sturm, Rechnungsrath.

Buchhaltung.

Hauptbuchhalter: Friedrich Dröhssler.

Cassa.

Hauptcassier: Josef von Lieczkowszky.

Revision.

Central-Revisor: Carl Roth.

Controle und Statistik.

Control-Chef: Heinrich Grüll.

III. Transport- und Verkehrs-Inspectorat.

Transports-Inspector: Alfred von Voigt.

Transport-Inspector-Stellvertreter: Leopold Csermak.

IV. Strecke.
Material-Depot in Pest.

Depot - Verwalter: Vincenz Smolik.	Bahnerhaltung. Streckenchef: Johann Skalka.
Heizhaus.	„ Ferdinand Wiederspann.
Heizhausleiter: AdolfForcher.	

Historische Mittheilungen.

Wenige Monate nur erfreute sich die Pest-Losonczer oder wie sie später hiess: „Ungarische Nordbahn-Gesellschaft" der geordneteren Zustände, in welchen ihre Unternehmung mit Hilfe der staatlichen Unterstützung aus dem Concurse hervorgegangen war. [1] denn als das Jahr 1867 seinem Ende zuschritt, zeigte sich bereits, dass dieselbe neuerdings (oder immer noch) in bedeutendem Masse passiv war.

Das Erträgniss der Bahn (per fl. 241.886.18) reichte für die Einlösung des halbjährigen Prioritäten-Coupons [2] nicht aus, der Abschluss der Baurechnung ergab ein aus der Bauperiode herrührendes Passivum per fl. 200.000, welches längst bedeckt sein sollte und eine mehr als doppelt so hohe Summe noch blieb erforderlich zur vollkommenen Ausrüstung der Bahn, namentlich zur Ergänzung des Fahrparkes. Das Gesammterforderniss bezifferte sich (rund) auf fl. 760.000 und alle Versuche, diesen Betrag aufzubringen, blieben erfolglos.

Der Regierung, welche als solche, sowie als Hauptgläubigerin des Unternehmens dessen wirthschaftliche Verhältnisse stets im Auge behalten hatte, waren diese Zustände natürlich nicht fremd geblieben. Sie sah sich vor die Alternative gestellt, für die Aufrechthaltung des Unternehmens neue Opfer bringen zu müssen oder dasselbe einer wiederholten Catastrophe anheimfallen zu lassen und dann um so grössere Verluste zu erleiden.

---

[1] Vgl. d. Geschichte der Ung. Nordbahn, S. 287—290 d. I. Jahrg. d. Buch.

[2] Die Ung. Nordbahn (Pest-Losoncz) war bekanntlich nicht im Genusse einer staatlichen Zinsengarantie.

Sie entschloss sich daher, da der Staatsschatz nun einmal
in Mitleidenschaft gezogen werden musste, die Bahn, getrennt
von dem (Kohlen-) Bergbau-Unternehmen, gleich völlig einzulösen und liess, etwa um die Mitte Februar 1868, der Gesellschaft
die bezüglichen Anträge zugehen. [1]

All' dies zusammengenommen, bestimmte den Verwaltungsrath zur Einberufung einer ausserordentlichen Generalversammlung, welche am 9. März 1868 stattfand und die Wahl eines
Comités zum Resultate hatte, das beauftragt wurde, die Lage des
Unternehmens eingehend zu prüfen und der unter einem auf den
18. April vertagten Versammlung hierüber einen umfassenden
Bericht, sowie auch allfällige Anträge zu erstatten.

Dieser (pünctlich erstattete) Bericht gab dem Verwaltungsrathe ein entschiedenes Misstrauensvotum, erklärte die Propositionen der Regierung für unannehmbar und schloss mit dem An-
trage: den Verwaltungsrath seiner Functionen zu entheben und
an dessen Stelle das Comité mit der Leitung des Unternehmens
zu betrauen.

Die hierüber geführte sehr erregte Debatte hatte das ein e
Gute an sich, dass den Actionären gleich von vorneherein der
Standpunct klargelegt wurde, welchen die Regierung künftighin
der Gesellschaft gegenüber einzunehmen gedenke. Sie erfuhren
aus dem Munde des königlichen Commissärs, dass d i e s e Gesellschaft keinerlei staatliche Unterstützung zu gewärtigen habe, dass

---

[1] Die Propositionen waren folgende:

Das Aerar übernimmt die im Betriebe stehenden Strecken Pest-Tar-
ján-Josefstollen der ungarischen Nordbahn sammt allen beweglichen und
unbeweglichen Activen, aber auch mit der das gesammte Vermögen der
Gesellschaft belastenden Prioritätsschuld.

Die Gesellschaft erhält ausserdem fl. 300.000 in Baarem zur Begleichung der Processe etc.

Die Gesellschaft bleibt im Besitze der Kohlenwerke und garantirt
die Regierung der zu bildenden Kohlenwerks-Gesellschaft für deren Koh-
len-Transporte einen Frachtsatz von $^6/_{10}$ kr. per Ctr. Ueberdies wird die
Gesellschaft von der Verpflichtung entbunden, die Bahn ohne Zinsengarantie anzubauen, welcher Verpflichtung sie anderseits ungesäumt nachzu-
kommen hätte.

ihr vielmehr bei andauernder Säumniss in der Erfüllung der concessionsmässigen Verpflichtungen (Instandhaltung und Fortsetzung der Bahn) der Verlust der Concession drohe. [1])

Dessungeachtet und obschon der Vicepräsident des Verwaltungsrathes selbst das, was im Verlaufe der Debatte über die Möglichkeit der Geldbeschaffung gesagt worden, als leere Phrase bezeichnete, denn überall heisse es: „Ohne Zinsengarantie kein Geld"! — ward der Anbot des Ministeriums doch nur als „letztes Auskunftsmittel" acceptirt und von der Versammlung beschlossen, vor Allem eine Fusion mit einer neuen Gesellschaft (jener, welche die Concession zum Weiterbaue der Bahn erhielte) anzustreben und erst wenn eine solche nicht gelänge, mit der Regierung zu unterhandeln, in welchem Falle dann der im Amte belassene, aber durch fünf Actionäre verstärkte Verwaltungsrath die Verhandlungen führen solle.

Damit war allerdings eine kurze Spanne Zeit, aber sonst auch gar nichts für den Fortbestand der Gesellschaft gewonnen, denn beim Zusammentritte der ordentlichen Generalversammlung (16. Juni 1868) [2]) war ihre Lage eine wenn möglich noch schlimmere.

Die Fusionsfrage kam nicht über das Stadium der Anregung hinaus, die mannigfachen Geldbeschaffungsversuche waren kläglich gescheitert [3]) und die Verhandlungen mit der Regierung wegen Ertheilung einer Concession zum Weiterbaue der Bahn unter staatlicher Zinsengarantie oder Uebernahme des gesammten gesellschaftlichen Vermögens oder endlich einer Aufbesserung

---

[1]) Zufolge §. 1 der Concess.-Urk. hätte die Bahn am 1. Jänner 1868 bis Losoncz eröffnet sein sollen und §. 15 der Concess.-Urk. enthält die Bestimmung, dass die Concession erlösche, sobald die Bau-, resp. Eröffnungstermine nicht eingehalten würden

[2]) Die ordentliche Generalversammlung hätte eigentlich schon am 30. Mai stattfinden sollen, musste aber, weil sich keine genügende Anzahl von Actionären eingefunden hatte, vertagt werden.

[3]) Es fand sich bloss ein einziges Institut, das bereit gewesen wäre, die benöthigten Capitalien vorzustrecken und auch dies nur gegen Verpfändung des Personal-Credits des gesammten Verwaltungsrathes.

des Anbotes des Ministeriums resultatlos geblieben, wenn auch
einige Zugeständnisse rücksichtlich des Bergbau-Unternehmens
erzielt wurden.

In dieser fatalen Lage blieb nun der Gesellschaft kein anderer
Ausweg, als die Propositionen der Regierung anzunehmen und
derselben die Bahn abzutreten.

Die Generalversammlung beschloss denn auch diesen Schritt
zu thun und wählte aus ihrer Mitte ein Comité, welches ermächtigt wurde, den definitiven Vertrag mit der Regierung abzuschliessen und alle auf die Umgestaltung der Gesellschaft Bezug
habenden Geschäfte durchzuführen.

Die wichtigsten Stipulationen des Vertrages sind:

Die Regierung übernimmt am 1. Juli 1868 die Bahn von Pest
nach Tarján und zum Josefstollen schuldenfrei, gegen einen
Kaufpreis per fl. 7,500 000 und als Abschlag auf diesen Kauf-
schilling das Prioritäts-Anlehen von fl. 7,200.000 in ihre eigene
Zahlungsverbindlichkeit. Die restlichen fl. 300.000 werden zu
Gunsten der Gesellschaft bei einem Creditinstitute verzinslich
angelegt.

Ferner gewährt die Regierung der Gesellschaft im Falle des
Bedarfes ein mit 5°/₀ verzinsliches und innerhalb 15 Jahren rück-
zahlbares Darlehen per fl. 97.000 zur Begleichung aller liquiden
Passiven. Ebenso verpflichtet sich die Regierung 3000 Actien der
Kohlengewerkschaft zum Nominalbetrage von fl. 100 per Stück
zu übernehmen, sonach der Gesellschaft fl. 300.000 zur Verfügung zu stellen.

Die Gesellschaft erhält ausserdem für ihre Kohlensendungen
einen Frachtsatz von °/₁₀ kr. per Ztr. und Meile, bei Distanzen
über 10 Meilen resp. den jeweilig niedrigsten Tarifsatz zugestanden.

Auf Grund dieses Vertrages überging die Bahn am 1. Juli
1868 in das Eigenthum des Aerars und am 6. August fand die
letzte Generalversammlung der Actionäre der Ungarischen Nordbahn statt, in welcher sich diese Gesellschaft auflöste. ¹)

---

¹) Am 7. August 1868 fand dann die constituirende Generalversammlung der Tarjáner Kohlengewerkschaft statt.

Seit der Uebernahme der Bahn von Seite des Aerars wird nun sowohl an der vollkommenen Ausrüstung derselben, als auch an den Projecten für ihre Fortsetzung über Losoncz und Neusohl bis an die Kaschau-Oderberger Bahn unablässig gearbeitet.

Die Gesetzesvorlage rücksichtlich des Fortsetzungsbaues soll demnächst der verfassungsmässigen Behandlung zugeführt werden.

Bahngebiet.

Bezeichnung der Strecke	Wirkliche	Tarifmässige
	Länge in Meilen	
Pest-Salgo-Tarján	16·240	16.—
S.-Tarján-Josefstollen	0·430	—
	16·670	..

Anlage der Bahn.

Die „ungarische Nordbahn" beginnt in Pest an der Steinbrucher Linie und zieht von da über Steinbruch, Péczel, Isaszegh, Gödöllö, Aszód, Hatvan, Szántá, Pasztó und Kis-Terenne nach Salgo-Tarján, respective den dortigen Kohlengruben der S.-Tarjáner Kohlengewerkschaft.

Die Terrainverhältnisse waren im Ganzen und Grossen keine ungünstigen, immerhin aber blieben bedeutende Erdarbeiten auszuführen, so namentlich die Anlage eines grossen Dammes wegen Uebersetzung der südöstlichen Staatsbahn nächst Steinbruch und die Aushebung der Einschnitte an der Wasserscheide bei Gödöllö.

Neigungsverhältnisse.

hori-zontal	Steigung					Neigung				Zu-sammen
	bis 1 : 1200	1 : 1200 bis 1 : 600	1 : 600 bis 1 : 300	1 : 300 bis 1 : 100	1 : 100 bis 1 : 50	bis 1 : 1200	1 : 1200 bis 1 : 600	1 : 600 bis 1 : 300	1 : 300 bis 1 : 100	
Meilen										
2.618	0.660	1.209	2.935	5.190	0.155	0.172	0.440	0.770	2.498	16.670

Die grösste Steigung beträgt 1 : 80 und kommt oberhalb S.-Tarján auf der Verlängerung der Bahn zum Josefstollen vor.

Richtungsverhältnisse.

Gerade Bahn	in Curven					Zusammen
	bis zu 1200ʺ R.	von 1200ʺ bis 800ʺ R.	von 800ʺ bis 400ʺ R.	von 400ʺ bis 200ʺ R.	von 200ʺ bis 100ʺ R. und weniger	
	M	e	i	l	e	n
12.668	.	0.722	1.575	1.528	0.177	16.670

Der kleinste Krümmungs-Halbmesser beträgt 175°; derselbe kam oberhalb Gödöllő im Thale von Bösönyö zur Anwendung.

Unterbau.

Erdarbeiten im oder nahe dem Niveau des Terrains 2.876 Meilen

Aufdämmungen ....10.666 »

Abgrabungen und Einschnitte ..... 3.128 „

16.670 „

Das Ausmass der Erdbewegung hat 385.328 Cub.-Klftr. betragen. Es kommen Dämme vor mit 2 bis 4 Klafter Höhe und Einschnitte von 2 bis 8 Klafter Tiefe.

Die Kronenbreite des Bahndammes beträgt 14 Fuss.

Brücken und Durchlässe wurden im Ganzen 218 hergestellt. Die grösseren Brücken sind jedoch als Provisorien ganz in Holz ausgeführt; einige darunter mit 40 bis 84 Fuss Spannweite; so die Galgabach-Brücke bei Aszod und jene über den Wildbach Zagyva zwischen Szanto und S.-Tarján. Die Uebersetzung der Staatsbahn nächst Steinbruch ist mit gemauerten Widerlagern und Pfeilern in zwei Oeffnungen à 6.3 Klafter lichte Weite hergestellt und mit Blechträgern überspannt.

Oberbau.

Die Bahn ist auf ihrer ganzen Länge eingeleisig.

Die Schienen sind breitbasige und haben 21 Zoll-Pfund per. Curr.-Fuss. Dieselben wurden aus den ärarischen Eisenwerken von Rhonitz und Brczezowa in Oberungarn geliefert.

Die Schwellen sind von Eichenholz und theils in Schlägel-schotter, theils in Grubenschotter eingebettet.

Hochbau.

Im Ganzen wurden 133 Gebäude aufgeführt, darunter 69 Wächterhäuser. Diese sowohl als die Stationsgebäude sind sämmtlich aus festem Materiale erbaut.

Die Bahn zählt 14 Stationen, wovon ausser Pest noch folgende von grösserer Bedeutung sind: Steinbruch, Péczel, Gödöllö, Aszod, Hatvan, Szantó, Pasztó und S. Tarján.

Heizhäuser befinden sich in Pest und S.-Tarján, in ersterer Station besteht auch eine kleine Reparaturs-Werkstätte.

Telegraf und Signale.

Die Telegrafenleitung besteht aus Eisendraht. Die Apparate sind nach Morsé construirt.

Alle Stationen sind für den Telegrafendienst eingerichtet und zur Aufnahme von Depeschen ermächtigt. Die Signalisirung wird mittelst elektrischer Läutewerke bewerkstelligt.

Stand der Fahrbetriebsmittel.

Locomotive und Tender	17 Stück

Personenwagen:

I. und II. Cl.	2 Stück
II. Classe	2 „
III. Classe	10 „
	14 Stück

Lastwagen:

Conducteur-Wagen	2 Stück
Gedeckte Lastwagen	114 „
Offene Lastwagen	40 „
Kohlenwagen	140 „
Viehwagen	2 „
	298 Stück

Schneepflüge: 2 Stück.

Eröffnungsdaten.

1867 { 2. April die Strecke: Pest-Hatvan.
      19. Mai „   „   Hatvan-S. Tarján.

Anlagekosten
(mit Ende Juni 1868).

Allgemeine Verwaltungskosten...........	fl.	313.730.37
Project und Vorerhebungskosten, Bureauspesen, Vorarbeiten etc.	„	116.486.92
Grundeinlösung.........................	„	242.378.75
Unterbau............................	„	1.869.794.54
Oberbau.............................	;	2.945.320.63
Gebäude	„	580.668.88
Einfriedungen, Telegrafen und Signale....... .	„	62.009.62
Concurskosten, Cursdifferenzen etc. etc.	„	1.396.256.06
Intercalar-Zinsen	„	1.072.704.01
Fahrbetriebsmittel	„	673.463.35
Inventar-Gegenstände	„	43.457.52

Summe fl. 9.316.269.65

Durchschnittliche Baukosten per Meile wirklicher Länge fl. 558.860.

Betriebs-Rechnung pro 1867.
Einnahmen.
I. Transports-Einnahmen.

Personen	fl.	110.566.96
Militär-Transporte	„	955.63
Gepäck	„	3.324.76
Eilgut	„	2.362.38
Waaren	„	295.838.62
Summe..	fl.	413.048.35

II. Verschiedene Einnahmen.

Mieth- und Pachtzinse, Telegramme etc. etc...	fl.	5.722.96
Gesammt-Einnahmen..	fl.	418.771.31

Ausgaben.
I. Allgemeine Verwaltung.

Allgemeine Unkosten	fl.	18.788.41

II. Bahnaufsicht und Bahnerhaltung.

Centralleitung	fl.	8.192.27
Bahnaufsicht	„	15.702 69
Unterbau	„	1.225 24
Oberbau	„	10.551.48
Gebäude	„	979.81
Ausserordentliche Auslagen	„	15.10.59
Summe..	fl.	38.162.08

III. Verkehrs- und commercieller Dienst.

Centralleitung	fl.	11.893.57
Stationsdienst	„	40.011.52
Fahrdienst	„	10.671.86
Summe..	fl.	62.576.95

IV. Zugförderung und Werkstätten.

Centralleitung	fl.	2.259.03
Zugsdienst	„	40.597.44
Erhaltung der Fahrbetriebsmittel	„	9.027.42
Wagenmiethe	„	5.473.80
Summe .	fl.	57.357.69
Gesammt-Ausgaben .	fl.	176.885 13

Ueberschuss	fl.	418.771 31
Verhältniss der Einnahmen zu den Ausgaben...		42.3%

17

Fünfkirchen-Barcser Eisenbahn.

Sitz der Gesellschaft in Pest.

Verwaltungsrath.

Präsident: Georg von Mailath, Exc.

Vicepräsident: Ladislaus von Korizmics.

Friedrich von Harkányi.	Simon von Bánffay.
Anselm Freih. v. Rothschild.	Julius Herz.
Moritz Freih. von Wodianer.	Friedrich Semler.
Martin Ritter von Cassian.	Albert Holl.

Betriebsleitung in Fünfkirchen.[1]

Betriebsleiter: Ludwig Bock.

Betr.-Inspec.: Carl Schnaidt.	Vorstand des Reclamations-Bureau: Heinrich Mandel.
Ober-Ingenieur: Daniel Dietz.	
Ob.-Buchhalter: Maxim. Fuchs.	Cassier: Franz Platz.
	Revisor: Johann Neumann.

Historische Mittheilungen.

Der Bau der am 2. Mai 1867 a. h. concessionirten Eisenbahn von Fünfkirchen nach Barcs[2] wurde unter der umsichtigen und thatkräftigen Leitung des Baudirectors Herz so rasch gefördert, dass die ganze 9 Meilen lange Strecke — ungeachtet des

---

[1] Die Betriebsleitung der Fünfkirchen-Barcser Bahn ist zum grösseren Theile mit jener der Mohacs-Fünfkirchner Bahn verschmolzen.

[2] Die wesentlichsten Momente der Gründung und Concessionirung dieses Unternehmens, sowie die wichtigsten Bestimmungen der Concessions-Urkunde wurden bereits im I. Jahrg. d. Buches (S. 309) mitgetheilt. Zur

sehr schneereichen Winters 1867/68 — bereits mit Ende April 1868, also innerhalb neun Monaten, vollendet war. [1]

Die Ueberprüfungs-Commission hat am 2. Mai stattgefunden, und nachdem dieselbe die vollkommen befriedigende Solidität des Baues constatirt hatte, fanden am 4. und 5. Mai feierliche Eröffnungsfahrten statt, wornach die Bahn sofort (6. Mai 1868) dem öffentlichen Verkehre übergeben wurde.

Mittlerweile hatten die Concessionäre von dem im §. 16 der Conc.-Urk. ihnen eingeräumten Rechte Gebrauch gemacht und auf Grundlage der unterm 4. December 1867 vom königl. ungar. Ministerium genehmigten Statuten eine Actien-Gesellschaft gebildet, welche unter der Firma: „Königl. priv. Fünfkirchen-Barcser Eisenbahn" protokollirt wurde und in Pest-Ofen domicilirt (§§. 3 und 4 d. Stat.).

Nach der Constituirung der Gesellschaft erhielt die Donau-Dampfschiffahrt-Gesellschaft das zur Ausführung des Baues vorschussweise eingelegte Capital wieder zurückerstattet und wird diese letztere Gesellschaft künftighin nur als Gross-Actionär bei dem Unternehmen betheiligt bleiben.[2]

Ergänzung der letzteren sei jedoch noch beigefügt, dass der §. 9 der Concessions-Urkunde die Tarife folgender Begrenzung unterwirft:

Maximaltarif für Reisende per Person und Meile: I. Classe 36 kr., II. Classe 27 kr., III. Classe 18 kr., IV. Classe 9 kr. österr. Währ. Bei Schnellzügen dürfen diese Tarife um 20% erhöht werden.

Maximaltarif für Frachten per Zoll-Ztr. und Meile: I. Classe 2 kr., II. Classe 2¼ kr., 3. Classe 3¼ kr. österr. Währ. Für Getreide, Brenn- und Schnittholz, Erze, Eisenflossen, Bausteine, Mineralkohle und gepressten Torf wird jedoch bei Sendungen in vollen Wagenladungen ausnahmsweise ein Frachtsatz von 1 8 kr. per Zoll-Ztr. und Meile festgesetzt. Rücksichtlich der Nebengebühren, der Waaren-Classification etc. dürfen die Bestimmungen in keinem Falle lästiger sein als jene auf der Südbahn.

[1] Die concessionsmässige Baufrist war auf 15 Monate angesetzt. (§. 4 d. Conc.-Urk.)

[2] Die Donau-Dampfschiffahrt-Gesellschaft hat als Mitgründerin der Fünfkirchen-Barcser Eisenbahn, noch mehr aber als Besitzerin der anschliessenden Mohacs-Fünfkirchner Bahn an dem Betriebe der ersteren Strecke ein nächstes Interesse. Es schien ihr daher geboten, sich einen entsprechenden Einfluss zu wahren, was sie dadurch bewirkte, dass sie 800 Actien in Nennwerthe von fl. 160.000 (zum Emissions-Curse von fl. 136 fl. per Actie) übernahm.

17 *

Seit dem 1. September 1868, als dem Eröffnungstage der Südbahnstrecke Barcs-Kanizsa, steht die Bahn im directen Verkehre mit den Südbahnlinien. —

Bahngebiet.

Bezeichnung der Strecke	Wirkliche	Tarifmässige
	Länge in Meilen	
Fünfkirchen- (Úszög-) Barcs......	8.930	9.—

Anlage der Bahn.

Die Fünfkirchen-Barcser Bahn bildet das Bindeglied zwischen der Mohacs-Fünfkirchner und der Südbahn. Sie mündet von der erstern Bahn in Úszög aus und führt dann — allmälig in die Drau-Ebene abfallend — über Fünfkirchen, St. Lörincz, Szigetvár und Darány nach Barcs (welche Station unmittelbar am Drauufer liegt) zum Anschlusse an die Südbahn.

Die Station Barcs liegt um 138' niedriger als der Ausgangspunct Úszög.

Neigungsverhältnisse.

Bezeichnung der Strecke	horizontal	Steigung							Neigung					Zusammen
		bis 1:3000	1:3000 bis 1:2000	1:2000 bis 1:1000	1:1000 bis 1:600	1:600 bis 1:300	1:300 bis 1:100	bis 1:3000	1:3000 bis 1:2000	1:2000 bis 1:1000	1:1000 bis 1:600	1:600 bis 1:300	1:300 bis 1:100	
		Meilen												
Üszög-Barcs	1.512	—	—	0.178	—	0.372	1.651	0.700	—	0.620	1.145	0.640	2.103	8.930

Richtungsverhältnisse.

Bezeichnung der Strecke	Gerade Bahn	In Curven						Zusammen
		bis 2000° Radius	von 2000° bis 1000° R.	von 1000° bis 800° R.	von 800° bis 600° R.	von 600° bis 300° R.	von 300° bis 100° R.	
		Meilen						
Üszög-Barcs	7.912	0.368	0.052	0.217	—	0.209	0.172	8.930

Die schärfsten Krümmungen befinden sich zunächst Üszög mit 250 Klafter Radius.

Unterbau.

Die Kronenbreite des Bahndammes ist mit 18' angenommen. Im Ganzen waren die Erdarbeiten nicht bedeutend. Die grössern Arbeiten kamen innerhalb der ersten Meile vor.

An Unterbau-Objecten zählt die ganze Bahn 68. Die bedeutenderen davon sind:

Bezeichnung und Standort der Objecte	Anzahl	Weite	Höhe	
	der Oeffnungen in Klafter			
Wildbachbrücke nächst Uszög.	1	2½	.	eingewölbt
Durchfahrt bei Fünfkirchen...	1	2½	3	Eisenconstruction
Uebersetzung der Müllergasse in Fünfkirchen............	1	2	.	.
Uebersetzung der Siklosergasse in Fünfkirchen	1	2	.	.
Almásbach-Brücke bei Szigetvár	1	4	.	gewölbt
Ringabach-Brücke bei Barcs..	1	6½	2	Eisenconstruction

Oberbau.

Die Bahn ist eingeleisig. Die Schienen sind breitbasige, per Fuss 21 Zollpfund wiegend; dieselben wurden sämmtlich in den Eisenwerken der Staatsbahn-Gesellschaft zu Anina erzeugt. Die Schwellen sind aus Eichenholz. Die Bettung besteht aus Sand, und zwar grösstentheils aus grobkörnigem Sand vom Fünfkirchner Territorium. Die Wechsel sind Sicherheitswechsel und stehen bisher 27 Stück in Verwendung.

Hochbau.

Gebäude wurden auf der Fünfkirchen-Barcser Bahn 52 aufgeführt, darunter 38 Wächterhäuser. Die Bahn zählt 6 Stationen, u. z. Uszög, Fünfkirchen, Szt. Lörincz, Szigetvár, Darány und Barcs. Werkstätte und Heizhaus befinden sich in Uszög.

Telegraf und Signale.

Die Telegrafen-Leitung besteht aus Eisendraht. In allen Stationen sind Apparate nach Morsé'schem System aufgestellt. Die Signalisirung auf offener Strecke geschieht mittelst electrischer

Glockensignale. Ausserdem befinden sich auf allen Stationen (ausserhalb der Einfahrtswechsel) Standsignale.

Stand der Fahrbetriebsmittel.

Locomotive mit Tender....... 9 Stück.

Personenwagen.

I. und II. Classe, gemischt.............	4	„
II. „ „	6	„
III. „ „	10	„
IV. „ „	2	„ (noch zu liefern).
	22	Stück.

Lastwagen.

Postwagen......................	2	Stück,
Conducteurwagen.................	3	„
Gedeckte Lastwagen..............	27	„
Offene Lastwagen...............	42	„
Kohlenwagen	100	„
Borstenviehwagen...............	5	„ (noch zu liefern).
	179	Stück.
Schneepflüge	2	„ (noch zu liefern).

Eröffnungsdatum: 6. Mai 1868.

Gesellschafts-Capital.

12.000 Actien à 200 fl. ö. W. in Silber....	fl. 2,500.000
12.000 Priorit.-Oblig. à 200 ö. W. in Silber	fl. 2,500.000
	fl. 5,000.000

Erste ung. Pressburg-Tyrnauer Eisenbahn.

Sitz der Gesellschaft in **Pressburg.**

Direction.

Präses: Josef von Neszter.

Johann Kanja.	Alois Nober.
Carl Mangold.	Anton Liszt.
C. W. Pappenheim.	Franz Planer.

Buchhalter und zugleich Betriebsleiter:
August Dobisz.

Historische Mittheilungen.

Das alte Uebel, an dem die Pressburg-Tyrnauer Bahn nun schon seit vielen Jahren krankt, die Irrentabilität derselben, konnte, bei dem besten Willen der Direction, auch in der letzten Betriebsperiode nicht behoben werden.

Die gänzliche Isolirtheit und die veraltete Betriebsweise dieser Bahn lassen eben eine Besserung ihrer pecuniären Verhältnisse nicht aufkommen.

Dies bestimmte denn auch die Direction, das Uebel endlich an der Wurzel zu fassen und für den Umbau der Bahn in eine Locomotiv-Eisenbahn und deren Anschluss an eine grössere Bahnlinie ernstlich zu wirken.

Was hierbei zunächst in Betracht kam, war selbstverständlich die Geldbeschaffung, und da eine solche bei den gegenwärtig vorherrschenden Principien ohne die übliche Staatsgarantie schlechterdings unmöglich ist, musste die Direction vor Allem bedacht sein, dieselbe für ihr Unternehmen zu erwirken.

Sie vereinigte sich zu diesem Zwecke mit den Consortien der projectirten Waagthal- und der Oedenburg-Pressburger Eisenbahn — welchen Bahnlinien die Pressburg-Tyrnauer Bahn als Bindeglied dienen soll — um in Gemeinschaft mit diesen Consortien die staatliche Zinsengarantie für eine auf der ganzen Linie Oedenburg-Sillein zu erbauende Locomotiv-Eisenbahn anzustreben.

Die letzte Generalversammlung (29. März 1868) genehmigte zwar dieses Vorgehen, glaubte jedoch die hieraus etwa entspringenden Transactionen einer neugewählten Administration anheimgeben zu sollen.

Sie beschloss daher statt der Wahl der zwei ausgelosten Directionsmitglieder im Sinne des §. 43 der Statuten die Neuwahl aller sieben Directionsmitglieder vorzunehmen und ertheilte dann dieser neuen, aus Männern ihres Vertrauens bestehenden Direction die ausgedehnteste Vollmacht, die obschwebenden Verhandlungen rücksichtlich eines Verkaufes der Bahn, oder ihrer Einfügung in eine andere Bahnlinie zum Zwecke der Umwandlung derselben in eine Locomotivbahn, nach deren bestem Ermessen zu Ende zu führen, eventuell auch für die Umgestaltung der Bahn in eigener Regie das Geeignete zu veranlassen. ')

Gleichzeitig wurde auch zur Entgegennahme und geschäftsmässigen Behandlung der betreffenden, möglicherweise eine Auflösung der gegenwärtigen Gesellschaft involvirenden Anträge der Direction eine ausserordentliche Generalversammlung auf den 28. Juni 1868 anberaumt. ')

In Wirklichkeit hat diese Versammlung jedoch erst am 12. Juli 1868 stattgefunden.

Die Verhandlungs-Gegenstände derselben bildeten 2 Offerte auf Ablösung und ein Project der Direction zum Umbaue der Bahn in eigener Regie.

Das erste dieser Offerte war unterm 7. April 1868 vom Grafen Degenfeld-Schomburg als Obmann der Consortien für die

---

') und ') Vergleiche die Beschlüsse der· Generalversammlung vom 29. März 1868, S. 268.

Waagthal-Bahn und die Oedenburg-Pressburger Bahn eingebracht worden und lautete auf „Ankauf der Pressburg-Tyrnauer
Bahn sammt deren Zubehör um den Preis von fl. 650.000, zahlbar jedoch erst 3 Monate nach erlangter definitiver Concession
zum Baue und Betriebe sowohl der Oedenburger, als auch der
Waagthal-Linie und nach Beschaffung des für die Anlage dieser
Bahnen erforderlichen Capitals."

Das zweite Offert langte am 17. Juni 1868 ein und enthielt
das Anerbieten des Wiener Kaufmannes J. Altmann, „den Ver-
kauf der Pressburg-Tyrnauer Bahn um den Preis von fl. 550.000,
beziehungsweise auch die Beschaffung der für den Umbau erforderlichen Geldmittel, unter der Bedingung der Verbindung mit
der Waagthal-Bahn und der verfassungsmässigen 5% Zinsengarantie für beide Linien, gegen Provision zu vermitteln."

Das Project zum Umbaue der Bahn in eigener Regie,
herrührend von dem gewesenen Bürgermeister der Stadt Pressburg, kaiserl. Rath Franz Kampfmüller, wurde von der Direction zu ihrem eigenen gemacht, für den Fall, als die Generalversammlung keines der vorerwähnten Offerte für annehmbar halten, oder aber die darin in Aussicht genommene staatliche Zinsengarantie nicht erlangt würde.

Diesem Projecte zufolge wäre für den Umbau der Pressburg-
Tyrnauer Bahn ein Capital von fl. 1,227.000 erforderlich, welches nach erlangter Zinsengarantie durch Emittirung von 12.500
Stück Actien, à fl. 200, zum Curse von 65% = fl. 130 per Actie,
zu beschaffen wäre, u. z. sollte ein Theil der auszugebenden
Actien bei den gegenwärtigen Actionären placirt werden, in dem
die Besitzer der Prioritäts-Actien für jede solche Actie fl. 50 auf-
zahlen und die Besitzer der Actien I. Emission auf jede neue
Actie eine Aufzahlung von fl. 70 leisten, im Weigerungsfalle aber
für eine alte Actie blos fl. 60, beziehungsweise fl. 40 erhalten.

Die Generalversammlung acceptirte jedoch keine dieser Vor-
lagen, sie beschloss vielmehr:

1. „Die in Gemeinschaft mit den Consortien für die Waag-
thal- und für die Oedenburger Bahnen mittelst des Collectiv-
Gesuches an das königl. ung. Ministerium angebahnten Bestre-

bungen zur Erreichung der Staatsgarantie sind eifrigst fortzusetzen."

2. „Würden diese vereinten Schritte nicht zum erwünschten
Ziele führen, so ist ein abgesondertes Gesuch der Pressburg-
Tyrnauer Bahn allein um Gewährung einer 5%igen Staatsgarantie für die zum Umbau auf Dampfbetrieb erforderliche Summe von
der hiezu unter Einem ermächtigten Direction bei demselben Ministerium einzubringen."

3. „In der Zwischenzeit erfolgende ernstliche, das heisst
nicht an Bedingungen, deren Erfüllung von künftigen Eventuali-
täten abhängig ist, geknüpfte Kaufanträge hat die Direction
nicht nur in Erwägung zu ziehen, sondern auch thunlichst rasch
einem Abschluss zuzuführen."

4. „Bei einem Verkaufsanbote von fl. 800.000 ist die Direction zum definitiven Abschluss sofort ermächtigt, und es ist dieser Abschluss der zunächst einzuberufenden Generalversammlung
einfach zur Kenntniss zu bringen. Bei diese Ziffer nicht errei-
chendem Kaufabschlusse aber ist die einzuholende Genehmhal-
tung der Generalversammlung vorzubehalten, in beiden Fällen
aber die gegenwärtige, nach §. 54 der Statuten zu den dort
definirten Zwecken einberufene und unter Einem vertagte ausserordentliche Generalversammlung mit einem vierwöchentlichen
Kundmachungstermine statutengemäss zur Fortsetzung der Verhandlungen einzuberufen."

Als es sich jedoch darum handelte, diese Beschlüsse zur
Ausführung zu bringen, gewahrte man erst, dass dieselben in
Bezug auf die Erwirkung einer Zinsengarantie für den selbstsän-
digen Umbau der Bahn mehr hindernder als fördernder Natur seien,
da sie der Direction erst dann gestatten nach dieser Richtung
hin eine Thätigkeit zu entfalten, wenn die vorerwähnte Collectiv-
Eingabe erfolglos geblieben, wodurch die ganze bis dahin ver-
strichene Zeit unwiderbringlich verloren ginge.

Die Direction beeilte sich daher der am 27. September 1868
wieder zusammengetretenen Generalversammlung die Abänderung
jenes Beschlusses in Antrag zu bringen, worauf die Versammlung
sich zu folgendem Beschlusse einigte:

„Die Direction wird zur Einbringung eines selbstständigen
Zinsengarantie-Gesuches für die Bahnstrecke Pressburg-Tyrnau
behufs sofortiger Behandlung desselben ermächtigt, die Absicht
aber, die Bahn den Consortien abzutreten, nicht aufgegeben."

Ob und welchen Erfolg alle diese Bestrebungen gehabt, darüber ist bisher noch nichts bekannt geworden, hoffentlich aber
wird derselbe nicht allzulange auf sich warten lassen und ein für
die arg bedrängten Actionäre günstiger sein.

Der Verkehr im Jahre 1867 war einer der stärksten seit
vielen Jahren und dem entsprechend auch die Brutto-Einnahme
eine bedeutende, das Resultat aber blieb trotz alldem ein uner-
freuliches.

Mit Ende November 1867 betrug der Ueberschuss bereits
fl. 20.037 und schickte sich die Direction auch schon an, gemäss
des Beschlusses der vorjährigen Generalversammlung die Vertheilung der 1864er-Dividende [1] vorzunehmen, als plötzlich grosse
Schneeverwehungen eintraten, deren Beseitigung in Gemeinschaft
mit dem Einnahmsentgange nicht nur die reservirten Gelder
aufzehrten, sondern auch den „Betriebssaldo mit Ende December"
bis auf fl. 10.421.30 herabminderten, so dass nach Abschlag der
hievon bestrittenen Zahlungen per fl. 9.350.67 auch pro 1867
fast gar kein Erträgniss resultirte.

Beschlüsse der Generalversammlung [2]
vom 29. März 1868.

1. „Der vorjährige Generalversammlungsbeschluss betreff
der 1864er-Dividende wird nicht erneuert, sondern es werden die
in der hiesigen Sparcassa auf Rechnung derselben bereits hin-
terlegt gewesenen, jedoch wieder behobenen Gelder im Betrage
per fl. 7.000 ö. W. als Darlehen an die Gesellschaft betrachtet,

---

[1] S. S. 283 d. I. Jahrg.
[2] Die Beschlüsse der ausserordentlichen Generalversammlungen vom
12. Juli und 27. September 1868 sind in den historischen Mittheilungen
wortgetreu wiedergegeben.

nach Möglichkeit zurückgezahlt, inzwischen aber den Prioritäts-
actionären verzinslich gutgeschrieben."

2. „Das Reinerträgniss pro 1867 in dem Betrage per
fl. 9.380·98, [1]) da dieses bereits auf Schuldabzahlungen verwendet worden ist, wird als nicht vorhanden betrachtet, nicht
vertheilt, aber auch nicht gutgeschrieben, weil alle Actionäre zur
Schuldtilgung verpflichtet sind;" der Restbetrag per fl. 1.040.32, [1])
dagegen wird als Saldo für das nächste Jahr vorgetragen.

3. „In Hinkunft sind nebst den laufenden Zinsen auch alle
auf Abzahlung der vertragsmässig stipulirten Jahresraten von der
schwebenden Schuld (1847er-Anleihe) verwendeten Summen von
dem Erträgnisse in Abschreibung zu bringen und nur der hierdurch erübrigte Betrag als Reinerträgniss zu betrachten und zu
vertheilen.

5. „Statt der Wahl der 2 ausgelosten Directoren ist auf
Grund des §. 43 der Statuten eine Neuwahl sämmtlicher Directionsmitglieder vorzunehmen."

6. „Dieser neuen Direction wird die ausgedehnteste Vollmacht ertheilt, die obschwebenden Verhandlungen betreff des
Verkaufes der Bahn oder der Einfügung derselben in eine andere
Bahnlinie behufs ihrer Umwandlung in eine „Dampfbahn" nach
bestem Ermessen zu Ende zu führen und vorbehaltlich der Ratification abzuschliessen, eventuell alles Zweckdienliche zu unternehmen, um die Bahn in eigener Regie zum Dampfbetriebe umzugestalten."

7. „Zur Entgegennahme und geschäftsmässigen Behandlung
ihrer diesbezüglichen, möglicherweise eine Auflösung des gegenwärtigen Gesellschaftsverhältnisses involvirenden Anträge wird
unter Einem dem diesbezüglichen §. 55 der Gesellschaftstatuten
entsprechend eine ausserordentliche Generalversammlung, unter
Beobachtung des statutarischen dreimonatlichen Einberufungs-

---

[1]) Wie der „Abschluss der Betriebsrechnung" (S. 273) zeigt, beziff-
fern sich die obigen Summen richtiger auf: fl. 9.350 67 (+) fl. 1.070 63
(= fl. 10.421.30), scheint daher in dem Geschäftsberichte ein Rechnungsfehler unterlaufen zu sein.

termines, auf den 28. Juni l. J. anberaumt, und die sofortige statutenmässige Veröffentlichung verfügt." •

Das Scrutinium für die Wahlen der Directionsmitglieder ergab folgendes Resultat:

Abgegeben wurden 308 Stimmen, hievon entfielen auf

	Herrn Alois No b er	278 Stimmen
"	Anton Liszt	256 "
"	Franz Kampfmüller	192 "
"	Franz Planer	181 "
"	C. W. Pappenheim	180 "
"	Carl Mangold	179 "
"	Johann Kania	158 "

Bahngebiet [1])

unverändert; es umfasst dasselbe 8.333 Meilen wirklicher, beziehungsweise 8 Meilen tarifmässiger Länge.

Stand der Fahrbetriebsmittel.

Personenwagen.

I. und II. Classe	10 Stück.	
III. Classe	2 "	
III. Classe mit Gepäcksab-theilung	9 "	
	21 Stück.	

Lastwagen.

Gedeckte Güterwagen	34 Stück.	
Kohlenwagen	3 "	
Offene Holzwagen mit La-gerstützen	112 "	
Materialwagen	8 "	
	157 Stück.	

Schneepflüge	2 Stück.
Feldschmiede	1 "

Strassen-Fuhrwerke.

Steirerwagen	1 Stück.
Stellwagen	2 "
Schlitten	3 "
Schleppwagen	21 "
Holzzufuhr-Karren	14 "
	41 Stück.

Pferde.

Für Personenzüge	54 Stück.
Für Lastzüge	68 "
	122 Stück.

---

[1]) Technische Daten konnten wir leider ungeachtet wiederholten Ansuchens auch heuer nicht erlangen.

Gesellschafts-Capital.

Actien $\left\{\begin{array}{l}\text{I. Emission: 2500 à 200 fl. C.-M.} = \ldots \text{ fl.} \quad 525.000 \\ \text{II. } \quad \text{„} \quad \quad 3000 \text{ à 200 fl. } \quad \text{„} \quad = \ldots \text{ „} \quad 630.000\end{array}\right.$

$$\text{fl. 1,155.000}$$

Anlehen vom Jahre 1847 (Rest) . . . . fl.   95.000

$$\text{fl. 1,250.000}$$

Anlagekosten

(laut Bilanz pro 1867) . . . . fl. 1,295.155.40

Durchschnittliche Baukosten per Bahnmeile, wirklicher Länge, fl. 155.425.

Betriebsrechnung pro 1867.

Einnahmen.

I. Transports-Einnahmen.

Personen	fl.	52.730.93
Gepäck...	„	1.762.08
Eilgut	„	2.225.79
Waaren...	„	65.495.57½
	Summe. fl.	122.214.37½

II. Verschiedene Einnahmen.

Pacht- und Miethzinse, Grasnutzung etc. etc.	fl.	1.710.43
	Gesammt-Einnahme. fl.	123.924.80½

Ausgaben.

I. Allgemeine Verwaltung.

Bezüge des Personals	fl.	3.759.27
Bureaukosten und sonstige Auslagen...................	„	6.086.54
	Summe. fl.	9.845.81

II. Bahnaufsicht und Bahnerhaltung.

Bahnaufsicht.....	„	5.081.64
Unterbau........	„	170.80
Oberbau........	„	13.209.03
Gebäude	„	879.46
Inventar..	„	557.29
Ausserordentliche Auslagen...........................	„	6.708.64
	Summe. fl.	26.606.86

III. Verkehrsdienst.

Stationsdienst..................................	„	12.372.10½
Fahrdienst	„	12.224.38
	Summe. fl.	24.596.48½

IV. Zugförderung und Werkstätten.

Zugsdienst....................................	„	41.436.68
Erhaltung der Fahrbetriebsmittel....................	„	3.436.95½
	Summe. fl.	44.873.83½
	Gesammt-Ausgaben. fl.	105.922 99

Ertragsresultate und deren Verwendung.

(Abschluss der Betriebsrechnung pro 1867.)

Betriebs-Einnahmen .... fl. 123.924.80¼

Betriebskosten .... „ 105.922.99

Ueberschuss fl. 18.001.81¼

Hiezu an eingeflossenen Zinsen .... „ 180.05

fl. 18.181.86¼

Hievon wurden bestritten:

Die 6°/₀igen Interessen der
1847er Anleihe für das
Jahr 1867 .... fl. 5.810.—

Coupons-Stempel für die Zeit
vom Jahre 1850 bis incl. 1862 „ 1.950.56¼

fl. 7.760.56¼

verbleiben fl. 10.421.30

Hievon waren folgende Zahlungen zu bestreiten

an diverse Creditoren.. ... fl. 5.350.67

an die Pressburger Sparcassa
als Abschlags-Rate auf das
Anlehen .... „ 4.000.—

fl. 9.350.67

Disponibler Rest ¹) fl. 1.070.63

_____

¹) In dem Geschäftsberichte erscheint der disponible Saldo mit
fl. 1.040.32, was jedoch auf einem Rechnungsfehler zu beruhen scheint.

Statistik der Betriebsresultate pro 1867.

		Einheit	Menge	
Länge der Bahn		Meilen	8.—	
Befördert wurden	Reisende aller Classen	Anzahl	62.322.—	
	Gepäck	Ctr.	3.224.—	
	Eilgut	„	3.211.—	
	Frachten	„	519.757.—	
				%
Betriebs-Einnahmen	aus dem Personen-Verkehr	Gulden	52.731	42.5
	für Gepäck und Eilgut	„	3.988	3.2
	aus dem Frachten-Verkehr	„	65.496	52.9
	Sonstige Einnahmen	„	1.710	1.4
	Zusammen	„	123.925	100.—
				%
Betriebs-Ausgaben	Allgemeine Verwaltung	„	9.846	9.3
	Bahnaufsicht u. Bahnerhaltung	„	26.607	25.1
	Verkehrsdienst	„	24.596	23.2
	Zugförderung u. Werkstätten	„	44.874	42.4
	Zusammen	„	105.923	100.—
Ueberschuss		„	18.001.—	
Verhältniss der Ausgaben zu den Einnahmen		%	85.5	
Einnahme per Bahnmeile		Gulden	15.490.62	
Ausgabe „ „		„	13.240.16	
Durchschnittl. Einnahme von 1 Reisenden		Kreuz.	84.6	
„ „ für 1 Frachtcentner		„	12.6	

Bilanz mit 31. December 1867.

Activa.

Werth der Bahn sammt Fundus instructus	fl. 1.295.155.40
Effecten (Actien und Obligat. der eigenen Unternehmung)	„ 71.740.—
Material-Vorräthe	„ 11.716.94
Cautionen	„ 682.33
Debitoren	„ 9.722.51½
Cassabestände	„ 10.456.21½
	fl. 1.399.473.40

Passiva.

Actiencapital (incl. Verzugszinsen etc.)	fl. 1.158.139.53
1847er Anleihe	„ 95.000.—
Schuld des Bauconto an Betrieb	„ 42.015.87
Verfügbares Capital von verschollenen Actien und von der 1847er Anleihe	„ 26.532.68
Zinsen- und Dividenden-Rückstände	„ 27.073.90½
Creditoren	„ 5.403.64
Reservefond	„ 19.004.44⅔
Guthaben der Prioritäts-Actien	„ 15.882.02⅘
Betriebs-Erträgnisse	„ 10.421.30
	fl. 1.399.473.40

K. k. priv.

Böhmische Nordbahn.

Sitz der Gesellschaft in Prag (Nr. 1012–I.).

Verwaltungsrath.

Präsident: Ernst Graf Waldstein-Wartemberg, Exc.
Vice-Präsident: Albert Graf Nostitz-Rhinek, Exc.

Clemens Bachofen v. Echt.	Dr. Franz Klier.
Frd. Zdekauer Ritt. v. Treu-kron.	Josef Kress.
	Ludwig Waydelin.
Dr. Anton Banhans.	Franz Mattausch.
Carl Georg Fröhlich.	Dr. Carl Junek, k. k. Hofrath.
Adalbert Eyssert.	

Central-Leitung.

Director: Georg Löw, Betriebs-Director d. Turn.-Kral.-Prag. B.

Inspector: Jacob Hasel.	Buchhalter: Friedrich Kühnl.
Secretär: Jur. Dr. Friedrich Janovski.	Cassa-Controlor: Emil Payer.
	Ingenieur: Josef Pawlowsky.

Betriebsleitung in Tetschen.

Betriebsleiter: Anton Ertl, Ingenieur.

Material-Magazin in Bakow.

Magazineur: Carl Kallhoferl.

Die im I. Jahrgange dieses Buches (S. 293) gebrachten „historischen Mittheilungen" enthalten bereits die wissens-

18 *

werthesten Daten über die Gründung und Concessionirung der
„Böhmischen Nordbahn". Nachdem nun seit dem Erscheinen
jenes Buches die Entwicklung der in Rede stehenden Bahnunter-
nehmung einen ungestörten Fortgang nahm, die authentischen
Daten über die einzelnen wichtigeren Momente desselben, uns aber
erst nach gänzlicher Vollendung der Bahn werden zugänglich gemacht werden, so müssen wir — eingehendere Mittheilungen
dem nächsten Jahrgange vorbehaltend — uns darauf beschrän-
ken, an dieser Stelle die Thatsache zu verzeichnen, dass die Bahn
im gegenwärtigen Momente bereits vollendet und deren Eröffnung (der ganzen Ausdehnung nach) auf den 16. Jänner 1869
anberaumt ist — und dieser Meldung die wesentlichsten technischen Daten folgen zu lassen. —

Bahngebiet.

Bezeichnung der Strecke	Wirkliche	Tarifmässige
	Länge in Meilen	
Bakow-Rumburg	11.854	12.—
Kreibitz-Warnsdorf............	1.462	1.5
Tannenberg-Bodenbach	5.341	5.5
	18.657	19.—

Neigungs-Verhältnisse.

Die Ausgangsstation Bakow liegt nur 45.839 Klafter höher
als die Station Bodenbach, um 173.09 Klafter tiefer als die Wasserscheide am Tannenberge, um 132.296 Klafter tiefer als die
Endstation Rumburg und 105.612 Klafter tiefer als die Endstation
Warnsdorf.

Richtungs-Verhältnisse.

Von der ganzen Bahn sind 8.246 Meilen gerade Linie und
10.411 in Curven. Die schärfsten Krümmungen in der currenten
Bahn haben einen Halbmesser von 150°. —

Unterbau.

Erdarbeiten im Niveau der Bahn	2.839 Meilen
Aufdämmung bis 1° Höhe	4.241 „
„ von 1°—4° Höhe	4.913 „
„ über 4° Höhe	0.405 „
Abgrabung und Felsensprengung bis 1° Tiefe . .	2.600 „
„ „ „ „ 1.4° „ .	3.513 „
„ „ „ über 4° „ . .	0.146 „
	18.657 Meilen

Die längsten Aufdämmungen kommen vor: bei Hirschberg, Langenau, Röhrsdorf, Falkenau, Hillemühl, Kamnitz-Neudörfel und in Teschen vor.

Der höchste Damm (7½°) ist bei Röhrsdorf.

Die engsten Einschnitte sind jene bei Hirschberg, Bösig, Glashütte. Die tiefsten bei Tannenberg und Morgenthau.

Die bedeutendsten Felsensprengungen mussten bei Bakow, Tannenberg und Kamnitz vorgenommen werden.

Unterbau-Objecte wurden im Ganzen 486 hergestellt; die bedeutendsten darunter sind:

Die Tetschner Brücke über die Elbe mit 3 Oeffnungen, 2 à 28°, 1 à 18°; die Teschner Bolzenbrücke mit 20° Spannweite; der Tetschner Viaduct mit 3 Oeffnungen à 15° lichter Weite; der Viaduct über den Eulau-Bach in Bodenbach mit 9 Oeffnungen à 5° l. W; die Bolzenbrücke bei Theresienau mit 20°, bei Bensen mit 20°, bei Leipa mit 10° Spannweite.

Oberbau.

Die Bahn ist eingeleisig. Die Schienen sind breitbasige (Vignol-) im Gewichte von 20 Zollpfund per laufenden Fuss. Bezogen wurden die Schienen von der Prager Eisenindustrie-Gesellschaft und den Werken in Zöptau und Stefanau. Die Schwellen sind aus Tannen- oder Kieferholz. Die Bettung besteht aus Fluss-, Gruben- oder Schlägelschotter. Wechsel kommen 158 vor; Drehscheiben (36' Durchm.) sind 7 Stück vorhanden, u. z. in Bakow, B.-Leipa, Kreibitz-Neudörfel, Rumburg, Warnsdorf, B.-Kamnitz und Tetschen.

Hochbau.

Im Ganzen wurden 183 Gebäude aufgeführt, darunter 128 Wächterhäuser. Stationen zählt die Bahn 25; die bedeutenderen davon sind: Bakow, B.-Leipa, Kreibitz-Neudörfel, Rumburg, Warnsdorf, B.-Kamnitz und Tetschen.

Telegraf und Signale.

Die Telegrafenleitung besteht aus Eisendraht; die Apparate sind nach Morsé construirt. Die Signalisirung geschieht theils mittelst optischer Signale, theils mittelst elektrischer Läutewerke. Mit ersterem Signalmittel sind 42 und mit letzterem 86 Wächterhäuser versehen.

Stand der Fahrbetriebsmittel
mit Ende 1867.
Locomotive und Tender.

Lastzugs-Maschinen	12 Stück.
Personenzugs-Maschinen	6 „
	18 Stück.
Tender	18 Stück.

Personenwagen:

I. und II. Classe	8 Stück.
II. Classe	8 „
II. und III. Classe	8 „
III. Classe	10 „
IV. Classe	10 „
	44 Stück.

Lastwagen:

Post- und Conducteurwagen	10 Stück.
Gedeckte Lastwagen	80 „
Lowrys	16 „
Koblenwagen	400 „
Langholzwagen	30 „
Borstenviehwagen	8 „
Hornviehwagen	8 „
	552 Stück.

Abtheilungfürtechnischen Betrieb, Bau- und Bahnerhaltung.

Vorstand: Anton Schubert, Ober-Ingenieur.

Abtheilung für Maschinen- und Materialwesen.

Vorstand: Gottfried Eder, Ober-Ingenieur.

Abtheilung für commerciellen Betrieb, Controle und Statistik.

Vorstand: Aladar v. Kanovics.

Adjunct: Johann Rauscher.

Buchhaltung.

Buchhalter: Ludwig Pope.

Adjunct: Frdr. Grimm.

Cassa:

Cassier: Ferd. Lichtenstern.

Betriebsleitung in Arad.

Verkehrsleiter: Leonard Stiny, Ober-Ingenieur.

Werkstätte in Piski.

Werkstätten-Chef: Franz Rossner, Ingenieur.

Historische Mittheilungen.

Ueber die Gründung und Concessionirung der „Ersten Siebenbürger Eisenbahn" enthält schon der I. Jahrgang unseres Buches umfassende Mittheilungen; es erübrigt daher blos — an dieselben anknüpfend — über die weitere Entwicklung dieses Unternehmens zu berichten.

Zufolge des mit der Bauunternehmung, Gebrüder Klein und Sepper, geschlossenen Vertrages hätte die Hauptlinie (Arad-Karlsburg) Ende Mai vollendet sein sollen. Die Arbeiten machten auch in der That so rasche Fortschritte, dass der Verwaltungsrath sich der Hoffnung hingab, der auf den 24. Juni 1868 einberufenen (2.) Generalversammlung von der bereits erfolgten Betriebseröffnung Mittheilung machen zu können.

Die inländischen Werke vermochten jedoch wegen Ueberhäufung mit Bestellungen den Schienenbedarf nicht rechtzeitig zu decken; es mussten Schienen aus englischen Werken nachgeschafft werden, was die Vollendung der Bahn verzögerte; immerhin aber hoffte man dieselbe bis zu dem concessionsmässigen

Termine, d. i. bis längstens 18. August, dem Betriebe übergeben zu können.

Die über Aufforderung der königl. ungar. Regierung mittlerweile nach Pest verlegte Betriebsdirection [1]) hatte sich auch darnach eingerichtet, das administrative und executive Dienstpersonale bestellt, sowie überhaupt für die Betriebseröffnung an dem letztbezeichneten Termine alle Einleitungen getroffen.

Allein unabwendbare und unvorhergesehene Hindernisse verursachten eine neuerliche, lange Verzögerung.

Die Maros sollte bei Branyicska mittelst einer hölzernen Jochbrücke übersetzt werden. Im Laufe des Baues stellte es sich jedoch heraus, dass die Pilotirung der Joche in Folge der unter dem Flussbette befindlichen Felsen unmöglich sei, welcher Umstand die Bauunternehmung nöthigte, drei Joche durch einen Mittelpfeiler aus Quadern zu ersetzen und diesen vermittelst einer Eisenconstruction mit dem jenseitigen Landpfeiler zu verbinden.

Die Gerüstung dieser in Aufstellung begriffen gewesenen Brücken-Construction wurde nun durch wiederholtes Anprallen von Salztransportschiffen derart beschädigt, dass — zumal der hohe Wasserstand die Wiederherstellung der Gerüste längere Zeit hindurch unmöglich machte — die Arbeiten nicht nur an

---

[1]) Die königlich ungarische Regierung hat den Wunsch ausgesprochen, dass die Gesellschaft für ihre Zwecke ein eigenes Haus in Pest erbaue.

Im Hinblicke auf die daselbst herrschende Wohnungsnoth ist die Gesellschaft auf den Vorschlag des Ministeriums um so bereitwilliger eingegangen, als ihr bezüglich der Beschaffung des nöthigen Baufondes Seitens des Ministeriums die thunlichste Unterstützung in Aussicht gestellt wurde, so dass ihr aus dem Hausbaue keinerlei Last erwächst.

Die Regierung gedachte nämlich von den in ihren Besitz übergehenden Actien der Siebenbürger Bahn der Gesellschaft einen angemessenen Theil leihweise zu überlassen, damit sie durch ein Depotgeschäft sich das nöthige Baucapital verschaffe.

Die Kosten dieser Geldbeschaffung, beziehungsweise die Zinsen und Amortisationsquoten würden dann als Auslagen in die Betriebsrechnung eingestellt, dagegen aber das Erträgniss des Hauses als Betriebseinnahme verrechnet werden.

der Brücke selbst, sondern auch auf der jenseitigen Bahnstrecke (von Branyicska bis Karlsburg) sistirt werden mussten, da die Förderung dieser letzteren |Arbeiten von der (zur Zeit des Unfalles nahezu fertigen) Verbindung der beiden Ufer abhängig war.

Wiewohl nun die Bauunternehmer, welchen durch die Nichtvollendung der Bahn bis Ende Mai und durch die ihnen zur Last fallende Verzinsung des Anlage-Capitals bis zur Eröffnung der Bahn schwere Nachtheile erlitten, alle Kräfte anspannten, um den Bau so rasch als möglich zu Ende zu führen, verstrich dennoch das ganze Jahr, ehe die Bahn vollendet war.

Die Eröffnung derselben hat am 22. December 1868 stattgefunden. [1]

Bahngebiet.

	Wirkliche	Tarifmässige
	Länge in Meilen	
Hauptlinie: Arad-Karlsburg	27·799	28·—
Im Baue: die Zweigbahn Piski-Petrozseny . . .	10·280	—

Anlage der Bahn.

Die Bahntrace geht von dem Ende des Theissbahn-Stationsplatzes Arad aus, zieht durch das ebene günstige Terrain bis Gyorok und Paulis und von da immer am rechtsseitigen Marosufer bis Branyicska, wo sie auf das linke Marosufer übersetzt. Von dieser Ueberbrückung an führt die Bahn am linksseitigen Marosufer über Pisky (Abzweigung nach Petrozseny) nach Maros-Porto

---

[1] Von den Eröffnungsfeierlichkeiten wurde Umgang genommen und der hierfür präliminirte Betrag pr. fl. 1500 unter die Armen von Arad und Karlsburg vertheilt.

und von da nach abermaliger Uebersetzung der Maros wieder
an dem rechtsseitigen Ufer derselben bis Karlsburg.

Die Bahn folgt demnach von Paulis bis Karlsburg dem
Marosthale, ist über dem bekannt höchsten Hochwasserstand der
Maros und, insoweit es der unregelmässige Lauf dieses Flusses
gestattete, mit thunlichster Benützung der Berglehnen und des
günstigen Terrains der Thalsohle in dieser selbst angelegt.

Die Terrainverhältnisse sind daher im Ganzen und Grossen als günstige zu bezeichnen.

Neigungsverhältnisse.

Bezeichnung der Linie	hori-zontal	Neigung												Zu-sammen
		Steigung						Neigung						
		bis 1:2000	1:2000 bis 1:1000	1:1000 bis 1:800	1:800 bis 1:600	1:600 bis 1:400	1:400 bis 1:300	bis 1:2000	1:2000 bis 1:1000	1:1000 bis 1:800	1:800 bis 1:600	1:600 bis 1:400	1:400 bis 1:300	
		Meilen												
Arad-Karlsburg.....	4.689	9.937	6.583	0.450	0.896	0.864	1.536	—	1.366	—	0.670	0.658	0.150	27.799

Eine stärkere Neigung als 1:300 kommt nicht vor.

Richtungsverhältnisse.

Bezeichnung der Linie	Gerade Bahn	In Curven						Zusammen
		bis 1000 Radius	1000 bis 800 "R.	800 bis 600 "R.	600 bis 400 "R.	400 bis 300 "R.	300 bis 200 "R.	
		Meilen						
Arad-Karlsburg........	22.850	0.231	0.084	0.062	2.267	1.822	0.683	27.799

Der kleinste Krümmungs-Halbmesser beträgt 200°.

Unterbau.

Die gesammte **Erdbewegung** betrug 840.000 Cub.-Klftr.; hievon entfallen 641.200 Cub.-Klftr. auf Aufdämmungen und 198.800 auf Abgrabungen.

Die **Versicherung der Bahndämme** gegen Hochwasser-Schäden erforderte regelmässige Steinwürfe im Cubikmass von 8074 Klftr., unregelmässige von 6516 Klftr. und Pflasterungen im Flächenmass von 34.836 Klftr. Wegübersetzungen kamen 202 und Rampenkanäle 67 in Ausführung.

Strassenumlagen waren in einer Gesammtlänge von 4503° erforderlich.

Unterbau-Objecte wurden im Ganzen 232 hergestellt, welche mit Ausnahme der 3 grossen Jochbrücken (2 über die Maros und 1 über den Streelfluss) — sämmtlich aus Mauerwerk mit Gewölben oder in Eisenconstruction ausgeführt sind.

Die bedeutendsten dieser Objecte sind:

Bezeichnung und Standort des Objectes	Anzahl	lichte Weite	Construction
	der Oeffnungen		
Maros - Brücke bei Bra-nyleska [1] 133·83 Klft. lang	11 Jochfeld.	à 9°2'11"	10 Joche mit Holzüber-brückung u. ein Quader-Mittelpfeiler, eine Oeffnung mit Eisenconstruction, dann gemauerte Landpfeiler
	1	28° 4' 6"	
Maros-Brücke bei Maros-Porto 106.33 Klftr. lang	2	à 10°	Holzconstruction
	9	à 9° 3' 7"	
Brücke über den Streelfluss 54° lang	6	à 9°	»
Flussbrücke	3	à 10"	Gemauerte Land- u. Mittelpfeiler, Eisenconstruction.
»	2	à 10	

Die gesammten Unterbau-Objecte haben zusammen eine lichte Weite von 1002.99 Klftr.

---

[1] Diese Brücke war ursprünglich durchgehends als Jochbrücke projectirt. Der Umstand, dass während des Baues auf Felsen unter dem Flussbette gestossen wurde, veranlasste die Bauunternehmung mit Genehmigung des Ministeriums den dritten Theil der Brücke durch eine Eisenconstruction zu ersetzen. (Vergl. die »histor. Mittheil.« S. 281.)

Oberbau.

Die „erste Siebenbürger Bahn" ist eingeleisig. Die Schienen sind breitbasig im Gewichte von 17½ Pfund per Currentfuss. Die Schwellen bestehen aus Buchen- und Eichenholz. Die Bettung wurde aus Flussschotter hergestellt.

Wechsel sind 133 und Drehscheiben 5 vorhanden, von den letzteren je eine in Arad und Karlsburg, 2 in Piski und eine in Maros-Porto.

Hochbau.

Im Ganzen wurden 173 Gebäude aufgeführt, darunter 119 Wächterhäuser. Die Bauart derselben ist massives Mauerwerk, mit Ausnahme der zwei ersten Wächterhäuser bei Arad, welche aus fortificatorischen Rücksichten aus Blockwänden herzustellen waren.

Die Bahn von Arad nach Karlsburg zählt 16 Stationen; die bedeutenderen davon sind: Arad, Radna, Déva, Piski, Broos, Alvincz und Karlsburg.

Heizhäuser befinden sich in Arad, Piski und Karlsburg.

Die Werkstätte ist in Piski errichtet worden.

Telegraf und Signale.

Die Telegrafenleitung besteht aus Eisendraht; die Apparate sind nach Morsé'schem Systeme construirt.

Die Signalisirung geschieht mittelst electrischer Läutewerke.

Stand der Fahrbetriebsmittel.

Locomotive und Tender	21 Stück
Personenwagen:	
I. und II. Classe combinirt...............	12 Stück
II. Classe.............................	18 »
III. Classe	34 »
	64 Stück
Lastwagen:	
Gepäckswagen	16 Stück
Postwagen...........................	5 »
Gedeckte Güterwagen	220 »
Pferdewagen	6 »
Hornviehwagen	43 »
Borstenviehwagen......................	27 »
Kohlenwagen..........................	126 »
Ungedeckte Güter-, zugleich Equipagewagen	20 »
Langholzwagen........................	20 »
chotterwagen	30 »
	513 Stück

Schneepflüge: 3 Stück.

Bilanz mit 31. December 1867.

Activa.

General-Bau-Conto	fl.	4.345.029.24
Depôt bei der Credit-Anstalt..............	„	30.837.400.—
Bauvorschüsse an die Theissbahn	„	65.200.—
Diverse	„	212.10
Cassa-Bestände.	„	2.382.27
	fl.	35.250.223.61

Passiva.

Actien-Capital	fl.	14.000.000.—
Prioritäts-Obligationen	„	21.000 000.—.
Diverse	„	223.61
Staatsvorschuss	„	250.000.—
	fl.	35.250.223.61

K. k. priv.

Kaiser Franz Josefs-Bahn.

Sitz der Central-Administration in Wien (I., Schottenbastei 4).

Verwaltungsrath.

Präsident: Johann Adolf Fürst zu Schwarzenberg.

Vice-Präsident: Carl Gundacker Freih. v Suttner.

Adolf Josef Fürst Schwarzenberg.

Johann Egon Landgraf zu Fürstenberg.

Maximilian Graf Vrints, Exc.

Josef Graf Wratislaw, Exc.

Ernst Graf Hoyos-Sprinzenstein.

Mathias Ritter v. Schönerer.

Dr. August Grois, Ritter v. Seinsberg.

Dr. Adolf Weiss.

Anton Josef Freiherr v. Päumann, k. k. Hofrath i. P.

Adolf Ritter v. Boekmann.

Hermann Wolf, Director der Creditanstalt.

Eduard Ritter v. Seutter, Director der Filiale der Creditanstalt in Prag.

General-Director: Heinrich Kogerer, kais. Rath.

Secretär: Franz Steinitz.

Bau-Inspector: Vinc. Blaschek.

Betriebs-Inspector: Carl Hladik (in Pilsen).

Ober-Expeditor: Ed. Becber (in Pilsen).

Grundeinlösungs - Commissär: C. Pfeiffer.

Buchhalter: Joh. Klier von Treuenstamm.

Hauptcassier: Carl Ritter von Westersheim.

Cassa - Controlor: Eugen von Felix.

Historische Mittheilungen.

Unmittelbar nach der Concessionirung [1]) der Kaiser Franz Josef-Bahn wählten die Concessionäre aus ihrer Mitte ein Executiv-Comité, [2]) welchem mittelst der Vollmacht vom 25. November 1866 die Vertretung des Unternehmens bis zur Constituirung der Actiengesellschaft übertragen wurde.

Dieses Comité nun ernannte unterm 6. December 1866 den General-Secretär der böhmischen Westbahn, kaisl. Rath Heinrich Kogerer zum General-Director der Kaiser Franz Josef-Bahn und schritt dann unter Mitwirkung dieses bewährten Fachmannes, sowie des Rechtsanwaltes der Bahn, Dr. Ludwig Koller, zum Abschlusse eines Bauvertrages mit den Unternehmern Gebrüder Klein und Adalbert Lanna.

Der vom 27. December 1866 datirende Vertrag verpflichtet die genannte Bauunternehmung: „den bereits begonnenen Bau der Strecke Pilsen-Budweis [3]) fortzusetzen und dieselbe bis spätestens 25. October 1868 zu vollenden und gänzlich ausgerüstet dem Betriebe zu übergeben, ferners die Prager Verbindungsbahnen, einschliesslich der betreffenden Strecke der Kaiser Franz Josef-Bahn und der Anschüttung beim Prager Bahnhofe derselben binnen ³/₄ Jahren herzustellen, die Grundeinlösungen zu bestreiten, die Fahrbetriebsmittel und Inventargegenstände beizuschaffen, die Intercalarzinsen, Regieauslagen, und Generalkosten zu decken etc. etc."

Dagegen erhält die Bauunternehmung:

für die Strecke Pilsen-Budweis:

in Baarem	fl. 5,000.000
„ Actien al pari	„ 609.600
„ Prioritäts-Obligationen al pari	„ 8,414.600
	fl. 14.024.200

---

[1]) Ueber die Gründung dieses Unternehmens im Allgemeinen, die wichtigsten Bestimmungen der Concessions-Urkunde, sowie über die erste Geldbeschaffung wurde bereits im I. Jahrg. d. Buch. (S. 301—304) berichtet.

[2]) Das Executiv-Comité bestand aus den Herren: Carl Gundacker, Frhr. v. Suttner, Dr. August Grois und Jos. Graf Wratislaw.

[3]) Der Bau hat bekanntlich am 17. November 1866 in der Nähe von Frauenberg begonnen. (Vgl. S. 303 d. I. Jahrg.)

Für die Prager Verbindungsbahnen etc.

in Baarem .... fl. 1,500,000
„ Prioritäten al pari .... „ 1,500.000
                                                    fl. 3,000.000
im Ganzen daher........................ fl. 17,024.200
welche Summe als Pauschalbetrag zu gelten hat.

Für die vertragsmässige Erfüllung der übernommenen Verpflichtungen leisteten die Unternehmer eine Caution per fl. 500.000.

Am 13. Februar 1867 wurde dieser Bauvertrag von der Staatsverwaltung genehmigt und sodann der Bau kräftigst in Gang gesetzt.

Im selben Monate vollendete das Executiv-Comité auch den Entwurf zu den Gesellschafts-Statuten, vermochte aber nicht gleich damals die behördliche Genehmigung desselben nachzusuchen, weil er vorerst von jenen Credit-Instituten begutachtet werden sollte, deren Betheiligung an der Geldbeschaffung in Aussicht stand, die diesfälligen Verhandlungen aber in Folge der getrübten politischen Situation jener Zeit eine Vertagung erlitten.

Als jedoch die Kriegsgefahr wieder geschwunden war, brauchten diese Verhandlungen nicht wieder aufgenommen zu werden, da die Bauunternehmung mittlerweile (unterm 5. Mai und in modificirter Weise unterm 15. Mai 1867) den Anbot machte: die ganze Bahn gegen Uebernahme sämmtlicher Actien und Prioritäten auszubauen und auszurüsten, wenn es gelänge, von der Regierung einige Begünstigungen (siehe unten) zu erwirken und die Creditanstalt die Geldbeschaffung vorläufig für die Strecke Pilsen-Wien unterm 31. Mai 1867 vertragsmässig übernommen hatte; es galt daher jetzt die von der Bauunternehmung angesprochenen Begünstigungen zu erlangen.

Das Executiv-Comité unterbreitete demnach das erwähnte Offert sammt einer wohlmotivirten Eingabe dem damaligen Leiter des Handels- und Finanzministeriums, Frh. v. Becke, worüber den Concessionären am 28. Juni 1867 der erfreuliche Bescheid zuging, „dass Se. Majestät mit a. h. Entschliessung vom 27. Juni das k. k. Finanzministerium zu ermächtigen geruhten, im verfassungsmässigen Wege ein Gesetz zu erwirken, womit der Kaiser Franz Josef-Bahn nachfolgende Begünstigungen und Erleichterungen bewilliget werden, u. z.:

1. Ein weiterer unverzinslicher Staatsvorschuss von 5 Millionen Gulden gegen seinerzeitige Refundirung in Actien al pari.

2. Auflassung des besonderen Personen-Bahnhofes in Wien (am Franz Josefs-Quai), vorbehaltlich der Bestimmung des Punctes für die Anlage eines concentrirten Personen- und Frachtenbahnhofes in Wien.

3. In Bezug auf Steuerfreiheit gleiche Behandlung wie die Kronprinz Rudolf-Bahn.

4. Angemessene Reducirung der präliminirten Fahrbetriebsmittel wie bei anderen Bahnen auf den wirklichen Bedarf.

Auf Grund dieses Ministerialbescheides wurde nun mit den Bauunternehmern ein Additional-Bauvertrag vereinbart (24. Juli 1867), welcher, im Allgemeinen auf den gleichen Bestimmungen wie der Vertrag vom 27. December 1866 fussend, denselben den Bau und die vollständige Instruirung der ganzen Kaiser Franz Josef-Bahn übertrug, u. z. war von Seite der Unternehmer die Uebernahme bezüglich der Strecke Budweis-Wien eine unbedingte, während sie die übernommenen Verpflichtungen rücksichtlich der Strecken Gmünd-Prag und Pilsen-Eger erst dann zu erfüllen haben sollten, wenn die obgedachten Begünstigungen thatsächlich erlangt sein werden.

An Zahlungsstatt für die übernommenen Verpflichtungen überantwortet der Additional-Vertrag den Unternehmern weitere fl. 24.907.000 in Actien und fl. 39.645.400 in Obligationen, zusammen fl. 64,552.400. [1]

---

[1] Die Repartirung dieser Summe auf die einzelnen Strecken ist folgende:

	in Actien	in Obligationen
Budweis-Wien	fl. 10,902.600	fl. 17,145.400
Gmünd-Prag (mit Ausschluss der Verbindungsbahnen)	„ 7,725.200	„ 12,780.000
Pilsen-Eger	„ 6,279.200	„ 9,720.000
Zusammen..	fl. 24,907.000	fl. 39,645.400

fl. 64,552.400

19 *

Zugleich ward festgesetzt, dass der anzuhoffende Staatsvor-schuss — sobald er gewährt wird — den Bauunternehmern zu überlassen sei, welche dagegen die zur Refundirung desselben erforderliche Anzahl Actien zurücklassen werden.

Die Genehmigung dieses Additional-Bauvertrages durch das k. k. Handelsministerium erfolgte unterm 29. Juli 1867, und am 16. August des nämlichen Jahres erhielten auch die mittlerweile der Regierung vorgelegten Statuten die a. h. Sanction.

Wenige Tage nachher — am 31. August — vollzog die Gesellschaft ihre definitive Constituirung. ')

Hiermit war die Aufgabe der Concessionäre erfüllt. Das Executiv-Comité legte demnach seine Vollmacht in die Hände des Verwaltungsrathes zurück, welcher nunmehr an die Spitze der Unternehmung trat. ')

Seither hat eine Reihe sehr wichtiger Angelegenheiten die Thätigkeit des Verwaltungsrathes in Anspruch genommen, so namentlich die Frage der Situirung des Wiener Bahnhofes, welche erst gegen Ende des Jahres 1868 ihre Lösung fand, ')

Diese Summe und die den Bauunternehmern früher schon (für die Strecke Pilsen-Budweis und die Prager Verbindungsbahnen) übergebenen Beträge bilden zusammen das dem garantirten Reinerträgnisse per fl. 4,130.000 entsprechende Anlagecapital von fl. 81,576.000, nämlich fl. 32,016.000 in Actien und fl. 49.561.000 in Prioritäts-Obligationen. Vgl. §. 8 der Statuten.

') Der Sitz der Gesellschaft ist Wien, ihre Firma lautet: „K. k. priv. Kaiser Franz Josef-Bahn." (§§ 2 und 3 der Statuten.)

') Die Mitglieder des Executiv-Comité's wurden allsammt in den Verwaltungsrath berufen und von diesem — wieder als ein Art Executiv-Comité — mit der Besorgung der laufenden Geschäfte betraut.

') Die Frage der Situirung des Wiener Bahnhofes war, kurz zusam-mengefasst, folgende:

Zufolge des Additional-Bauvertrages ddo. 24. Juli 1867 sollte der concentrirte Bahnhof in der Nähe der Ferdinands- Wasserleitung u. z. zum grösseren Theile ausserhalb der Nussdorfer Linie zu liegen kommen Die Vertreter der Commune stellten jedoch bei den mehrfachen Begehungs-commissionen (16., 25. und 29. November 1867) das Begehren, dass der Bahnhof im Wiener Burgfrieden und zwar am rechten Ufer des Donau-kanales, d. i. im IX. Bezirke, angelegt, falls dies aber bezüglich des gan-

ferners das Project der Anlage einer Pferdebahn zwischen dem
Wiener Bahnhofe der Kaiser Franz Josef-Bahn und dem Wiener
Hauptzollamte, ') (Anschluss an die Nord- und Südbahn) — die
Ueberbrückung der Donau bei Tulln, ') die Mitbenützung des

zen Bahnhofes nicht thunlich wäre, wenigstens der Personen-Bahnhof in
die Puthon'sche Realität situirt werde, und hielten an dieser Forderung
fest, auch nachdem die Vertreter der k. k. General-Inspectien für Eisenbahnen und noch andere Commissionsmitglieder sich gegen dieses Project
aussprachen, weil dessen Ausführung mit technischen Schwierigkeiten zu
kämpfen hätte und sehr bedeutende, bei Bemessung des Anlagecapitals der
Bahn nicht vorgesehene Auslagen erheischen würde.

Der Gemeinderath hatte nun allerdings den principiellen Beschluss
gefasst, zu diesen Mehrkosten einen Beitrag zu leisten, doch vermochte
dies an der schwierigen Sachlage nichts zu ändern, um so weniger, als
die beiderseitigen Voranschläge weitaus differirten, indem die Gesellschaft die
Mehrauslagen approximativ mit fl. 1,200.000 bis 1,500.000 bezifferte, während die Commune dieselben auf fl. 700.000 veranschlagte.

Die ganze Angelegenheit kam daher vor das Ministerium, welches
der Commune folgende Vorschläge machte: Der Bahnhof soll auf dem von
der Commune vorgeschlagenen Platze im IX. Bezirke erbaut werden, wenn
dieselbe entweder einen Baubeitrag per fl. 500.000 leistet oder die Garantie für die zur Verzinsung und Tilgung dieses Betrages während der Concessionsdauer jährlich erforderliche Summe von fl. 25.315 übernimmt. Die
Commune entschloss sich laut Gemeinderathsbeschluss vom 26. October
1868 für die zweite Proposition des Ministeriums, worauf dann das vereinbarte Project vollständig ausgearbeitet wurde, mit dessen Genehmigung
diese wichtige Frage nun endgiltig gelöst erschien.

') Die Pferdebahn soll über den Franz Josefs-Quai zum Hauptzollamte führen und wurden vom Verwaltungsrathe die nöthigen Schritte
unternommen, damit diese Linie der Gesellschaft vorbehalten bleibe.

') Für den Donauübergang bei Tulln war nach dem ursprünglichen
Projecte eine Brücke in Eisenconstruction mit steinernen Land- und Mit-
telpfeilern und 6 Oeffnungen à 40° beantragt.

Nach dem von der Reichsvertretung und der Regierung — im Interesse der Reduction des von den Concessionären veranschlagten Anlagecapitals — gefassten Beschlusse, dass für alle grösseren Objecte vorerst
nur Provisorien auszuführen seien, wird auch die Donaubrücke für jetzt
in Holz ausgeführt und um ihr dennoch eine gewisse Stabilität zu sichern,
für eine 3° breite Chausée-Brücke erweitert werden, in welch' letzterer
Beziehung der Verwaltungsrath gegenwärtig mit dem n. ö. Landesaus-

Pilsner Bahnhofes der böhmischen Westbahn [1]) u. a. m., welche letzteren Angelegenheiten jedoch zum grössten Theile auch jetzt noch der endgiltigen Austragung harren.

Die Bewilligung zur Inangriffnahme des Baues erfloss bezüglich des in Böhmen gelegenen Bahntheiles am 25. October 1867 und bezüglich der Strecke von der böhmischen Landesgrenze bis Wien, unterm 10. März 1868.

Die erste Generalversammlung hat am 25. Juni 1868 stattgefunden.

Die Eröffnung des Betriebes auf der Strecke Pilsen-Budweis erfolgte am 1. September 1868 und soll sich der Verkehr bereits lebhaft gestalten.

Bahngebiet. [2])

Bezeichnung der Strecke	im Betriebe	im Baue	Noch zu bauen	Zusammen
	Meilen			
Hauptbahn:				
Wien-Budweis...............		27.953		27.953
Budweis-Pilsen........... ...	17.879	.	.	17.879
Pilsen-Eger........... (ca.)	.	.	13.700	13.700
Flügelbahn:				
Gmünd-Prag.............	.	.	24.375	24.375
Prager Verbindungsbahn	.	.	0.802	0.802
	17.879	27.953	38.877	84.709

Die tarifmässige Länge der Strecke Budweis-Pilsen beträgt 18 Meilen.

---

schusse wegen Uebernahme eines entsprechenden Kostenantheils in Verhandlung steht.

[1]) Was die Mitbenützung des Pilsner Bahnhofes der böhmischen Westbahn anbelangt, so legt der §. 3 der Conc.-Urk. den Concessionären die Verpflichtung auf, mit der Verwaltung der genannten Bahn ein Abkommen zu treffen. Die Initiative hiezu wurde denn auch bereits unterm 10. Juli 1867 von den Concessionären der Kaiser Franz Josef-Bahn ergriffen, ohne jedoch einen Erfolg zu erzielen. Es wurde daher die Intervention der Regierung angerufen, welche nun die Bedingungen der Einmündung der Bahn und des diesfälligen Anschlussdienstes feststellen wird.

[2]) Technische Daten folgen im nächsten Jahrgange.

Stand der Fahrbetriebsmittel.

a. Locomotive und Tender.

Personenzugs-Maschinen	8	Stück.
Lastzugs-Maschinen	12	.,
	20	**Stück.**
Tender	17	Stück.

b. Personenwagen.

Salonwagen		1	Stück.
Wagen	I. Cl.	3	„
„	I. und II. Cl.	8	„
„	II. Cl.	15	„
„	II. und III. Cl.	9	„
„	III. Cl.	15	„
„	VI. Cl.	20	„
		71	**Stück.**

c. Lastwagen.

Gepäckswagen......................	6	Stück.
Postwagen	5	„
Gedeckte Lastwagen	210	„
Offene „	40	„
Kohlenwagen	235	„
Borstenviehwagen	5	„
Gänsewagen......................	5	.,
	506	**Stück.**
Draisinen	2	Stück.
Bahnwagen........	20	„
Schneepflüge	2	„

Bilanz mit 31. December 1867.

Activa.

Noch nicht angewiesene Actien.....................	fl.	5,390.400
Desgleichen Obligationen	„	6,899.000
Cautions-Effecten	„	406.800
Vergütete Verdienstbeträge für die Strecke Budweis-Pilsen ..	„	2,303.800
Baarschaft.....................	„	5,000.000
	fl.	**20,000.000**

Passiva.

An die Creditanstalt erfolgte Actien	fl.	6,000.000
Desgleichen Obligationen	„	9,000.000
Staatsvorschuss	„	5,000.000
	fl.	**20,000.000**

K. k. priv.

Kronprinz Rudolf-Bahn.

Sitz der Central-Administration in Wien (I., Kolowratring Nr. 1).

Verwaltungsrath.

Präsident: Friedrich Freiherr v. Burger, Exc.

Vice-Präsident: Constantin Graf v. Lodron-Laterano.

Carl Graf v. Gleispach, Exc.

Fr. Freih. v. Kalchberg, Exc.

Adolf R. v. Tschabuschnigg.

Eugen Graf v. Kinsky.

Carl v. Mayer.

Victor Ofenheim Ritter von Ponteuxin.

Dr. Alexander Julius Schindler, k. k. Notar.

Franz Wickhoff.

Dr. Adolf Weiss.

Anton Ritter v. Stahl, k. k. Hofrath in Pension.

General-Direction in Wien.

General-Director: Georg Aichinger.

Bauinspector: Franz Kazda.

Betriebs-Inspector: August Platte.

Ober-Ingenieur für das Maschinenwesen: Emil Kuhn.

Ober-Ingenieur für die Bahnerhaltung: C. Edl. v. Rettich.

Vorstand des commerciellen Bureaus: Anton Springer.

Control-Chef: Isidor Siegel.

Verkehrsleitung in Leoben.

Verkehrs-Chef: Sigismund Mahr.

Verkehrsleitung in Steyer.

Sections-Ingenieur: Eduard Zinkl.

Historische Mittheilungen. [1])

Vor .etwa fünfzehn Jahren schon gaben die Bestrebungen, die grosse Montan-Industrie Inner-Oesterreichs durch eine Schienenstrasse mit den Hauptverkehrsadern der Monarchie in Verbindung zu bringen, Veranlassung zu mehrfachen technischen Erhebungen über die Ausführbarkeit dieses Gedankens.

Allein diese Studien förderten, weil von verschiedenen Seiten und ohne allen inneren Zusammenhang unternommen, Projecte zu Tage, welche blosses Stückwerk waren und lediglich locale Interessen zur Grundlage hatten, so dass damals das ganze Vorhaben in die Brüche ging.

Durch die Ungunst der Zeitverhältnisse niedergehalten, ruhte nun die Angelegenheit ein ganzes Decennium lang. Dann wieder aufgenommen, ward sie allerdings mit vermehrter Energie und grösserem Geschick betrieben.

Die betheiligten Kreise vereinigten sich jetzt zum gemeinsamen Handeln und verfolgten einmüthig die eben zum Ausdrucke gelangte Idee: die alte Handelsstrasse aufzusuchen, — eine unmittelbare Verbindung zwischen den oberen Donauländern und dem adriatischen Meere herzustellen. Im Jahre 1864 verständigten sich die Handelskammern von Oberösterreich, Steiermark, Kärnten, Triest, Görz und Udine über die gleichzeitige Vornahme von Tracirungen für eine solche Bahnlinie und die Bedeckung der hierzu erforderlichen Geldmittel, worauf die kärntnerische Handelskammer — deren eifrige Thätigkeit in dieser Angelegenheit besonders hervorgehoben werden muss — sämmtliche Theilnehmer auf den 11. December 1864 zu einer

---

[1]) Der I. Jahrgang unseres Buches brachte wohl schon einige historische Daten über das Entstehen der Kronprinz Rudolf-Bahn, sowie die wichtigsten Bestimmungen der Concessionsurkunde u. dgl. — Das uns seither zu Gebote gestandene reichlichere Materiale veranlasste uns jedoch — unter Bezugnahme auf die bereits mitgetheilten Daten — nochmals und in ausführlicher Weise auf die Gründung dieses Unternehmens zurückzukommen.

Generalversammlung nach Klagenfurt berief, welche für die weitere Wirksamkeit in der angeregten Eisenbahnfrage ein Central-Comité wählte, an dessen Spitze der Fürst Josef Colloredo-Mannsfeld trat. [1])

Die Tracirungsarbeiten für die ganze Linie von der Donau bis an das adriatische Meer wurden noch in der ersten Hälfte des Jahres 1865 vollendet und das Concessionsgesuch am 9. Juli 1865 überreicht.

Inzwischen hatte auch eine Deputation des Comités von Sr. Majestät die Bewilligung erbeten, der projectirten Eisenbahn den Namen „Kronprinz Rudolf-Bahn" beilegen zu dürfen.

Die mit der Regierung gepflogenen Concessionsverhand-lungen machten rasche Fortschritte und es stand bereits die Ein-bringung der bezüglichen Gesetzesvorlage im Abgeordnetenhause in nächster Aussicht, als der plötzliche Schluss der Reichsraths-session im Juli 1865 erfolgte und der damalige Regierungswech-sel eintrat.

Nach einiger Zeit wurden wohl die Verhandlungen mit dem neuen Ministerium fortgesetzt, aber die Kriegsereignisse des Jah-res 1866 verzögerten die endgiltige Entscheidung. So kam es, dass die Concessionsurkunde erst am 11. November 1866 die a. h. Sanction erhielt. [2])

Wenige Tage nachher — am 21. November — erfolgte dann auch die a. h. Entschliessung, vermöge welcher den Concessio-nären ein Staatsvorschuss von 5 Millionen Gulden gewährt wurde, damit dieselben den Bau sofort beginnen könnten. [3])

Hiermit waren aber die Verhandlungen mit der Regierung noch nicht erschöpft.

Es handelte sich jetzt darum, die in der Concessionsurkunde unterbliebene ziffermässige Feststellung des Anlage-capitals zu erzielen, um dann die Geldmittel leichter beschaf-fen, die Bauverträge unbehindert abschliessen zu können.

---

[1]) Der Sitz dieses Comités ward nach Wien verlegt.

[2]) und [3]) Vergl. S. 305 und 306 des l. Jahrg., woselbst auch die wichtigsten Bestimmungen der Concessionsurkunde verzeichnet sind.

Diese auf Grundlage der staatlichen Zinsengarantie [1] gepflogenen Verhandlungen betrafen nun zunächst das Anlagecapital für die bereits in Angriff genommenen Strecken St. Michael-Villach und St. Valentin-Steyer, [2] welches mit 30 Millionen Gulden gegen dem bemessen wurde, dass die auf diesen Betrag — zur Hälfte in Actien, zur Hälfte in Obligationen — auszugebenden Effecten sogleich in feste Hände übergehen.

Es gelang den Concessionären diese Bedingung zu erfüllen. Die Anglo-österreichische Bank übernahm zufolge Uebereinkommens vom 27. Februar 1867 die vorgedachten Werthe abzüglich der zur Refundirung des Staatsvorschusses bestimmten 5 Millionen in Actien auf feste Rechnung [3] und verpflichtete sich hiefür die, inclusive der Intercalarzinsen auf fl. 21,350.000 fixirte baare Bausumme an die Concessionäre, beziehungsweise der Bauunternehmung, auszubezahlen.

Fast zur selben Zeit gelang es den Concessionären auch mit den Bauunternehmern Thomas Brassey, Gebrüder Klein und Carl Schwarz einen Bauvertrag abzuschliessen, in welchem diese letzteren sich verpflichteten, für obige Baar-Pauschalsumme den Bau der Strecken St. Michael-Villach und St. Valentin-Steyer auszuführen und dieselben bis zum 12. December 1868 in vollkommen betriebsfähigem Zustande und sammt vollständiger Einrichtung den Concessionären zu übergeben, die Grundeinlösungs-

---

[1] Der Staat garantirte den Concessionären ein jährliches 5%iges Reinerträgniss von dem aufgewendeten und gehörig nachzuweisenden Anlagecapitale nebst der zur Tilgung desselben erforderlichen jährlichen Quote in Silber. (§. 17 der Concessionsurkunde, vergl. S. 306 d. I. Jahrg.)

[2] Die Voreinleitungen zum Baue dieser beiden Strecken wurden noch während des Winters 1866/67 getroffen, die eigentlichen Bauarbeiten aber haben (auf Grund eines Präliminar-Uebereinkommens mit den Bauunternehmern Brassey, Klein und Schwarz) erst im Frühjahre 1869, und zwar in der Strecke St. Valentin-Steyer am 3. März und in der Strecke St. Michael-Villach am 27. April 1867, begonnen.

[3] Die Actien (50.000 Stück à 200 fl. österr. Währ.) brachte die Anglo-österreichische Bank am 26. März und einen Nominalbetrag von fl. 4,500.000 in Obligationen (15.000 Stück à 300 fl.) am 29. October 1867 zur öffentlichen Subscription (s. S. 307 des I. Jahrg.).

kosten und Intercalarzinsen zu bestreiten, sowie auch den Concessionären alle ihnen erwachsenen Vorauslagen, Regie- und
Verwaltungsspesen zu vergüten.

Die Genehmigung der Staatsverwaltung wurde diesem Bauvertrage unterm 15. Juni 1867 zu Theil.

Nun galt es noch das Anlagecapital auch der übrigen Bahnstrecken mit der Regierung zu vereinbaren.

Es geschah dies gleichfalls mit Zugrundelegung des garantirten Erträgnisses und führte zu dem Resultate, dass das Anlage-
Capital für die Strecken: Steyer-Weyer-Rottenmann-St.
Michael, St. Veit-Klagenfurt und Launsdorf-Mösel auf
fl. 47,357.852 festgesetzt wurde.

Nachdem das Unternehmen so weit gediehen war und auch
die Statuten der zu bildenden Actiengesellschaft unterm 19. Juli
1867 die behördliche Genehmigung erhalten hatten, fand am
20. Juli 1867 die Constituirung der Gesellschaft statt, deren
Firma — „k. k. priv. Kronprinz Rudolf-Bahn" — am
2. August 1867 handelsgerichtlich protocollirt wurde.

Der Verwaltungsrath, [1] dem jetzt die Leitung oder besser
Vollendung des Unternehmens oblag, sorgte nun zunächst für
die Sicherstellung des Baues der letzterwähnten Strecken, indem er mit denselben Unternehmern, welche die Herstellung der
Strecken St. Michael-Villach und St. Valentin-Steyer übernahmen, unter übrigens gleichen Modalitäten einen neuen Bauvertrag vereinbarte, kraft dessen die Unternehmer die Herstellung
und Ausrüstung der Strecken: Steyer-Weyer, Rottenmann-
St. Michael, St. Veit-Klagenfurt und Launsdorf-Mösel
gegen Ueberlassung der für diese Bahntheile zu emittirenden
Effecten per fl. 25,940.449 (zur Hälfte in Actien, zur Hälfte in
Prioritäten) übernahmen. [2]

----

[1] Zum General-Director wurde — wie schon der I. Jahrg. (S. 307) berichtet — Herr Georg Aichinger und zum Bau-Inspector der Oberingenieur
Herr Franz Kazda ernannt. Die Wirksamkeit der Direction begann am
1. Jänner 1867.

[2] Diese Werthe wurden der Anglo-österreichischen Bank übergeben, welche die einzelnen Verdienstbeträge nach Anweisung des Verwaltungsrathes an die Unternehmer auszahlt.

In diesen Bauvertrag, welcher unterm 16. März 1868 die Genehmigung des Ministeriums erhielt, wurde gleichzeitig auch die Herstellung der Strecke St. Michael-Leoben (1·6 Meilen) einbezogen, [1]) deren Concession der Gesellschaft in Aussicht gestellt ward, und welche definitiv zu erlangen der Verwaltungsrath sich jetzt eifrigst bemühte [2]).

Die Emission dieser Actien (50.000 Stück à 200 fl. österr. Währ.) erfolgte am 4. Mai 1868. Der Emissionscurs betrug fl. 130 österr. Währ. für jede Actie. Den Besitzern von Actien (Bezugsscheinen) I. Emission war das Bezugsrecht von je ½ neuer Actie auf eine alte Actie eingeräumt. Gezeichnet wurden: durch Anmeldung des Bezugsrechtes 19.605 Stück und durch directe Zeichnung 367.919 Stück. Zur Vertheilung auf diese letzteren waren somit verblieben 30.395 Actien, welche vertheilt wurden wie folgt:

für 1 bis inclusive 7 gezeichnete Stücke ½ Actie

„ 8 „ „ 14 „ „ 1 „

„ 15 „ „ 21 „ „ 1½ „ und sofort für je weitere 7 oder darunter ½ Actie. — Die Einzahlungen waren in nachstehenden Beträgen und Terminen zu leisten und zwar:

40 fl. zwischen 15. und 18. Mai
20 „ am 15. Juni
20 „ „ 15. Juli
20 „ „ 15. August
20 „ „ 15. September
10 „ „ 15. October

} 1868.

Von den Obligationen gelangten 20.000 Stück (à 300 fl. österr. Währ. in Silber) am 9. November zur Ausgabe. Der Emissionspreis, welcher 70% (= 210 fl.) in Silber betrug, war bis spätestens 1. Februar 1869 einzuzahlen.

Auch hier fand eine grosse Ueberzeichnung statt, indem 330.805 Stücke = 99,241.500 fl. österr. Währ. subscribirt wurden. Demgemäss erhielten die Subscribenten nur 6% der gezeichneten Stückzahl, wobei Bruchtheile, welche die Hälfte einer Obligation oder darüber ausmachten, als eine ganze Obligation angenommen, kleinere Bruchtheile aber unberücksichtigt blieben.

[1]) Das k. k. Handelsministerium hatte, auf Grund des Ergebnisses der am 13. und 14. Februar stattgefundenen politischen Begehung der Strecke St. Michael-Leoben, den Verwaltungsrath der Kronprinz Rudolf-Bahn ermächtigt, diese Strecke in Anhoffung der a. h. Concessionirung derselben auf eigene Gefahr in Angriff zu nehmen.

[2]) Ursprünglich hatten die Gründer der Kronprinz Rudolf-Bahn die Linien St. Michael-Bruck a. M. in ihr Concessionsgesuch miteinbezogen,

Der bezügliche Gesetzentwurf wurde am 1. April 1868 im Abgeordnetenhause eingebracht; die Verhandlung darüber fand im Abgeordnetenhause am 13. Mai und im Herrenhause am 4. Juni statt. Die a. h. Sanction des Gesetzes erfolgt ram 17. Juni und die eigentliche Concession am 20. Juli 1868.

Die Concessionsurkunde gewährt der Gesellschaft das Recht zum Baue und Betriebe der genannten Strecke unter den für die übrigen Linien der Kronprinz Rudolf-Bahn geltenden Bestimmungen.

Das Anlagecapital für dieselbe ist mit fl. 2,038.000 angenommen. (§. 1 der Conc.-Urk.)

Als Vollendungstermin wurden 18 Monate, vom Tage der Concessionirung gerechnet, festgesetzt (welche Baufrist übrigens auch für die Strecken Launsdorf-Mösel und St. Veit-Klagenfurt zu gelten hat).

Die Wirksamkeit der Staatsgarantie beginnt für jede dieser Strecken mit dem Tage ihrer Eröffnung. (§§. 2 und 3 der Conc.-Urk.)

Die Tarife für die Strecke St. Michael-Leoben sind dieselben wie bei den übrigen Linien, nur wurde bestimmt, dass die im §. 9 der Concessionsurkunden vom 11. November 1866 für mineralische Kohle und Torf festgesetzten Wagenladungstarife (pr. Ctr. und Meile) 0.9 kr. für die ersten, 0.8 kr. für die zweiten 10 Meilen und 0.7 kr. für alle grösseren Entfernungen auch auf Erze und Coaks ausgedehnt werden. (§. 4 der Concessionsurkunde.)

Da nun auch diese Angelegenheit geordnet war, sorgte der Verwaltungsrath für die innere Organisirung des Dienstes und für die ungestörte Eröffnung des Betriebes der inzwischen der Vollendung zugeführten Bahnstrecken: St. Valentin-Steyer, St. Michael-Villach und St. Michael-Leoben.

Die erstere dieser Strecken wurde am 15. August, die zweite

---

nachdem aber die Strecke Bruck-Leoben der Südbahn-Gesellschaft concessionirt wurde, fiel der ersteren Gesellschaft blos das Verbindungsstück Leoben-St. Michael zu.

am 19. October und die letztgenannte am 1. December 1868 dem öffentlichen Verkehre übergeben.

Gegenwärtig ist der Verwaltungsrath bedacht, auch den Bau der letzten Strecke der Hauptbahn, nämlich jenen von Weyer nach Rottenmann, sicherzustellen; sobald ihm dies gelungen, soll seine Thätigkeit sich der beabsichtigten Fortsetzung der Kronprinz Rudolf-Bahn zuwenden.

Die erste Generalversammlung ist auf den 14. December 1868 ausgeschrieben.

Bahngebiet. [1]

Bezeichnung der Strecke	im Betriebe	im Baue	Noch zu bauen	Zusammen
	Meilen			
Hauptbahn:				
St. Valentin-Steyer...........	2.748	.	.	2.748
Steyer-Weyer	.	5.970	.	5.970
Weyer-Rottenmann...........	.	.	11.700	11.700
Rottenmann-St. Michael.......	.	8.090	.	8.090
St. Michael-Villach	23.067	.	.	23.067
Zweigbahnen:				
St. Veit-Klagenfurt...........	.	2.430	.	2.430
Launsdorf-Mösel	.	.	3.210	3.210
St. Michael-Leoben..........	1.624	.	.	1.624
	27.439	16.490	14.910	58.839

Die tarifmässige Länge der im Betriebe stehenden Strecken beträgt:

bei St. Valentin-Steyer · 3.— Meilen,

„ St. Michael-Villach   23.—   „

„ St. Michael-Leoben   1.5   „

---

[1] Technische Daten folgen im nächsten Jahrgange.

Stand der Fahrbetriebsmittel.

Locomotive und Tender . . . .   14 Stück

Personenwagen:

I. und II. Cl.	7	Stück
II. Classe	11	„
III. Classe.	15	„
	33	**Stück**

Lastwagen:

Post- und Gepäckwagen.	11	Stück
Gedeckte Lastwagen	165	„
Lowrys	101	„
Kohlenwagen	85	„
Langholzwagen	22	„
Hornviehwagen.	14	„
Borstenviehwagen	6	„
	409	**Stück**

Eröffnungsdaten.

1868 {
15. August die Strecke: St. Valentin–Steyer,
19. Octob. „   „   St. Michael-Villach,
1. Decemb. „   „   St. Michael-Leoben.

K. k. priv.

Kaschau-Oderberger Eisenbahn.

Sitz der Gesellschaft in Pest.

Verwaltungsrath.

Präsident: Adolf Dechamps.

A. Baron Nothomb.	J. Van der Stäten.
Leon Masillon.	Ferd. Ritter v. Schäfer.
Maxim. Falk.	Ant. Graf Forgach.
Sam. Szontagh.	Joh. Graf Larisch.
Josef Justh (v. Seite d. k. ung. Regierung).	Wilhelm Fest.
	Jos. Freih. v. Kalchberg (von Seite der k. k. Regierung).

General-Secretär: Franz von Gyra.

Rechtsconsulent: Dr. Buttlick.

Betriebs-Direction in Wien

(Kärntnerstrasse, Bürgerspital).

Betriebs-Director: Eugen Gerber.

Secretär: Jul. Ritt. v. Kochanowski.

Chef des commerciellen Dienstes : Marcellin Reitler, Inspector.	Buchhalter : Alois Holletschek.
Controlor der Einnahmen : Ladislaus Gruber.	Material - Verwalter : Emil Grucker.
Controlor der Ausgaben : Richard Breyer.	Expeditor: Ludwig Paulay.
	Registrator: Gustav Schmatz.

Verkehrs- (zugleich Stations-)Chef in Oderberg: Julius Schmidt.

20

Historische Mittheilungen.

Schon zur Zeit der Concessionirung der Theissbahn dachte
man daran, von Kaschau aus eine Eisenbahn nach den nordwestlichen Districten Ungarns anzulegen.

Dieser Gedanke fand in dem §. 2 der Concessionsurkunde
für die Theissbahn Ausdruck, indem daselbst dieser letzteren
Bahn das Vorzugsrecht auf die Fortsetzungslinie eingeräumt
wurde.

Die Theissbahngesellschaft interessirte sich auch anfänglich
für das Project, [1]) gab es aber bald wieder auf, wonach dasselbe
gänzlich ruhte, bis die belgischen Bauunternehmer Gebrüder
Riche sich seiner annahmen.

Sie erwarben im Jahre 1862 die Vorconcession für eine
Eisenbahn von Kaschau nach Oderberg mit einer Abzweigung
nach Dioszegh und traten nach Beendigung der Vorarbeiten
wegen der definitiven Concessionirung dieser Bahnlinien mit der
Regierung in Unterhandlung.

Allein als wäre der Unstern, der leider heute noch über diesem volkswirthschaftlich wichtigen und darum eines besseren
Geschickes würdigen Unternehmen waltet, damals schon im Auf-
gehen gewesen, nahmen diese Verhandlungen einen nur schlep-
penden Verlauf.

Das Gesetz über die Concessionsbedingungen gelangte —
nach vorhergegangener verfassungsmässiger Behandlung — erst
am 10. August 1865 zur a. h. Sanction. [2])

Die Begünstigungen, wie sie in diesem Gesetze normirt
waren — Garantie eines jährlichen Reinerträgnisses von
fl. 2,450.000 und zweijährige Steuerfreiheit — erschienen jedoch
den Unternehmern zu gering und da dieselben keine Concurrenz
zu bestehen hatten, beharrten sie, wenn sie anders nicht von

---

[1]) Die Theissbahn-Gesellschaft hatte bereits Tracirungen bis Poprad
vornehmen lassen und die Projecte späterhin an Gebrüder Riche abge-
treten.

[2]) Im Abgeordnetenhause kam der Gesetzentwurf am 30. Mai und im
Herrenhause am 13. Juli 1864 zur Verhandlung.

ihrer Bewerbung zurücktreten sollten, auf einer Erhöhung der Staatsgarantie, welche ihnen, nachdem die Verhandlungen ein weiteres Jahr in Anspruch genommen hatten, von dem damaligen Ministerium schliesslich auch zugestanden und in der unterm 26. Juni 1866 denselben ertheilten definitiven Concession documentarisch gewährleistet wurde.

Diese auf eine Dauer von 90 Jahren bemessene und die Eisenbahn von Kaschau nach Oderberg mit einer Abzweigung von Abos nach Eperies umfassende Concession sichert nämlich den Concessionären nebst einer zweijährigen Steuerfreiheit ein jährliches Reinerträgniss per fl. 2,683.200 zu. [1]) (§§. 1, 19, 23 und 25 der Conc.-Urk.)

Wie sich nun herausstellte, gebrach es aber den Concessionären an den nöthigen Fonds zur Durchführung der Concession und alle Versuche, sie aufzubringen, missglückten.

Die Concessionäre nahmen darum neuerdings ihre Zuflucht zu dem Ministerium und petitionirten einerseits um eine noch weitere Ausdehnung der in der Concessionsurkunde ihnen gewährleisteten Begünstigungen, andererseits aber um die Ertheilung eines Baarvorschusses aus dem Staatsschatze, Ersteres im Interesse einer leichteren Geldbeschaffung, Letzteres, damit die Inangriffnahme des Baues keine weitere Verzögerung erlitte.

---

[1]) Die sonst noch wesentlicheren Bestimmungen der Conc.-Urkunde sind folgende:

Die Bahn kann eingeleisig hergestellt werden und die Construction der grösseren Objecte aus Holz bestehen. (§. 3.)

Maximaltarif für Reisende: Per Person und Meile in der I. Cl. 36 kr., II. Cl. 27 kr., III. Cl. 18 kr., IV. Cl. 9 kr. ö. W. Bei Schnellzügen dürfen diese Tarife um 20% erhöht werden. Maximaltarif für Frachten: Pr. Zoll-Ctr. und Meile I. Cl. 2 kr., II. Cl. 2½ kr., III. Cl. 3½ kr. ö. W. Ausnahmsweise für Getreide 1·9 kr., Holz 1·7 kr., für Erze, Eisenflossen und Bausteine 1¼ kr. pr. Zoll-Ctr. bei Verführung über 10 und 1 kr. per Zoll-Ctr. über 30 Meilen, ferner bei Mineralkohlen 0·9 kr. für die ersten 10 Meilen, für die zweiten 10 Meilen 0·8 kr. und für alle weiteren 10 Meilen 0·7 kr. pr. Zoll-Ctr. und Meile. (§. 9.) Die Tarife dürfen in Silbermünze oder mit dem entsprechenden Agiozuschlage bemessen werden. (§. 10.)

20 *

Auch dieser Bitte wurde — wenngleich nach einigem Zögern
— im vollsten Masse stattgegeben. Das Ministerium vereinbarte
unterm 22. Juni 1867 mit den Concessionären ein „Additional-
Uebereinkommen", vermöge dessen die Staatsverwaltung sich
verpflichtete, zum Baue der Kaschau-Oderberger Bahn einen
Baarvorschuss per 5 Millionen Gulden aus dem Staatsschatze
flüssig zu machen, die dem Unternehmen gewährte Erträgniss-
Garantie von fl. 2,683.200 auf fl. 2,948.390 erhöht, die Steuerfreiheit desselben auf 9 Jahre ausgedehnt, sowie den Concessionären gestattet wurde, Prioritäten im doppelten Betrage des
Actiencapitals auszugeben. Der Vorschuss sollte nach Vollendung der Bahn in Actien al pari refundirt werden und der Staatsverwaltung für insolange das ausschliessliche Pfandrecht auf alle
Bauten und Materialien zustehen, bis ihr der Nachweis über
die wirkliche Aufbringung des gesammten Baucapitals geliefert wird.

Einige Wochen später (am 13. August 1867) ward sogar
auch hievon abgesehen und von den Vertretern der beiderseitigen Ministerien — mittlerweile war nämlich das ungarische
Ministerium in Amt getreten — beschlossen, von den Concessionären lediglich den Nachweis zu fordern, dass die sämmtlichen
Actien im Gesammt-Nominalbetrage von 19,412.000 fl. ö. W.
in Silber — mit Ausnahmen jener 5 Millionen Gulden, welche
für die seinerzeitige Refundirung des Staatsvorschusses reservirt
bleiben mussten — auf feste Rechnung begeben oder subscribirt
und mit 30% eingezahlt seien.

Nun nahm es den Anschein, als wäre das Unternehmen endlich sichergestellt.

Man durfte sich diesem Glauben um so mehr hingeben, als
die Concessionäre am 31. August 1867 mit Herrn André Langrand-Dumonceau Namens der Brüsseler „Banque de crédit
foncier et industriel" ein Uebereinkommen abschlossen, vermöge dessen die Concession für die Kaschau-Oderberger Bahn
mit allen daran haftenden Rechten und Pflichten an die genannte

Banque cedirt wurde, [1]) welche sich ausdrücklich verpflichtete, den Bau sofort zu beginnen, [2]) sowie binnen längstens 6 Monaten die erfolgte erste 30%ige Einzahlung auf das Actiencapital nachzuweisen und die Vertreter der beiderseitigen Ministerien in der Commission vom 7. September 1867 diesen Vertrag unter der Bedingung genehmigten, dass die Banque für die pünctliche Erfüllung der übernommenen Verpflichtungen sich mit einer Caution von fl. 700.000 verbürge, welche jedoch nach erfolgter Einzahlung von 30% auf das Actiencapital gleichzeitig mit der Flüssigmachung der ersten Hälfte des Staatsvorschusses wieder rückgestellt werden wird.

In Wahrheit aber wurde das Unternehmen durch diese Abmachung auch nicht um einen Schritt vorwärts gebracht.

---

[1]) In dem Cessionsvertrage verpflichtete sich die „Banque de crédit foncier et industriel" die ganzen Geldmitteln für die Kaschau-Oderberger Bahn zu beschaffen, alle begebbaren Actien (im Nominalbetrage von fl. 14,412.600 ö. W. in Silber) auf feste Rechnung zu nehmen und binnen längstens 6 Monaten die 30%ige erste Einzahlung auf dieses Actiencapital nachzuweisen, ferner den Bau sogleich auf eigene Kosten zu beginnen und ohne Unterbrechung fortzusetzen, wenn ihr dagegen nach erbrachtem Nachweis der erfolgten 30%igen Einzahlung auf die Actien die Hälfte des Staatsvorschusses (fl. 2,500.000) sofort, der Rest aber nach Massgabe des fortschreitenden Baues ausbezahlt wird.

[2]) Der Bau und die vollständige Instruirung der Bahn wurde zufolge Art. 4 des in Rede stehenden Uebereinkommens an die Gebrüder Riche gegen eine Pauschal-Entlohnung von 36 Millionen Gulden ö. W. in baarem Gelde übertragen.

Vor der Abtretung der Concession hatten die Gebrüder Riche als Concessionäre mit dem Chef ihres Hauses (Hector Riche) einen Bauvertrag (ddo. 28. Juni 1867) abgeschlossen, welcher jedoch sowohl wegen des „unverträglichen" Verhältnisses, dass der Bauunternehmer zugleich der Hauptconcessionär ist, als auch wegen der darin enthaltenen Bestimmungen in Bezug auf die Erfolglassung beträchtlicher Summen an die Gebrüder Riche noch vor der Inangriffnahme des Baues, von der Staatsverwaltung zurückgewiesen wurde.

Dagegen fasste die Commission vom 7. September 1868 den Beschluss, die von den Gebrüdern Riche nachträglich vorgelegten „allgemeinen Baubedingnisse" sammt Annexen und der Instruction für die Administration während der Bauzeit mit der entsprechenden Genehmigungsklausel zu versehen.

Die im October 1867 (in Brüssel) versuchte Actien-Emission miss glückte, [1] was zur Folge hatte, dass die „Banque de crédit foncier et industriel" trotz der (bei der Landeshauptcassa in Ofen) erlegten Caution den Nachweis für die Begebung der Actien nicht erbringen konnte, folglich auch keinen Vorschuss aus dem Staatsschatze erhielt und somit die ganze Angelegenheit abermals in's Stocken gerieth.

Dieser Zustand währte wieder einige Monate. Am 29. April 1868 wurde dann zwischen den ursprünglichen Concessionären (Gebrüder Riche und Graf Anton Forgach), beziehungsweise deren Nachfolger, der „Banque de crédit foncier et industriel" und der „Société de crédit foncier international" (ebenfalls eine Langrand'sche Unternehmung) ein neuer Pact geschlossen, vermittelst dessen die zuerst genannte Banque — ausser Stande die übernommenen Verpflichtungen zu erfüllen — die Concession für die Kaschau-Oderberger Bahn an die „Société de crédit foncier international" weiter cedirte und diese letztere Gesellschaft die Verpflichtung übernahm, die von ihrer Vorgängerin eingegangenen Verbindlichkeiten zu erfüllen, so namentlich den Bau und die Inbetriebsetzung der Kaschau-Oderberger Bahn, inclusive der Zweigbahn Abos-Eperies unter gleichzeitiger Bildung einer Actien-Gesellschaft zu bewerkstelligen. (§. 1 des diesfalls vereinbarten „Reglements").

Die Mittel hiezu sollten die Werthpapiere bieten, welche die zu bildende Actien-Gesellschaft emittiren und der Société überantworten wird, nämlich 97.063 Actien, respective nach Abzug der für die Staatsverwaltung zu reservirenden 25.000 Stück, 72.063 Actien = 14,412.600 fl. nominal und 194.125 Stück Prioritäts-Obligationen = 38,825.200 fl. nominal, zusammen daher 266.189 Titres im Nominalwerthe von fl. 53,237.800 ö. W. in Silber. (§. 2 d. Reglem.)

<hr>

[1] Es hiess zwar damals, dass die vom Grafen Langrand-Dumonceau gegründeten Gesellschaften die zur Subscription aufgelegten 50.000 Stück Kaschau-Oderberger Eisenbahnactien um 17.000 Stück überzeichnet haben, so dass eine öffentliche Subscription gar nicht erforderlich war; allein die unterbliebene Bildung der Actien-Gesellschaft lehrte zur Genüge, dass keine Einzahlung erfolgt, — die ganze Operation fehlgeschlagen war.

Ebenso hätte die Eisenbahngesellschaft der Société auch jene Beträge zuzuweisen, welche aus dem Titel der Staatsgarantie etwa auf die einzelnen in Betrieb gesetzten Strecken entfielen, sowie endlich den von der Staatsverwaltung bewilligten Baarvorschuss. wovon die erste Hälfte (2,500.000 fl.) nach herabgelangter Genehmigung des in Rede stehenden Vertrages, die zweite Hälfte aber erst dann flüssig werden sollte, wenn die gänzliche Verwendung der (von der Société) bei der königl. ungarischen Centralcassa deponirten Gelder im Betrage von fl. 4,323.780 (= einer 30%,igen Einzahlung auf das Actiencapital) erfolgt sein wird '). (§§. 4, 5 und 6 des Reglem.)

') Die sonst noch wichtigeren Bestimmungen des „Reglements" sind :

Die Société darf die erhaltenen Staatsvorschüsse nur zur Bauausführung und Inbetriebsetzung der Bahn verwenden. (§. 6.)

Für die bei der k. ung. Centralcassa deponirten Gelder werden der Société sofort nach Ausfertigung der Titres liberirte Actien zum Durchschnittscurse von fl. 116.46 ausgefolgt. Für die weiteren Einzahlungen, welche die Société auf das Actiencapital zu leisten hat, sowie für jene Zahlungen, welche dieselbe für Arbeiten und Lieferungen leistet, werden ihr jedesmal liberirte Actien und Obligationen im Verhältniss von ¹/₃ Actien und ²/₃ Obligationen, beide zum Curse von fl. 116.46, ausgefolgt. (§. 9.)

Die „Société international" ist verpflichtet, die Zinsen der in Umlauf gebrachten Actien und Prioritäts-Obligationen im Sinne des Additional-Uebereinkommens vom 22. Juni 1867 während der Bauzeit bis zur Betriebseröffnung der ganzen Linie aus Eigenem zu bestreiten. (§. 10.)

Als Caution für die pünctliche Erfüllung aller, laut diesen Bestimmungen von der „Société international" in Absicht auf die Bildung einer Actiengesellschaft und auf die Geldbeschaffung zum Bau und Inbetriebsetzung der Kaschau-Oderberger Eisenbahn eingegangenen Verbindlichkeiten wird dieselbe 2 Millionen Gulden ö. W., und zwar ¹/₃ in Actien und ²/₃ in Obligationen zum Nominalwerthe berechnet, in der Cassa der Kaschau-Oderberger Eisenbahn belassen.

Diese Caution wird gebildet, indem 5 Percent jener Beträge, welche der „Société international" nach gelieferten Arbeiten und Materialien zukommen, bei der Gesellschaft zurückbehalten werden.

Diese Caution wird nach Inbetriebsetzung der ganzen Eisenbahnlinie der „Société international" zurückgestellt. (§. 11.)

Es wird ausdrücklich bemerkt, dass die gesammten Verwaltungsauslagen der priv. Kaschau-Oderberger Eisenbahn-Gesellschaft während

Dieser Vertrag und unter Einem auch die Statuten der Kaschau-Oderberger Eisenbahn-Gesellschaft erhielten zufolge der
a. h. Entschliessung vom 10. August 1868 die behördliche Genehmigung und unmittelbar darnach wurde die Gesellschaft con-
stituirt, d. h. ein Verwaltungsrath eingesetzt.

Auch der Bau wurde jetzt ernstlich in Angriff genommen
und die Strecke Oderberg-Teschen der Vollendung zugeführt.

Obzwar nun das Missgeschick, welches auf dieser Unternehmung lastet, sich auch hierbei geltend machte und die auf
den 1. November 1868 anberaumt gewesene Eröffnung der genannten Strecke wegen Mangelhaftigkeit der Bauherstellungen
wiederholt verschoben werden musste, — der letzten Verlautba-
rung nach wird dieselbe nun definitiv am 1. Februar 1869 dem
Betriebe übergeben werden, — war das Unternehmen diesmal
doch um einen Schritt vorwärts gekommen.

Leider hatte es aber hiermit auch schon sein Bewenden,
denn die „Société international" erwies sich, gleich ihrer Vorgängerin, unfähig, ihren Verpflichtungen noch weiters nachzu-
kommen.

Die letzte Frist, welche die Staatsverwaltung den Concessionären zum Nachweise eines verfügbaren Capitales von mindestens 8 Millionen Gulden einräumte, läuft mit 15. Februar 1869
ab; wir müssen daher fürchten, dieses volkswirthschaftlich
ganz gesunde, ja zukunftsreiche Bahnunternehmen an dem
financiellen Unvermögen seiner Concessionäre zu Grunde gehen
zu sehen, wenn nicht in der zwölften Stunde noch eine rettende
Hand, sei es nun die der Regierung, oder wie jetzt häufig davon
die Rede ist, die einer accreditirten Privatunternehmung, hilf-
reich eingreift.

---

der Bauzeit bis zur Betriebseröffnung der ganzen Linie die „Société international" aus eigenen Mitteln zu bestreiten hat, und kann die Refundirung dieser Beträge in Titres nicht beansprucht werden. (§. 12.)

Bahngebiet.

Hauptbahn:

    Kaschau-Oderberg ... ..   46.02 Meilen

Flügelbahn:

    Abos-Eperies.........   2.15   „

                      48.17 Meilen.

Die ausgebaute Strecke Oderberg-Teschen hat eine wirkliche Länge von 4.31, respective eine tarifmässige Länge von 4.— Meilen. Die vier Stationen dieser Strecke sind: Oderberg, Dombrau, Karvin und Teschen.

Weitere Daten folgen im nächsten Jahrgange.

Königl. priv. Alföld-Bahn.

Sitz der Verwaltung in Pest.

Concessionäre.

Ungarische allgem. Creditbank.
K. k. priv. österr. Creditanstalt.
Bank für Handel und Industrie in Darmstadt.
Samuel Haber.
Georg Graf Károlyi.
Alexander Graf Károlyi.
Moriz Königswarter.

Anselm Freih. v. Rothschild.
Friedrich Schey R. v. Koromla.
Anton Schnapper.
S. W. Schoossberger u. Söhne.
Simon Freih. v. Sina.
Hermann Todesco's Söhne.
August v. Trefort.
Albert v. Wodianer.
Moriz Freih. v. Wodianer.

Bau-Comité in Wien.

C. Dutschka.
Cajetan Freih. v. Mayrau, k. k. Ministerialrath.

Jos. Stummer Ritter v. Traunfels, k. k. Regierungsrath.

Baudirector: Julius Herz.
Baudirector-Stellvertreter: Rudolf Paulus, Ober-Inspector.

Dienstabtheilungen:

I. Secretariat und Rechnungswesen.
Vorstand: Engelb. Kessler, Secretär.
II. Unter- und Oberbau.
Vorstand: Friedr. Ritter, Ober-Ingenieur.

III. Hochbau.
Vorstand: Ant. Grosser, Ober-Ingenieur.
IV. Betriebsmittel, mechan. Ausrüstung u. Telegrafen.
Vorstand: Rudolf Paulus (wie oben).

Dienst auf den Linien.

Sections-Ingenieure:

Heinr. Rohm in Grosswardein. | Adolf Römer in Zombor.
Franz Mikolay in Csaba. | Frdr. Seeberg in Essegg.
Georg Wagner in H. Vásárhely. | Amad. Gentilli in Baranyavár.
Frdr. Herdegen in Szegedin. |

(Die Section Szalonta, ist noch unbesetzt.)

Historische Mittheilungen.

Die gegenwärtig unter dem Namen „Alföld-Bahn" bekannte Eisenbahnlinie gehört (ihrem grösseren Theile nach) zu den ältesten Bahnprojecten der Monarchie.

Wir finden eine Bahnlinie mit gleicher Hauptrichtung — Szegedin-Theresiopel-Essegg — bereits in dem ersten amtlich verfassten und (in der „Wiener Zeitung" vom 10. November 1854) publicirten Entwurfe eines Eisenbahnnetzes für den Kaiserstaat verzeichnet. [1]) Leider blieb aber dieses in handelspolitischer und nationalöconomischer wie in strategischer Beziehung gleich wichtige Bahnproject viele Jahre hindurch völlig unbeachtet.

Erst gegen Ende des Jahres 1862 bildete sich ein Consortium für die Ausführung eines Theiles dieses Projectes, nämlich einer Eisenbahn von Grosswardein über Czaba, Szegedin und Theresiopel bis an die Donau mit Zweigbahnen nach Szentes, Zombor und Baja, dessen Bevollmächtigte [*]) um die Vor-

---

[1]) Vergl. d. „Entwicklung des österr. Eisenbahnwesens" im I. Jahrg. dieses Buches (S. 8).

Die ursprüngliche Idee dieser Verbindung ist jedoch noch um 10 Jahre älter; sie wurde im ungarischen Landtage vom Jahre 1843 von dem damaligen Gouverneur Dalmatiens verfochten.

[*]) Die Bevollmächtigten des Consortiums waren die Herren: Baron Eötvös, Graf Georg Karolyi, Baron Béla Wenkheim, Graf Alex. Károlyi, M. Lonyay und Sigm. Schossberger; das Consortium selbst bestand ausser den eben Genannten noch aus folgenden Herren: Graf Emil Desseöffy, Ernst Hollan, Graf Alex. Haller, Fr. Kopelly, Graf Géza Batthiányi, Fr. Fröhlich, Graf Ant. Szapáry, Graf Ad. Wenk-

concession einschritten und dieselbe unterm 29. März 1863 mit
dem Bemerken erhielten: „dass die Eisenbahn für militärische
Zwecke erst dann werthvoll würde, wenn sie mittelst eines Donau-
überganges nach Essegg fortgesetzt und daselbst mit den dahin projectirten Bahnen in Verbindung gebracht würde."

Die Vorarbeiten machten rasche Fortschritte, so dass bereits am 24. August 1863 die politische Begehungscommission
auf der 12 Meilen langen Strecke Czaba-Szegedin stattfinden konnte, was der Bevölkerung jener Gegend, bei der damals
ausgebrochenen Hungersnoth sehr zu Statten kam, da die Regierung fl. 750.000 bewilligte, um — in ähnlicher Weise wie bei der
Siebenbürger Bahn — durch sofortige Inangriffnahme des Unter-
baues den Nothleidenden Beschäftigung und Erwerb zu bieten.

Während dessen hatte das Consortium den Beschluss gefasst, das Bahnproject in seiner ganzen ursprünglichen Ausdehnung aufzunehmen und Vorarbeiten für die Linie von der Donau
bis Essegg, ja noch weiter, bis Fiume, vornehmen zu lassen. Die
Bewilligung hiezu ward ihm unterm 3. Mai 1864 zu Theil.

Nach der günstigen Ernte im Jahre 1864 wurden die Nothstandsbauten eingestellt und dann trat, in Folge der Reibungen
zwischen den vielen damals aufgetauchten Projectanten und Comités für ungarische und croatische Bahnen und der mannigfachen,
zumeist sich kreuzenden Wünsche und Interessen der Ortschaf-
ten und Districte, welche von eben diesen in Aussicht genommenen Bahnen, — vielleicht auch in Folge der schwankenden politischen Situation jener Zeit, in der ganzen Angelegenheit eine
Stockung ein, die bis Mitte December 1866, d. i. bis zu dem
Zeitpuncte anhielt, in welchem die Regierung aus gleicher Ursache wie im Jahre 1863 einen neuerlichen Credit per fl. 800.000
zur Fortsetzung der Unterbauarbeiten eröffnete.

Diese Arbeiten wurden, nachdem am 15. Februar 1867 die
Begehungscommission auf der Strecke Szegedin-Theresio-

---

heim. Heinr. Levay, Paul Almásy, Georg Mailáth, August Trefort,
Graf Franz Zichy, Graf Georg Apponyi, Anton Csengery, Ant. Fell-
mayer, Graf Alfons Pallavicini, Baron Lájos Simonyi, Carl Sutics
und Kalman Tiszza.

pel stattgefunden hatte, nun auch auf diese Strecke ausgedehnt, es muss jedoch bei den sogenannten Nothstandsbauten der Nothstand viel mehr als der Bau in Betracht gekommen sein, denn als dieselben im Mai 1868 wieder eingestellt wurden, zeigte es sich, dass im Gegenhalte zu der darauf verwendeten Summe von zusammen fl. 1.100.000 nicht gar viel geleistet worden war.

Mittlerweile hatte die neucreirte königl. ungarische Regierung sich mit wahrhaft patriotischem Eifer der Lösung der wichtigsten aller wirthschaftlichen Lebensfragen Ungarns — der Erbauung von Eisenbahnen — zugewendet und dabei, den Wünschen und Bedürfnissen des Landes Rechnung tragend, ihr erstes Augenmerk auf die Alföld-Bahn gerichtet.

Dies lockte zahlreiche Concessionswerber heran — so unter Anderen den bekannten Grafen Langrand-Dumonceau und ein Consortium, bestehend aus der ungarischen Creditbank, der Creditanstalt, der Darmstädter Creditbank und den ersten Wiener Bankhäusern — deren concurrirende Bestrebungen die wieder aufgenommenen Verhandlungen mit den ersten Bewerbern für die Linie Grosswardein-Essegg wesentlich beirrten.

Namentlich war es die Rivalität des letztgenannten, sehr bedeutende Geldkräfte repräsentirenden Consortiums, welche denselben gefährlich zu werden drohte.

Nachdem jedoch die beiden Consortien (das ursprüngliche und das letztgenannte), statt sich länger zu bekämpfen, im Herbste 1867 eine Fusion eingingen und hiedurch alle übrigen Bewerber zurückdrängten, gediehen auch die Concessionsverhandlungen rasch zum Abschlusse.

Der zwischen der königl. ungarischen Regierung und den vereinigten Concessionswerbern diesfalls vereinbarte Vertrag wurde am 13. November 1867 unterzeichnet und dann auf Grundlage desselben der „Gesetzentwurf über die Concessionirung der Grosswardein-Essegger Strecke der Alföld-Fiumaner Bahn" ausgearbeitet, welcher nach dessen Durchberathung und Annahme von Seite der beiden Häuser des Landtages, als Gesetzartikel VIII vom Jahre 1868, am 20. Juni die a. h. Sanction erhielt.

Kraft dieses Gesetzes nun ward den „cumulativ verpflichteten

Unternehmern" [1]) die auf die Dauer von 90 Jahren bemessene
Concession für die Eisenbahn von Grosswardein nach Essegg
mit der Zweigbahn von da nach Villány unter der Bedingung
zu Theil, dass sie gehalten seien, diese Bahnlinien binnen drei
Jahren zu vollenden und dem Betriebe zu übergeben. [2]) (§§. 1—3
d. Gesetz. u. §§. 1 u. 5 d. Entwurf. d. Conc.-Urk.)

Die Concession gewährleistet den Concessionären die staatliche Garantie eines jährlichen Reinerträgnisses von fl. 36.500
ö. W. in Silber, [3]) ferner eine zehnjährige Befreiung von der Entrichtung der Coupons-Stempel und Steuer, sowie auch das Recht
zur Einhebung der Fahr- und Frachtpreise [4]) in Silbermünze,
resp. mit dem entsprechenden Agiozuschlage (§. 4 d. Gesetzes
u. §§. 11 und 25 d. Entw. der Conc.-Urk.); dagegen sind die Concessionäre verpflichtet, die Kosten der zwischen Csaba und
Theresiopel seinerzeit auf Rechnung der Regierung hergestell-

---

[1]) Als Concessionäre namentlich angeführt erscheinen in dem Gesetze sowohl als in dem Entwurfe der Concessionsurkunde — die eigentliche Urkunde wird erst späterhin ausgestellt werden — die Folgenden:
Ungar. Creditbank, k. k. pr. Creditanstalt f. H. u. G., Darmstädter Handelsbank, Samuel von Haber, Graf Georg Karolyi, Graf
Alex. Karolyi, Moriz Königswarter, Anselm Frh. v. Rothschild,
Friedr. Sehey, Ant. Schnapper, S. M. Schossberger & Söhne, Simon
Frh. v. Sina, Hermann Todesco's Söhne, Aug. Trefort, Adolf Wodianer und Moriz Wodianer.

[2]) Der §. 5 des Entwurfes der Concessionsurkunde setzt für die
Vollendung und Inbetriebsetzung der einzelnen Strecken folgende Termine
fest, u. z. für die Strecke Szegedin-Zombor 1 Jahr, für die Strecken
Csab-Szegedin und Zombor-Essegg 2 Jahre und für die Strecken Grosswar-
dein-Csab und Essegg-Villány 3 Jahre, alles gerechnet vom Tage der Aus-
stellung der Concession.

[3]) Die staatliche Zinsengarantie wird, je nachdem die gegenwärtig
proponirte Bahntrace Zombor-Erdöd-Essegg gegenüber der ursprünglich
beabsichtigten Zombor-Bezdán-Essegg mehr oder weniger Kosten verursacht,
entsprechend erhöht oder verringert werden. (§. 21 d. Entw. d. Conc.-Urk.)

[4]) Die Höhe der Fahr- und Frachtpreise ist folgender Begrenzung
unterworfen:
Maximaltarif für Reisende per Person und Meile: I. Classe
36 kr., II. Classe 27 kr., III. Classe 18 kr., IV. Classe 9 kr. österr. Währ.
Bei Schnellzügen kann dieser Tarif um 20% erhöht werden.

ten Arbeiten (Nothstandsbauten) mittelst Actien al pari im Betrage von fl. 1,000.000 rückzuerstatten. (§. 1 des Anhanges zum
Vertrage vom 13. November 1869.)

Das Anlagecapital für die ganze circa 51 Meilen lange
Bahn ist auf beiläufig 36³/₄ Millionen Gulden veranschlagt und
hängt dessen endgiltige Fixirung von der definitiven Feststellung der Bahntrace zwischen Zombor und Essegg ab, woraus noch
eine Differenz von ¹/₂ bis ³/₄ Meilen in der Bahnlänge resultiren
kann. Von dem veranschlagten Capitale werden 18 Millionen
Gulden in Actien und der Rest in Prioritäts-Obligationen aufgebracht. ')

Um nun die Durchführung dieser Concession möglichst rasch
bewirken zu können, haben die Concessionäre sofort nach Erhalt
der Concession eine Emission von 45.000 Actien veranstaltet.
Die Subscription hat (bei den als Mitconcessionären genannten
Banken) am 11. Juli 1868 unter solch' riesigem Andrange stattgefunden, wie er seit der Actien-Ausgabe für die Gloggnitzer
Bahn nicht wieder vorkam.

Maximaltarif für Frachten per Zoll-Ctr. und Meile: I. Classe
2 kr., II. Classe 2¹/₄ kr., III. Classe 3¹/₄ kr. österr. Währ. Ausnahmsweise
Frachtsätze geniessen bei Sendungen in vollen Wagenladungen folgende Waarengattungen:

	Getreide, Mehl, Brenn- und Rau-holz, Erze, Eisen-flossen	Kochsalz, Kohlen, Coaks, Briquetts, Torf (gepr.), Bau-steine, Ziegel, Schotter
	Kreuzer österr. Währg.	
für die ersten 10 Meilen pr. Ctr.	1·6	0·9
„ 10 bis 20 „ „ „	1·4	0·8
„ 20 „ 30 „ „ „	1·2	0·7
„ über 30 „ „ „	1·—	0·6

Nach Verlauf der ersten 5 Betriebsjahre ist die Regierung berechtigt,
die Tarife den Verhältnissen entsprechend zu reguliren. (§. 10 d. Entw. d.
Conc.-Urk.)

') Die Actien sind in Stücken à fl. 200 österr. Währ. in Silber ausgestellt und mit Coupons, welche am 1. Jänner und 1. Juli jeden Jahres
fällig werden, versehen.

Es wurden von 19.207 Parteien nicht weniger als 6,011.713 Actien gezeichnet. [1]

Das Publicum sah eben in der Betheiligung so hervorragender Finanzkräfte, wie sie unter den Concessionären der Alföld-Bahn vorhanden sind, eine sichere Gewähr sowohl für die hohe wirthschaftliche Bedeutung dieses Unternehmens, als der ihm innewohnenden Rentabilität und drängte sich nun heran, um für seine Capitalien eine sichere und erträgnissreiche Anlage zu gewinnen. Es wird auch in seinen Erwartungen sicherlich nicht getäuscht werden, denn die Alföld-Fiumaner Bahn bildet eine der wichtigsten Communicationslinien Ungarns, sowohl was den inneren Verkehr des Landes, als dessen auswärtigen Handel betrifft, und ist berufen, das ausgedehnteste productive Gebiet, die fruchtbaren Ebenen Nieder-Ungarns und des Banates einerseits mit dem adriatischen Meere und den südlichen Ländern der Monarchie, anderseits mit Ober-Ungarn, Galizien und Siebenbürgen in Verbindung zu bringen. [2]

Die Einlösung al pari geschieht im Wege der Verlosung; gegen die amortisirten Actien werden Genussscheine ausgegeben, welche an der Superdividende theilnehmen. Die Obligationen, gleichfalls auf 200 fl. ö. W. in Silber lautend und mit Coupons per 1. März und 1. September versehen, werden, vom Jahre 1871 anfangend, innerhalb 77 Jahren zum vollen Nennwerthe in effectivem Silber mittelst Verlosung amortisirt.

[1] Der Emissionspreis betrug fl. 145 ö. W.; für die Einzahlung waren folgende Raten bestimmt:

vom 20. bis 25. Juli 1868.....	fl. 35	per Actie,
„ 5. „ 10. Octob. „	„ 35	„ „
„ 5. „ 10. Jänner 1869... „	35	„ „
„ 5. „ 10. April „ ... „	40	„ „
	fl. 145	

Die Repartition wurde in der Weise vorgenommen, dass Subscribenten auf 1—200 Stück 1% und Subscribenten von 201 und mehr Stück $^{7}/_{10}$% der Zeichnung erhielten.

[2] Da nach der Resolution des ungarischen Reichstages die Fortsetzung der Bahn von Essegg, binnen Kurzem bis nach Sissek zu erwarten steht, und ebenso die Vorerhebungen auf der Linie Fiume-Karlstadt bereits eingeleitet sind, so wird die Alföld-Bahn Nieder-Ungarn, Siebenbürgen und das an Naturproducten so reiche Slavonien auf dem kürzesten Wege mit dem adriatischen Meere verbinden und andererseits, wenn die in den Donaufürstenthümern bereits beantragten Eisenbahnen gebaut werden, ein wesent-

Indem sie solchergestalt der reichen Production Nieder-Ungarns neue Absatzgebiete in dem weniger productiven, aber industriell entwickelteren Ober-Ungarn und im Auslande eröffnet, ist ihr zugleich die Rückfracht in der Einfuhr von Industrie-Artikeln von dorther in das Alföld gesichert. Ausser dem bedeutenden Frachtenverkehre jedoch, welcher der Alföld-Bahn aus dem Producten-Reichthume der von ihr durchzogenen Gegenden erwachsen muss, wird ihr auch die Beförderung kolossaler Quantitäten Mineralkohle aus den reichen Flötzen des Zsilthales und des Fünfkirchner Beckens nach den holz- und kohlenarmen Districten Nieder-Ungarns zufallen [1]) und über all' dies zeigt ein Blick auf die Karte, dass auch die Personenbeförderung bei der Mangelhaftigkeit aller übrigen Communicationsmittel beträchtliche Dimensionen annehmen muss.

Sofort nach der Actien-Emission wurden die Voreinleitungen für den Bau getroffen, welcher im Auftrage der Concessionäre von einem Bau-Comité und einer Bau-Direction geführt wird, an deren Spitze der vielbewährte Baudirector Herr Julius Herz steht.

In der Zeit vom 22. Juli bis 8. August 1868 fand die Begehungs-Commission auf der 25 Meilen langen Strecke Csaba-Szegedin-Zombor und unter Einem auch die Uebergabe der für Rechnung der Regierung begonnenen Bauten (Nothstandsbauten) an die Concessionäre statt, worauf dann im September der eigentliche Bau begann.

Am 7. December emittirten die Concessionäre 30.000 Stück Prioritäts-Obligationen à fl. 200 ö. W. in Silber (= 6 Millionen Gulden) mit dem Emissionspreise von fl. 164 (= 82°/₀). Auch hierbei hat eine fast 28fache Ueberzeichnung des aufgelegten Betrages stattgefunden, indem 829.865 Obligationen subscribirt wurden. Die Repartition erfolgte in der Weise, dass jeder Subscribent 3°/₀ der gezeichneten Stückzahl erhielt.

liches Verbindungsglied zwischen dem schwarzen und dem adriatischen Meere und zwischen diesen Meeren und den Häfen der unteren Donau bilden.

[1]) Die Zufuhr billiger Kohle wird der in Nieder-Ungarn bisher gebräuchlichen Verwendung von Stroh und Dünger als Brennmateriale Einhalt thun und die Alföld-Bahn auf diese Weise ein wesentlicher Factor zur Hebung der Agricultur — der einzigen Wohlstandsquelle dieser Landestheile — werden. (Vgl. d. v. d. Concessionären ausgegebenen Prospectus.)

Königl. ungarische Staatsbahnen:
Hatvan-Miskolz und Zakany-Agram.

Historische Mittheilungen.

Mit seinen Beschlüssen vom 1., respective 2. Juli 1867 erklärte der ungarische Landtag neben der Alföld-Fiumaner-, der ungarischen Nord-Ost- und der Grosswardein-Klausenburger Bahn auch die Linien:

Hatvan-Miskolcz und Kottori-Agram

als solche, „deren Zustandekommen die Interessen des Landes in erster Reihe erheischen."

Dieser Ausspruch veranlasste die königl. ungarische Regierung, die beiden Linien, da sie „vorläufig nur als directe Verbindungslinien anderer schon im Betriebe stehenden Eisenbahnen zu betrachten sind und erst seinerzeit als Theile grösserer Bahngruppen definitiv concessionirt werden können, ihre möglichst schleunige Ausführung aber — Behufs einer directen Verbindung der Landeshauptstadt mit Kaschau, respective dem Norden Ungarns, sowie mit Agram und in weiterer Folge, nach Herstellung der Carlstadt-Fiumaner Bahn, mit dem adriatischen Meere — absolut nothwendig ist", [1] auf Staatskosten herzustellen. [2]

---

[1] Vergl. den Bericht (ddo. 23. Febr. 1868) des königl. ungar. Communications-Ministers Grafen Mikó an Se. kais. und königl. Majestät.

[2] Zu Beginn des Jahres 1866 hat der Bauunternehmer Christian Zacharias die Vorconcession für die Linie Hatvan-Miskolcz nachgesucht, welche ihm unterm 7. März 1866 mit dem Bemerken ertheilt wurde, dass eine definitive Concession für diese Linie nur dann ertheilt werden könnte, wenn die Theissbahn-Gesellschaft von der ihr obliegenden

Der Bau, dessen Oberleitung die königl. ungar. Eisenbahn-Baudirection führt, wurde auf Grund des diesfalls abgeschlossenen Vertrages ddo. 18. Jänner 1868 an das Wiener Bankhaus Weikersheim und Comp. übertragen, welches für die Bauherstellungen und die mechanische Einrichtung eine Pauschalvergütung von fl. 339.500 für jede (in der Mitte des Bahngeleises gemessene) Meile erhält. [1]

Die bezügliche Gesetzesvorlage wurde gleichzeitig mit jener über die Concessionirung der Alföld- und der ungar. Nord-Ostbahn der verfassungsmässigen Behandlung zugeführt (30. März 1868) und nach Beendigung dieser letzteren als Gesetzartikel XII vom Jahre 1868 unterm 1. Juli a. h. sanctionirt.

Seither werden die Bauarbeiten eifrigst betrieben, so dass die Eröffnung der beiden Bahnlinien noch vor Ende des Jahres 1869 zu erwarten steht.

Die Linie Hatvan-Miskolcz, circa 15¼ Meile lang, mündet aus der Station Hatvan der königl. ungar. Nordbahn aus und führt über Gyöngyös und Erlau nach Miskolcz zum Anschlusse an die Theissbahn.

Die Linie Zakany-Agram, circa 12⅘ Meilen lang, zweigt bei Zakany von der Kottori-Barcser Strecke der Südbahn ab und führt über Belovar, Casma und Ivanich nach Agram.

Wie allgemein verlautet, dürfte der Betrieb dieser Linie von der Südbahn-Gesellschaft übernommen werden.

Pflicht zur Herstellung einer Eisenbahn von Pest nach Miskolcz enthoben würde.

Anfangs 1867 hat dann Graf Ant. Forgach im Vereine mit den Communen Göngyös und Erlau sich um die Concession für die Linie Hatvan-Miskolcz beworben und einige Monate später war auch die ehemalige „ungar. Nordbahn-Gesellschaft" (deren Präsident Graf Ant. Forgach gewesen) um die gleiche Concession eingeschritten. — Die Linie Kottori-Agram bildet, nach dem Beschlussentwurfe des Grafen Mikó, eine Ergänzung der „durch den Gesetzartikel 30 vom Jahre 1848" festgestellten Eisenbahnen.

[1] Die weiteren Anlagekosten per Meile sind, wie folgt, veranschlagt:
Grundeinlösung: mit fl. 15.000, Fahrbetriebsmittel: mit fl. 50.000 und Intercalarzinsen: mit fl. 25.000, so dass die Gesammtanlagekosten im Durchschnitte fl. 429.500 betragen werden.

---

21 *

Könlgl. priv.

Ungarische Nord-Ostbahn.

Sitz der Administration in Pest.

Concessionäre.

Paul Frh. v. Sennyey, Exc.,
  Präsident des Consortiums.
Coloman von Tisza.
Erwin Graf Schönborn-Buch-
  heim.
Johann von Lonay.
Gabriel von Várady.
Ludwig von Kiss.
Valentin von Borosz.

Dr. Ed. Chornitzer.
Severin Graf Dunin-Bor-
  kowsky.
Dr. Flor. Ziemialkowski.
Heinrich von Lévay.
Carl Ritter von Rogawski.
Adolf Seidler.
Rafael Mayer von Unter-
  Russbach.

General-Secretär: Emerich von Ivánka.
Rechtsconsulent: Adolf Korányi:
Secretär: Ludwig von Podhorszky.
Buchhalter: Vinc. von Hegedůs.

Historische Mittheilungen.

Vor mehr als einem Decennium schon hatte die Staatsverwaltung die Absicht, die Marmaroser Werke durch eine Eisenbahn mit der Theissbahn in Verbindung zu bringen und zwar sollte die Theissbahn-Gesellschaft, welche sich damals um die Concession für eine Flügelbahn von Nyiregyhaza nach Namény bewarb, auch die von dem letzteren Orte aus nach Szigeth zu führende „Marmaroser Bahn" auf Kosten des Staates, oder — wie dies später vereinbart wurde — auf eigene Rechnung bauen und zufolge der diesfälligen Concession (ddo. 7. März 1859) bis längstens October 1862 in Betrieb setzen.

Nachträglich hat jedoch die genannte Gesellschaft wieder um die Enthebung von diesen Bauten, da sie ihre Bahn lieber nach Siebenbürgen hin fortsetzen wollte, worein die Regierung, welche an dem Baue der Siebenbürger Bahn gleichfalls ein noch grösseres Interesse hatte, nach kurzen Verhandlungen auch willigte. [1])

So blieb die Marmaros wieder ohne Eisenbahnverbindung.

Da aber dieser Mangel immer fühlbarer wurde, unternahmen es die Gemeinden von Debreczin und Szatmár im Vereine mit Ludwig von Kovacs und dem Grafen Anton Forgach eine Eisenbahn von Debreczin über Szatmár nach Szigeth zu Stande zu bringen und erwarben unterm 25. September 1864 die Bewilligung zur Vornahme der nöthigen Vorarbeiten.

Fast zur selben Zeit hatte auch der Gutsbesitzer Popovich die Vorconcession für eine Eisenbahn von Tokai nach Szigeth nachgesucht und erhalten.

Doch glückte es weder diesem noch jenen, ihr Vorhaben zur Ausführung zu bringen.

Es blieb die Angelegenheit vielmehr auf sich beruhend, bis nach der Umgestaltung der politischen Verhältnisse Ungarns dessen neu creirtes Ministerium sich derselben annahm.

Die königl. ungar. Regierung hatte, durchdrungen von der Wichtigkeit dieser Eisenbahnverbindung, sowohl die Linie Szerencs-Ujhely-Csap-N. Szöllös-Fekehaza-Szigeth, als auch jene von Debreczin über Szatmar nach Tekehaza in den von ihr entworfenen (und im Herbste 1867 auch veröffentlichten) Plan eines ungarischen Eisenbahnnetzes aufgenommen, mit dem Vorsatze, deren Herstellung je früher zu bewirken.

Eine passende Gelegenheit hiezu bot sehr bald die Bewerbung der Grafen: Johann Waldstein, Erwin Schönborn-Buchheim, Severin Dunin-Borkowsky, Wladimir Russocki und Genossen, um die Concession für die auf ungarischem Territorium gelegenen Linien des von ihnen projectirten ungarisch-

---

[1]) Vgl. d. Gesch. d. Theissbahn im I. Jahrg. d. Buch, S. 151—152.

galizischen Bahnnetzes, [1]) welche mit den obbezeichneten Bahnprojecten der Regierung theilweise identisch waren.

Bei den diesfalls gepflogenen Concessionsverhandlungen
wurde nun über Anregung des Ministeriums auch die Linie De-
breczin-Szigeth in dieses Bahnnetz einbezogen und sodann
von der Regierung ein, die Concessionirung der sämmtlichen
„nordöstlichen" Bahnlinien umfassender Gesetzentwurf der
verfassungsmässigen Behandlung zugeführt, welcher — nachdem
er von den beiden Häusern des Landtages durchberathen und
angenommen worden war — als Gesetzartikel XIII vom Jahre
1868 unterm 1. Juli die a. h. Sanction erhielt.

Auf Grund dieses Gesetzes ward nun dem vorbenannten
Consortium die definitive Concession für die „ungarische Nord-
Ostbahn" verliehen.

Dieselbe umfasst:

a) die Linie Debreczin-Szathmar-Tekehaza-Szigeth,

---

[1]) Die beiden Grafen Johann Waldstein und Ervin Schönborn-
Buchheim haben, am 7. Februar 1865 schon, die Vorconcession für ein
ungarisch-galizisches Eisenbahnnetz mit dem Knotenpuncte Munkacs und
den Anfangs-, beziehungsweise Endpuncten in Kaschau oder Hidas-Neméthi, in Nyiregyhaza, in Nagy-Szöllös und Stry unter der Bedingung erhalten, dass die Tracestudien für die nordwestliche Linie nicht
allein von Kaschau oder Hidas-Neméthi, sondern auch von Eperies aus
und ebenso für die südwestliche Linie von Nyiregyháza und Tokai aus
vorzunehmen seien, „um die zweckmässigten Anschlüsse an die Kaschau-
Oderberger- und die Theissbahn zu gewinnen."

Nachdem es jedoch nicht gelang die umfangreichen Studien binnen Jahresfrist zu vollenden, so erbaten sich die Projectanten eine Fristerstreckung, welche ihnen unterm 30. April 1866 für ein weiteres Jahr
gewährt wurde.

Mittlerweile waren auch die galizischen Grossgrundbesitzer Severin Graf Dunin-Borkowski, Wladimir Graf Rusocki und Casimir
Ritter v. Modecki um die Vorconcession für eine Eisenbahn von einem
Puncte der Theissbahn über Munkacs, Chodorow und Tarnopol nach
Podwoloczyska eingeschritten. Dieselben machten jedoch, da sie ungefähr dieselben Zwecke verfolgten wie die erstgenannten beiden Grafen,
mit diesen gemeinsame Sache, wornach das so gebildete Consortium, Ende
September 1867, dem königl. ungar. Ministerium das oberwähnte Concessionsgesuch überreichte.

b) die Linie von Tekehaza über Csap nach Kaschau,

c) eine Zweigbahn, ausgehend von der Linie sub b) (bei Véke oder Imreg) über Sátoralyja-Ujhély nach Zombor,

d) eine Zweigbahn (ebenfalls aus der Linie sub b) von Csap nach Munkacs (im Ganzen circa 64.5 Meilen) und gewährleistet den Concessionären für die ganze 90jährige Concessionsdauer ein jährliches Reinerträgniss von fl. 37.100 in Silber per Meile, ferners eine zehnjährige Befreiung von der Entrichtung der Steuer- und Stempelgebühren von den Actien- und Obligationen-Coupons, sowie auch das Recht zur Einhebung der Fahr- und Frachtpreise in Silber, respective mit dem entsprechenden Agiozuschlage, verpflichtet dagegen aber die Concessionäre, die Linie sub a bis 1. October 1870, die Strecke Tekehaza-Csap bis Mai 1871 und alle übrigen Strecken bis 1. October 1871 in Betrieb zu setzen. [1]) (§§. 1, 2, 5, 20, 24 und 25 des Entwurfes [2]) der Conc.-Urk.)

Das Anlagecapital ist auf fl. 47,214.000 ö. W. in Silber festgesetzt und soll zu ³/₄ in Actien und zu ¹/₄ in Prioritäts-Obligationen aufgebracht werden. [3])

Kaum im Besitze der Concession, schritten die Concessionäre auch schon zur Durchführung derselben.

Es wurde mit dem Bauunternehmer Dr. Strousberg der Bauvertrag abgeschlossen, noch im Monate Juli die Bauleitung organisirt, in der Person des Herrn Emerich von Ivanka der General-Secretär des Unternehmens ernannt und sodann unverzüglich die Voreinleitung zum Baue getroffen.

Die zunächst erforderlichen Geldmittel wurden durch die

---

[1]) Hinsichtlich der Tarifsätze hat sich die Regierung eine Einflussnahme auf deren Feststellung während der ganzen Dauer der Subventionirung durch den Staat vorbehalten. Die ziffermässige Fixirung der einzelnen Sätze soll durch spätere Gesetze geregelt werden. (§. 10 d. Entw. der Conc.-Urk.)

[2]) Die Concessions-Urkunde existirt bis jetzt nur im Entwurfe; ihre definitive Ausfertigung wird erst später erfolgen.

[3]) Die Actien und Obligationen werden im Wege der Verlosung mit dem vollen Nennwerthe amortisirt und gegen die eingelösten Actien-Genussscheine ausgegeben, die an der Superdividende theilnehmen.

Ausgabe von 50.000 Actien à fl. 200 ö. W. beschafft, deren Subscription unter der Aegide der Anglo-österreichischen und der
Anglo-Hungarian-Bank am 8. August 1868 stattfand und eine so
grosse Ueberzeichnung ergab, dass die Subscribenten nur den
15. Theil der direct gezeichneten Stücke erhalten konnten. [1]
Ende November 1868 wurden dem Ministerium die Detailpro-
jecte für die Strecken Debreczin-Tur-Bach (16.5 Meilen)
und Szerencs-S. Ujhely (6.5 Meilen) übergeben und gegenwärtig stehen die Bauten dieser Strecken bereits in vollem Gange. [2]

   Die Marmaros, sowie das nordöstliche Gebiet Ungarns über-
haupt werden mithin innerhalb 2—3 Jahren schon sich des Be-
sitzes einer Eisenbahn erfreuen, welche nicht allein für das eigene
Land segenbringend sein, sondern auch eine hervorragende
Stelle in dem Eisenbahnnetze der österreichisch-ungarischen
Monarchie einnehmen und durch ihre Verzweigungen und

---

[1] Die Subscriptionsbedingungen waren im Wesentlichen folgende:
   Die Besitzer von Actien der Anglo-österreichischen oder der Anglo-
Hungarian-Bank geniessen ein Bezugsrecht von Actien der ungar. Nord-
Ostbahn, und zwar für jede angemeldete Actie der erstgenannten Bank
auf ein Fünftel und für jede angemeldete Actie der letzteren Bank auf
ein Zehntel-Actie der ungar. Nord-Ostbahn.
   Der Emissionspreis beträgt 145 fl. ö. W. per Actie und ist in
nachstehenden Terminen einzuzahlen:

   fl. 60 — ö. W. längstens 5 Tage nach bekanntgemachter Repartition
    „ 20   „ am 20. September ⎫
    „ 20   „ „ „ October   ⎪
    „ 20   „ „ „ November ⎬ 1868.
    „ 25   „ „ „ December ⎭
Gezeichnet wurden:
  a) durch Anmeldung des Bezugsrechtes von Actien der beiden vorge-
    nannten Banken . . . . 14.517 Stück
  b) durch directe Zeichnung . . . . 530.255 „
   Es verblieben demnach zur Vertheilung auf die direct gezeichneten
Stücke 35.483 Actien = 1/15 der subscribirten Stücke.
   [2] Die Strecke Debreczin-Tur-Bach ist an die Subunternehmer Zacharias und Calm in Wien vergeben. Die Erdarbeiten und die Schienenlegung müssen bis 1. September 1869 beendet sein.
   Die Strecke Szerencs-Tokai-S. Ujhely baut der Subunternehmer L. v. Gyengö in Pest: Erdarbeiten und Schienenlegung müssen bis
1. November 1870 vollendet sein.

Anschlüsse mit der Zeit sogar eine Bedeutung für den Welthandel erlangen wird. Hat doch die „ungarische Nord-Ostbahn" die lohnende Mission, die Verschiedenheit in den Productionsverhältnissen zwischen den nordöstlichen Gebirgsländern und der weiten Theissebene auszugleichen, die holzarmen Niederungen Ungarns mit den Brenn- und Bauhölzern der Marmaroser Alpen und der Karpathenhöhen zu versehen und dagegen wieder dem stark bevölkerten Norden Cerealien und Manufacte zuzuführen, den Salzbedarf Ungarns in rascher und billiger Weise aus dem unerschöpflichen Salzlager der Marmaros zu decken, sowie überhaupt das ganze nordöstliche Gebiet Ungarns mit seinen reichen Schätzen an Forst- und Bergproducten der Hauptstadt des Landes und dem Westen Europas näher zu bringen. — —

K. k. priv.

Oesterr. Nord-Westbahn.

Sitz der Verwaltung in Wien (I. Hoher Markt 3).

Concessionäre.

Hugo Fürst Thurn-Taxis.	Friedrich Schwarz.
Altgraf Franz Salm-Reiffer-	Süd-norddeutsche Verbin-
scheid.	dungsbahn.
Louis von Haber.	

General-Director: Dr. Gustav Robert Gross, kaiserl. Rath.

General-Secretär: Hermann Rittershausen

Baudirector: Wilhelm Hellwag.

Historische Mittheilungen.

Die Wichtigkeit und Nothwendigkeit der Einbeziehung des südwestlichen Theiles von Mähren und des südöstlichen Böhmens in das Eisenbahnnetz der Monarchie war schon Anfangs der Sechzigerjahre erkannt worden und zwar hatte man damals für die herzustellende Verbindung eine Eisenbahn von Kolin über Czaslau und Deutschbrod nach Iglau in Aussicht genommen.

Späterhin gelangte aber das Project: Pardubitz-Iglau zur Geltung, weil diese Linie geeignet erschien, zugleich auch die kürzeste Verbindung mit Berlin (über Reichenberg und Görlitz) herzustellen.

Die Linie Pardubitz-Iglau-Znaim figurirte denn auch in der vom Ministerium — im Jahre 1864 — veröffentlichten „Denkschrift über den Entwurf eines neuen Eisenbahnnetzes" unter denjenigen Bahnen, welche ihrer Wichtigkeit wegen zunächst zur Ausführung gebracht werden sollten.

Das Verdienst, die Realisirung dieses Bahnprojectes zuerst angestrebt zu haben, gebührt der Verwaltung der süd-norddeutschen Verbindungsbahn. Sie liess bereits im Jahre 1865 die Vorarbeiten ausführen — die Bewilligung hiezu ward ihr unterm 7. Februar 1865 zu Theil — und hat auch seither unermüdlich für das Zustandekommen der Bahn gewirkt.

Gegen Ende des Jahres 1866, als der Verwaltungsrath (der süd-nordd. Verbindungsbahn) eben sein Concessionsgesuch eingebracht hatte, tauchten jedoch mehrfache Concurrenzen auf.

In Nymburg bildete sich ein Comité für eine Eisenbahn von Jungbunzlau nach Kolin, an dessen Spitze der Fürst Thurn-Taxis stand, und in Czaslau ebenfalls ein solches unter der Obmannschaft des Fürsten Salm für eine Bahn von Kolin nach Iglau, während die österreichische Staatseisenbahn-Gesellschaft um die Concession der Strecke Kolin-Iglau-Znaim in Bewerbung trat.

Die erstere Concurrenz hielt nicht lange an, indem die beiden Comités sich im Herbste 1867 zu einem Consortium (Salm-Haber) vereinigten, welches bald darauf in seiner Concessionsbewerbung sich der süd-norddeutschen Verbindungsbahn anschloss; dagegen bedurfte es eines harten Kampfes, ehe auch die Staatseisenbahn-Gesellschaft das Feld räumte.

Diese hatte nämlich in mehreren der hervorragendsten Tagesblätter ebenso gewandte als beredte Vertreter gefunden und wäre — trotz der vielen von den Gemeindevertretungen und Grossgrundbesitzern der betheiligten Bezirke ausgegangenen Agitationen und Petitionen zu Gunsten der süd-norddeutschen Verbindungsbahn und des mit ihr vereinten Consortiums — höchst wahrscheinlich als Sieger aus diesem Kampfe hervorgegangen, wenn nicht die Aufnahme der Linie Znaim-Wien in das von der Reichsvertretung votirte und am 1. Juni 1868 a. h. sanctionirte Gesetz [1] über die Concessionirung der „österreichi-

---

[1] R.-G.-B. Nr. 56 ex 1868.
Der Entwurf zu diesem Gesetze war über a. h. Entschliessung vom

schen Nord-Westbahn", ihr (der Staatseisenbahn-Gesellschaft),
die schon eine solche Linie besitzt, jede weitere Theilnahme an
demselben unmöglich gemacht, beziehungsweise sie von der
Bewerbung ausgeschlossen hätte.

Während der Zeit der verfassungsmässigen Behandlung
des vorerwähnten Gesetzes hatten die vereinigten Concessionswerber um die Bewilligung der technischen Vorarbeiten für die
Strecken von Znaim nach Wien und von Trautenau bis an die
Jungbunzlau-Koliner Strecke angesucht und nach Vollendung
der Projecte auch diese Strecken in ihr Concessionsgesuch miteinbezogen.

Die endgiltige Entscheidung der ganzen Angelegenheit
erfolgte am 8. September 1868, als dem Tage der a. h. Enschlies-
sung, auf Grund welcher der „süd-norddeutschen Verbindungsbahn" und den mit ihr vereinten Concessionswerbern:
Hugo Fürst Thurn und Taxis, Franz Altgraf zu Salm-Reif-
ferscheid, Louis von Haber und Friedrich Schwarz die Concession zum Baue und Betriebe der „österreichischen Nord-
Westbahn" verliehen wurde.

Die auf den Bestimmungen des Gesetzes vom 1. Juni 1868
(R.-G.-B. Nr. 56) basirende Concession, deren Dauer auf
90 Jahre, gerechnet vom Tage der Eröffnung des Betriebes auf
dem ganzen concessionirten Bahnnetze, festgesetzt ist, umfasst:

14. December 1867 zur verfassungsmässigen Behandlung im Reichsrathe
eingebracht worden und gelangte am 18. desselben Monats im Abgeordnetenhause zur ersten Lesung, worauf derselbe dem volkswirthschaftlichen
Ausschusse mit dem Auftrage zugewiesen wurde, die Berathung zu beschleunigen und nach Wiederaufnahme der — eben vertagten — Sitzungen Bericht zu erstatten.

Nichtsdestoweniger hat die Verhandlung über den Gesetzentwurf erst am
1. Mai 1868 begonnen, dann aber allerdings am nächsten Tage schon
mit der Annahme des Gesetzes ihren Abschluss gefunden.

Im Herrenhause gelangte der Entwurf am 7. Mai zur ersten Lesung
und sodann an ein Comité zur Berathung und Berichterstattung. Diese
letztere erfolgte am 16. Mai und wurde das Gesetz am selben Tage noch
— im Sinne des Antrages der Majorität der Commission, nach der Fassung des Abgeordnetenhauses — in 2. und 3. Lesung angenommen.

Die a. h. Sanction des Gesetzes erfolgte, wie oben erwähnt, am
1. Juni 1868.

a) die Hauptbahn von Wien über Znaim, Iglau, Deutschbrod, Czaslau und Kolin nach Jungbunzlau mit

b) den Zweigbahnen:

> von Znaim an die Franz Josef-Bahn,
> „ Deutschbrod nach Pardubitz,
> „ einem geeigneten Puncte der Kolin-Jungbunzlauer
> Strecke nach Trautenau und berechtigt die

Concessionäre, falls die so erzielte indirecte Verbindung
mit der böhmischen Nordbahn ihnen nicht genügen sollte,
von einem Puncte der Jungbunzlau-Koliner Strecke eine
Abzweigung nach Bakov — jedoch ohne Anspruch auf
irgend eine financielle Begünstigung — herzustellen und
in Betrieb zu setzen. (§§. 1 und 22 d. Conc.-Urk.)

Die bewilligte Bauzeit beträgt:

a) für die Section Znaim-Kolin und Pardubitz 3 Jahre,

b) für die Section Kolin-Jungbunzlau mit der Zweigbahn nach
   Trautenau 4 Jahre,

c) für Wien-Znaim und Flügel an die Franz Josef-Bahn 5 Jahre,
   und haben die Concessionäre für die Einhaltung dieser Termine durch den Erlag einer Caution per 4 Millionen Gulden
   der Staatsverwaltung Sicherstellung zu leisten. (§. 3 der
   Conc.-Urk.)

Die wesentlichsten, dem Unternehmen aus der Concessions-
urkunde erwachsenden Begünstigungen sind:

Die staatliche Garantie eines jährlichen 5%igen Reinerträgnisses des Anlagecapitals — welches fl. 985.000 per
Meile nicht übersteigen darf — nebst der entsprechenden Tilgungs-
quote, deren Wirksamkeit für jede der obbenannten 3 Sectionen
mit dem Tage ihrer Eröffnung beginnt. (§. 15 d. Conc.-Urk.)

Die Befreiung von der Einkommensteuer und der
Entrichtung der Coupons-Stempelgebühren während der
Bauzeit und durch 9 Jahre nach der Betriebseröffnung der gan-
zen Bahn. (§. 21 d. Conc.-Urk.)

Das Recht zur Einhebung der Tarifsätze [1] in inländischer

---

[1] Laut §. 8 der Conc.-Urk. ist die Höhe der Fahr- und Frachtpreise folgenden Begrenzungen unterworfen:

Silbermünze oder mit dem entsprechenden Agiozuschlage. (§. 9 d. Conc.-Urk.)

Schliesslich ist den Concessionären auch das Recht eingeräumt zur Bildung einer Actiengesellschaft und zur Ausgabe von Actien und Prioritäts-Obligationen, letztere jedoch nur in einem solchen Betrage, dass deren Verzinsung höchstens drei Fünftel des garantirten jährlichen Reinertrages erfordert, und hat die Tilgung der Prioritäts-Obligationen jener der Actien vorauszugehen. (§. 13 d. Conc.-Urk.)

Das Anlagecapital für das ganze circa 74.5 Meilen lange Bahnnetz wurde auf 72 Millionen Gulden ö. W. veranschlagt, wovon jedoch vorläufig nur fl. 64,800.000, und zwar fl. 36,000.000 in Actien und fl. 28,000.000 in Prioritäts-Obligationen emittirt werden sollen. (Bezüglich der Prioritäten haben die Concessionäre sich vorbehalten, statt fl. 28,000.000 in 5%igen Obligationen fl. 45,208.000 in 3%igen Obligationen auszugeben. ')

a) Maximaltarif für Reisende per Person und Meile:
I. Cl. 30 kr. ö. W.; II. Cl. 25 kr.; III. Cl. 15 kr.; IV. Cl. 9 kr. bei Schnellzügen dürfen diese Tarife um 20% erhöht werden.

b) Maximaltarif für Frachten per Zoll-Ctr. und Meile:
I. Cl. 1·95 kr. ö. W.; II. Cl. 2·25 kr.; III. Cl. 3 kr.; ausnahmsweise haben für folgende Gegenstände bei vollen Wagenladungen nachstehende Frachtsätze zu gelten:

	Getreide und Salz	Brenn- und Schnittholz	Mineralkohle, Coaks, Torf, Erze, Eisen-, Flossen, Kalk- u. Bausteine
	Kreuzer		
für die ersten 10 Meilen....	1·5	1·2	1·—
„ „ zweiten 10 „	1·4	1·—	0·8
„ „ dritten 10 „	1·2	0·9	0·8
„ weitere Entfernungen....	1·—	0·7	0·5

Als Expeditionsgebühr werden 2 kr. per Ctr. eingehoben, worin die Auf- und Abladegebühr und allgemeine Assecuranz einbezogen ist.

') Sowohl die Actien, als auch die Prioritäts-Obligationen werden in Stücken à fl. 200 ö. W. in Silber = 500 Francs ausgefertigt und erstere mit Coupons per 1. Jänner und 1. Juli, letztere aber mit solchen per 1. März und 1. September versehen werden.

Die erste Actien-Emission im Betrage von fl. 12,000.000 (= 60.000 Stück à fl. 200) erfolgte am 27. (und 28.) October 1868 durch die österr. Creditanstalt.

Der Emissions-Curs betrug 70% oder fl. 140 ö. W. in Silber (= 350 Francs) per Stück. [1]

Das Resultat der Subscription war ein überaus günstiges. Statt der aufgelegten 60.000 Stück wurden 1,692.121 Stück, also mehr als die 28fache Anzahl, gezeichnet und erhielten die Subscribenten zufolge der nothwendig gewordenen Reduction blos 3.2% der gezeichneten Beträge.

Nun wurden auch die Voreinleitungen zum Baue getroffen, um diesen selbst noch vor Ablauf des Jahres 1868 beginnen zu können.

Was die Rentabilität der Bahn betrifft, so berechtigt ihre Anlage, ihr ganzes inneres Wesen zu den schönsten Hoffnungen.

Die österreichische Nord-Westbahn ist bestimmt die directeste Verbindung der Hauptstadt und des Centrums der Monarchie mit der Nord- und Ostsee zu vermitteln, und wird speciell zwischen Dresden, Berlin und Wien, respective Bremen und Hamburg den geradesten und kürzesten Weg bilden.

Durch ihre Einmündung in Wien und durch die dergestalt erreichte Berührung mit der Donau und den directen Transitlinien der Südbahn wird sie überdies auch eine directe Verbindung der entferntesten Puncte des Ostens und Südens von Europa mit den Stapelplätzen der Nord- und Ostsee herstellen.

Die Actien werden innerhalb der Concessionsdauer im Wege der Verlosung al pari rückgezahlt und gegen die amortisirten Actien Genussscheine ausgegeben, welche an der Superdividende Antheil nehmen.

Die Obligationen gelangen vom Jahre 1873 an innerhalb 90 Jahren gleichfalls im Wege der Verlosung zur Rückzahlung mit dem vollen Nennwerthe in effectiver Silbermünze.

[1] Auf den Emissionspreis von Frcs. 350 sind zunächst Frcs. 200 in folgenden Terminen einzuzahlen und zwar:

vom 6. bis 10. November 1868 ..... Frcs. 125

„ 10. „ 15. Juli 1869 .... „ 75

Die weiteren Einzahlungen werden s. Z. vom Verwaltungsrathe der Gesellschaft kundgemacht werden.

Der ausländische Verkehr wird gewiss diese kürzeste Handelsstrasse aufsuchen, zumal die productionsreichen Gegenden Ungarns und der unteren Donauländer werden ihre Producte aus dem Herzen des Landes durch die Donau oder durch die Transitlinien von Barcs und Mohacs bis Wien bringen und dort dieser directesten Linie zuwenden können.

Für den inländischen (Local-) Verkehr jedoch, für die heimische Industrie, ist die österreichische Nord-Westbahn noch bei weitem wichtiger, indem sie den südöstlichen Theil Böhmens und den südöstlichen Theil Mährens, und zwar das ganze volk- und industriereiche Gebiet zwischen der Kaiser Franz Josef-Bahn und der Wien-Brünn-Prager Eisenbahnlinie mit dem Bahnnetze der Monarchie in Verbindung bringt und durch ihre Anschlüsse an die süd-norddeutsche Verbindungsbahn, die Turnau-Kraluper, böhmische Nord- und nördliche Staatseisenbahn dem von ihr durchzogenen Rayon vier der bedeutendsten Kohlenbecken Oesterreichs und Schlesiens erschliesst.

Der von den Concessionären ausgegebene Prospect mag darum die österreichische Nord-Westbahn mit Recht eine Bahn nennen, der ein bedeutender Verkehr, eine blühende Zukunft gesichert ist — eine Welthandelsbahn, die eigentlich schon längst hätte hergestellt werden sollen.

(Weitere Daten folgen im nächsten Jahrgange.)

Wiener Tramway-Gesellschaft.

Sitz der Gesellschaft in Wien (Neumarkt Nr. 17).

Verwaltungsrath.

Präsident: Gustav Graf Chorinsky-Ledske, Exc.

1. Vicepräsident: Eugen Graf Kinsky.

2. „ „ Jur. Dr. Josef Ritter v. Winiwarter.

Gabriel Graf Diodati.	Wilhelm Klein.
Gustav von Dreyhausen.	Josef Pochtler.
S. Hahn.	Louis Roget.
August Kaulla.	Adalbert Zinner.

Eine Stelle unbesetzt.

Bevollmächtigter des Grafen Diodati: Dr. Eduard Kopp.

„ „ des Louis Roget: Herr Eduard v. Hein.

Direction.

Bau- und Betriebsleiter: Ingenieur Anton Rischer.	Ingenieur: G. Wilda.
Secretär: Heinrich Wilhelmi.	Gesellschaftsarzt: Dr. F. H. Heller.
Buchhalter: Anton Walland.	Veterinär-Consulenten:
Cassier: J. J. Seidl.	Prof. Dr. Forster.
Betriebs-Inspector: J. Steinebach.	Dr. Buchmiller.

Historische Mittheilungen.

Ungefähr fünf Jahre nachdem der ehemalige New-Yorker Hotelier Loubat durch die verfehlte Anlage der Pariser Strassenbahn die „Tramways" auf dem Continente in Misscredit gebracht (1856) und Armand Valdoner aus Paris ein k. k. Privilegium auf die Verbesserung von „Hipposidirbahnen" (Strassen-Pferdebahnen)genommen hatte (1855), stellte sich der österreichische Ingenieur Gustav v. Dreyhausen die Aufgabe, die einer allgemeinen Nutzanwendung der Strassenbahnen bis dahin entgegengestandenen Hindernisse zu beseitigen, d. h. eine Schiene, welche das übrige Strassenfuhrwerk nicht behindert und einen niederen, leichten Wagen zu construiren.

Mit der Construction der sogenannten „Wiener" Schienen und Waggons war ihm auch Beides gelungen, nicht so aber der vielseitige Versuch, in Wien selbst Interessenten und Mittel für die practische Verwerthung seiner Constructionen zu gewinnen.

Wie so viele schon mussten auch diese wieder ins Ausland wandern, ehe sie zur Geltung gelangten.

Herr Dreyhausen überliess sein System an die Genfer Bauunternehmer C. Schaek-Jaquet et Comp., welchen zunächst Wien seine Pferdebahn verdankt, denn sie hatten den Muth, eine halbe Million auf die Erprobung der Ausführbarkeit der Strassenbahn zu wagen, und nachdem diese gelungen war, auch Ausdauer genug, die vielen von der Communal-Vertretung ihnen bereiteten Schwierigkeiten zu ertragen.

Schaek-Jaquet überreichte im März 1863 der k. k. Staatsverwaltung ein Gesuch um die Bewilligung zur Anlage von Strassenbahnen nach „eigenem Systeme" (dem von Dreyhausen erfundenen) in den hiezu geeigneten Provinzialstädten und zunächst in der Reichshauptstadt Wien.

Diese Eingabe war jedoch nur insoferne von Erfolg, als solche Bahnanlagen „im Principe" gestattet und die Gesuchsteller zur Einbringung detaillirter Offerte aufgefordert wurden.

Kaum war dem entsprochen worden und die Kunde davon in die Oeffentlichkeit gedrungen, als auch schon — jetzt mit einem Male — noch andere Interessenten und Concessionswerber für die Wiener Pferdebahnen auftauchten. [1])

---

[1]) Es waren damals als Concessionswerber aufgetreten:
    Leop. Mayer v. Alsó-Russbach, Moriz v. Stubenrauck, A. F. Moller in Hamburg, S. Gütermann in New-York, Gebrüder Hirschel u. a. m.

Die ersten Bewerber (Schaek-Jaquet) behaupteten jedoch das Feld. Sie erhielten — freilich erst nach grossem Zeitverluste — unterm 19. März 1865 die Concession zum Baue einer Probelinie, für welche die Strecke „Schottenring-Dornbach" von der Commune ausersehen wurde.

Am 4. October 1865 wurde die Theilstrecke Schottenring-Hernals und am 26. April 1866 die weitere Strecke Hernals-Dornbach dem Betriebe übergeben.

Damit war nun das Problem gelöst, der Beweis für die Ausführbarkeit und Nützlichkeit des Unternehmens in glänzender Weise erbracht.

Gestützt hierauf schritten die Unternehmer, welche inzwischen die Firma „Wiener Tramway-Gesellschaft" angenommen hatten, sowohl bei der Staatsverwaltung, als auch bei der Commune um die definitive Concession für das ganze von ihnen projectirte Pferdebahnnetz [1] für Wien ein.

Anstatt jedoch das Verdienst der Tramway-Gesellschaft und die von ihr bereits gebrachten Opfer zu berücksichtigen und derselben zur weiteren Ausführung ihres Unternehmens die nöthige Unterstützung angedeihen zu lassen, hat die Commune ihr nur Schwierigkeiten bereitet.

Vorerst wollte sie die Ausführung sämmtlicher Linien durch eine Unternehmung nicht dulden und als die Gesellschaft demgemäss ihr Ansuchen blos auf die Linien Schottenring-Kaisermühlen und Hietzing beschränkt und für diese Linien, sowie für die bereits gebaute Dornbacher Linie, über a. h. Entschliessung vom 8. März 1867 die definitive Concession [2] erhalten hatte, wollte sie (die Commune) wieder die Concession nicht anerkennen, weil sie das Recht der Concessionsertheilung für sich in Anspruch nahm.

---

[1] Dieses Netz sollte folgende Linien umfassen:
a) Schottenring-Dornbach; b) Ringstrasse-Praterstern-Kaisermühlen; c) Praterstern-Nordbahn; d) Ringstrasse-Mariahilferstrasse-Hietzing; e) Ringstrasse-Favoritenstrasse-Südbahn; f) Ringstrasse-Landstrasse-Südbahn.

[2] Die Dauer der Concession ist auf dreissig Jahre bemessen.

Mittlerweile war der Tramway-Gesellschaft in dem Consortium Suttner-Mayer-Granichstädten ein neuer Concurrent erwachsen. Die Concurrenz dieses Consortiums scheint jedoch — obzwar dasselbe „im Einvernehmen mit der Commune" sich um die Concession bewarb — dem Gemeinderathe nicht genügt zu haben, denn nach Verlauf einiger Monate schrieb derselbe eine öffentliche Offertverhandlung für die Erbauung von Pferdebahnen aus (September 1867), in Folge welcher sich thatsächlich noch ein dritter Bewerber — die Anglo-österr. Bank — einfand.

Keiner der drei Bewerber ging aber auf die vom Gemeinderathe festgestellten, sehr lästigen Concessionsbedingungen ein und während im Schoosse der gemeinderäthlichen Pferdebahn-Commission hierüber neuerliche Berathungen gepflogen wurden, fusionirten sich die sämmtlichen Bewerber (13. November 1867) Behufs Gründung einer Tramway-Actiengesellschaft.

Der Gemeinderath stand also, wie vor fünf Jahren schon, wieder nur einem einzigen Unternehmer gegenüber, welcher noch obendrein eine von der Communalvertretung so sehr perhorrescirte Actiengesellschaft war.

An den einmal angenommenen Principien festhaltend, schrieb der Gemeinderath nun eine neuerliche Offertverhandlung aus, nachdem er vorher die Concessionsbedingung um ein Bedeutendes modificirt hatte.

Allein es meldete sich trotzdem kein neuer Bewerber.

Dieser Umstand, sowie die lauten Klagen, welche jetzt die Tagesblätter ob der Verschleppung dieser Angelegenheit gegen den Gemeinderath erhoben, bestimmten denselben zur endlichen Umkehr und die Firma C. Schaek-Jaquet et Comp. — die allerdings in ihrem letzten Offerte erklärte, die nunmehr revidirten Concessionsbedingungen annehmen zu wollen — hatte die Genugthuung, kraft des mit der Commune abgeschlossenen Vertrages ddo. 7. März 1868, denn doch auch die städtische Concession für sämmtliche in Wien anzulegende Pferdebahnen zu erhalten.

Sie übertrug jedoch diesen Vertrag, sowie die von der Staatsverwaltung erhaltene Concession ddo. 8. März 1867 und die schon gebaute Dornbacher Linie sammt allem dazugehörigen beweglichen Inventar um den Pauschalbetrag von fl. 426.000 an die „Wiener Tramway" (Actien-) Gesellschaft, welche sich auf Grund der unterm 24. April 1868 behördlich genehmigten Statuten am 29. April 1868 constituirte.

Der Gesellschaftsfond ist auf fl. 4,500.000 festgesetzt und wird durch 22.500 Actien à fl. 200 repräsentirt (§. 7 der Statut.), welche das Gründer-Consortium selbst — unter gleichzeitiger Einzahlung der ersten 30%, — zum Paricurse übernommen hatte.

Am 8. Mai ging die Dornbacher Linie in den factischen Besitz der Gesellschaft über und zwei Tage später, am 10. Mai, wurde die erste Generalversammlung abgehalten. Am selben Tage erhielt die Gesellschaft auch eine Fristerstreckung der concessionsmässigen Bautermine zugestanden, welche in Folge der vom Gemeinderathe erhobenen Schwierigkeiten unmöglich eingehalten werden konnten.

In dem Streben, das ohne ihr Verschulden Versäumte thunlichst rasch nachzuholen, und mit Rücksicht auf das bevorstehende Schützenfest, liess die Gesellschaft gleich nach ihrer Constituirung den Bau der Strecke: Schottenring-Ringstrasse-Prater in Angriff nehmen, welcher unter der umsichtigen Leitung des Directors Dreyhausen [1]) in der erstaunlich kurzen Zeit von fünf Wochen zu Ende geführt wurde.

Die Eröffnung dieser Linie hat am 30. Juni unter grosser Betheiligung des Publicums stattgefunden.

Vierzehn Tage vorher (am 15. Juni) ertheilte das k. k. Handelsministerium der Gesellschaft die Concession für die Linie: Ringstrasse-Favoritenstrasse-Südbahn und seitdem ist der Verwaltungsrath mit der Grundeinlösung und den Vorarbeiten für diese Linie sowohl, als die demnächst in Angriff zu nehmende Mariahilf-Hietzinger Linie beschäftigt.

Für Bedeckung des nöthigen Geldbedarfes wurde bereits

---

[1]) Seither hat Herr Dreyhausen die Directorstelle aufgegeben, um in den Verwaltungsrath einzutreten.

durch die Ausschreibung einer weiteren 10%,ig n Einzahlung
auf das Actiencapital vorgesorgt (5.—6. November 1868).

   Hoffentlich wird sich das von Tag zu Tag in der Gunst des
Publicums steigende Unternehmen [1]) recht bald des Zuwachses
der beiden letztgenannten Linien zu erfreuen haben.

Bahngebiet.

Bezeichnung der Strecke	Länge in Klaftern
Schottenring-Dornbach	2.927·9
Schottenring-Aspernbrücke	1.814· —
Aspernbrücke-Praterstern	513· —
Praterstern-Bäder	869·3
Zusammen	6.124·2

oder 1·531 Meilen.

   Die Strecken Schottenring-Aspernbrücke-Praterstern sind
doppelgeleisig. Weichen und Manipulationsgeleise sind in
einer Länge von 1.722° vorhanden; die gesammten Geleisanla-
gen haben daher eine Länge von 10.173·3° = 2.5433 Meilen. Zu
bauen sind die Strecken: Praterstern-Nordbahnhof; Ringstrasse-
Hietzing und Ringstrasse-Südbahnhof.

Stand der Fahrbetriebsmittel.

Geschlossene Winterwagen . . . .   44 Stück
Sommerwagen   80   „
                                             124 Stück.
Pferde . . . .   400 Stück.

---

[1]) Einen unwiderleglichen Beweis für die zunehmende Beliebtheit
dieses Verkehrsmittels liefern die nachstehenden Daten:

   Die Unternehmung machte

in der Zeit	Fahrten,	beförderte Personen:	und nahm ein fl.
vom 4. Octob. 1865 bis 4. Octob. 1866	13.814	537.825	42.464.—
„ „ „ 1866 „ „ „ 1867	36.506	1,679.376	150.712.—
„ „ „ 1867 „ „ „ 1868	41.717	1,942.008	161.417.—

wobei allerdings die besondere Frequenz der Bahn während des Schützen-
festes in Betracht zu ziehen ist.

Pester Strassen-Eisenbahn.

Sitz der Gesellschaft in Pest.

Verwaltungsrath.

Präsident: Alexander Graf Karólyi.

Vice-Präsident: Isidor von Szitányi.

Ludwig von Csery.	Carl von Ráth.
Michael Gchwindt.	Josef von Sárkány.
Josef von Hojos.	Jacob Schlesinger.
Josef Medetz.	Peter Vogel.
Moriz Munk.	M. A. Weiss.
Bernh. Neuschloss.	(Eine Stelle ist unbesetzt.)

Direction.

Director: Moriz Jellinek.

Secretär: Bertalan Ormody.

Historische Mittheilungen.

Fast zur selben Zeit und unter fast gleichen Umständen wie der Wiener Tramway wurde auch die „Pester Strassen-Eisenbahn"-Unternehmung in's Leben gerufen.

Ein Consortium von Capitalisten und Kaufleuten, an dessen Spitze Graf Alexander Karóly stand, erhielt am 22. April 1865 eine auf die Dauer von 40 Jahren bemessene „Prioritäts"-Concession für alle in Pest auszuführenden Pferdebahn-Linien und bald darnach auch eine vertragsmässige Bewilligung der königl. Freistadt Pest, worauf es Beides (Concession und Vertrag) an eine zu diesem Zwecke gegründete Actien-Gesellschaft übertrug, welche sich auf Grund der — von der Gründerversammlung

(Mai 1865) entworfenen und Anfangs December 1865 — a. h.
sanctionirten Statuten in der Generalversammlung vom 30. April
1866 definitiv constituirte. Diese Versammlung fasste auch den
Beschluss, zunächst die Linie „Heuplatz-Staatsbahnhof-
Neu-Pest in Ausführung zu bringen, und das hiefür präliminirte
Baucapital pr. fl. 220.000 durch die Ausgabe von 1100 Stück
Actien à fl. 200 zu beschaffen.

Die Leitung des Baues übernahmen der Professor Bielek
und Gustav von Dreyhausen, dessen System auch hier zur Anwendung kam.

Am 1. August 1866 wurde diese (4692° lg.) Linie eröffnet
und binnen Kurzem schon lieferte der Betrieb derselben so günstige Resultate, [1]) dass die Gesellschaft nur wünschen konnte,
ihr Unternehmen je eher zu erweitern.

Die Generalversammlung vom 26. März 1867 entschied sich
denn auch für die sofortige Inangriffnahme einer zweiten vom
„Zriny“ zum Nordbahnhofe und mittelst einer Abzweigung
auch in das Stadtwäldchen führenden Linie, sowie für die
Beschaffung der hiezu erforderlichen Geldmittel durch die Ausgabe einer neuen Serie von 1650 Actien.

Anfangs August 1867 begann der Bau dieser Linien, nachdem vorher zwischen dem Verwaltungsrathe und der Commune
diesfalls eine specielle Vereinbarung getroffen worden war, welcher unterm 24. Juli 1867 die Genehmigung der Stadtrepräsentanz zu Theil wurde.

Die Arbeiten mussten jedoch auf Geheiss der Communal-
behörde bald wieder eingestellt werden.

Das rasche Gedeihen der Pferdebahn-Unternehmung hatte
nämlich Concurrenzgelüste wachgerufen, welche in einem von
Dr. Heinrich und Consorten der Commune eingereichten Con-

---

[1]) Bis Ende December 1866, also während einer nur fünfmonatlichen
Betriebsperiode, wurden auf der Pferdebahn 204.297 Personen befördert und
hiefür fl. 25.153.52 eingenommen. Die Betriebsausgaben haben dagegen
fl. 15.731.63 betragen, wonach ein Bruttogewinn von fl. 9.421.89 und nach
Abschlag der Steuern, Reserven, Tantièmen etc. ein Reingewinn von
fl. 6.453.92 resultirte.

cessionsgesuche (28. August 1867) Ausdruck fanden — und da diese Eingabe einige Vortheile in Aussicht stellte, war die Majorität der Stadtrepräsentanz schwach genug, dasselbe — ungeachtet des kurz vorher erst mit der schon bestehenden Gesellschaft getroffenen Uebereinkommens — in Erwägung zu ziehen, ja sogar unter dem Motive, dass dieses Uebereinkommen wohl abgeschlossen, aber noch nicht unterfertigt sei, die von der Gesellschaft (im Vertrauen auf die Rechtskraft des Vertrages) veranlassten Bauten zu sistiren.

Solcher Art bedrängt, konnte die Gesellschaft mit Rücksicht auf die durch die Neubauten ihr bereits erwachsenen bedeutenden Auslagen nichts Anderes thun, als sich zur Annahme der ihr von der Commune gestellten neuen — sehr lästigen — Vertragsbedingnisse bequemen.

Dies veranlasste nun den Concurrenten Dr. Heinrich und Consorten, an die Stadtgemeinde Ersatzansprüche zu stellen, ein Ansinnen, welches wieder jenem Theile der Stadtrepräsentanz, der gleich von vorneherein an dem Vertragsverhältnisse mit der Gesellschaft festgehalten hatte, Gelegenheit bot, der Communalvertretung das Unrechtmässige ihres Vorgehens in dieser Frage neuerlich vorzuhalten und schliesslich die Majorität für seinen Antrag zu gewinnen, dahin lautend: dass das Heinrich'sche Offert gänzlich ausser Betracht zu lassen und die ganze Angelegenheit auf den ursprünglichen Entwurf des Vertrages mit der Gesellschaft zurückzuführen sei.

In ihrer Sitzung vom 18. September 1867 hat dann die Stadtrepräsentanz diesen (ursprünglichen) Vertrag mit der Pferdebahn-Gesellschaft nochmals durchberathen und mit dem Zusatze angenommen, dass diese letztere für die Nutzniessung der städtischen Strassengründe einen jährlichen Pachtzins zu entrichten habe, welcher Bedingung sich die Gesellschaft gerne unterwarf, wonach dann am 28. October das früher gegen sie verhängte Bauverbot wieder aufgehoben wurde.

Durch dieses rechtzeitig erfolgte Einlenken der Stadtvertretung blieb nun zwar die Gesellschaft von ähnlichen Calamitäten verschont, wie sie die Wiener Tramway-Unternehmung betroffen,

doch hatte ihr Interesse durch den Zeitverlust immerhin ein ·
nicht unbedeutende Schädigung erfahren.

Indess fand die Gesellschaft eine Art Ersatz für den erlitte-
nen Zeitverlust darin, dass sie — gewarnt durch den besprochenen Zwischenfall — die fernere Ausdehnung ihres Unternehmens
nicht mehr der Zukunft überliess, sondern bedacht war, die
wichtigeren der in Aussicht genommenen Linien sich jetzt schon
zu sichern.

Die ausserordentliche Generalversammlung vom 4. Jänner
1868 beschloss die zum Nordbahnhofe führende Linie bis
Steinbruch fortzusetzen, die alte Linie sowohl vom Heuplatze
als vom Staatsbahnhofe aus bis an die Donau zu verlängern,
sowie die Linien Pest-Soroksár und Heuplatz-Üllöer-
Linienmauth-Nordbahnhof in das Programm der Gesellschaft
einzubeziehen, für welche Projecte dann die ordentliche Generalversammlung vom 31. März 1868 eine 3. Actien-Emission im
Belaufe von fl. 650.000 votirte, so dass das Gesellschafts-
capital nunmehr fl. 1.200.000 (6000 Actien à fl. 200) beträgt.

Nach Eintritt der günstigeren Jahreszeit wurden die Bauarbeiten wieder aufgenommen und fortan eifrigst betrieben.

Die Linie Zriny-Stadtwäldchen wurde am 10. Mai, die
Strecke zum Nordbahnhofe am 1. Juli und die Fortsetzung derselben bis Steinbruch am 26. September 1868 dem Betriebe
übergeben.

Gegenwärtig wird an der Herstellung der Linie zur Üllöer
Mauth gearbeitet.

Die Verkehrsverhältnisse erweisen sich fortwährend als
sehr günstige; im Jahre 1867 stieg die Zahl der beförderten Personen auf 905.957 und die Einnahme auf fl. 107.954 und in der
Zeit vom 1. Jänner bis 31. October 1868 hatte die Gesellschaft
bereits 2,096.618 Personen befördert und eine Einnahme von
fl. 223.050 erzielt.

Bahngebiet.

Bezeichnung der Strecke	Länge in Klaftern
Heuplatz–Staatsbahnhof–Neu-Pest	4.692
Kerepeser Strasse-Stadtwäldchen	1.940
(„Zriny“)-Nordbahnhof-Steinbruch	4.100
	10.732

oder 2.683 Meilen.

Im Baue befindlich ist die Üllöer Linie.

Fahrbetriebsmittel.

100 Wagen (theils offene, theils geschlossene) und die entsprechende Anzahl Pferde.

Ofner Strassen-Eisenbahn.

Sitz der Gesellschaft in Ofen (Wasserstadt, Hasser'sches Haus).

Verwaltungsrath.

Präsident: Béla Graf Festetics.
Vicepräsident: Anton v. Balássy.

Joh. Blum.	J. Lányi.
A. Herzberg.	Joh. Mandl.
Heinrich Kalan.	J. Tottis.
Aug. Kern.	

Direction.

Director: H. Rechtnitz.
Chef-Ingenieur: Nicol. Carrteusen.

Historische Mittheilungen.

Die Ofner Strassenbahn-Unternehmung wurde Ende December 1866 gegründet, u. z. von Graf Belá Festetics, Anton Balássy, A. Herzberg und J. Tottis; [1]) welche um die genannte Zeit die Vorarbeiten bewerkstelligt und in der Folge die definitive Concession erworben hatten.

Diese — datirend vom 28. Juni 1867 und giltig auf 40 Jahre (gerechnet vom Tage der Verkehrseröffnung) — gewährt den Concessionären das Recht zum Baue und Betriebe einer Pferdebahn

---

[1]) Als Mitgründer waren den Obgenannten späterhin beigetreten: A. Ganz, August Kern, Heinrich Kalan, Jac. Lányi, Joh. Mandl, J. Tschögl und Graf Nicol. Zichy jun.

vom Ofner Brückenkopfe nach Altofen mit einer Abzweigung vom k. k. Proviantmagazine in das Auwinkel (Gebirge), sowie die Priorität für alle innerhalb des Weichbildes der Stadt Ofen zu erbauenden Pferdebahnen, gegen dem, dass die Bahn binnen zwei Jahren dem Verkehre übergeben sei und nach Ablauf der Concessionsdauer lastenfrei in den Besitz der Stadtgemeinde Ofen überzugehen habe. (Art. 1, 2, 5 und 8 der Con.-Urk.)

Am 16. Juli 1867 erhielten die Concessionäre auch die vertragsmässige Concession der Commune und am 13. September die städtische Baulicenz, worauf dann am 28. September der Bau in Angriff genommen und bis zum Eintritte der rauhen Jahreszeit fortgesetzt wurde.

Inzwischen hatten die Concessionäre eine Actiengesellschaft gebildet, welcher sie die Concession mit allen daranhaftenden Rechten und Pflichten übertrugen.

Das Capital dieser Gesellschaft ist statutengemäss auf fl. 400.000 festgesetzt und wird durch 2000 Actien à fl. 200 repräsentirt.

Die Emission dieser Werthe erfolgte in den letzten drei Tagen des Monats November durch die Ofner Sparcasse und lieferte ein sehr günstiges Resultat, indem von etwa 740 Parteien 7542 Actien gezeichnet wurden.

Die erste Generalversammlung hat am 18. Jänner 1868 stattgefunden; dieselbe hatte jedoch lediglich einen constituirenden Charakter und fasste nur den Einen weiter reichenden Beschluss: die Auwinkler Linie bis zum sogenannten „weissen Wege" (um circa 420°) zu verlängern und mit der Tunnelgesellschaft bezüglich ihres Strassenbahn-Projectes [1] in's Einvernehmen zu treten.

Anfangs März wurden die Bauten wieder aufgenommen und nunmehr ohne Unterbrechung bis zur gänzlichen Vollendung der Bahn fortgesetzt.

---

[1] Die Pest-Ofner Tunnelgesellschaft ist gesonnen, eine Pferdebahn vom Pester Brückenkopfe über die Kettenbrücke und durch den Tunnel bis zum Stadtmeierhofe anzulegen.

Die Ofen-Altofner Linie wurde am 18. Mai und jene in das Auwinkel am 30. Juni 1868 eröffnet.

Der Bau dieser letzteren Linie war so ziemlich der schwierigste von allen bisher bekannten Pferdebahnen, da Steigungen bis zu dem Verhältnisse 1:20 und Krümmungen bis zu 14° Radius in Anwendung kommen mussten.

Der Betrieb ist vorläufig auf den Personenverkehr beschränkt; die Gesellschaft beabsichtigt aber die Ofen-Altofner Linie auch dem Frachtenverkehre nutzbar zu machen.

Bahngebiet.

Bezeichnung der Strecke	Länge in Klaftern
Ofen-Altofner Linie	3.282
Auwinkel-Linie	3.580
	6.862

oder 1·715 Meilen.

Stand der Fahrbetriebsmittel.

Waggons .... 40 Stück

Pferde 130   „

Anlagekosten.

Unter- und Oberbau...................	fl.	213.000
Gebäude...........................	„	67.000
Bahnausrüstung.................	„	5.000
Waggons...........................	„	80.000
Pferde und Geschirre	„	35.000
Zusammen....	fl.	400.000

Ergänzung der Tarife

der

EISENBAHNEN

der

österreichisch-ungarischen Monarchie

nach dem Bestande

am 1. Jänner 1869.

Bahn	Civil-Personen									Militär-Personen						
	Eil-züge		Personenzüge			Gemischte Züge			Transporte mit Marschroute von weniger als 25 Mann			über 25 Mann	in Uniform		
									Personen u. gemischten Zügen							
	I.	II.	I.	II.	III.	I.	II.	III.	I.	II.	III.	ohne Unterschied der Classe	I.	II.	III.
	per Kopf und Meile														
	K r e u z e r														
Kaiser Franz Jos.			36	27	18				12	9	6	6			
Kronprinz Rudolf			36	27	IV.Cl. 9 18				12	9	6	6			
Fünfkirch.-Bares	43	32	36	27	18				12	9	6	6			
I. Siebenbürg. B.			36	27	IV.Cl. 9 18				12	9	6	6			
Kaschau-Oderberg			36	27	18				12	9	6	6			

Reisegepäck.

Bahn	Uebergewicht	Tarif Militär-Effecten zahlen bei		Nebengebühren				Nebengebühren bei Milit. Effecten		Anmerkung
		Personen- u. gemischten Zügen	allen anderen Zügen	Assecuranz		Lagergeld nach 24 Stunden		Assecuranz mit 30 fl. Versicher.	Auf- und Abladegebühr	Allgemeine: Für voluminöses Reisegepäck, d. i. für solches, welches per Cubikfuss weniger als 15 Zollpfund wiegt, ist die Gebühr doppelt zu entrichten.
				allg. pr. Pfd. meile	besondere für je 100 fl. Mehrwerthsversich.					
	per Zollzentner und Meilen			per Fabrikrte fl.1 20Versl.	Aufnahme Abschluss Bahn	per Tag u. Stück		pr Zollctr. und Meile		
				K r e u z e r						
Kaiser Franz Josef	7.5	3	1.5	7	5.5 1.5	6		1	1.5	Bei Abgangs- od Beschädigungs fällen wird für je 1 Zollpfd. eine Maximalvergüt. v. 3 fl. gewährt.
Kronprinz Rudolf	7.5	3	1.5	7	5.5 1.5	6		1	1.5	
Fünfkirchen-Bares	7.5	3	1.5	7	6 2	6		1	1.5	
I. Siebenbürger B.	7.5	3	1.5	Manipulationsgebühr						
				7	5.5 1.5	6		1	1.5	
Kaschau-Oderberg	7.5	3	1.5	7	5.5 1.5	5		1	1.5	